DVD付き

いちばんやさしい

和裁の基本

松井 扶江／監修

ナツメ社

紬

難易度・・・☆

絹糸を染めてから織り上げる先染めのきもので、布に適度な張りがあります。比較的縫いやすく、軽くて着やすいので最初の一枚にもおすすめです。TPOの区分ではカジュアルですが、木綿よりも格が上がり、洋服であればおしゃれなワンピースやスーツを着ていく場面に合います。

【単衣の紬をまとえる季節】
5月上旬〜6月下旬、9月中旬〜10月中旬

木綿

難易度・・・☆

カジュアルシーンで大活躍する素材なのは、洋服と同様です。左の紬のように糸を染めてから織りあげる先染めと、白生地に色柄を染めあげる後染めのものがあります。木綿のきものはふだん着に該当するので、気軽に縫うことができます。

【単衣の木綿をまとえる季節】
5月上旬〜6月下旬、9月中旬〜10月中旬

縮緬

難易度：☆☆☆

絹の風合いが女性らしいやわらかな雰囲気をかもし、柄行と合わせる帯によって、華やかな席から気軽なお出かけまで活躍します。紬や木綿よりも布に張りがなく、ツレないようにていねいに縫いあげていく必要があります。

【単衣の縮緬をまとえる季節】
5月上旬～6月下旬、9月中旬～10月中旬

薄物

難易度：☆☆

涼感たっぷりの薄物のきものを夏にまとえるようになると、きもの通の仲間入りです。単衣きものと縫い方はほぼ同じですが、縫い代の始末の仕方が変わり、透け防止のため居敷当てをつけます。透ける素材だけに粗が目立ちますので、ていねいに縫い上げていきましょう。

【薄物をまとえる季節】
6月中旬～9月上旬
※麻素材は7月上旬～8月下旬の盛夏のみ

女性のゆかた

難易度・・☆

日本の夏の風物詩でもあるゆかた。既製品も多く出回っていますが、自分サイズで縫い上げたゆかたは、着付けもスムーズで着姿も格段に美しく決まります。単衣の木綿きものとの違いは縫い代の始末の仕方と衿の形です。

【ゆかたをまとえる季節】
7月上旬～8月下旬

男性のゆかた

難易度

男性のきものの大きな特徴は、おはしょり、身八つ口、袖の振りがないことです。生地を変えれば、同じ仕立て方で、単衣のきものをつくることもできます。女性きものと同様、きものとして着用する場合は、下に半衿付きの長襦袢を着て足袋をはきます。

【ゆかたをまとえる季節】
7月上旬～8月下旬

羽織

難易度：☆☆

単衣の羽織は、春先や晩秋など季節の変わり目にカーディガン感覚でおしゃれに羽織ることができるアイテムです。また絽などの夏の透ける素材でつくれば、白っぽいきものの出番が多い初夏から梅雨どきごろに、防寒と塵除けを兼ねたものとして重宝します。

【単衣の羽織をまとえる季節】
透けない素材：3月中旬～5月下旬、10月上旬～11月下旬
透ける素材：5月上旬～9月上旬

半幅帯

難易度…☆

半幅帯はゆかたに結ぶ帯と思われがちですが、紬、木綿、小紋などのカジュアルきものにも合わせて活躍させることができます。直線縫いなので、きものを縫う前に、運針の練習も兼ねて縫いやすい木綿などで挑戦してみてはいかがでしょうか。長尺サイズのリバーシブル仕立てにすれば、変わり結びも自由自在です。

【半幅帯を結べる季節】
通年 ※ただし、絽、紗、麻などの夏素材は7月上旬〜8月下旬

リメイクのきものコート

古くなったきものを解いて、きもの衿をつけたコートにリメイクします。防寒や塵よけにはもちろん、全体を防水加工して、雨ゴートとして活躍させてもよいでしょう。

【単衣のコートをまとえる季節】
真冬、真夏以外の通年

かぶせ帯

難易度☆

P.3で着用していた帯にかぶせてみました。かぶせるだけでまったく違う帯に見せることができます。日中は会議で夜はパーティーなど1日でTPOが変わるときや旅行などに便利です。写真の大判スカーフをリメイクしました。

【季節】真夏以外の通年

嘘つき襦袢（単衣）と裾よけ

難易度☆

外からチラリと見える部分は襦袢地で、肌に直接ふれるところは、吸水性のよい晒素材などを利用します。汗ばむ季節に、長襦袢を着る必要がないため、きもの通に人気です。洗える素材の襦袢地でつくっておくと便利です。

【季節】透けない素材・4月中旬〜6月下旬、9月上旬〜10月上旬
透ける素材・7月上旬〜8月下旬

レース使いのステテコ

難易度☆

さらさらとした肌触りが心地よい楊柳素材（麻１００％）でつくります。汗ばむ季節にきものやゆかたの下履きとして着用すれば、汗もしっかり吸収し、夏のお出かけを快適にしてくれます。裾にフレンチレースをあしらえば、グッとおしゃれな雰囲気に。

【季節】6月上旬〜9月下旬

なごや帯をつくり帯に

難易度☆

大切な帯を切らないでつくり帯にする方法をご紹介します。後ろで結ぶ必要がなく、数分で帯結びが完了します。たんすの中に眠っている帯をぜひ復活させてください。

きものバッグ

難易度☆

本だたみしたきものを掛け棒に掛けて持ち運ぶことができます。襠《まち》もしっかりとってあるので収納力もバッグンです。掛け棒をとって、普通の布バッグとして使うこともできます。

和裁道具入れ

難易度☆

細かな和裁道具を機能的に収納することができます。持ち運び時は、くるくると巻けばコンパクトに。きもののあまり布を上手に組み合わせてつくってみましょう。

プチバッグ

難易度☆

30センチ四方の布があればかんたんにつくることができます。写真は古い帯地を利用してつくったふくさ入れです。張りのある布地がおすすめです。

はじめに

本書は、初めてきものを縫う方に向けた解説書です。
いちばんの特徴は、これまで一般にはあまりオープンにされていなかったプロの和裁士の技術やコツなどを
あますことなく紹介していることです。和裁の知識から単衣きものの縫い方の一通りが
本書を見ればわかるようにという思いで、イラストを用いて、ていねいに詳しく解説いたしました。
プロのように早く、きれいに縫いあげるために、身につけたい基本や、
とっておきのテクニックもたくさん盛り込んでいます。
奥の深い和裁の世界ですから、それでも縫っていくうちには、さまざまな疑問やわからない箇所が出てくるはずです。
そんなときのために副教材としてＤＶＤも付録としてついています。
無理をしないで楽しみながら、きものを一枚、ぜひ、縫いあげてみてください。
一枚縫いあげると、きっとどんどん面白くなって、次も縫いたくなるはずです。
そうしているうちに技術は身についていくのです。
最初からきものは無理という方は、小物やサイズなどのお直しから始めるのもおすすめです。
たくさんのコンテンツを準備しましたので、お好きなページから入って、まずは手縫いに慣れていただくのもいいでしょう。
本書との出会いで、和裁が楽しい、きものが好きという方が少しでも多くなることを願っています。

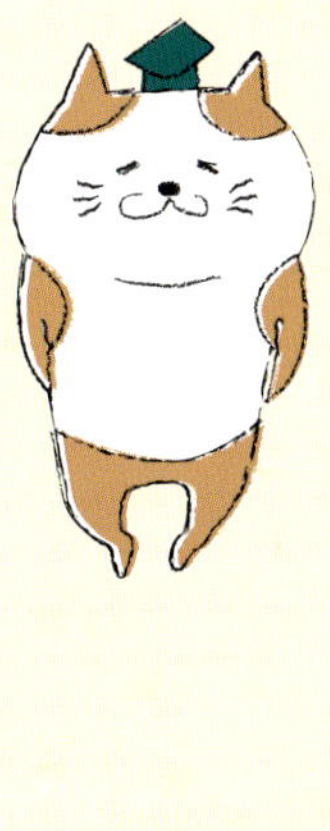

松井 扶江

もくじ

第四章 きもの周りのいろいろ

第五章 お直しとリメイク

巻末付録

本書の使い方

初めてきものを縫う方に向けての解説書です。前半は和裁の基本から単衣きものの縫い方をていねいに紹介しています。後半は、単衣きものを応用してつくることのできる、ゆかたや薄物、羽織、下着などを紹介していきます。さらに、きもの周りの小物やサイズ直しの仕方など、和裁への興味が深まった方やきものを着る方にとって役立つ情報を盛り込みました。イラストを追いながら、少しずつ形になっていく和裁の世界をお楽しみください。

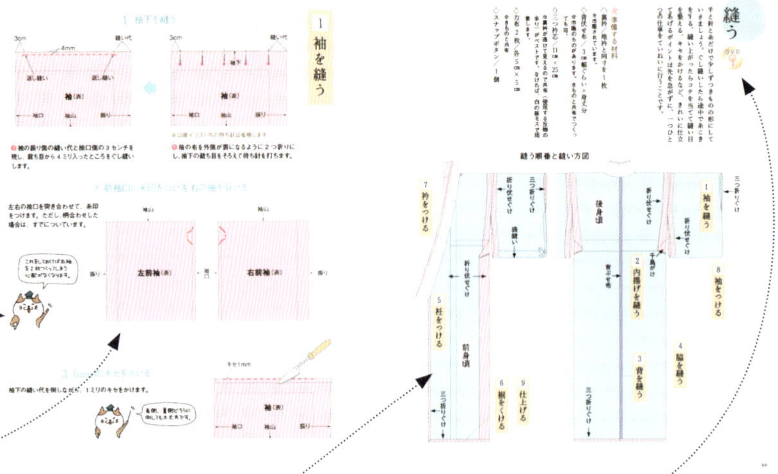

ちょこっと覚え得

ちょっと覚えておくと和裁に役立つ知識を紹介しています。

達人への道

もっと上手に縫いたい、もっと和裁の技を極めたいという人に向けて、和裁士のテクニックを紹介しています。

猫先生

和裁歴 50 年の猫先生が要所要所で的確なアドバイスをし、みなさんを応援します。

イラスト図

縫い糸の色は赤、
仕上がり線は破線、
印をつける線は水色を
基本に描いています。また、布の裏表も色を変えています。

縫う順番と縫い方図

縫う順番と縫い方図で、どのくらいのプロセスがある作品なのか、どの順番で、どんな縫い方をするのか、イメージを固めてからスタートすることができます。

DVD マーク

DVD マークの番号と DVD のメニュー番号が連動しています。DVD では、実際にプロの和裁士が縫いあげる様子をていねいに収録しています。テキストと並行しながら、わかりにくいところを確認し、縫っていくことができます。

DVD をご使用になる前にお読みください。

再生時のご注意

○本 DVD は、DVD 再生プレーヤーもしくは DVD が再生できるパソコンでご覧になれます。
○パソコンで、DVD-VIDEO を再生するには、少なくとも下記の条件を満たしたパソコンと DVD- VIDEO 再生ソフトウェアが必要です。
＊最低必要条件（パソコン）
DVD-VIDEO が再生できる DVD-ROM ドライブ搭載パソコン
Pentium II 400 M Hz 以上 (Windows)
PowerPC G3 以上 (Mac OS) の CPU
※ＯＳに加えて別途 DVD-VIDEO 再生ソフトウェアが必要です。
○一般の DVD-VIDEO 再生プレーヤーでは、そのままご覧いただけます。詳しい操作方法については、ご利用のプレーヤーの取扱説明書をご確認ください。
○このディスクはコピーガード処理をしております。

健康上の注意

○本ＤＶＤをご覧いただく際は、部屋を明るくし、画面に近づき過ぎないようにしてください。
○長時間続けてのご観賞は避け、適度な休憩をとってください。

取り扱い上の注意

○ディスクには両面とも、指紋や汚れ、傷などをつけないようにしてください。
○ディスクには両面とも、えんぴつやボールペン、油性ペンなどで文字や絵を書いたり、シールを貼らないでください。
○ディスクが汚れたときは、メガネ拭きのようなやわらかい布で内周から外周に向けて放射状に軽く拭き取ってください。
○ひび割れや変形、または接着剤などで補修したディスクは、危険なので絶対に使用しないでください。

保管上の注意

○直射日光の当たる場所や高温・多湿の場所には保管しないでください。
○ご使用後、ディスクは必ずケースの中に入れて保管してください。
○本ＤＶＤおよび本書は著作権上の保護を受けております。ＤＶＤあるいは本書の一部、または全部について、権利者に無断で複写、複製、放送、インターネットによる配信、公の上映、レタンル（有償、無償問わず）することは法律により禁じられています。

DVDの使い方

◎ DVD は基本的にテキストに基づいて収録していますが、一部、異なる部分もあります。ご了承ください。
◎ DVD は専用プレーヤーにセットし再生ボタンを押すと、注意文のあとにメインメニュー画面が表示されます。

【メインメニュー画面】

・最初から最後まで通して見たい方は「全編再生」を選択してください。
・「1. 単衣きものを縫う」「4. 覚えておくと便利な技」「5. 必要な縫い方、かけ方、合わせ方」は、さらに詳しいサブメニュー画面が表示されます。

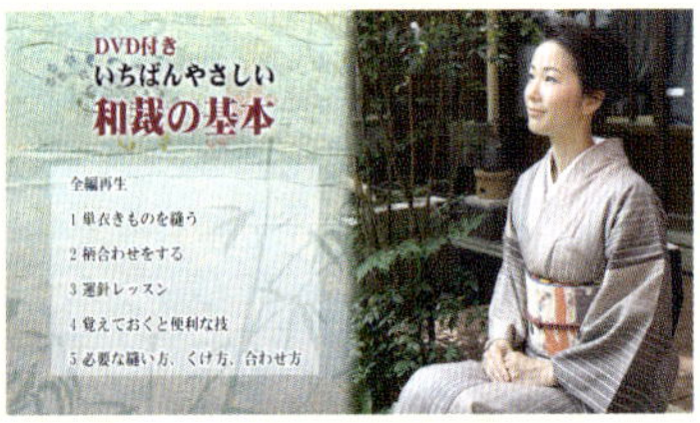

【サブメニュー画面】

・サブメニューのすべてを通して見たい方は「通して見る」を選択してください。
・メインメニューに戻りたい方は「トップメニューに戻る」を選択してください。

片面一層ディスク
サウンド・日本語　複製不可
収録時間 110 分ＣＯＬＯＲ
無断公開不可・レンタル禁止

第一章

和裁こと始め

きものの名称

和服ならではの独特な呼び方が多くあります。仕立てるにあたってそれぞれの箇所と名称、読み方を覚えておくと役立ちます。

単衣きもの

前

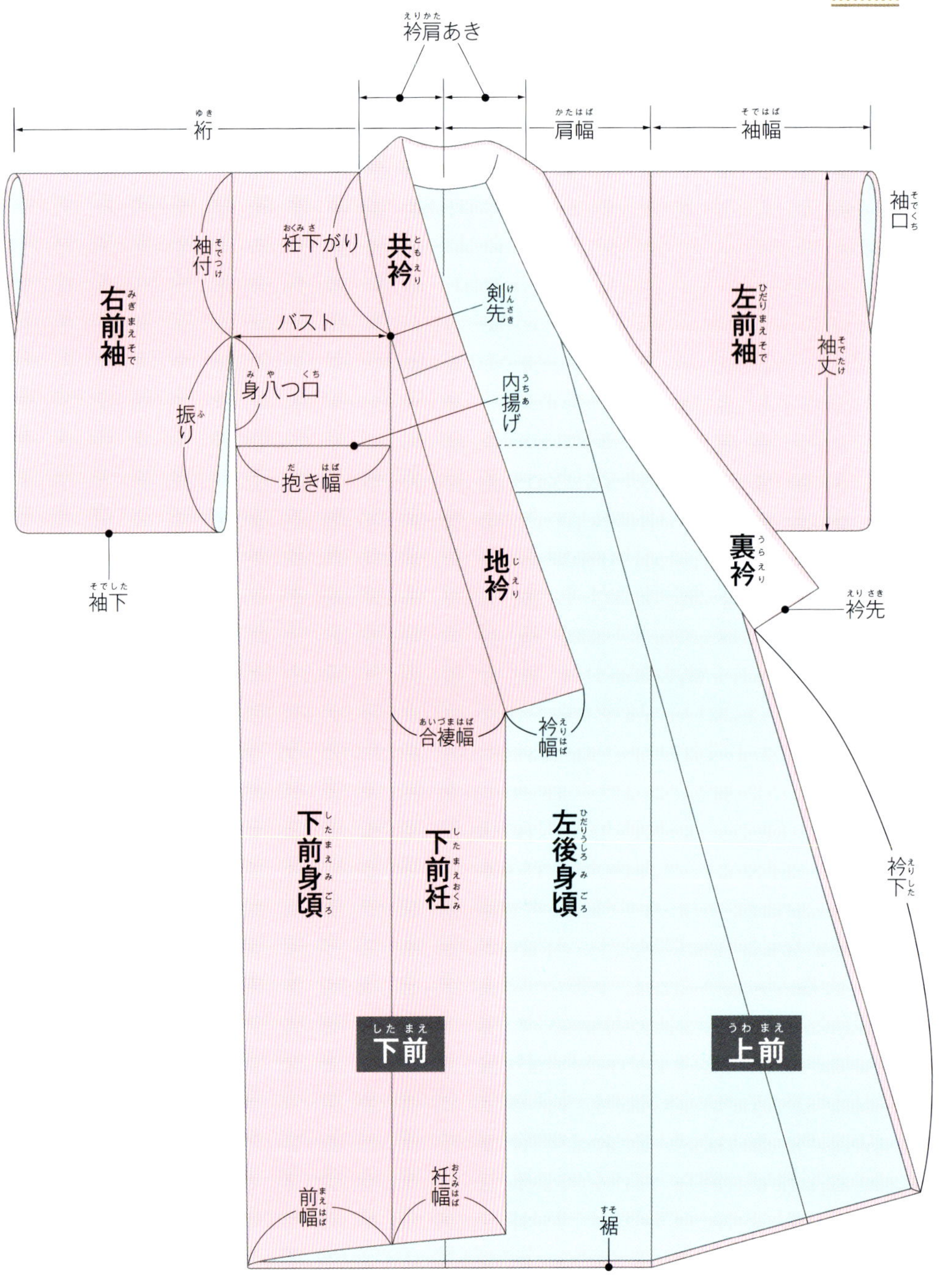

＊イラストは単衣です。

後ろ

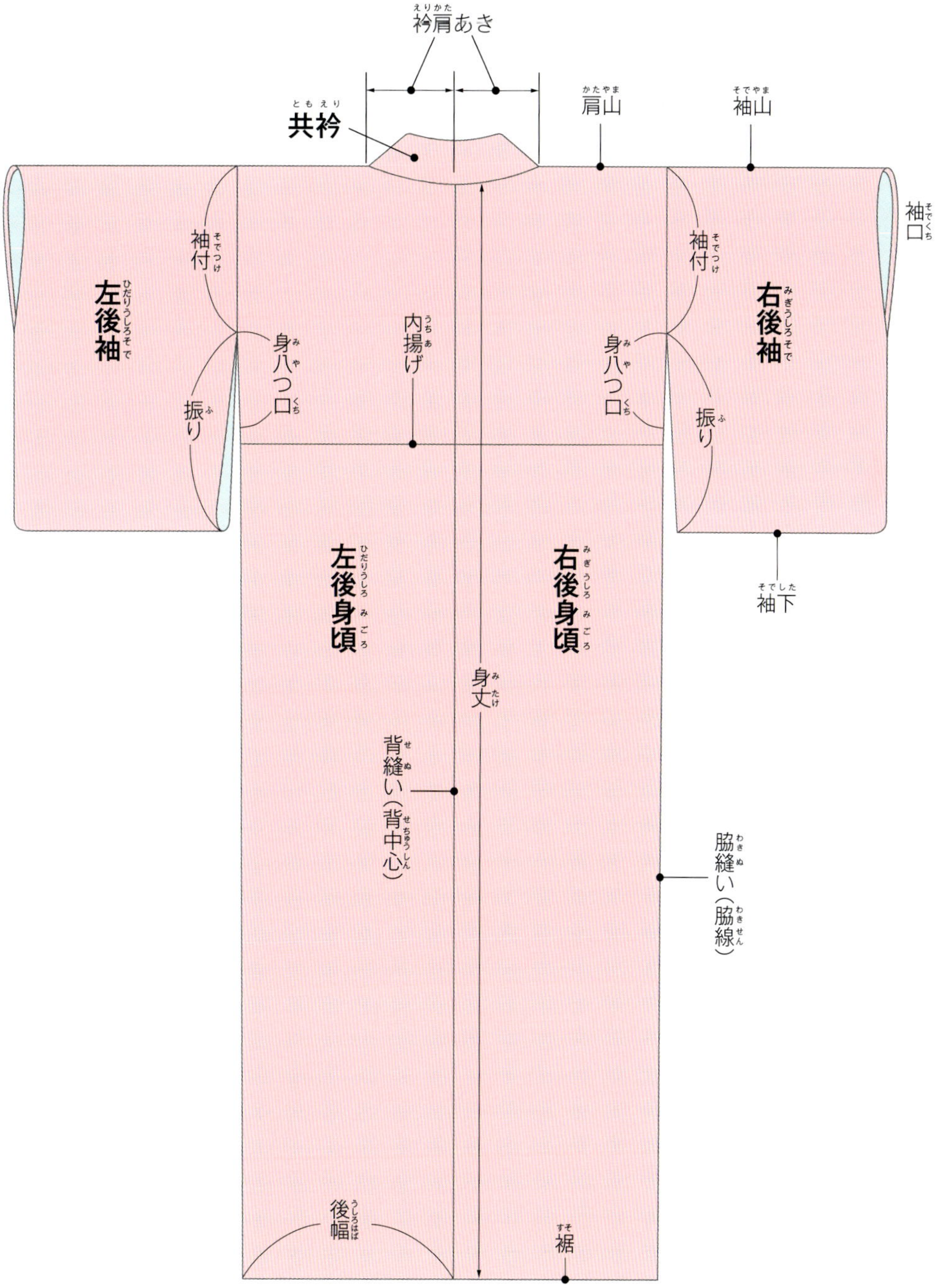

＊イラストは単衣です。

そろえておきたい和裁の道具

和裁を始めるにあたって、そろえておきたい道具です。長く使えるものが多いので、しっかり吟味して使い勝手のよいものを選びましょう。

必要＝◎　あると便利＝△

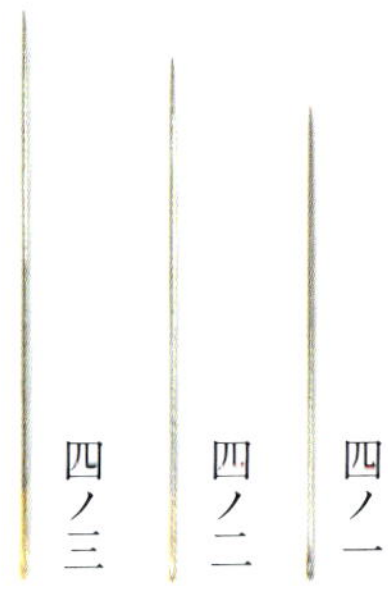

針 ◎

全布共通で使います。最初の数字（四）は太さを表し、数字が大きくなるほど細くなります。あとの数字は長さを表し、大きくなるほど長くなります。（→P29）

指ぬき ◎

利き手の中指にはめて、糸をとおした針を押し出すときに使用します。皮製のもののほうが指にフィットして、針もすべりにくいので使いやすいでしょう。

待ち針 ◎

頭が小さく丸く針足の長いものが向いています。万一、布の中に入ってしまっても頭がふくらんでいるので手の当たりで発見することができます。頭が平べったい待ち針はもぐり込んだら抜けないので使用しません。

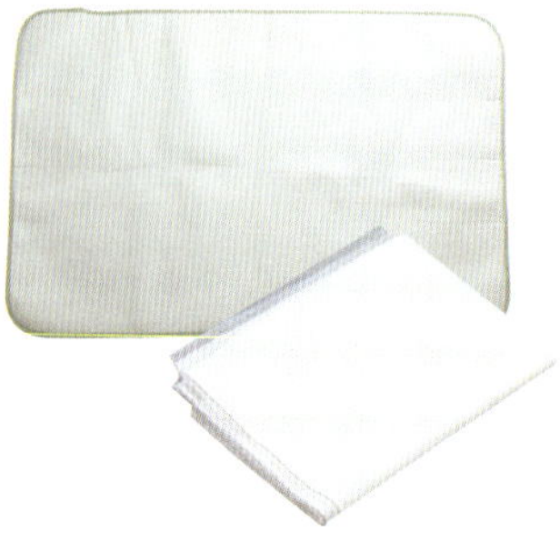

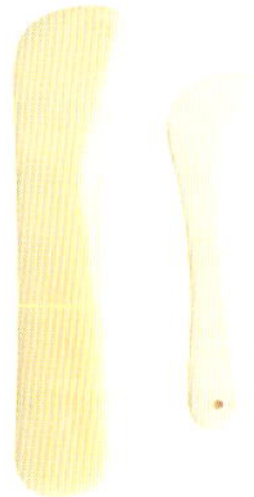

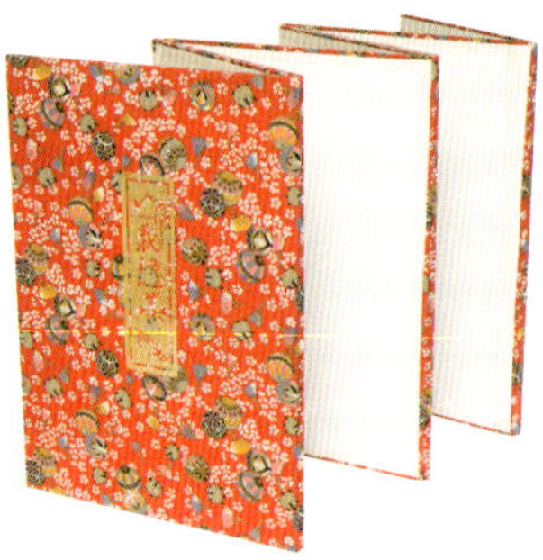

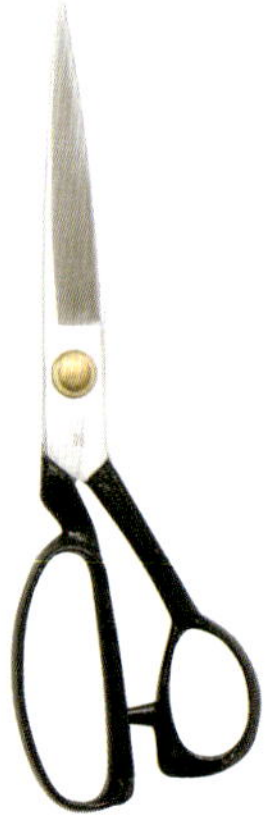

目打ち △

額縁《がくぶち》縫い（→P79〜80）をしたときや紐の角をきれいに出すときに使います。

アイロンマットと当て布 ◎

きものにアイロンをかけるときは、アイロン台を使用するかアイロンマットをきものの下に敷きます。大判ハンカチ大くらいの当て布も準備しておきましょう。

へら △

布の印付けに使うものです。角製、骨製、プラスチック製などがあります。カーブしているところを布に押しつけて印をつけます。

へら台 △

へら付けするときに台にすると、ヘラのあとが布につきやすい構造になっています。使わないときは屏風だたみにたためて、コンパクトに収納できます。

裁ちばさみ ◎

刃先までよく切れるものを布の裁断専用として1丁準備しましょう。長さは24〜26cm程度のものが和裁には一般的です。

にぎりばさみ ◎

糸切り専用にすると刃が長持ちします。にぎりやすく、かみ合わせのよいものを選びましょう。ハサミの先で布を傷つけないように注意して扱います。

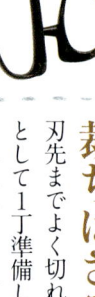

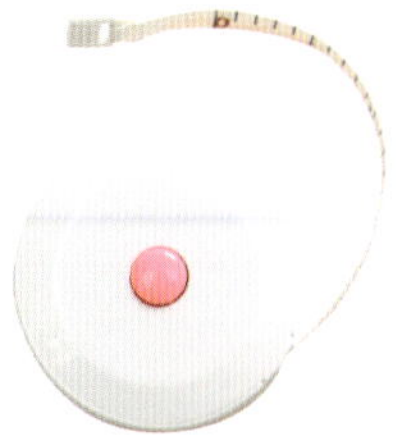

メジャー ◎

採寸したり、布の寸法を確認するときに使います。メートル単位と和裁用の鯨尺《くじらじゃく》の目盛が裏表で併記されたものが便利です。

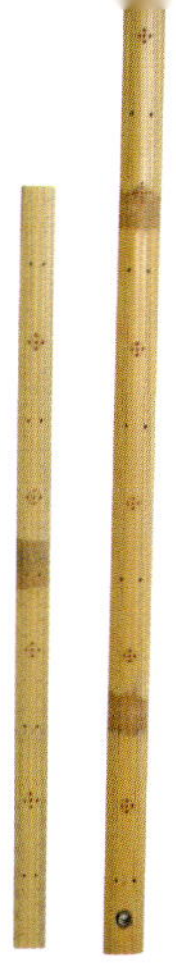

ものさし ◎

1ｍと50㎝の2本用意します。竹製で薄くそりのないものが使いやすいでしょう。長いほうは反物の長さを計るときに、短いほうは裁断やヘラ付けなど細かい作業に適します。

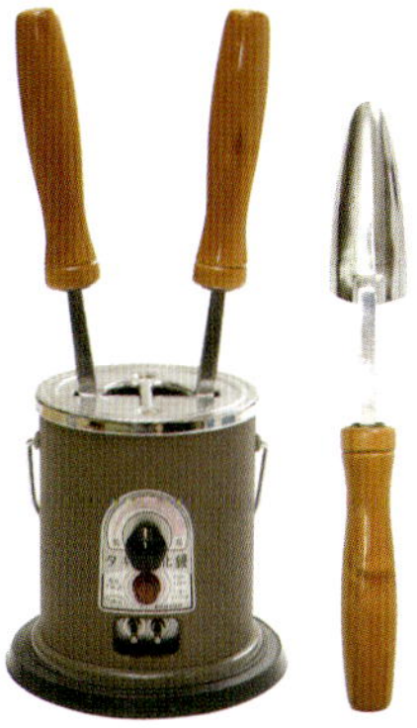

電気ゴテ △

和裁専用のコテです。縫い代を割ったり、袖の丸みをつけたり、キセをかけたり印付けをしたりなど、細かい作業に使用します。

コテ板 △

細かい箇所にコテを当てるときに布の下に当てる板です。薄く、適度に張りがあり、熱が下には伝わらない構造で、コテを効果的に当てることができます。

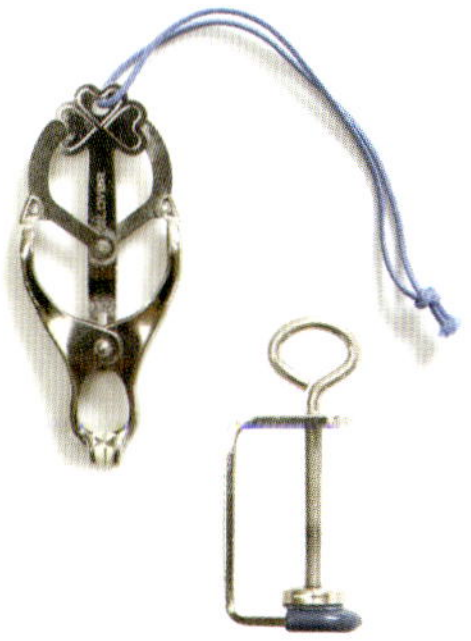

くけ台と掛け針 △

セットで使い、はさみの先端で布をしっかりはさみます。布が固定されるので、待ち針を打つ作業がしやすくなります。

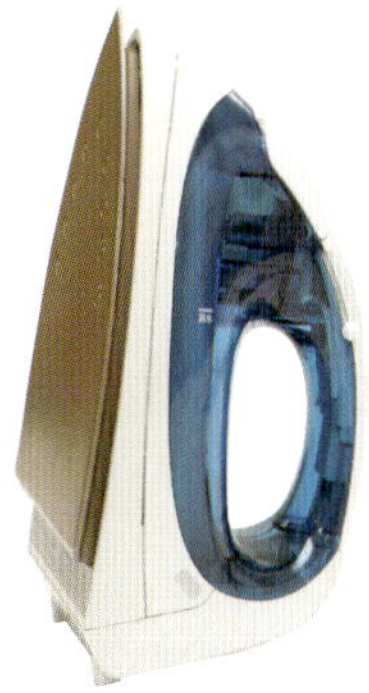

アイロン ◎

反物の地のし（→P27）や縫い上げたきものの仕上げのときなど、大きな面積の布を整えるのに使用します。布の素材別に温度調節ができるものが安心です。

霧吹き ◎

コテやアイロンとともに使います。絹など直接水をかけるとシミになる素材もあるので、湿らせた当て布をきものの上に置いてかけるようにします。

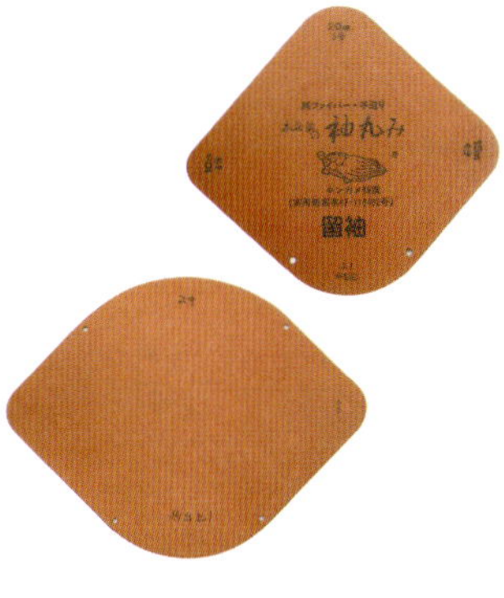

袖の丸み型 △

袖の袂の丸みをつくるときに当てる型です。ファイバー製のものが丈夫で使いやすく、おすすめです。厚紙で好みの丸い型をつくることもできます（→P71）。

文鎮 △

印付けや縫うときに、くけ台と掛け針代わりに布の端に置くと布が動かないので縫いやすくなります。またコテで布に熱を加えたあとに、熱を冷まし形を落ち着かせるのにも使用します。

あとで消せるペン ◎

粉が布に残るチャコは使用しません。熱を与えると色が消えるペンを使って線を引き、あとでコテ熱で消します。色は何色でも大丈夫です。

道具を使いこなしましょう

道具を使いこなすことで、きれいにスムーズに作業を進めていけるようになります。洋裁と兼用できるものも多くあります。

待ち針

運針をする前に、布同士を正確な縫い線の位置で押さえます。和裁では、頭の丸いものを使用します。

打ち方

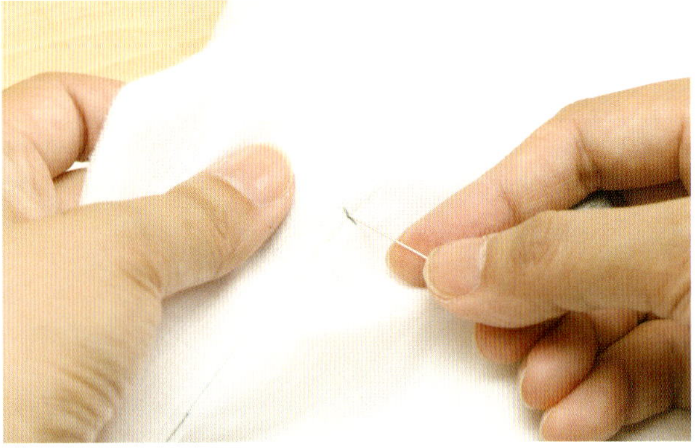

縫う予定の位置にペンなどで線を引いてから針を入れます。

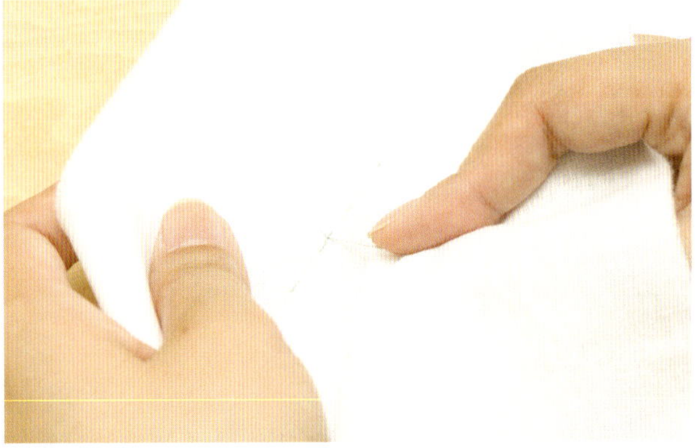

重ねた布にまっすぐに針を入れます。

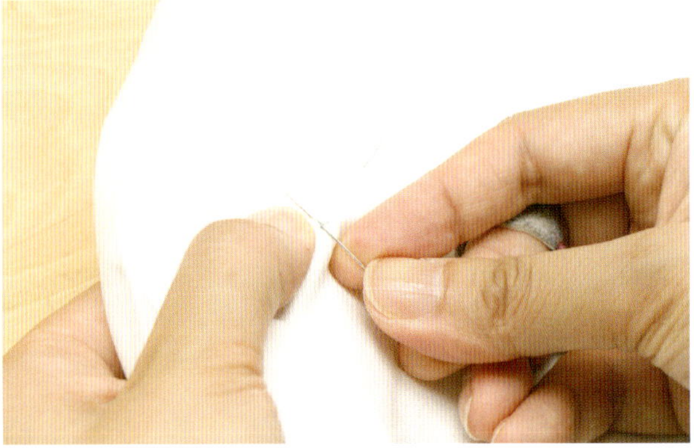

2枚の布をすくって線の少し先から垂直に針を出します。

くけ台と掛け針

待ち針を打つときなど、布の端をしっかり押さえて作業をしやすくしてくれる道具です。

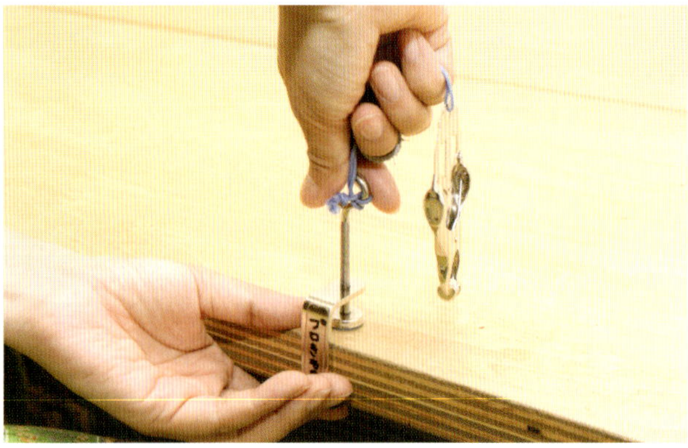

テーブルの厚みに合わせてネジを調節し、しっかり固定します。

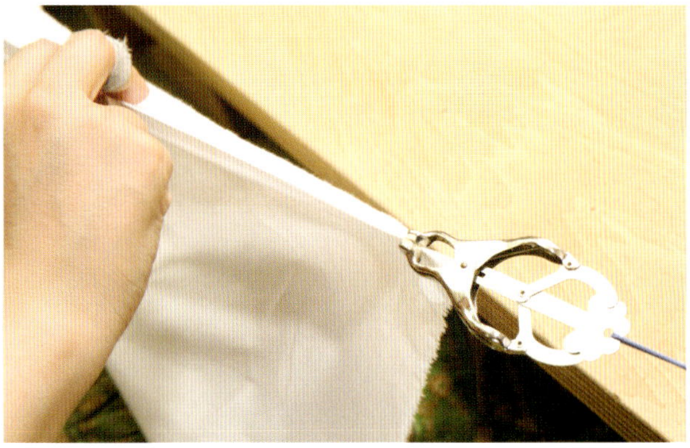

掛け針のはさみの先に布の端をはさみます。

アイロン

仕上げのときなど、大きな面積をかけるときはコテではなくアイロンを使います。絹物は当て布を必ず準備しましょう。

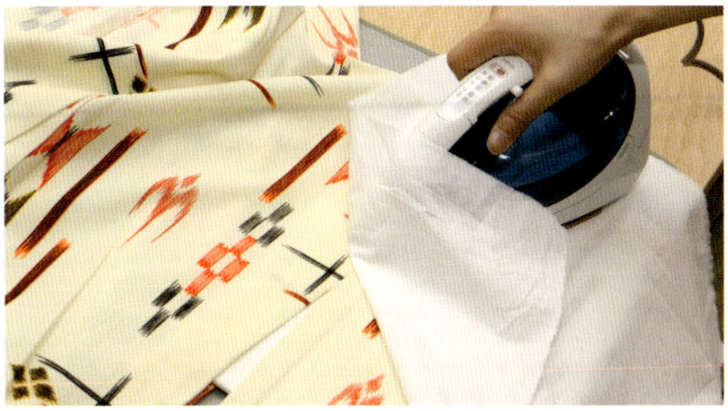

きものの上に当て布をしてアイロンを置き、当て布をアイロンの先にかけます。

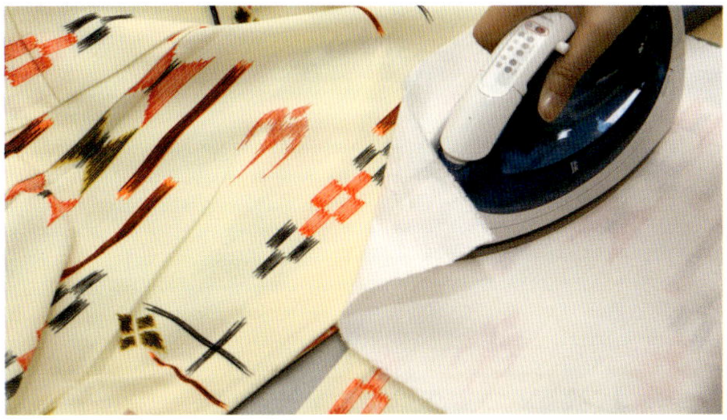

当て布を落としながらアイロンをかけると、次のかける面が見えるので、きれいに仕上げることができます。

コテ板

衿肩まわりなど平らにかけづらいところや狭い部分に差し込んで、細かくコテやアイロンを当てることができます。

かけたい部分に差し込みます。下に熱が届かないので、上になった布のみにかけることができます。

打つ順番

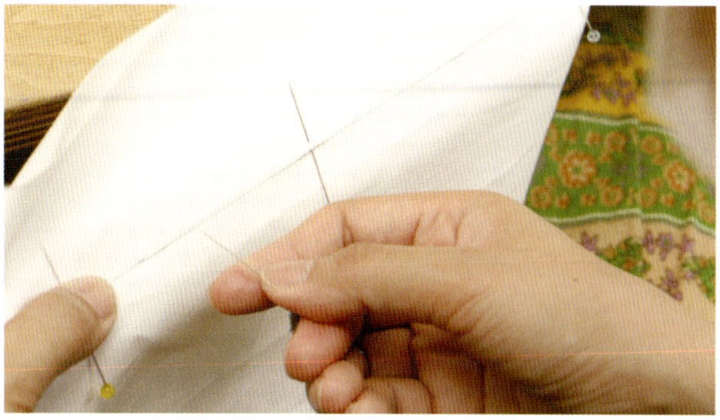

縫い始め、縫い終わり、その中央の順で打ちます。

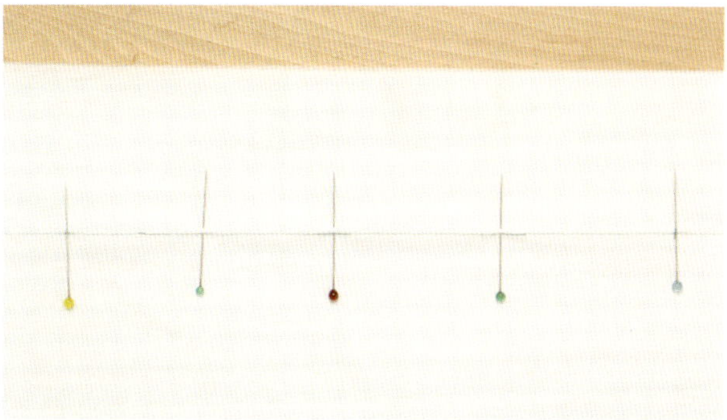

さらに待ち針同士の中央に打ちます。使う本数は縫う長さに合わせます。

待ち針の打ち方ここに注意

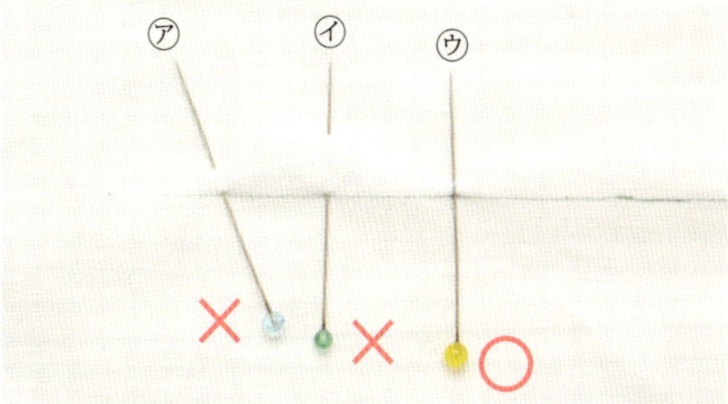

㋐**縫い線に対して斜め**→布がずれやすく、ケガの原因にも。
㋑**布をすくう分量が多い**→布がずれやすくなります。
㋒**縫い線に垂直で布をすくう分量が少ない**→布がずれにくくなります。

電気ゴテ

アイロンよりも軽く細かいところにもていねいにかけられます。きものが縫い終わるまでの間にさまざまなシーンで活躍します。

筋を消す

すでについてしまった布の折れ線を消す作業です。お直しの際には特に必要になる作業です。

当て布に霧吹きをかけて湿らせます。

当て布を置いて上からコテを当てます。

キセをかける

縫い目を数ミリ布の奥に入れて美しく仕上げる技法です。縫い目に対して水平にコテを当てます。

〝コテの当て方〟ここに注意！

縫い目に対してコテが水平→縫い目が安定し、きれいなキセがかかります。

縫い目に対してコテが斜め→力が縫い目に均一にかからないので、きれいなキセができません。

ていねいに選びたい材料

きものの反物をはじめとする材料を選びましょう。反物のほかにも、さまざまな布類があり、縫うきものによって必要になるものと不要なものがあります。

縫い糸

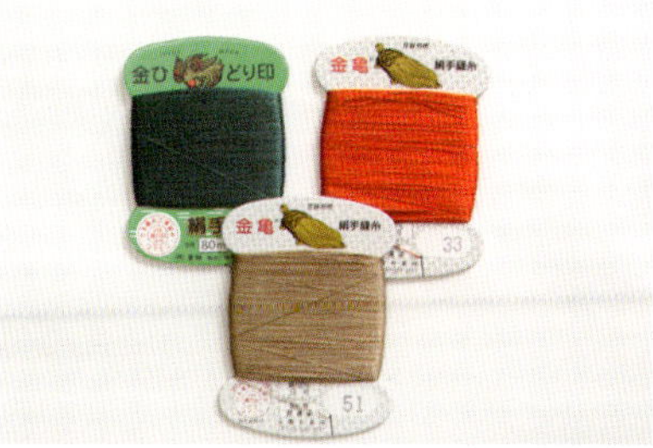

きものの地色に近い色を選びましょう。絹や木綿であれば、縫い糸は絹100%を。化繊であればポリエステル糸を使用します。木綿糸は縫いにくいので使いません。

反物

幅は約36～38センチで、長さは反物によって異なりますが12メートル以上あります。素材は、縮緬（絹）、羽二重（絹）、紬（絹）、木綿、化繊など。最初は紬や木綿がおすすめです。

新モス

一般的な木綿よりも織りの細かい綿織物です。下段に出てくる三つ衿芯や嘘つき襦袢、作り帯の紐にも使用することができます。反物と同じ36センチ幅です。

背伏せ布

共布を切って使うこともできますが、市販のものが便利です。きものとなるべく同色、同素材のものを選びます。

しつけ糸

飾りじつけに使う細い糸（左）と、糸印に使う木綿糸（右）があります。まずは糸印用を用意しましょう。

居敷当て

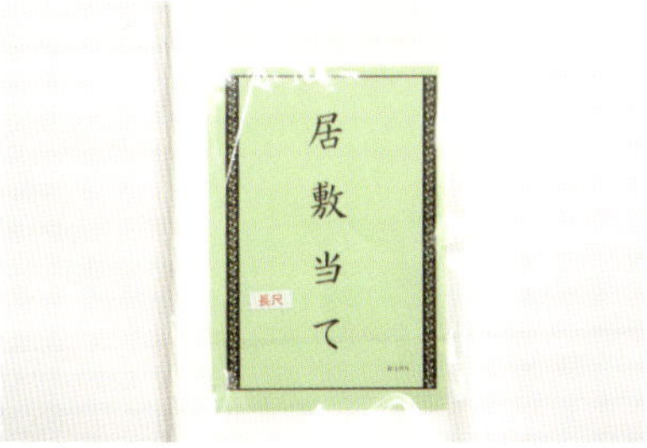

透け感のある夏素材のきものに、透け防止として腰全体に縫いつけておく布です。広幅（約75センチ）のものを準備します。

裏衿

広衿をつくるときに使います。白の絹、またはポリエステル布を18センチ×表衿丈のサイズにカットしておくか、市販のものを使います。

三つ衿芯

11×25センチの布で、衿の中に入れて張りをもたせます。反物の余りや中段左の新モス、晒《さらし》木綿などをカットしておきましょう。

こんな布が縫いやすい！

はじめてきものを縫うときの布地選びのポイントは、縫いやすさや柄合わせのしやすさです。最初は失敗しても後悔しないB級品の反物を選ぶのも手です。

縫いやすい布は？

写真は木綿。

①適度に張りがある

布に適度に張りがあると、印もつけやすく、運針もしやすいので、初心者におすすめです。

②柄が細かく上下の向きがない

最初は難しい柄合わせがあるきものは避けて、無地や上下の向きのないものに。縫うことに集中できます。

③布目が詰まっている

布目が粗く織られている布や変わり糸で布に凹凸感をつけたような布は、初心者には縫いにくいのでおすすめしません。

〝布選び〟ここに注意！

縫いにくい布は？

- シボがある
- 地厚
- 羽二重のように平らでなめらか
- 熱で縮みやすい

縫いにくい反物は？

●御召《おめし》

細かなシボがありふんわりしているので、きれいに縫いあげるには熟練した技術が要ります。

●大島紬

紬の中でも、羽二重で平らでなめらかなため、縫い目がつれやすく、初心者には縫いにくい布です。

●合繊素材

運針がしにくく、熱で縮みやすいので、縫い上げるには細心の注意が必要です。

おすすめの反物は？

綿麻・麻

張りがあって丈夫で縫いやすい生地です。木綿と同様、絹針と絹糸で縫います。夏のおしゃれ着に。写真は綿麻紅梅。

木綿

きもの用の木綿が薄く張りがあって縫いやすいです。絹針で絹糸を使って縫います。写真は久留米絣《くるめがすり》（木綿）。

大島紬以外の紬

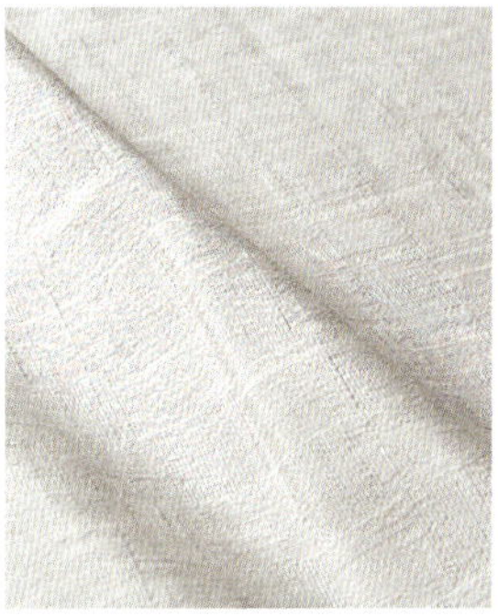

適度に張りがあって縫いやすくコテをかけても狂いがないので、仕上がりがとてもきれいです。写真は結城《ゆうき》紬。

布を調べて整える

縫う反物を選んだら、縫い始める前に布地に織り傷や染めムラがないか調べます。それが終わったら各布の性質に合わせた作業を施します。少しめんどうですが、仕上がりに大きな差が出る作業です。

自分でできるもの

布しらべ

すべての反物に！

反物をすべて広げながら、織り傷や染めムラがないかをチェックします。傷やムラを見つけたら、糸を難のあるところの耳端に1針通して約3センチぐらいの長さを残して切っておきます。裁つときに、その糸を目印にして、脇や地衿《じえり》、下前衽《したまえおくみ》、帯の下、おはしょりの内側など表に見えない場所に来るように工夫します。

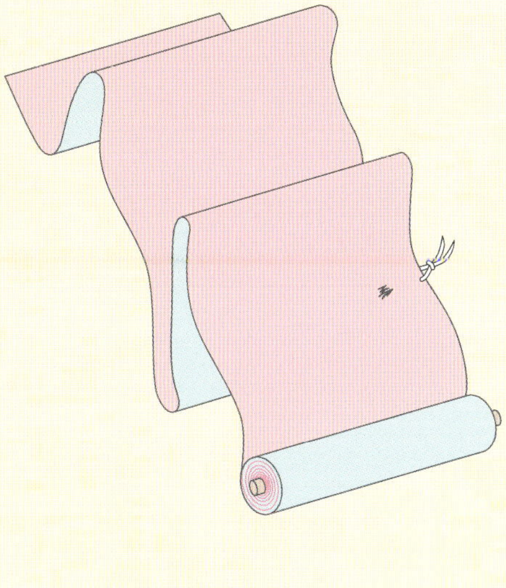

地《じ》のし

絹物に！

絹物、特に縮緬などシボのある素材は必ずこの作業をしないと、縫ったところがぜんぶコテやアイロンの熱で縮んでいってしまいます。縫う前に布の裏全体にアイロンをかけてあらかじめ布を縮ませておくことで、寸法の狂いを予防し、きれいに仕立て上げることができます。

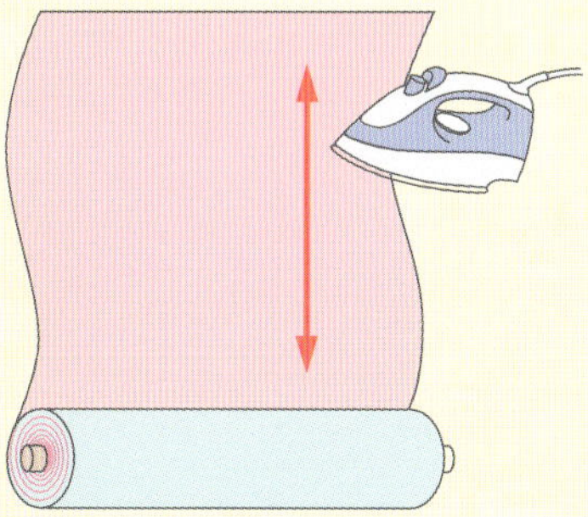

温度は、きもの地は210度、長襦袢地は170度で。矢印のように縦方向に自分の体重をかけるように、しっかり押しながらかけていきます。

専門店に出すのがおすすめ

湯通し

紬に！

糸に糊をかけてから織る紬は、縫う前に湯通しをして糊を落とします。自分ですると布の腰をなくしたり、ヨレヨレの布にしてしまうので専門店に出しましょう。湯通しをしておかないと、あとできものにカビが生えたり、筋切れが起こったりします。

水通し

木綿・麻に！

木綿や麻は、家でも洗濯できる素材ですが、水を通すたびに目が詰まって縮んでいきます。縫う前にあらかじめ水通しをして仕立て上がってからの詰まりを最小限に抑えるようにします。自分ですることもできますが、専門店に出したほうが縮みが少なく安心です。ゆかたは風合いを損なうので不要です。洗濯すると必ず縮むので、仕立てるときに身丈を少し長くとっておきます。

和裁一年生の運針レッスン

DVD 3

和裁の基本は運針です。急がば回れ！　という言葉のとおり、まずは不要な布を準備して運針（ぐし縫い）を習得しましょう。最初に正しい方法で体が覚えてしまえば、速くきれいにリズミカルに縫えるようになります。

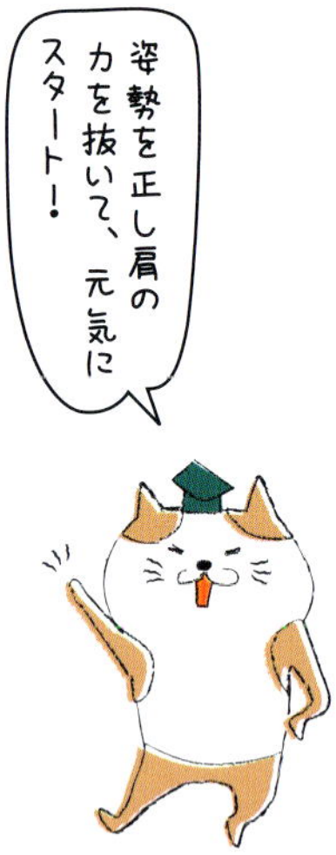

1 糸の長さをとる

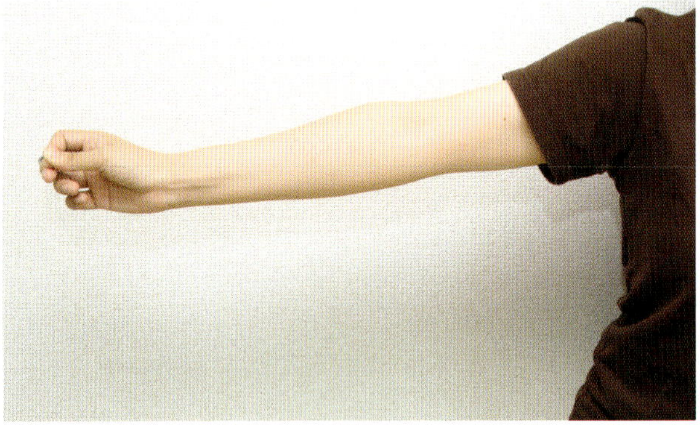

糸の長さは、手先から肩までを往復した長さぐらいが目安です。慣れてきたら、縫う箇所に合わせて、糸継ぎをしないですむ長さをとります。

2 針穴に糸を通す

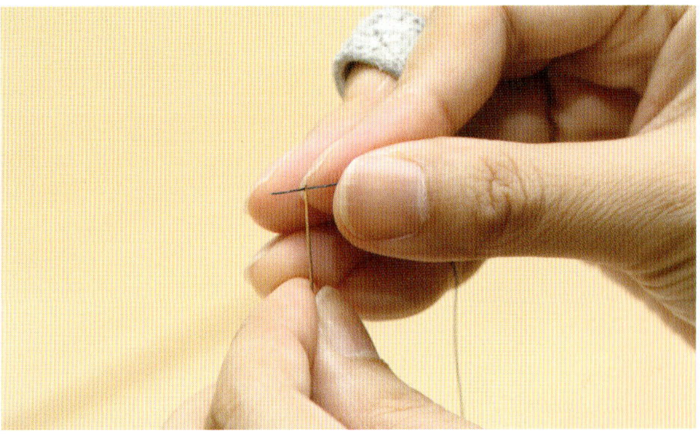

3 糸のよりをとる

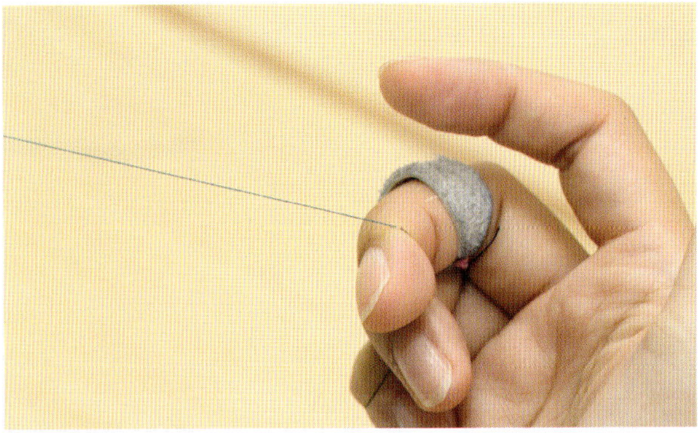

針に糸を通したまま、中指にかけて糸をピンと張ります。

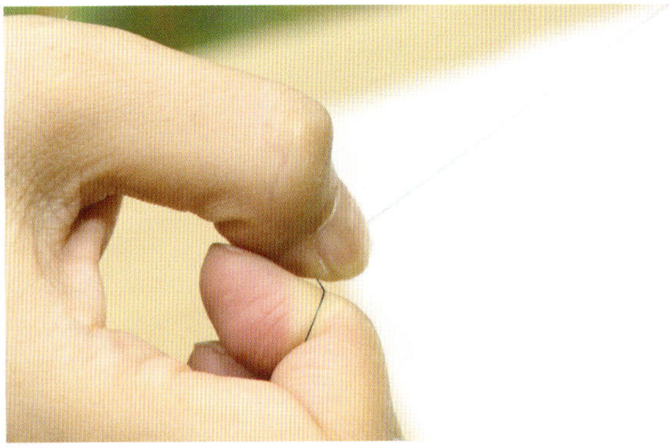

親指で糸を弾きます。このとき「ピン！」という大きな音が出ればOKです。

ちょこっと覚え得

市販されている糸はよりがかかった状態で糸巻きに巻かれています。この作業をすることで糸のよりがとれるため、長さをたっぷりとって縫っても糸が絡まりにくくなります。

4 針を持つ

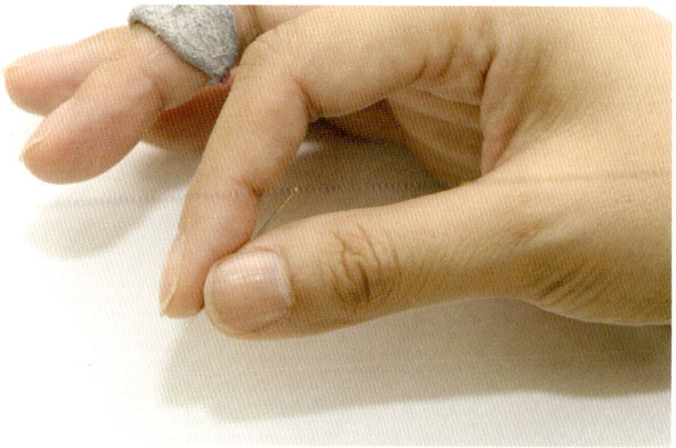

利き手の親指と人差し指で針を持ちます。（下記参照）

針の頭を直角に指ぬきに当てます。

5 1針返して縫い始める

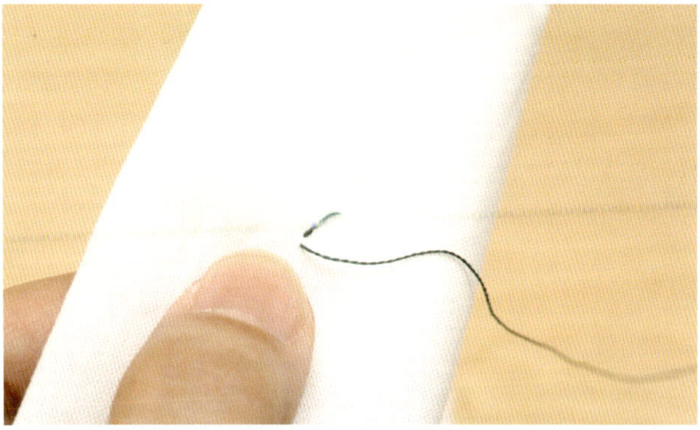

布を持ち、縫いたいラインの始まりに針をさして出します。

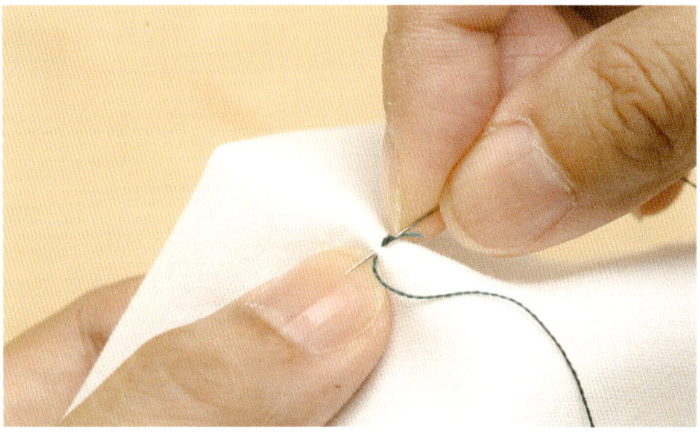

もう一度、最初に針をさした位置に針をさして、同じ位置に出してから縫い始めます。

〝針の長さ〟ここに注意！

縫いやすい針の長さ

針のサイズの四ノ一は手の小さい方、四ノ二は標準の方、四ノ三は手の大きい方や男性用です。針をもって指ぬきに直角に当てたときに、人差し指の先に針先がくる長さが縫いやすい針の長さです。

×

長すぎ

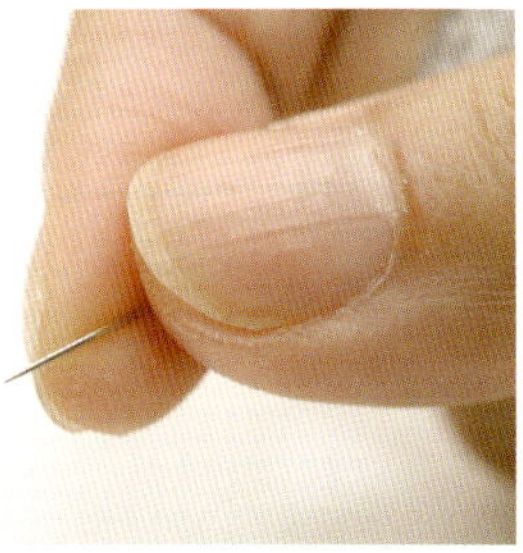

○

ちょうどよい

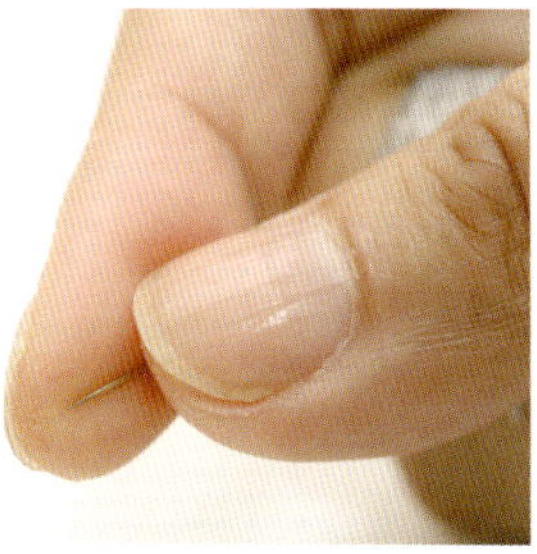

×

短かすぎ

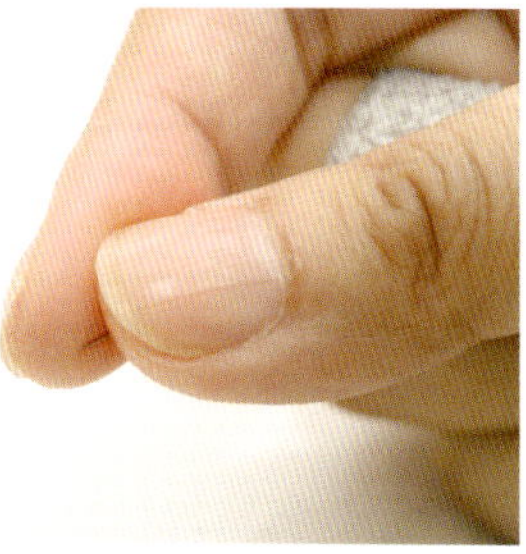

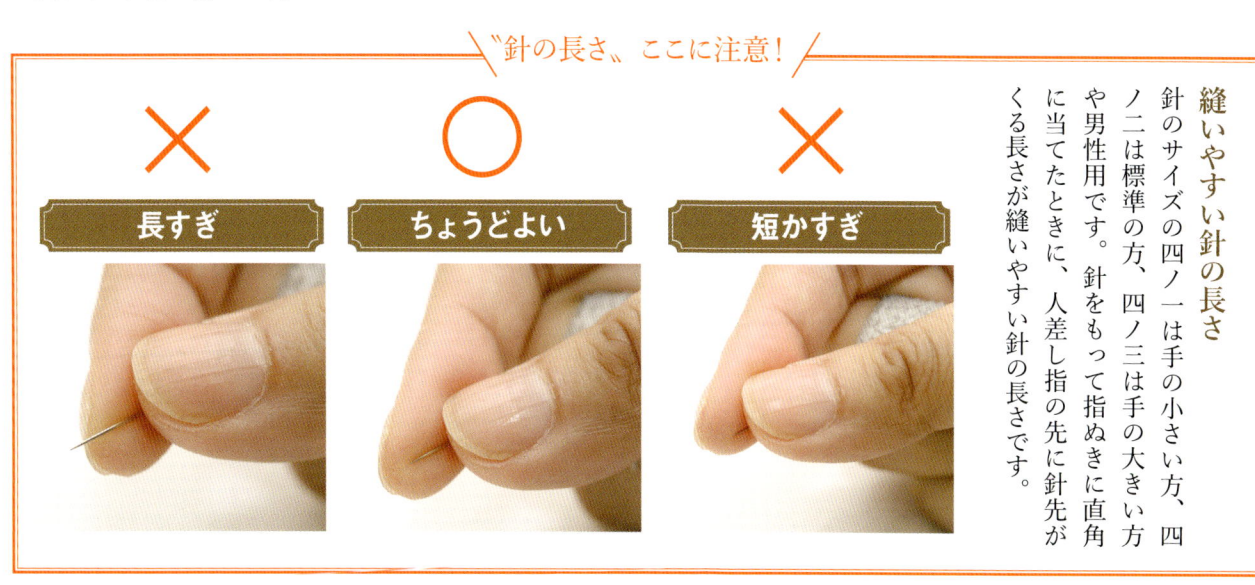

6 縫う

ここを繰り返し
練習しましょう!

利き手の指の中に布がたまってきます。

縫いたいラインの端と端を両手でしっかりと持ちます。

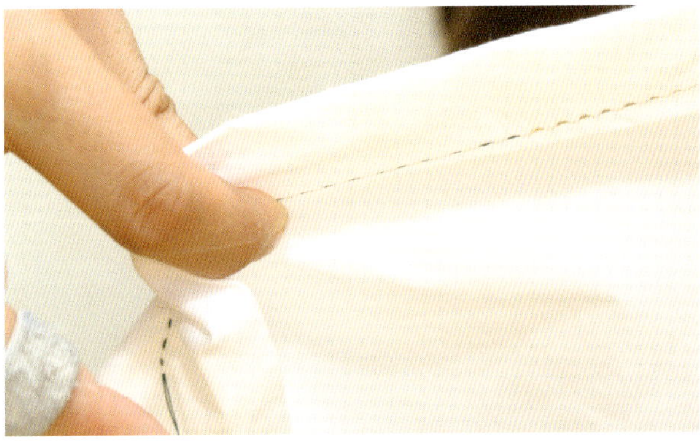

針先を反対側の手で押さえて、布をしごきます。

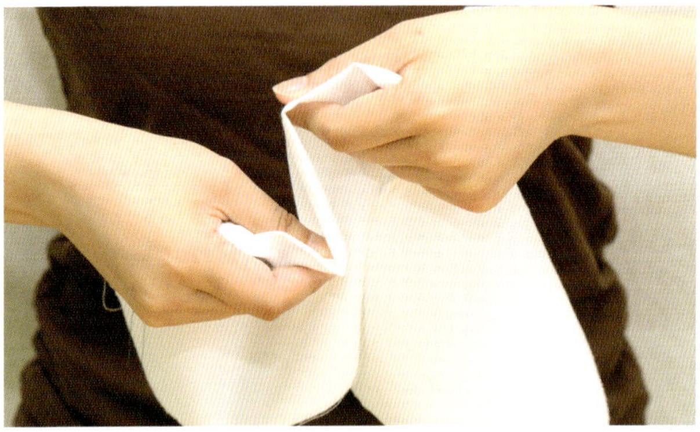

針をさして縫い始めます。このとき針を持つ利き手は動かさず、もう一方の手で布を上に振って針を進めます。

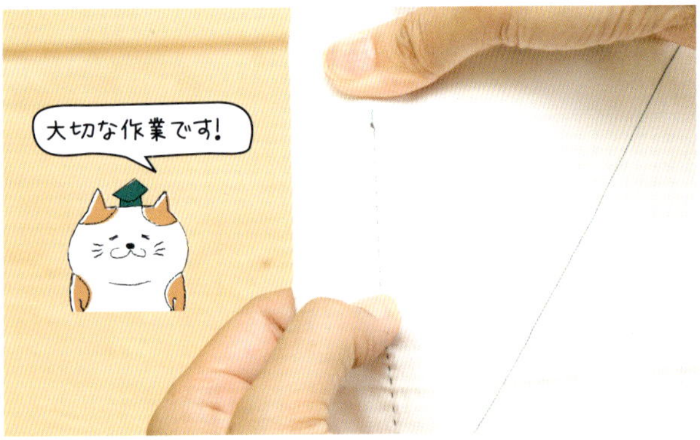
大切な作業です!

40 センチぐらい縫ったら針を引き出し、縫い始めから縫い終わりに向かって、縫い目の上を指でしごいて布を平らにします。

この 2 つの動作が
自然にできるよう
になると、手が疲
れなくなりますよ。

次に布を下に振って針を進めます。利き手は動かさないで直進させるのみです。このように布を 180 度上下に振りながら縫い進んでいきます。

7　返し針止めをする

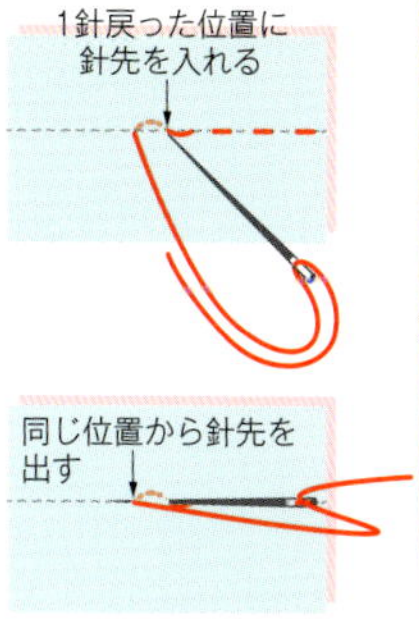
1針戻った位置に
針先を入れる
同じ位置から針先を
出す

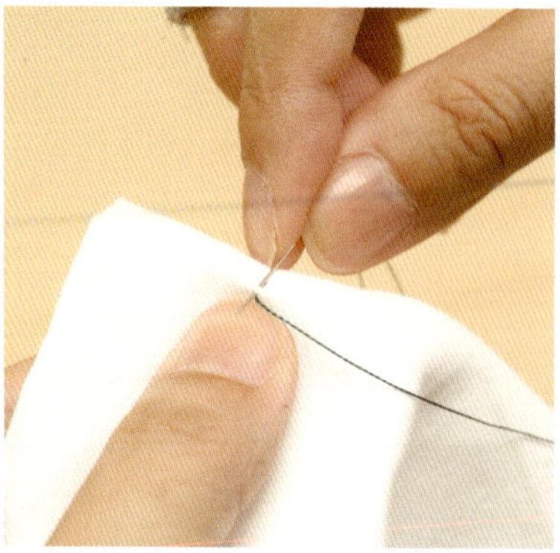

縫い終わりの位置まで着いたら１針分戻ります。

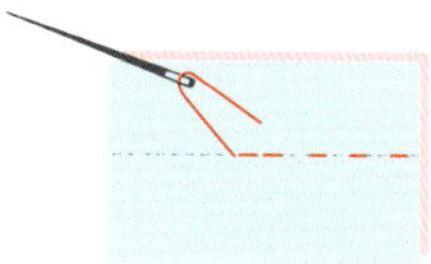

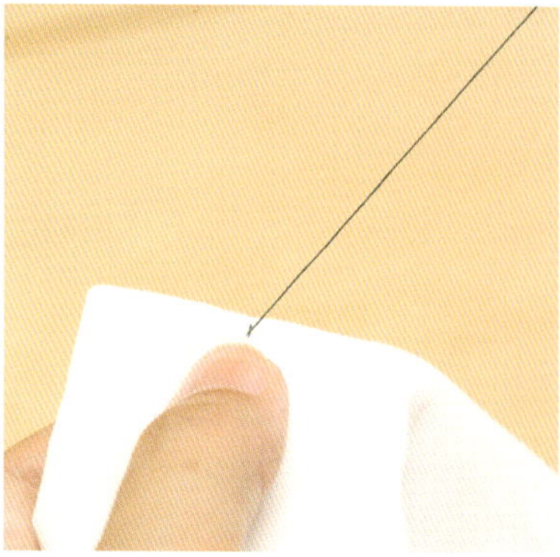

もう一度同じ位置から針を出します。

8　玉結びをつくって糸を切る

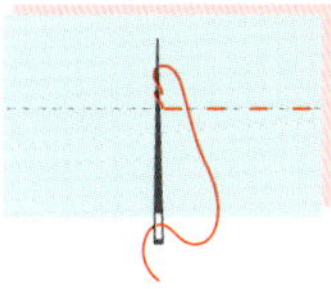

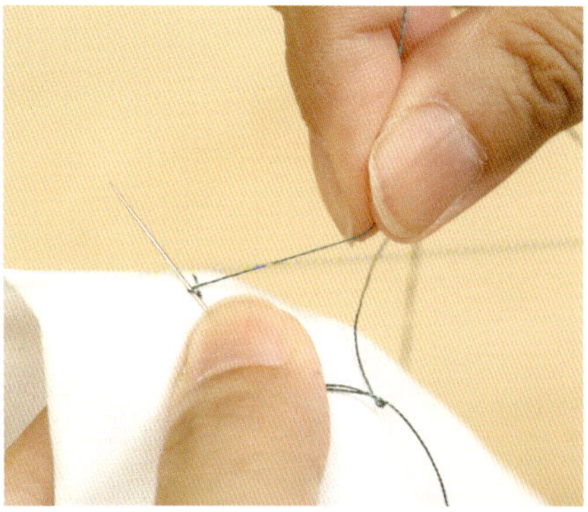

縫い終わりの位置に針を置き、糸を３回巻きつけます。

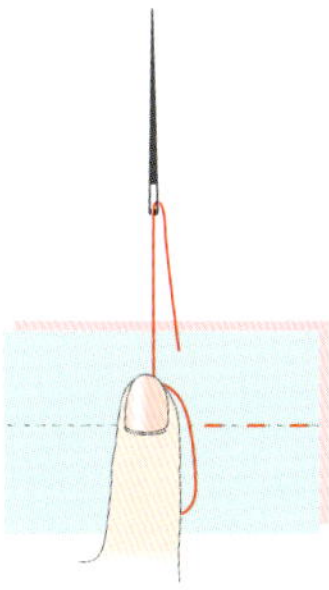

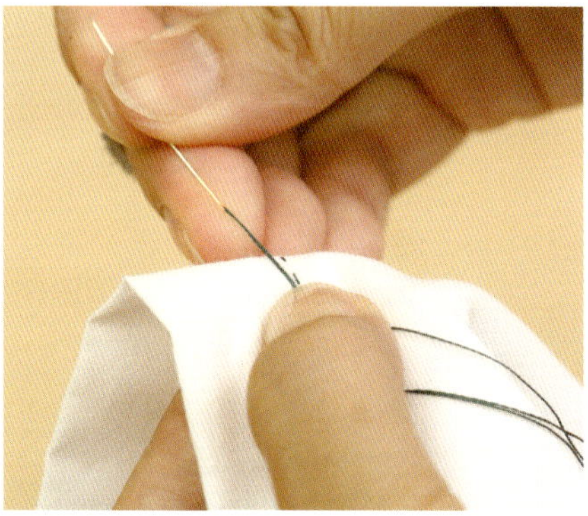

指で巻いたところをしっかり押さえて針を抜き取ります。玉結びができたら糸を切ります。

達人への道

引き抜き切ったら、玉留めをして糸を切らないで、続けて袖口の三つ折りぐけに入ります。※大きくすくうと留めが弱くなるので注意。

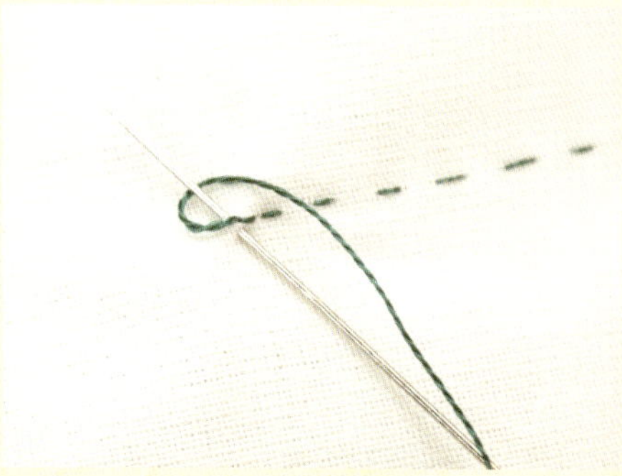

最後に１針返した縫い目の位置で、縫ってきたラインと斜めになるように小さく布をすくい、糸をかけて引き抜きます。

すくい止め

かんぬき止めができない袖口止まり（↓P.69）を丈夫にするために使います。

DVD 4

運針の困った！を解決

DVD 4

すいすいと進み始めた運針も、ちょっとしたトラブルで進まなくなってしまうことがあります。だれもがつまずく「困った！」をここで解決します。

困った！ 途中で糸が絡んだ

これで解決　直らなかったら糸を切って、右の方法で重ね継ぎをします。次からは下の方法で糸が絡まないようにしましょう。

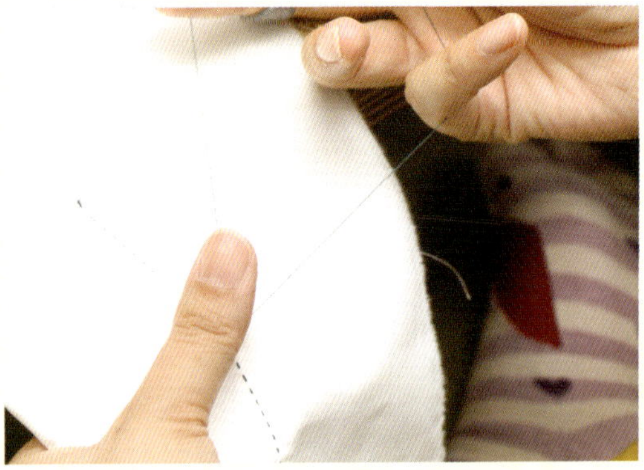

糸を引く前に、1回糸の輪を大きく広げます。

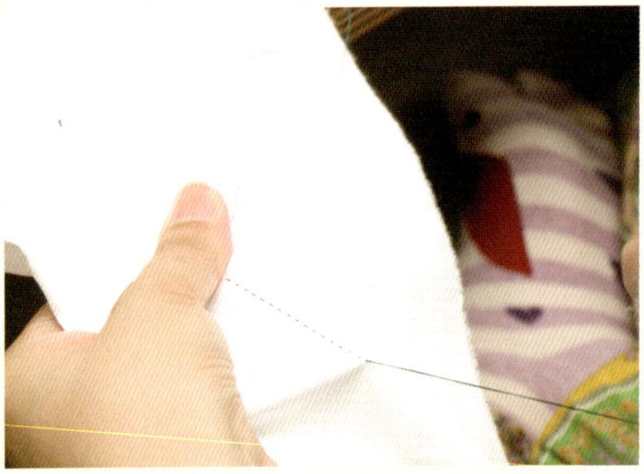

輪の根元を指でしっかり押さえながら糸を引いていきます。

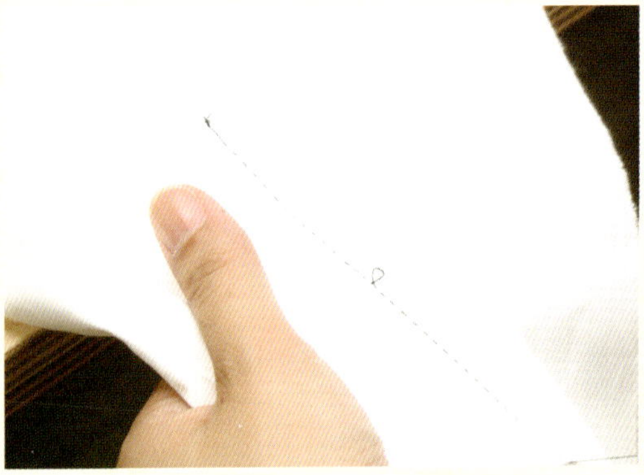

この方法を使うと、長い糸も絡まらずにきれいに引き切ることができます。

困った！ 途中で糸がなくなった！

これで解決　重ね継ぎをします。
すべての箇所に共通の糸継ぎの方法です。

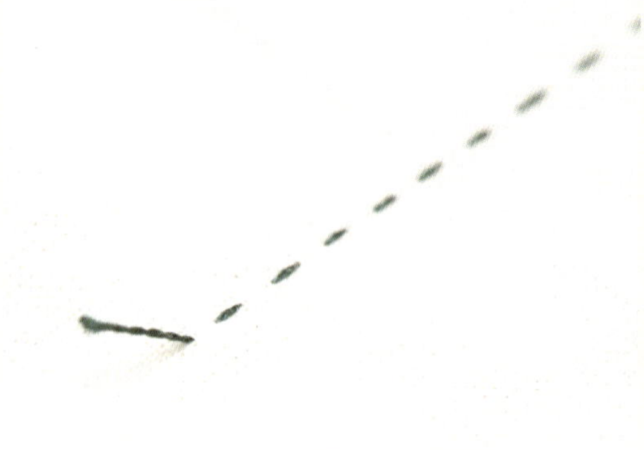

糸は玉留めをしないで針から抜き取ります。2センチは残しましょう。

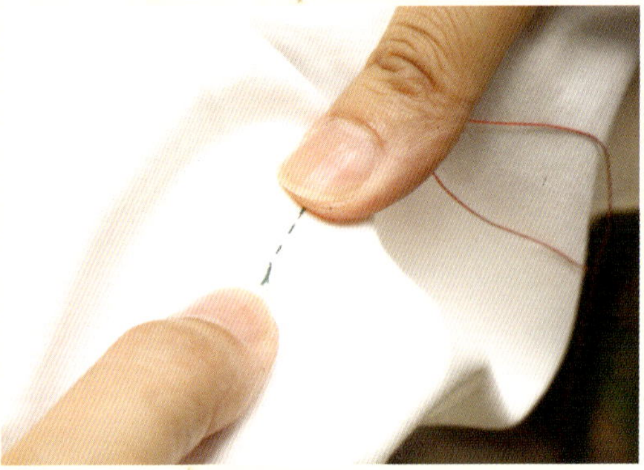

新しい糸を針に通して玉留めをつくり、4センチ手前から、縫ってある糸を割るように縫い重ねます。

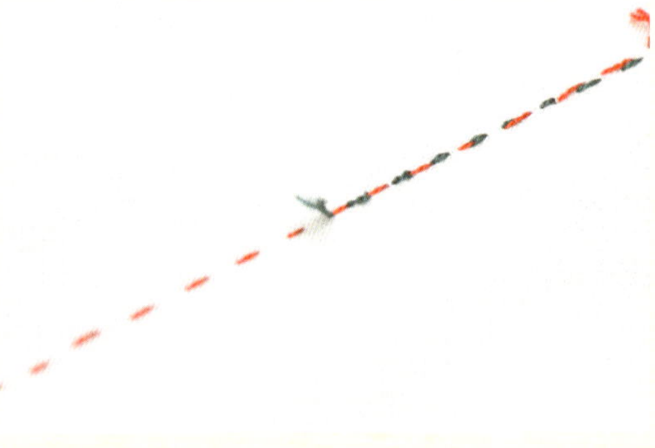

写真は分かりやすいように重ね継ぎをした糸の色を変えています。

必要な縫い方、くけ方、しつけ方

DVD 5

ぐし縫い以外に覚えておきたい縫い方です。布同士を縫い合わせる縫い方や、留め方、表に糸が見えないようにくけたり、縫い代などを押さえてしつけたりします。これらの技法を駆使して1枚のきものを美しく縫い上げていきます。

半返し縫い

細かく縫うのが難しい厚手の生地や重なりがある箇所に使います。

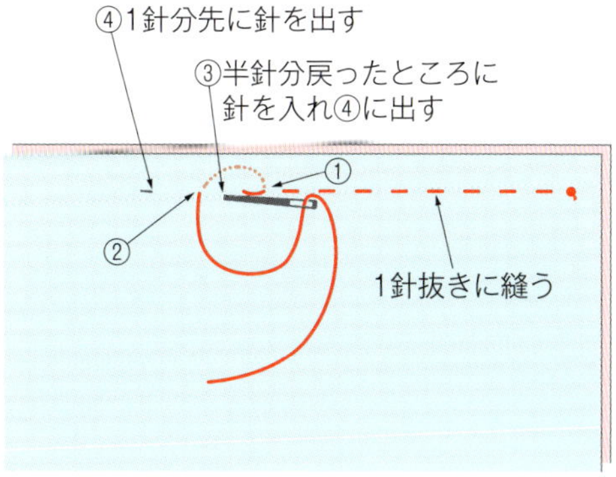

④1針分先に針を出す
③半針分戻ったところに針を入れ④に出す
①
②
1針抜きに縫う

1針分先に針を出したら半針分戻ったところに針を刺します。

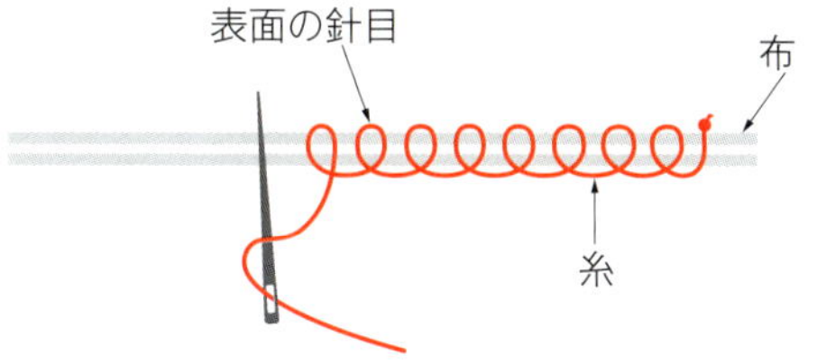

表面の針目
布
糸

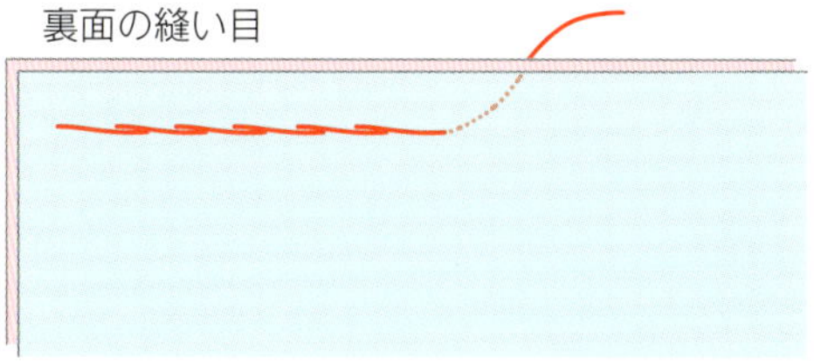

裏面の縫い目

表は半針の糸が出て、裏は半分ずつ二重になります。

本返し縫い

丈夫に縫えるので、コートや羽織の裾付近に使って、布裂けが起こらないようにします。

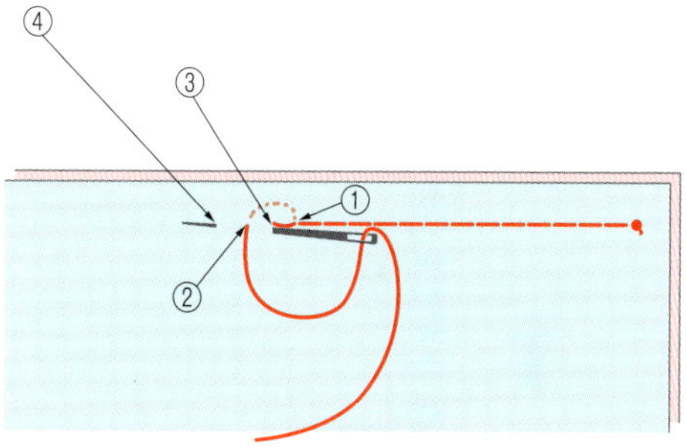

④
③
①
②

1針縫い進んだら1針分戻ります。これを繰り返します。

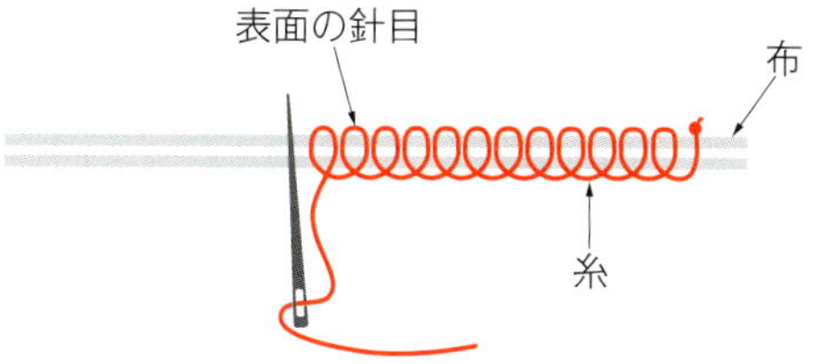

表面の針目
布
糸

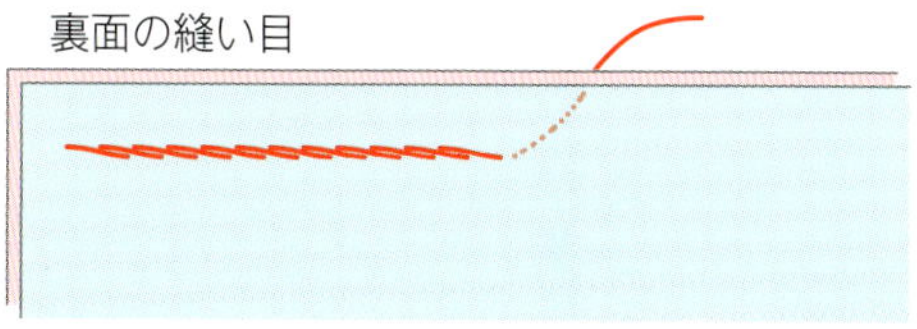

裏面の縫い目

表の縫い目がすきまなく続き、裏は糸が二重に渡ります。

ちょこっと覚え得

くける・しつける

現代では聞き慣れない言葉ですが、和裁ではいちばんよく出てくる動詞です。

◎くける

縫い目が表になるべく見えないように縫うこと。

洋裁では、スカートやズボンの裾を処理するときの「まつり縫い」がこれによく似ています。

◎しつける

縫い上がったことを示すために、仮の糸で袖下や裾などを粗く縫っておくこと。

礼儀作法などを身につけてもらうときに使う「しつけ」と語源の由来が一緒です。

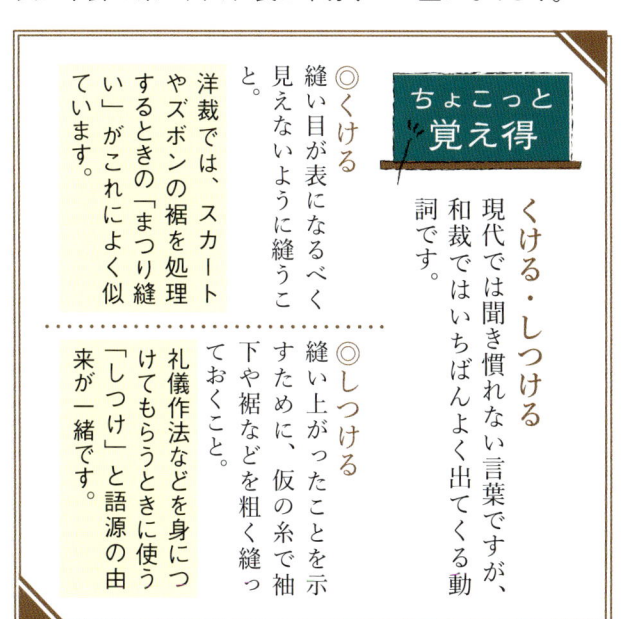

一目落とし縫い・しのびとじ

最も一般的なしつけ方法です。表側に大きく糸をわたらせながら、裏に小さな針目を1目ずつ落としていきます。しつけ糸を使う場合と縫い糸を使う場合があります。

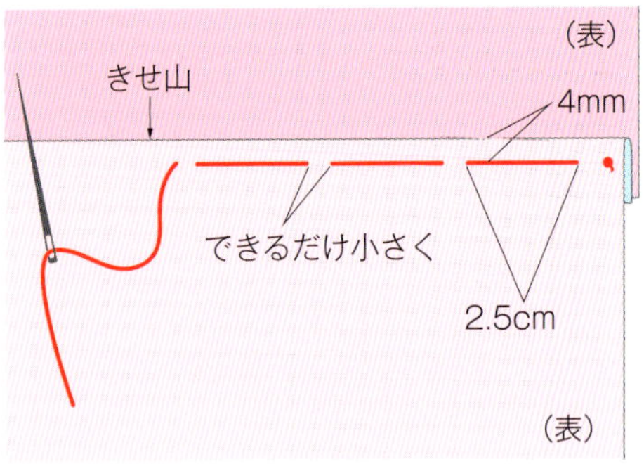

小さく布をすくってから、2.5 センチぐらい先に針を刺します。これを繰り返します。表に長めの糸がわたって、裏には小さな針目が出ます。

●しのびとじ

夏の薄物などで居敷当てをつけるときや、衿つけで縫い代を折って押さえるときなどに使います。しつけ糸ではなく、本縫いの糸を使用することのほうが多いです。

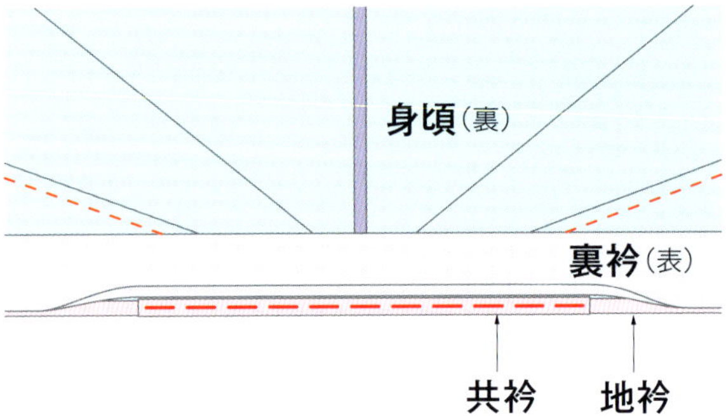

縫い方は上の一目落とし縫いと同じですが、針目の間隔が、場所によって、1.5 ～ 3.5 センチぐらいの幅があります。上のイラストは単衣きものの広衿付け(→ P91)のしのびとじです。

二度縫い

ヒップの辺りなど、摩擦が多く糸切れしやすい位置に使用します。

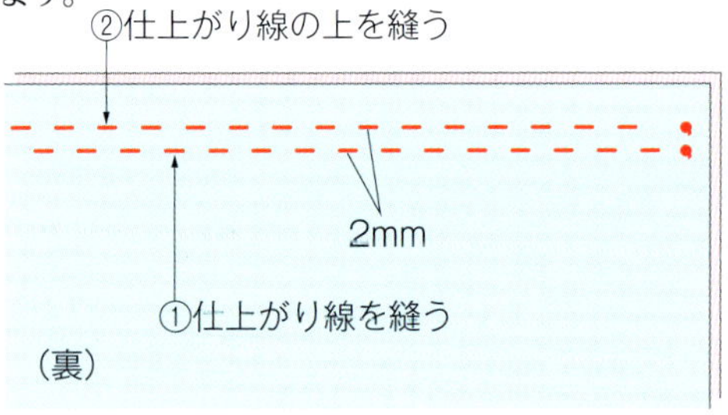

ぐし縫いしたあとに、さらに、2 ミリ上のラインをもう一度ぐし縫いします。

袋縫い

縫い代が袋状になる縫い方です。縫い代が見えやすい袖下などに使用します。

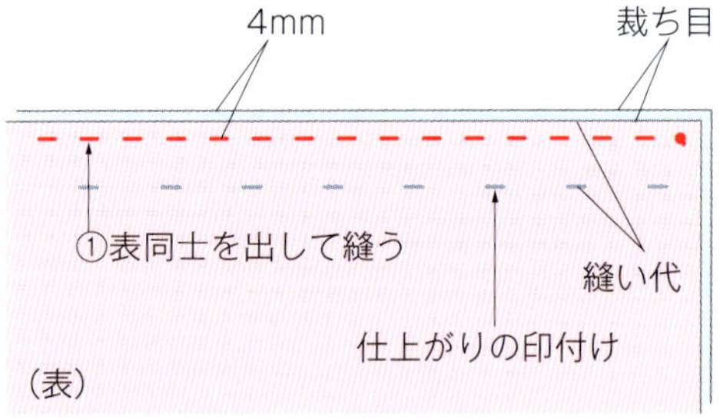

❶布を外表に合わせて、裁ち目から 4 ミリ入ったところをぐし縫いします。

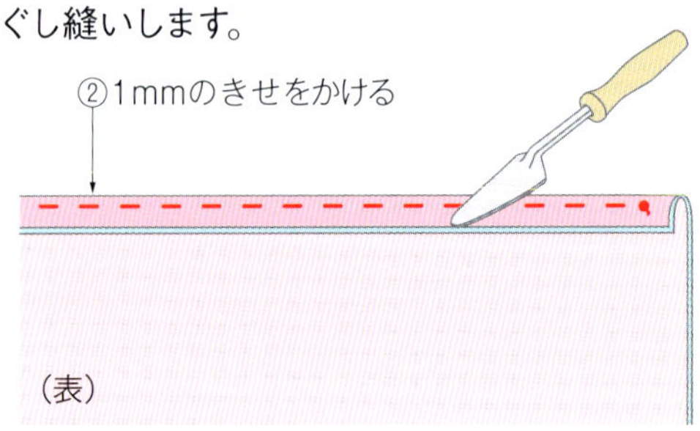

❷ 1 ミリのキセをかけます。

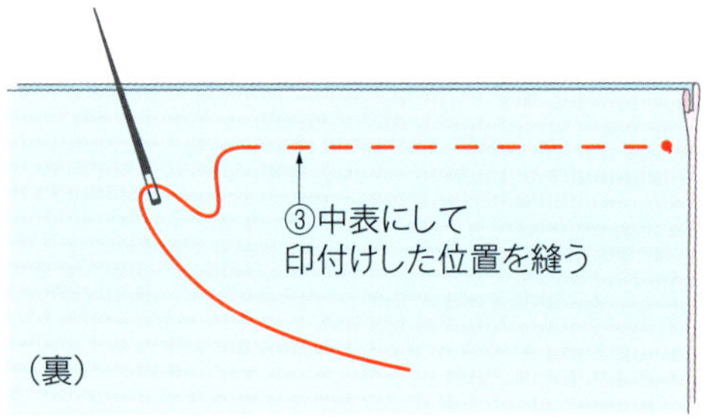

❸中表に返しキセ山をそろえ、印付けした縫い線の位置を縫います。

星留め

重なっている布がずれないように糸で小さくすくって留めておく縫い方です。

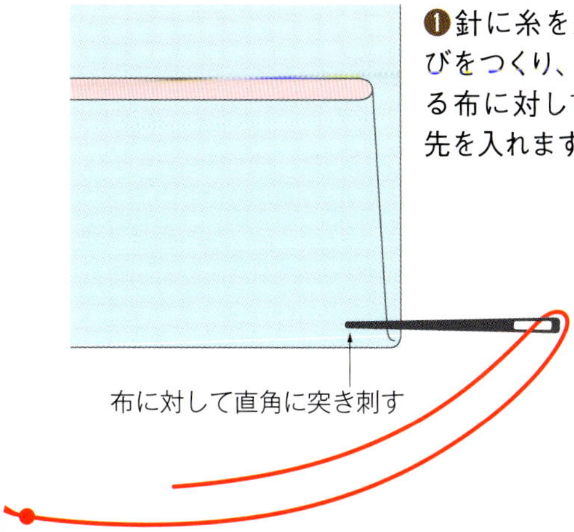
布に対して直角に突き刺す

❶針に糸を通して玉結びをつくり、重なっている布に対して直角に針先を入れます。

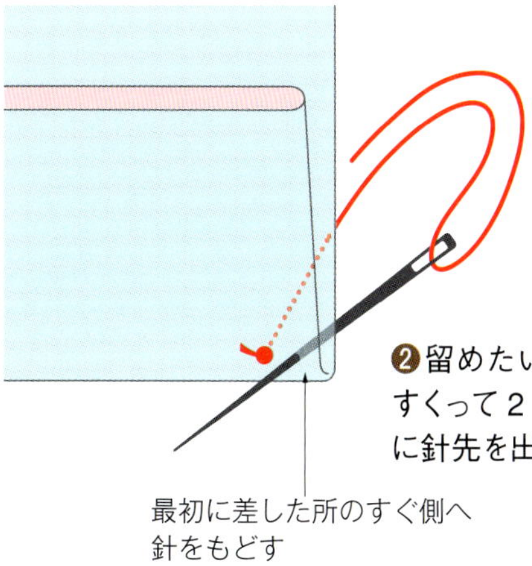
最初に差した所のすぐ側へ
針をもどす

❷留めたいぶんの布をすくって２ミリ先ぐらいに針先を出します。

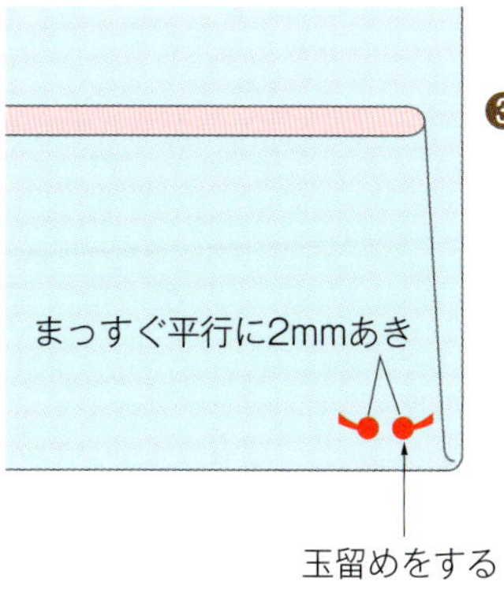
まっすぐ平行に2mmあき
玉留めをする

❸玉留めをします。

かんぬき留め

身八つ口、袖付けなど、引っかけて縫い目が裂けたりしやすいあき止まりを補強します。

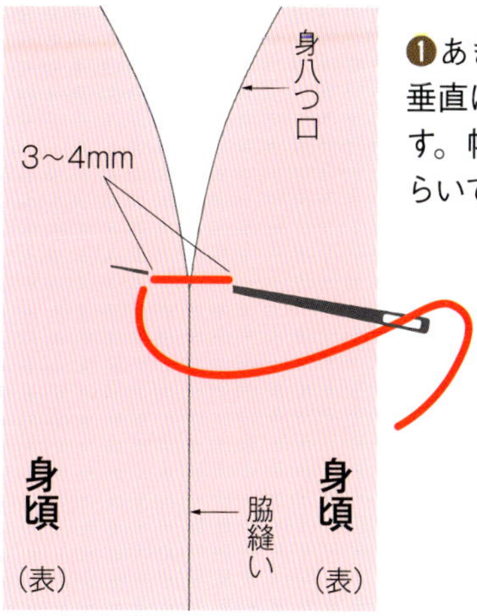
身八つ口
3~4mm
身頃
（表）
脇縫い
身頃
（表）

❶あき止まりに対して垂直に糸を２回渡します。幅は３～４ミリぐらいです。

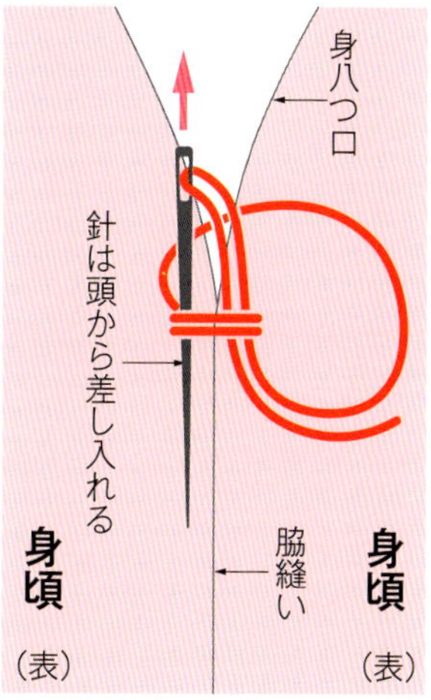
身八つ口
針は頭から差し入れる
身頃
（表）
脇縫い
身頃
（表）

❷渡した糸の下から針の頭を入れて、針の後ろに糸を渡して引きます。

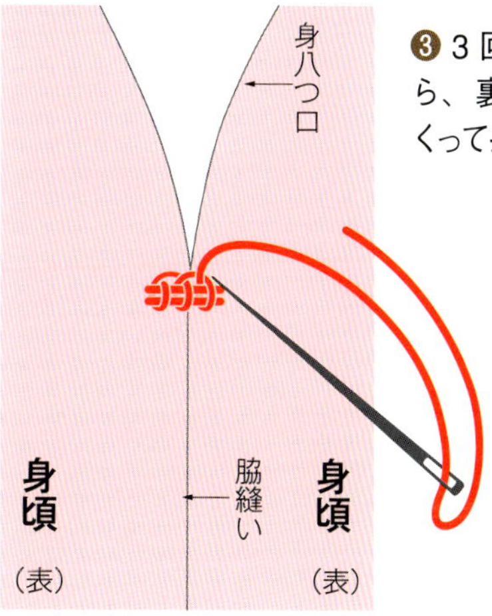
身八つ口
身頃
（表）
脇縫い
身頃
（表）

❸３回、回し掛けたら、裏で玉留めをつくって糸を切ります。

三つ折りぐけ

裁ち目の布端を中に折り込んでからくける方法です。裏の目は三つ折りの中に入り、表には小さな針目が少しだけ出ます。

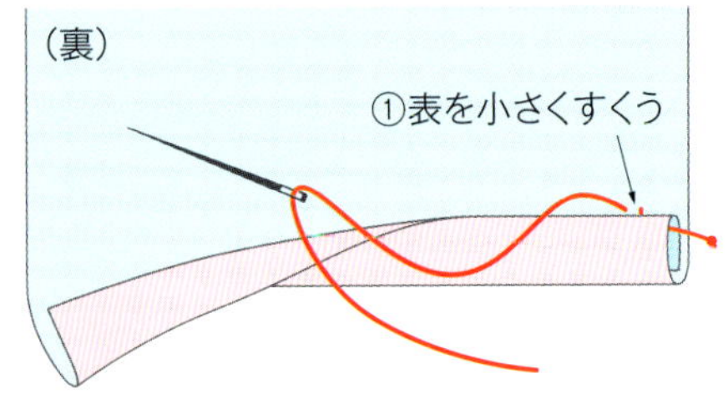

❶布端を三つ折りにし、折山の中に針を通しながら、表布を少しだけすくいます。

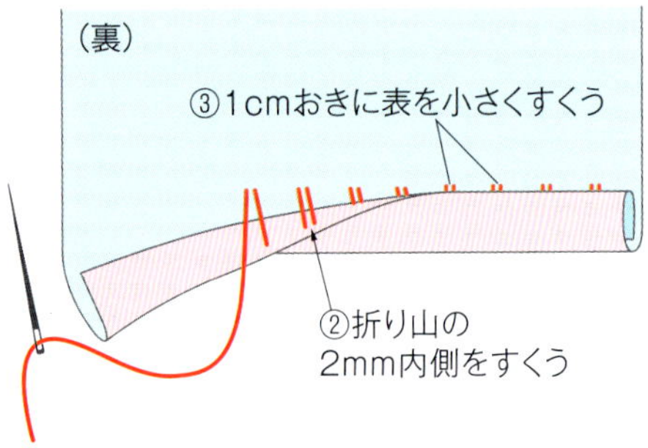

❷ 1 センチ間隔で繰り返します。夏の薄物など、縫い代を多くとった場合は 2 センチ間隔にします。

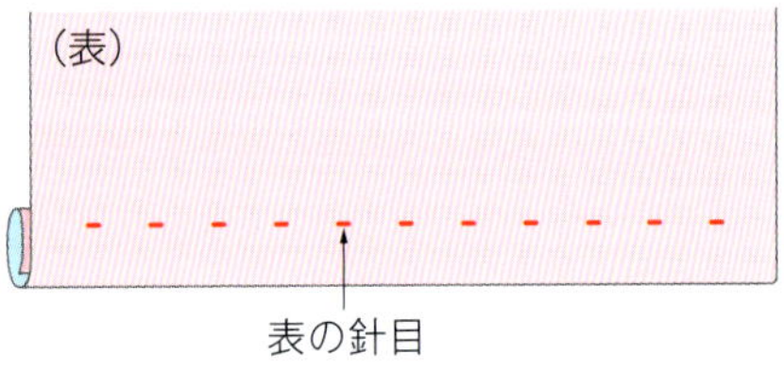

❸表側には 1 センチ間隔で小さな針目が出ます。

耳ぐけ

布の耳が端にくるときの始末の仕方です。印付けした位置で折り返し、裏で2針縫う間に表を小さく1針すくいます。

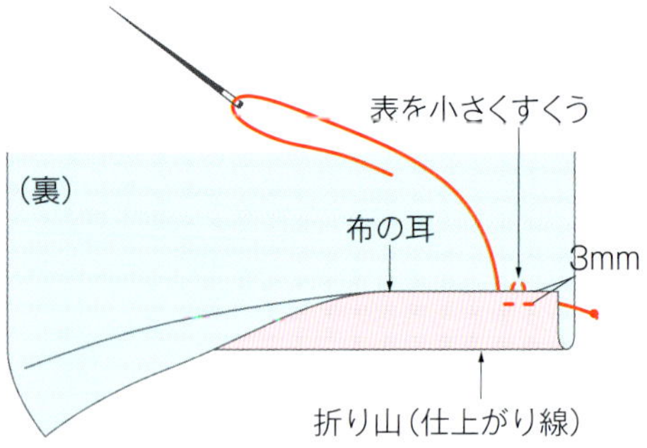

❶耳端から 3 ミリ入ったところを小さく 2 針縫うときに表側を小さく 1 針すくいます。

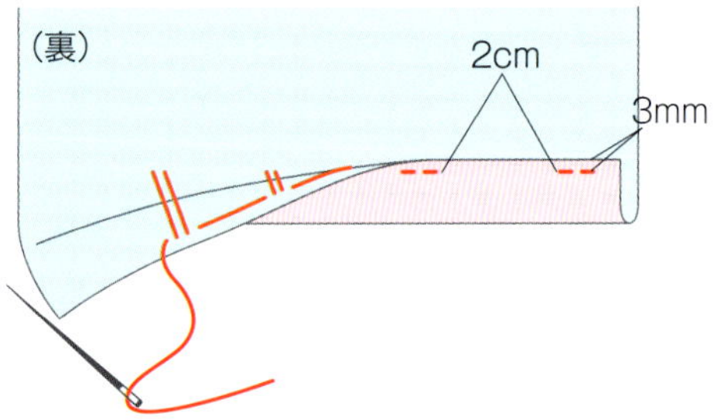

❷縫い代の裏側に2センチ糸を渡して、❶を繰り返します。

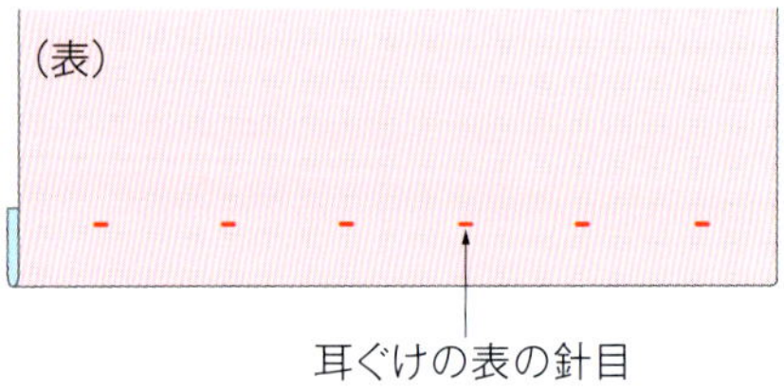

❸表側には 2 センチ間隔で小さな針目が出ます。

折り伏せぐけ

単衣で絹物など上等なきものの場合に、縫い代の端を1センチ折り伏せてくけていく方法です。

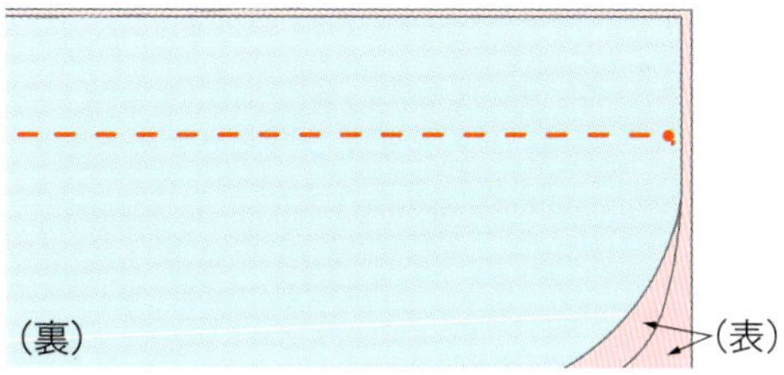

❶縫い線同士を合わせて縫います。

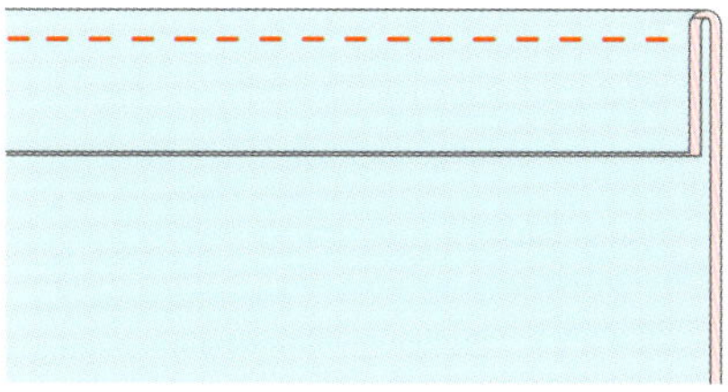

❷２枚一緒に仕上がり線に合わせてキセをかけます。

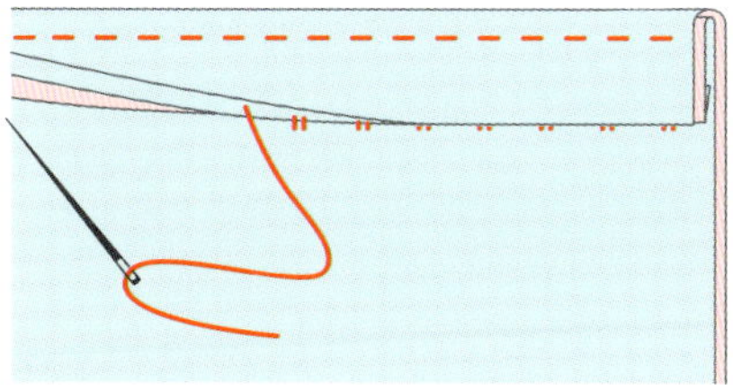

❸縫い代を端から１センチ折って、２センチ間隔でくけます。

本ぐけ

２枚の折山を合わせていく方法です。糸はすべて同じ間隔で両方の折山の中に渡ります。「くけの運針」とも言われます。衿の裏をつけるときなどに使います。

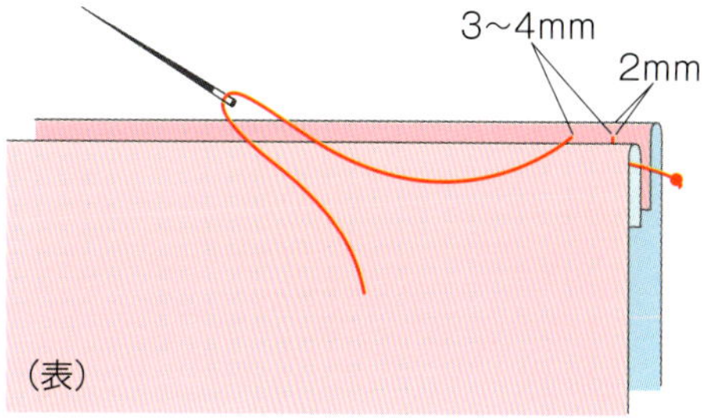

❶折山同士を合わせて、折山から2ミリ入ったところに針を通し３～４ミリ先から出します。

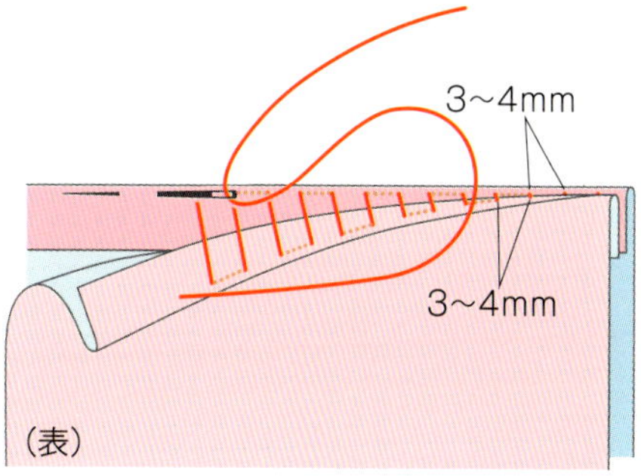

❷３～４ミリずつ交互に針を通しながらくけていきます。

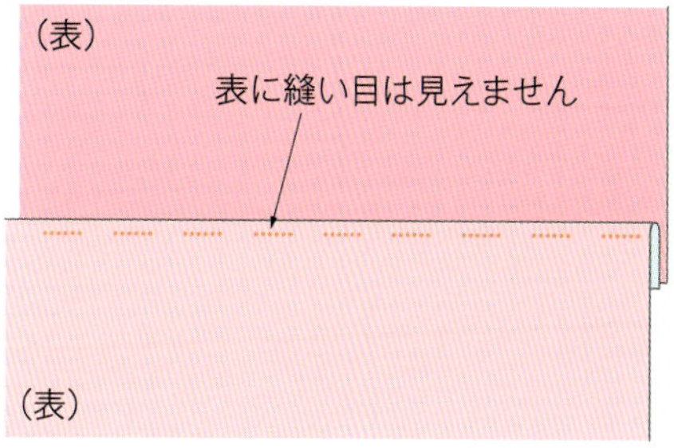

❸折山の内側にすべての糸が通るので、表には縫い目が出ません。

千鳥がけ

単衣きものの脇の始末、居敷当ての背裾などにかけます。左から右に縫い進みます。

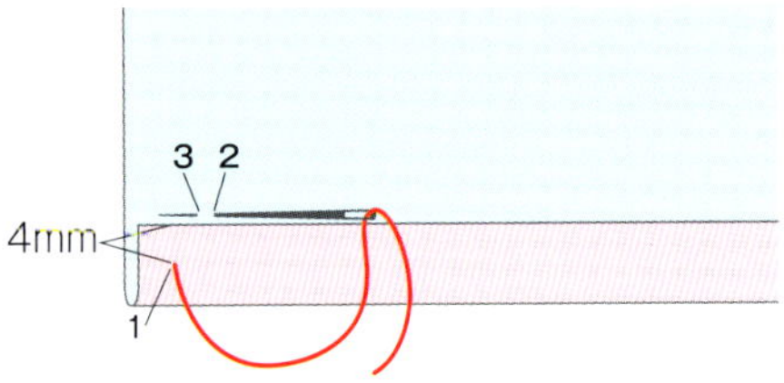
3 2
4mm
1

❶折り代の後ろから針を出して、図の2～3に針を入れて表布をすくいます。

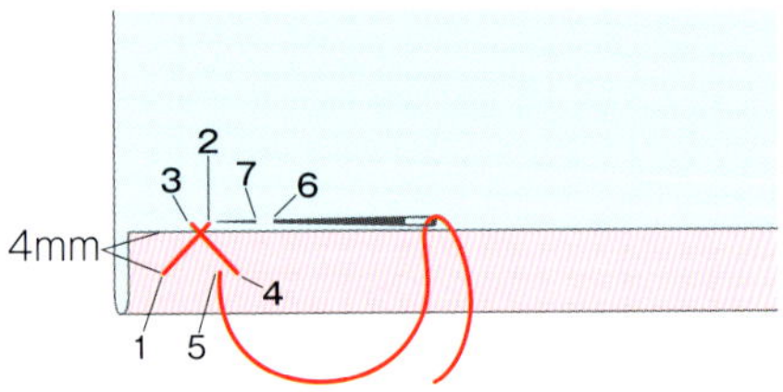
2
3
7
6
4mm
4
1 5

❷次に4～5に針を入れて、表に針目が出ないように折り代の布のみをすくいます。これを繰り返します。

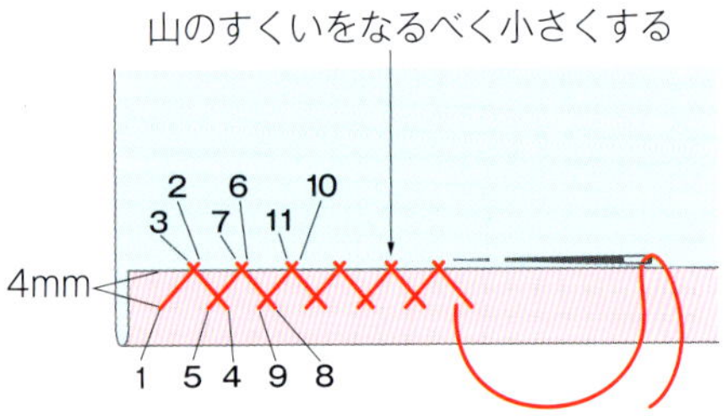
山のすくいをなるべく小さくする
2 6 10
3 7 11
4mm
1 5 4 9 8

❸左から右に縫い進んでいきます。表側には小さな針目が出ます。

よりぐけ

麻や絽など、盛夏のきものの袖口の始末に使うくけ方です。布端を細く巻き込みながらタテまつりでくけていきます。

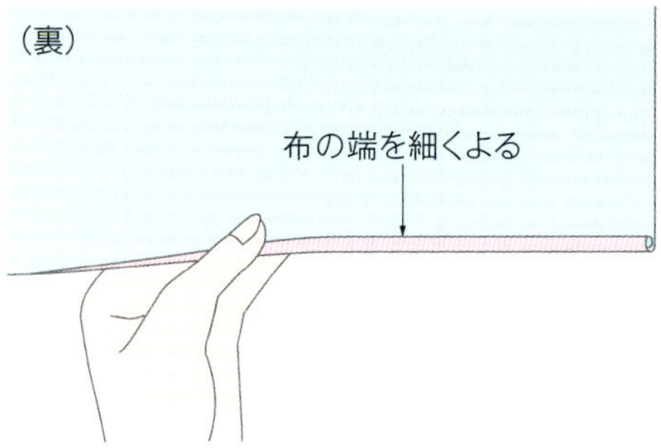
（裏）
布の端を細くよる

❶裁ち目の端が中に巻き込まれるように布端を指で細くよります。

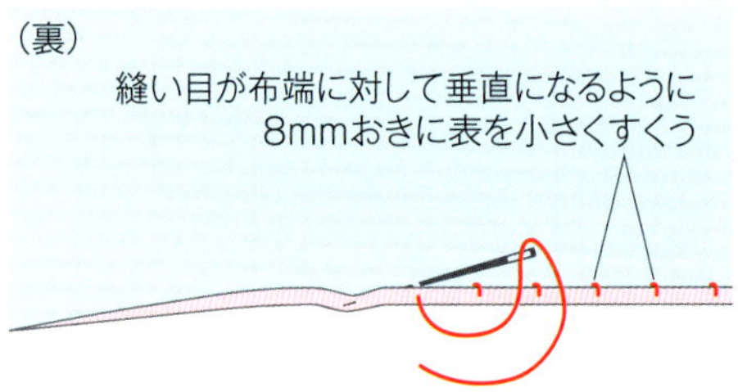
（裏）
縫い目が布端に対して垂直になるように
8mmおきに表を小さくすくう

❷８ミリ間隔ぐらいで表布を小さくすくいながら縦まつりぐけしていきます。

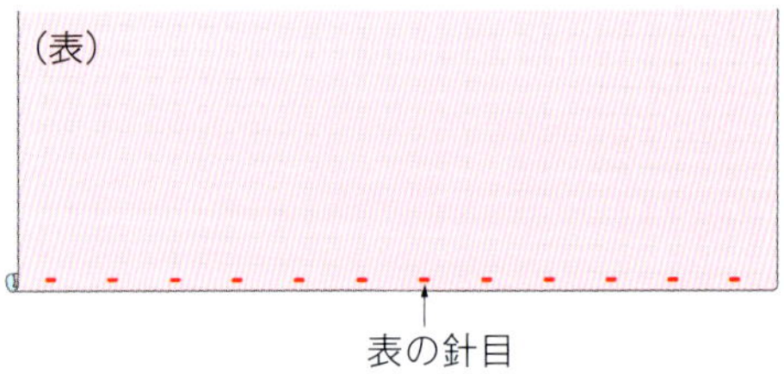
（表）
表の針目

❸表側には８ミリ間隔で小さな針目が出ます。

採寸ときものの寸法の出し方

自分で縫うきものの長所は何といっても自分サイズのオートクチュールということです。ぴったりのサイズに仕立てれば、着姿も決まり着崩れしにくく、着心地もよくなります。採寸する箇所は４カ所。公式に当てはめて寸法を出す箇所と、基準寸法をベースにする箇所があります。

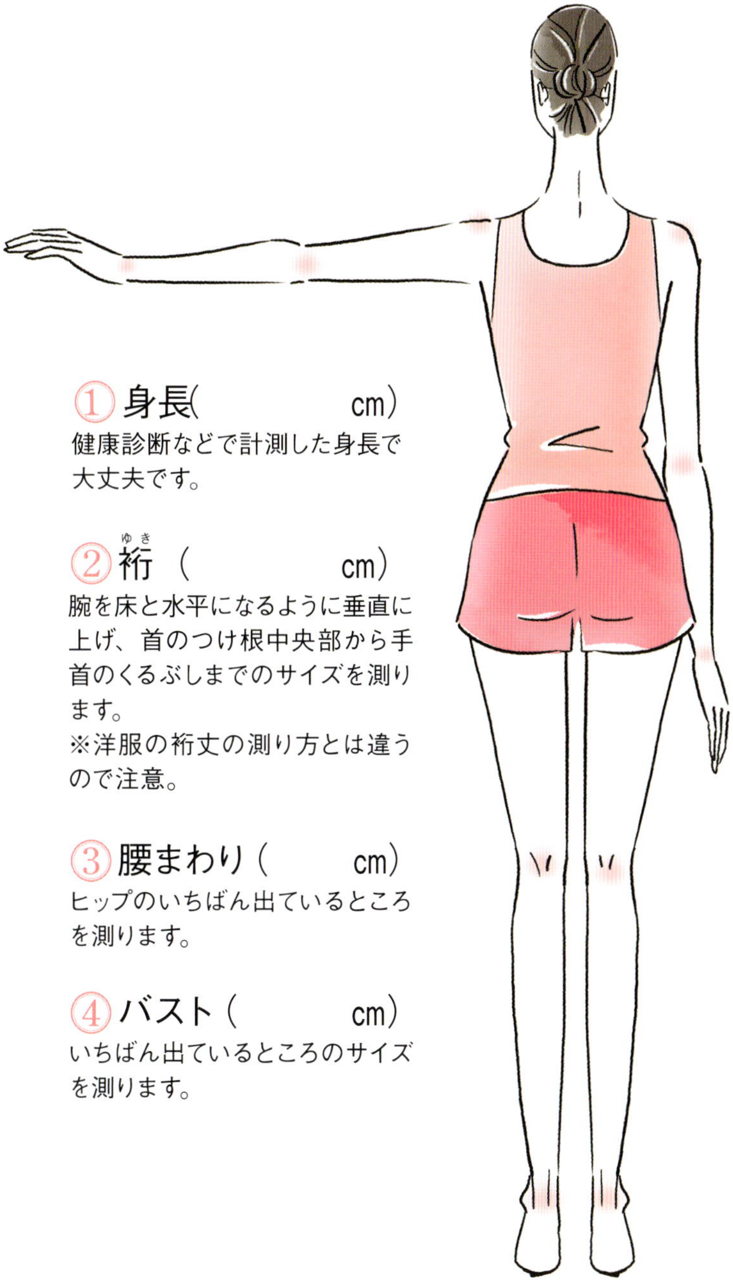

① 身長(　　　　　cm)

健康診断などで計測した身長で大丈夫です。

② 裄《ゆき》（　　　　　cm)

腕を床と水平になるように垂直に上げ、首のつけ根中央部から手首のくるぶしまでのサイズを測ります。
※洋服の裄丈の測り方とは違うので注意。

③ 腰まわり（　　　cm)

ヒップのいちばん出ているところを測ります。

④ バスト（　　　cm)

いちばん出ているところのサイズを測ります。

ちょこっと覚え得

反物の長さ、本当に足りる？

ほとんどの方は「着尺」と呼ばれる普通サイズの反物で間に合いますが、体格がよい人のために「長尺」も出回っています。このサイズが必要な方の目安は身長１メートル75センチ以上、または腰回り１２０センチ以上の方です。該当する方は、呉服店によく相談してから買い求めるようにしましょう。

左が「着尺」で並幅約 36 ～ 38 センチ×長さ約 12 ～ 13 メートル。右が「長尺」で、同じ並幅で長さが 14 メートル程度あります。

女性のきものの寸法の出し方

4カ所を採寸したら、下記の寸法の出し方、寸法の考え方にしたがって、ご自身の寸法を計算してみましょう。
下の「腰まわりのサイズからの割り出し表」もご利用ください。

部位		標準体型の参考寸法(※)	寸法の出し方	自己寸法欄
身丈(背)		158cm	身長と同寸　※体格がよく肩に厚みのある方、いかり肩の方　は＋3cm	
衿下		79cm	身長 ÷2　※身長が高い方(165cm 以上の方)は足が長いので＋2cm(5分)	
裄		66cm	採寸した寸法(→P39)＋3cm	
	前腰幅	36.5cm	腰まわりを採寸した寸法(→P39)÷2－9cm	
	全体身幅	130.5cm	腰まわりを採寸した寸法(→P39)＋前腰幅＋3cm(ゆるみ)	
身幅	合褄幅	14cm		
	前幅	22.5cm	前腰幅－合褄幅(14cm)	
	後幅	29cm	{全体身幅－(前腰幅 ×2)} ÷2	
バスト	82～90cm	23cm	体格で広げたり、狭くしたりする。90cm 以上で＋1cm、以降5cmごとに 1cm プラスしていく。狭くする場合も同様に。	

※腰回り 91cm で計算しています。

●以下は採寸に関係なく標準寸法を基本に考えます。

部位		標準体型の参考寸法(※)	寸法の出し方	自己寸法欄
袖丈		49cm(1尺3寸)	年齢や好み、TPOで 45cm(1尺2寸)～56.5cm(1尺5寸)の間で前後しても。長くなるほど若々しくドレッシーに。	
袖付け		23cm(6寸)	帯を結ぶ位置が高い方、若い方は 21cm(5寸5分)ぐらいでも。	
袖口		23cm(6寸)		
袖幅		34cm(9寸)		
肩幅		32cm		
衽下がり		肩山より23cm(約6寸)		
身八つ口		15cm(4寸)	あきが少ないと着付けがしにくくなる。	
衿幅	広衿	11.5cm		
	バチ衿	上 5.5cm・下 7.5cm		
衿肩あき(裁切《たちきり》)		9.5cm(2寸5分)	※ゆかた・袷は 10cm(背縫いの縫い代は 1cm)になる。	
繰越		3cm(8分)		
衽幅		15cm(4寸)		

※裄丈が標準以上の人は、袖幅を1cm 出し、さらに足りない場合は肩幅を出して調整します(それでも足りない場合は広幅の反物でつくります)。裄丈が標準以下の人は、肩幅を1cm 短くし、さらに長い場合は袖幅で調整します。

腰まわりのサイズからの割り出し表

ヒップ	前腰幅	全体身幅	前幅	後幅	ヒップ	前腰幅	全体身幅	前幅	後幅	ヒップ	前腰幅	全体身幅	前幅	後幅	ヒップ	前腰幅	全体身幅	前幅	後幅
80	31	114	17	26	89	35.5	127.5	21.5	28.25	98	40	141	26	30.5	107	44.5	154.5	30.5	32.75
81	31.5	115.5	17.8	26.25	90	36	129	22	28.5	99	40.5	142.5	26.5	30.75	108	45	156	31	33
82	32	117	18	26.5	91	36.5	130.5	22.5	28.75	100	41	144	27	31	109	45.5	157.5	31.5	33.25
83	32.5	118.5	18.5	26.75	92	37	132	23	29	101	41.5	145.5	27.5	31.25	110	46	159	32	33.5
84	33	120	19	27	93	37.5	133.5	23.5	29.25	102	42	147	28	31.5	111	46.5	160.5	32.5	33.75
85	33.5	121.5	19.5	27.25	94	38	135	24	29.5	103	42.5	148.5	28.5	31.75	112	47	162	33	34
86	34	123	20	27.5	95	38.5	136.5	24.5	29.75	104	43	150	29	32	113	47.5	163.5	33.5	34.25
87	34.5	124.5	20.5	27.75	96	39	138	25	30	105	43.5	151.5	29.5	32.25	114	48	165	34	34.5
88	35	126	21	28	97	39.5	139.5	25.5	30.25	106	44	153	30	32.5	115	48.5	166.5	34.5	34.75

寸法を記入しましょう

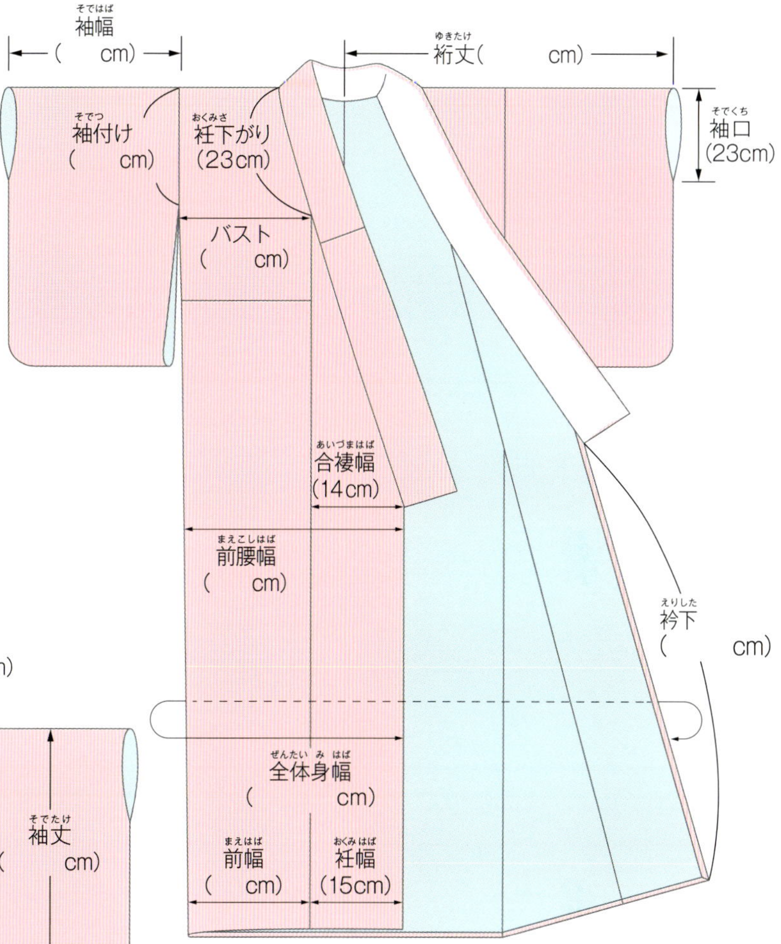

袖幅《そではば》
(　　cm)
裄丈《ゆきたけ》(　　cm)
袖口《そでくち》
(23cm)
袖付《そでつ》け
(　　cm)
衽下《おくみさ》がり
(23cm)
バスト
(　　cm)
合褄幅《あいづまはば》
(14cm)
前腰幅《まえこしはば》
(　　cm)
衿下《えりした》
(　　cm)
全体身幅《ぜんたいみはば》
(　　cm)
前幅《まえはば》
(　　cm)
衽幅《おくみはば》
(15cm)

ご自身の寸法が出たら、イラストに当てはめて、きもののどの場所の寸法を出したのか確認しましょう。

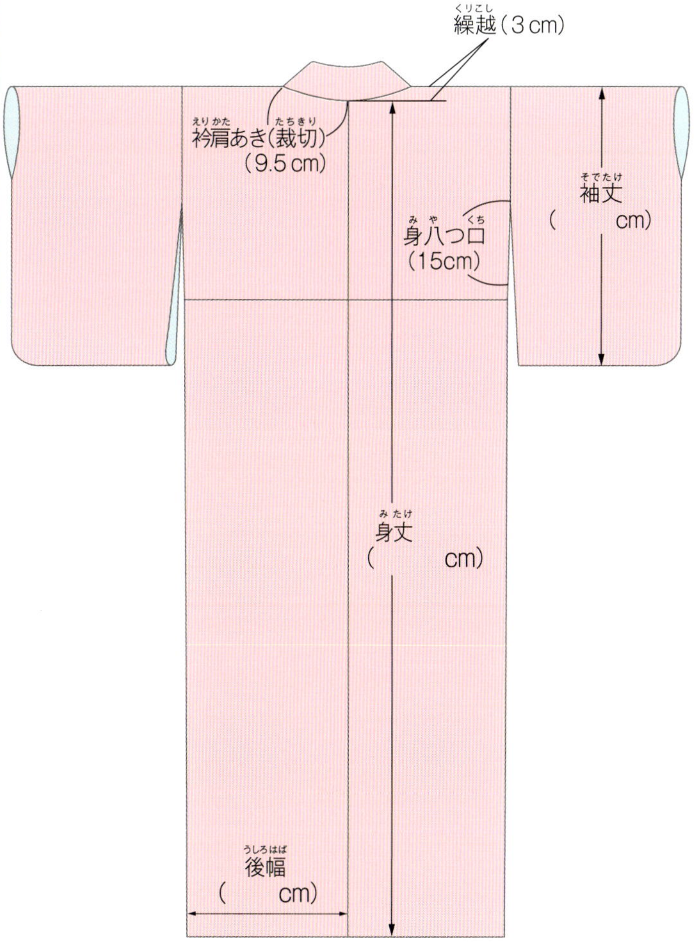

繰越《くりこし》(3cm)
衿肩《えりかた》あき(裁切《たちきり》)
(9.5cm)
袖丈《そでたけ》
(　　cm)
身八《みや》つ口《くち》
(15cm)
身丈《みたけ》
(　　cm)
後幅《うしろはば》
(　　cm)

ちょこっと覚え得

「着丈」と「身丈」の違いって？

「着丈」とは、おはしょりを含まない、きものを着たときのきものの長さのことで、「身丈」とは、おはしょりを含めたきものの出来上がりの長さのことです。また、背中心から裾までのサイズを「身丈」としているものと、肩山から裾までのサイズ（繰越を含めたサイズ）を「身丈」としているものもありますが、プロ和裁の世界では、背中心のサイズを「身丈」とするのが一般的です。

きものの色合わせ

きものと帯の合わせ方は洋服感覚とは少々異なりますので、基本を覚えておくと失敗しません。季節の色柄を上手に組み合わせて、きもののおしゃれを楽しんでください。

基本1

薄いきもの＋濃い帯

濃いきもの＋薄い帯

基本2

若い方は調和のよい反対色　例えば、黄色＋紫色　ピンク色＋水色など

中年以降の方は同系色の濃淡が無難

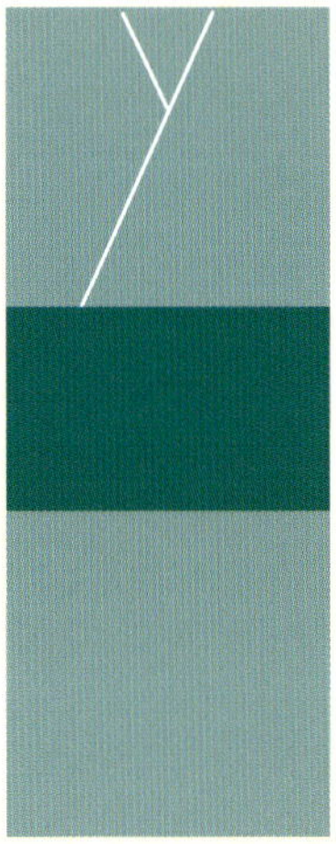

基本3

柄の多彩なきもの＋柄の中から一色をとった単彩の帯

柄の多彩な帯＋柄の中から一色をとった単彩のきもの

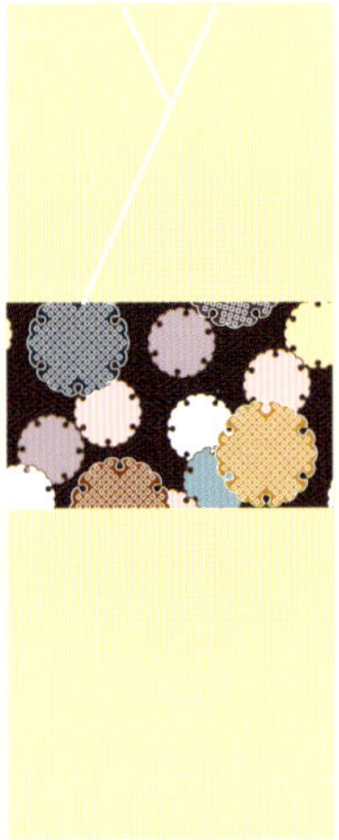

帯締、帯揚の合わせ方

基本1

きもの、または帯の中の一色をとる

基本2

調和のよい反対色を選ぶ

基本3

薄い色のきもの＋帯には濃い色を合わせる　濃い色のきもの＋帯には薄い色を合わせる

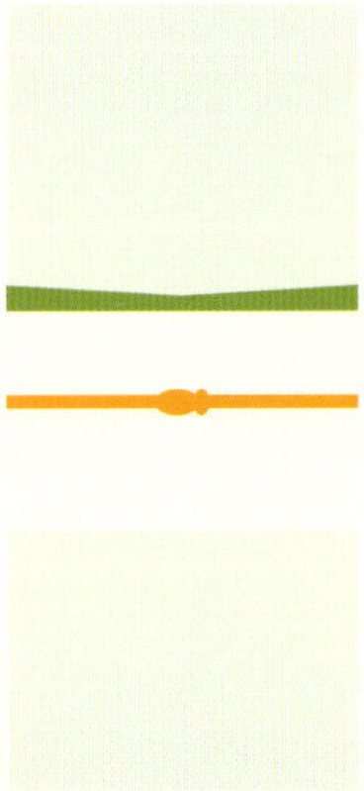

色は繰り返し使うことで統一感がとれてきれいに調和します。

第二章

単衣のきものに挑戦

積《つ》もる

DVD 1

布を裁断する線を決める作業です。採寸した寸法に仕立て上げるために、縫い代分やゆるみを足したり、前後左右に必要な枚数分を掛けます。

身頃
前
後
身頃
前
(　　cm)
(　　cm)

※このページは柄合わせが必要ない場合（色無地や細かい小紋など）の説明です。
柄合わせが必要な方は P.46 へ！

1 各パーツの裁ち切り寸法を出す

標準寸法で計算した例です。赤いところはご自身の寸法に置き換えてください。上の反物イラストにご自身の寸法で積もった数字を入れてみましょう。

袖

袖丈（49cm） ＋ 袖下の縫い代（6cm） ＝ 裁《た》ち切り袖丈（55cm） ×２（前後）
※各左右１枚ずつ（110cm） ×２（左右）

身頃

身丈（158cm） ＋ 繰越（3cm ×２） ＋ 衿付必要寸法（3cm） ＋ 裾の縫い代（2cm） ＋ 内揚げ（5cm）
＝ 裁ち切り身丈（174cm） ×２（前後）
※各左右１枚ずつ（348cm）×２（左右）

衽

身丈（158cm） ＝ 裁ち切り衽丈（158cm）
※各左右１枚ずつ（158m） ×２（左右）

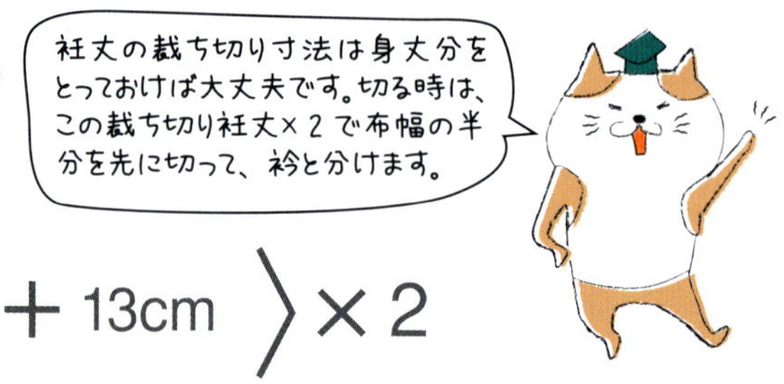

衽丈の裁ち切り寸法は身丈分をとっておけば大丈夫です。切る時は、この裁ち切り衽丈×２で布幅の半分を先に切って、衿と分けます。

共衿

〈 衿肩あき（9.5cm） ＋ 繰越（3cm） ＋ 衽下がり（23cm） ＋ 13cm 〉×２
＝ 裁ち切り共衿丈（97cm）
※１枚

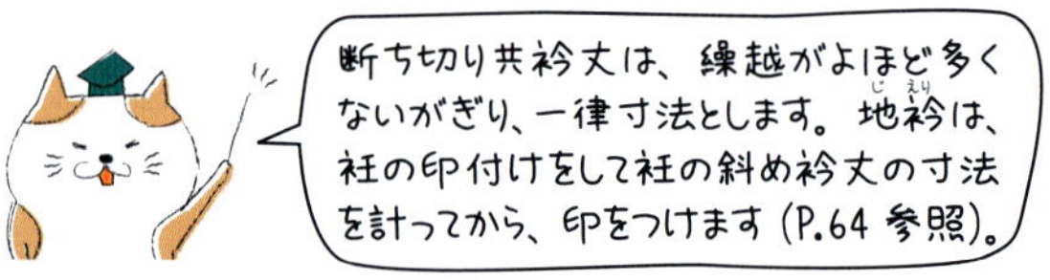

断ち切り共衿丈は、繰越がよほど多くないがぎり、一律寸法とします。地衿《じえり》は、衽の印付けをして衽の斜め衿丈の寸法を計ってから、印をつけます（P.64 参照）。

2 糸印をつける

反物を広げながら、布の表裏が分かるように約 80 センチごとに１本取りの糸で印をつけておきます。証紙（ラベル）が貼ってあるほうが表です。

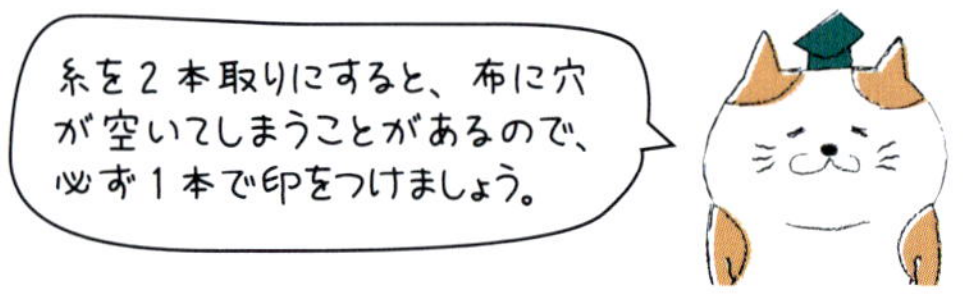

糸を２本取りにすると、布に穴が空いてしまうことがあるので、必ず１本で印をつけましょう。

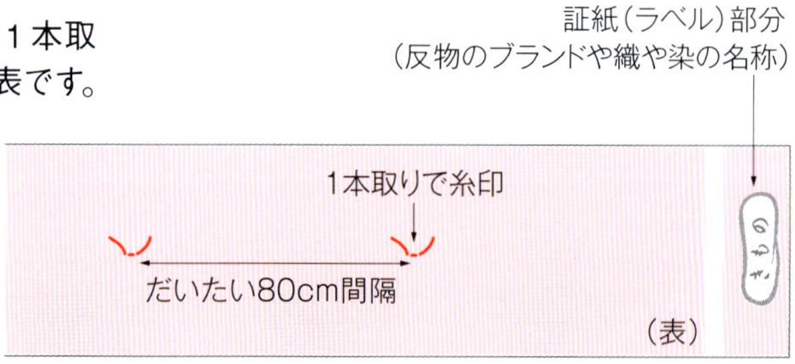

証紙（ラベル）部分
（反物のブランドや織や染の名称）
1本取りで糸印
だいたい80cm間隔
（表）

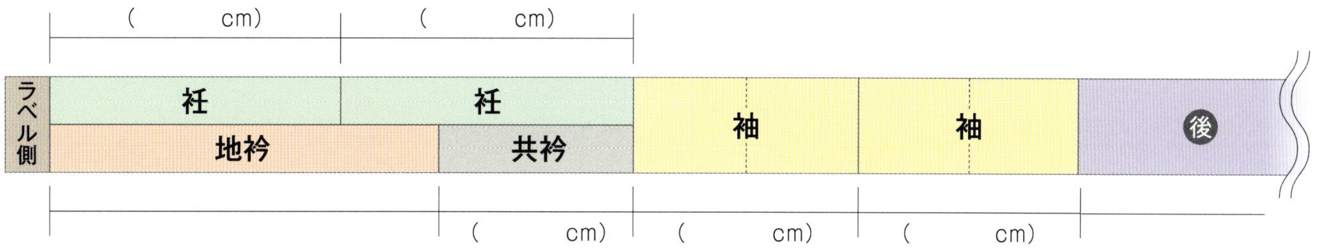

（　cm）
（　cm）
ラベル側
衽
衽
地衿
共衿
袖
袖
後
（　cm）
（　cm）
（　cm）

3 裁ち位置に待ち針を打つ

❶ P44を参照し、袖、身頃などの裁ち切り寸法を出しながら、裁ち位置に待ち針を打ちます。

衽
衽
地衿
共衿
袖
袖
後
身頃
前
後
身頃
前

❷❶の待ち針のラインを右側に★のラインを左側に置くようにして屏風だたみに折ります。

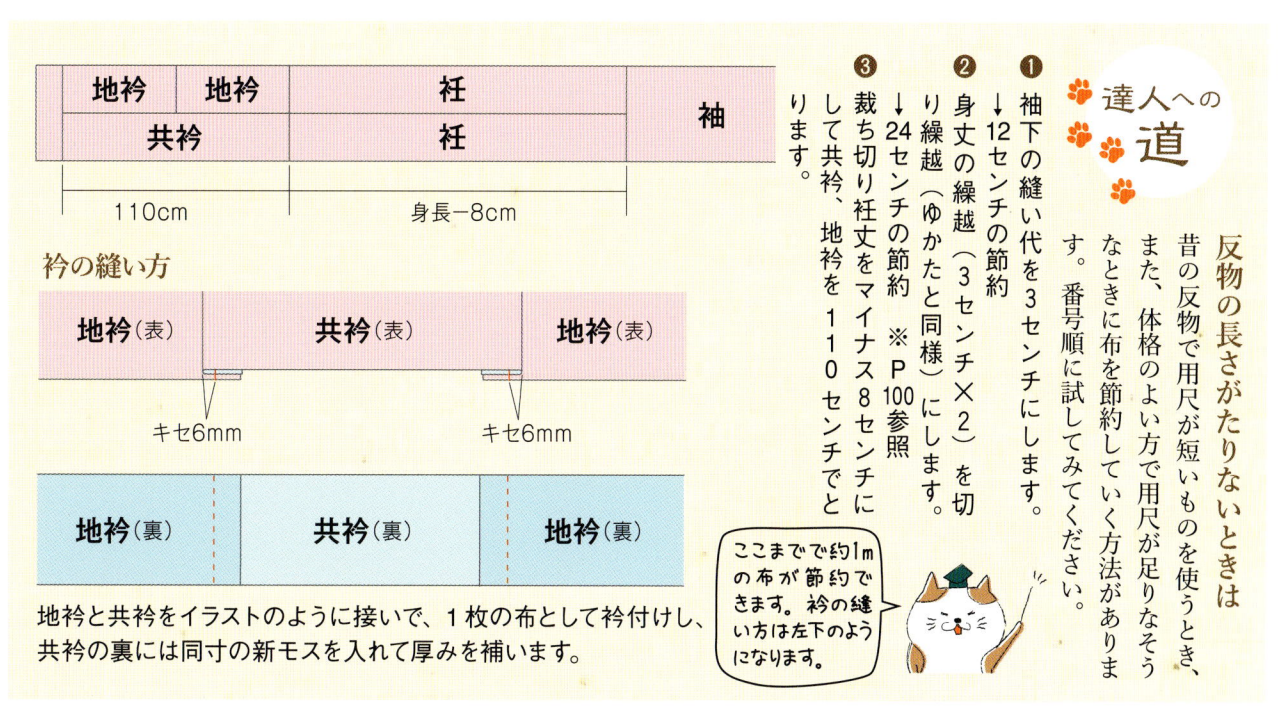

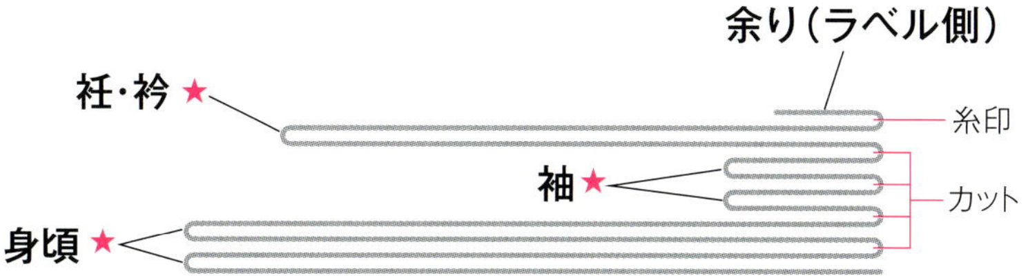

余り（ラベル側）
衽・衿★
糸印
袖★
カット
身頃★

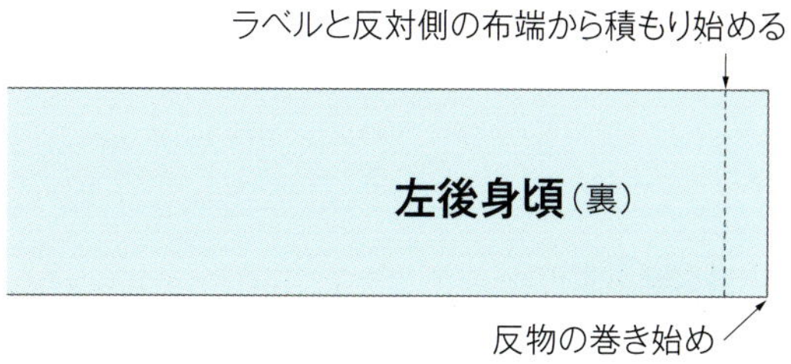

ラベルと反対側の布端から積もり始める
左後身頃（裏）
反物の巻き始め

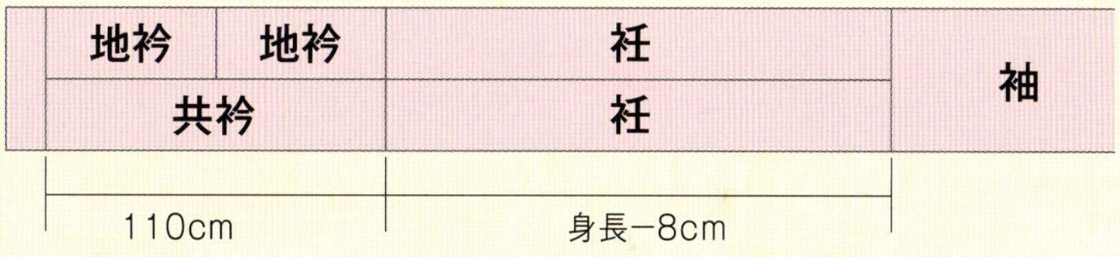

地衿
地衿
衽
共衿
衽
袖
110cm
身長−8cm

衿の縫い方

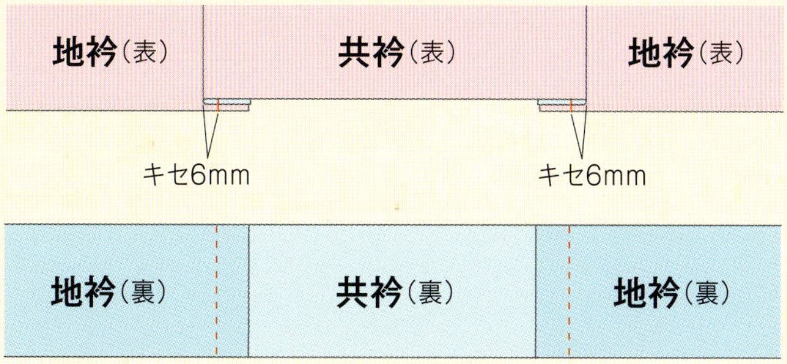

地衿（表）
共衿（表）
地衿（表）
キセ6mm
キセ6mm
地衿（裏）
共衿（裏）
地衿（裏）

地衿と共衿をイラストのように接いで、1枚の布として衿付けし、共衿の裏には同寸の新モスを入れて厚みを補います。

達人への道

反物の長さがたりないときは

昔の反物で用尺が短いものを使うとき、また、体格のよい方で用尺が足りなそうなときに布を節約していく方法があります。番号順に試してみてください。

❶ 袖下の縫い代を3センチにします。
↓12センチの節約

❷ 身丈の繰越（3センチ×2）を切り繰越（ゆかたと同様）にします。
↓24センチの節約　※P100参照

❸ 裁ち切り衽丈をマイナス8センチにして共衿、地衿を110センチでとります。

ここまでで約1mの布が節約できます。衿の縫い方は左下のようになります。

柄合わせをする

DVD 2

美しい柄のきものを美しく着こなすのが、きものの醍醐味です。しかし、美しい柄のきものを美しく仕立てるには、柄合わせの作業が大切です。特に気をつけたいのが大柄、模様が分散している飛び柄、上下の向きが一方方向の柄、反物のタテを2等分する半幅の柄です。仕立てる人のセンスが柄合わせに発揮されます。

✻柄合わせのポイント

上前を中心に柄を合わせ、目立たない下前や地衿は成り行きにします。

✻準備するもの

◇反物
◇待ち針
◇針としつけ糸
◇裁ちばさみ
◇ボール紙

色無地、柄合わせの必要ない細かい柄以外は、ほとんどが必要になる作業です。

1 布を折る

裁ち切り寸法を積もったら、裁ち切り袖丈の1枚をプラス12センチ（6センチ×前後分）に、もう1枚をプラス16センチ(8センチ×前後分）とって、裁ち切り位置に待ち針を打ちながら各パーツごとに布を折ります。

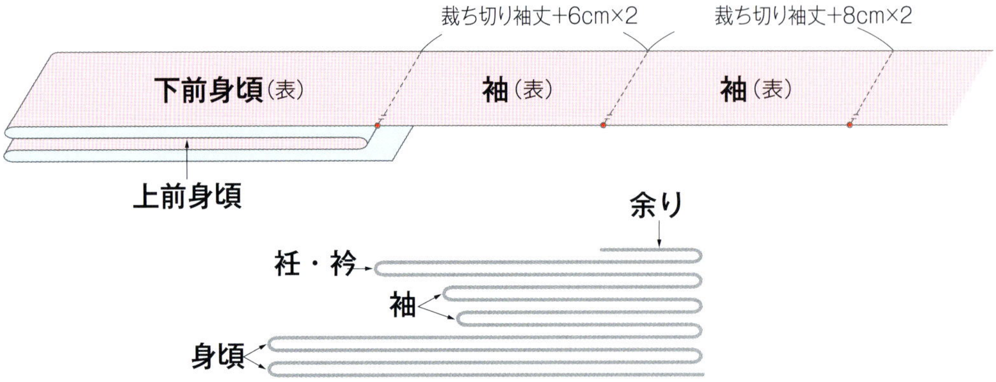

裁ち切り袖丈+6cm×2
裁ち切り袖丈+8cm×2
下前身頃(表)
袖(表)
袖(表)
上前身頃
余り
衽・衿
袖
身頃

2 上前身頃の柄をとる

❶上前身頃を出し、肩山から10～20センチのところにいちばん良い柄が来るようにします。良い柄がない場合は布を巻き始め側にずらします。
❷柄の位置が決まったら、下にある左後身頃の表の背中心に糸印をつけます。

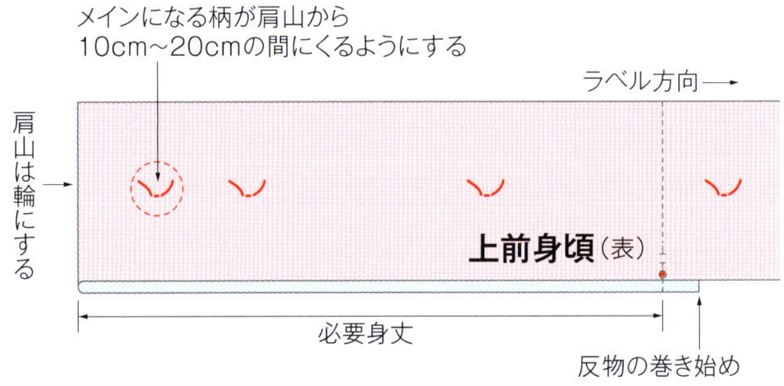

メインになる柄が肩山から
10cm~20cmの間にくるようにする
ラベル方向→
肩山は輪にする
上前身頃(表)
必要身丈
反物の巻き始め

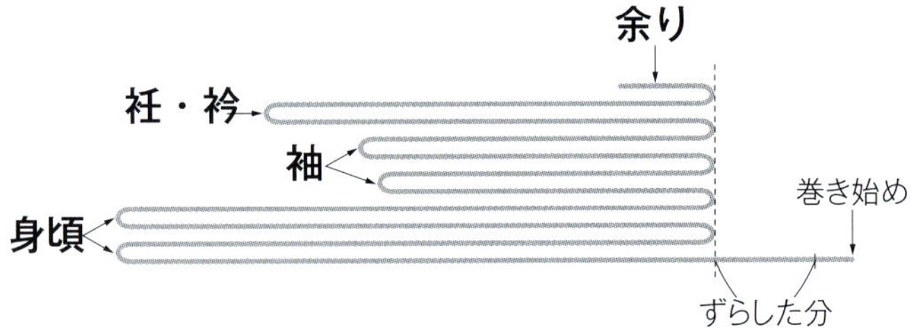

余り
衽・衿
袖
身頃
巻き始め
ずらした分

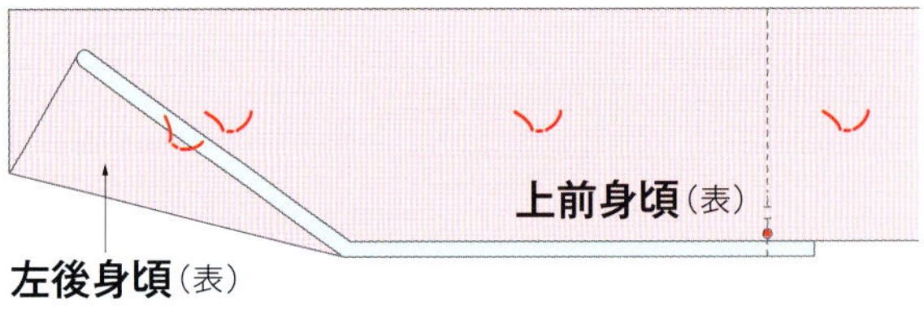

上前身頃(表)
左後身頃(表)

3 後身頃の柄合わせをする

❶後身頃の柄の配置を確認します。折りたたんだ反物をずらさないように天地を返して、後身頃を上に出します。いちばん上の左後身頃を手前にずらして、後身頃同士の背中心を突き合わせます。

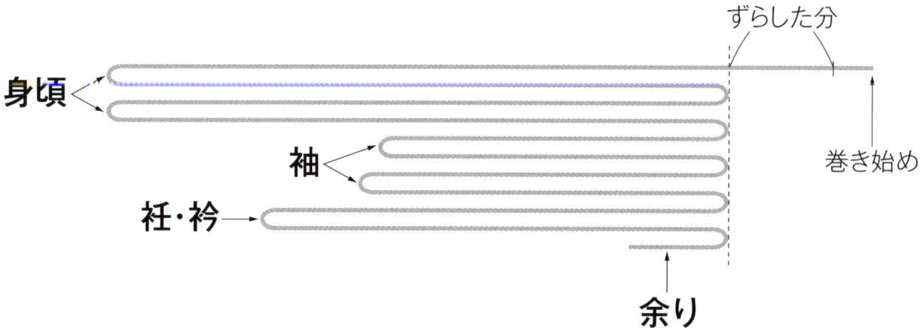

❷裾から約 80 センチの模様が互い違いにバランス良く配置されていれば OK です。縫い代が各 1 センチずつ入ることも考慮しましょう。バランスが悪ければ、右後身頃の布をずらして柄を合わせます。配置が決まったら、右後身頃の背中心側にも糸印をつけます。

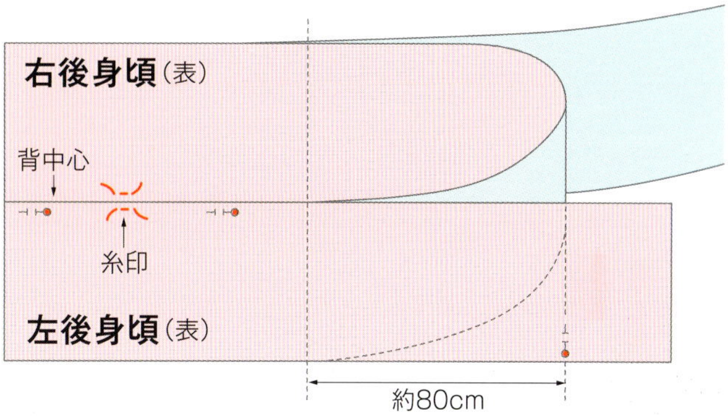

❸布の天地を戻します。布をずらして柄合わせした場合は、ずらした分を送ってから、袖、衽をたたみ直します。

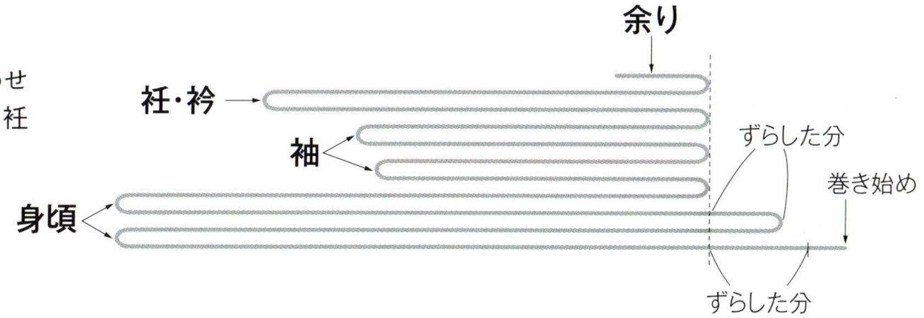

身頃の間に袖をはさむ場合は、こんな配置になります。

袖1枚を挟んだ場合

	袖	下前身頃	袖	上前身頃	

袖2枚を挟んだ場合

	下前身頃	袖	袖	上前身頃	

達人への道

もし、配置が極端に悪かったら……

布を少しぐらいずらしても柄合わせができないときは、下前身頃をとる前に、袖1枚分（出来上がり袖丈＋12センチまたは16センチ）を先にとります。それでも、柄合わせできなければ、袖2枚分を先にとります。

4 身頃と袖を裁断する

❶ここまで、柄合わせができたら、もう一度、積もった寸法がとれているかたたまれている状態で確認し、布の右端の裁ち位置の待ち針も確認します。いちばん上の衽と余り布との境はまだ切らないので糸印をつけておきます。
また、袖は左右袖の間を切らずに1枚につなげたままにしておきます。

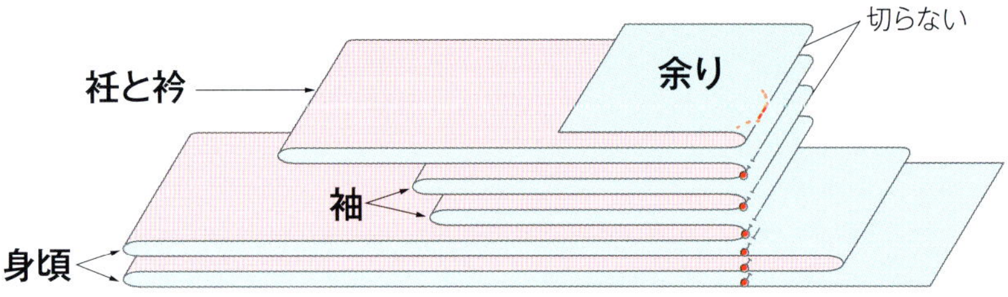

衽と衿
余り
切らない
袖
身頃

❷身頃、袖を裁断します（→ P54）。

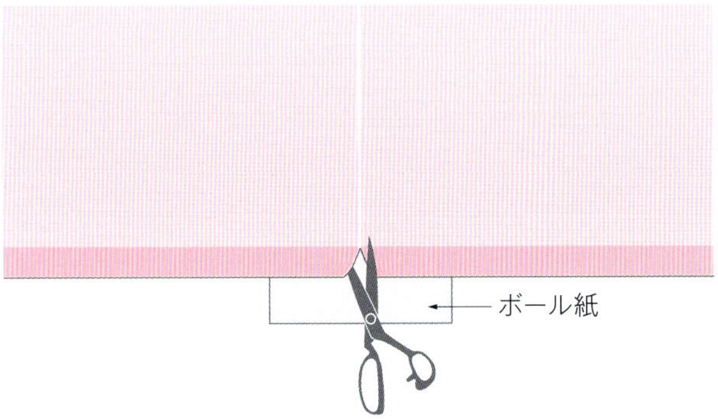

ボール紙

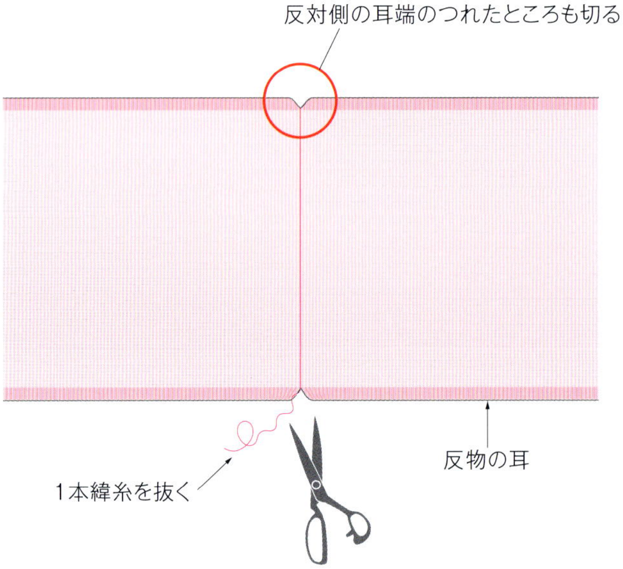

反対側の耳端のつれたところも切る
1本緯糸を抜く
反物の耳

5 上前共衿の柄を合わせる

❶衽・衿の布をイラストのように折ります。

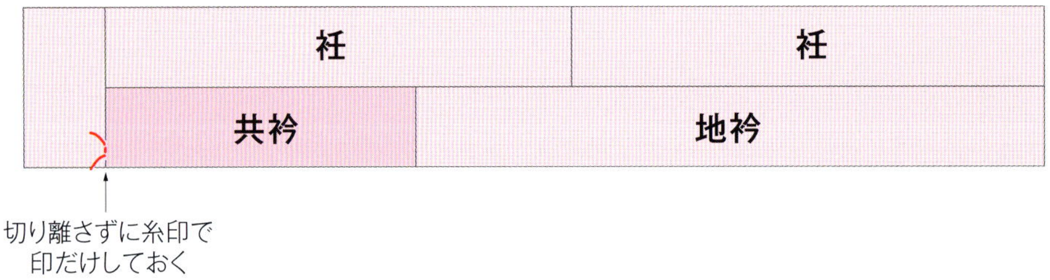

衽
衽
共衿
地衿
切り離さずに糸印で
印だけしておく

折る
地衿
共衿

❷上前共衿の寸法をイラストのようにとって、地衿との間に待ち針を打ちます。

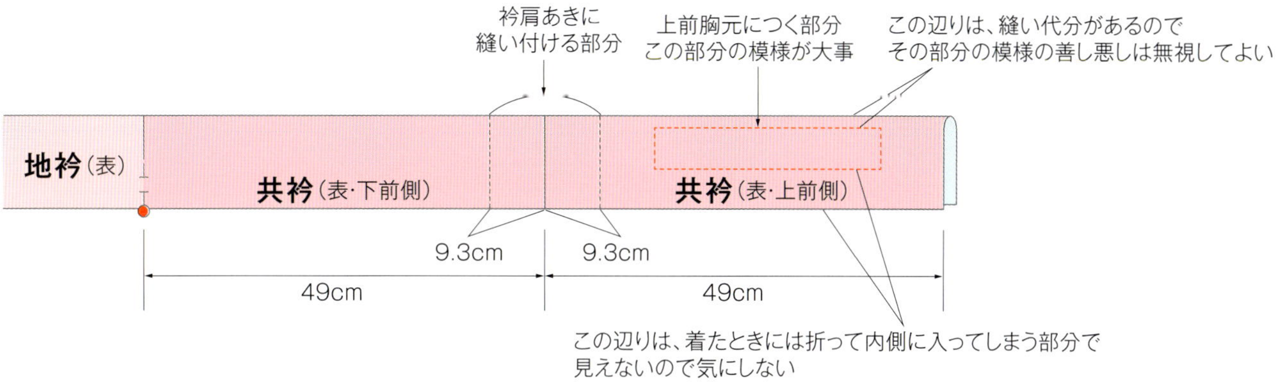
衿肩あきに
縫い付ける部分
上前胸元につく部分
この部分の模様が大事
この辺りは、縫い代があるので
その部分の模様の善し悪しは無視してよい
地衿（表）
共衿（表·下前側）
共衿（表·上前側）
9.3cm
9.3cm
49cm
49cm
この辺りは、着たときには折って内側に入ってしまう部分で
見えないので気にしない

❸上前身頃を出し、糸印をつけた柄と共衿の柄を合わせます。合わなかったら、耳側にすれば合うかどうか地衿の位置を逆にすれば合うかどうか、衽との位置を逆にすれば合うかどうか、さらに、余り布側にずらしたらどうかなどもやってみます。

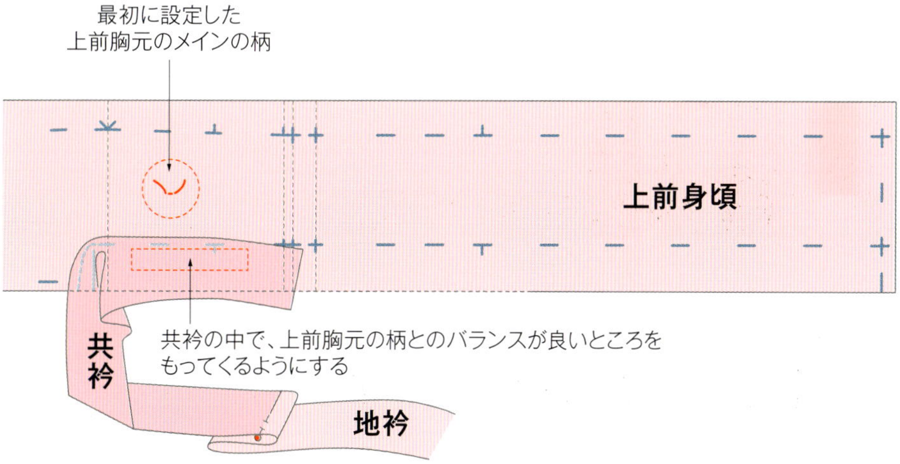
最初に設定した
上前胸元のメインの柄
上前身頃
共衿
共衿の中で、上前胸元の柄とのバランスが良いところを
もってくるようにする
地衿

❹柄が合ったら、上前側の柄の近くと、衿山に糸印をつけます。

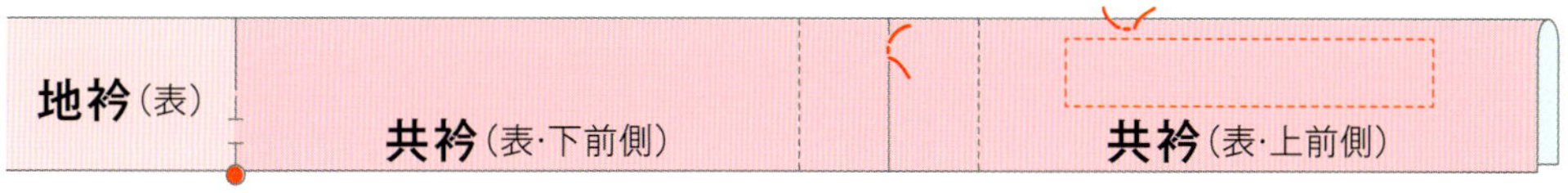
地衿（表）
共衿（表·下前側）
共衿（表·上前側）

衽と衿の裁断は、身頃の印付けをして、衽丈の寸法を出してからにします。さらに共衿と地衿の裁断は、衽の印付けをして、斜め衿丈の寸法を出してからにします。裁断方法はP.55を参照してください。

6 上前の衽の柄を確認する

印付けをした上前身頃に衽を合わせて、裾から約 60 センチの辺りの柄の配置を確認します。共衿には糸印がすでについているので、くれぐれも衿側で柄合わせをしないように気をつけます。

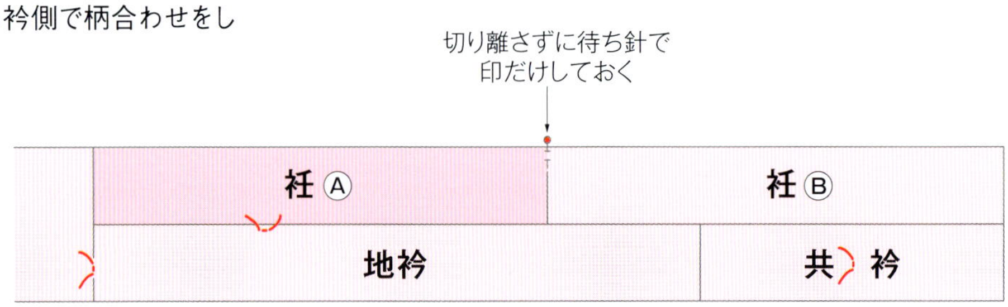

切り離さずに待ち針で
印だけしておく
衽Ⓐ
衽Ⓑ
地衿
共衿

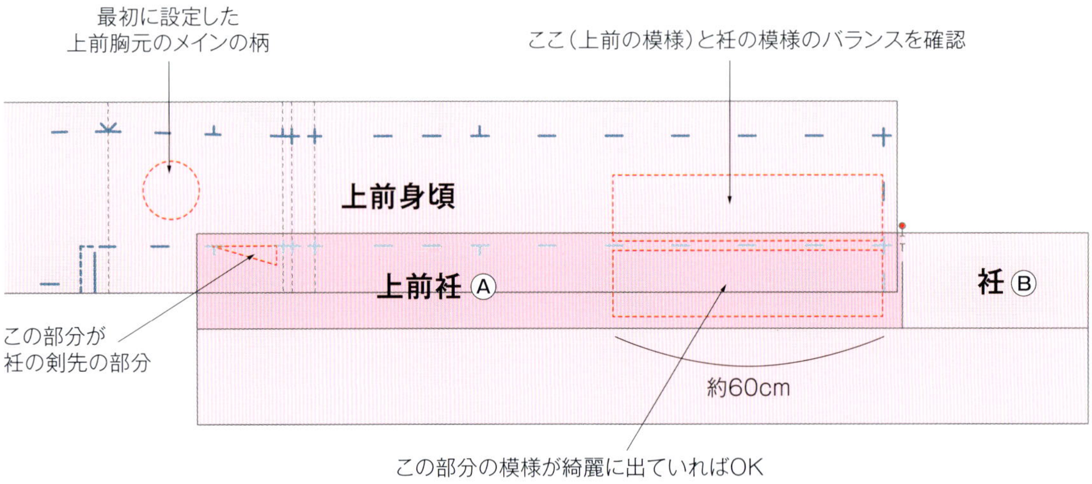

最初に設定した
上前胸元のメインの柄
ここ（上前の模様）と衽の模様のバランスを確認
上前身頃
上前衽Ⓐ
衽Ⓑ
この部分が
衽の剣先の部分
約60cm
この部分の模様が綺麗に出ていればOK

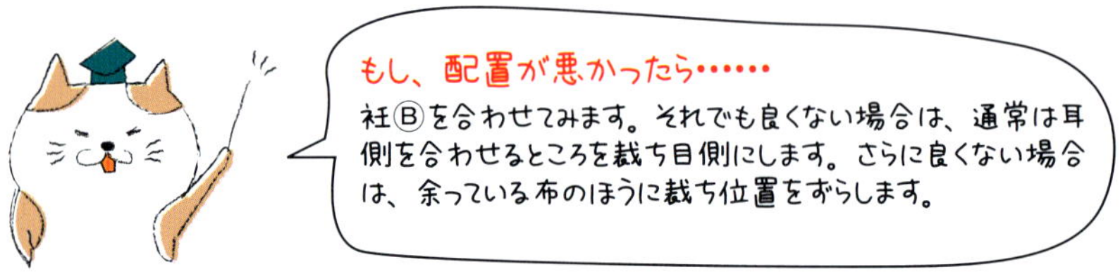

もし、配置が悪かったら……
衽Ⓑを合わせてみます。それでも良くない場合は、通常は耳側を合わせるところを裁ち目側にします。さらに良くない場合は、余っている布のほうに裁ち位置をずらします。

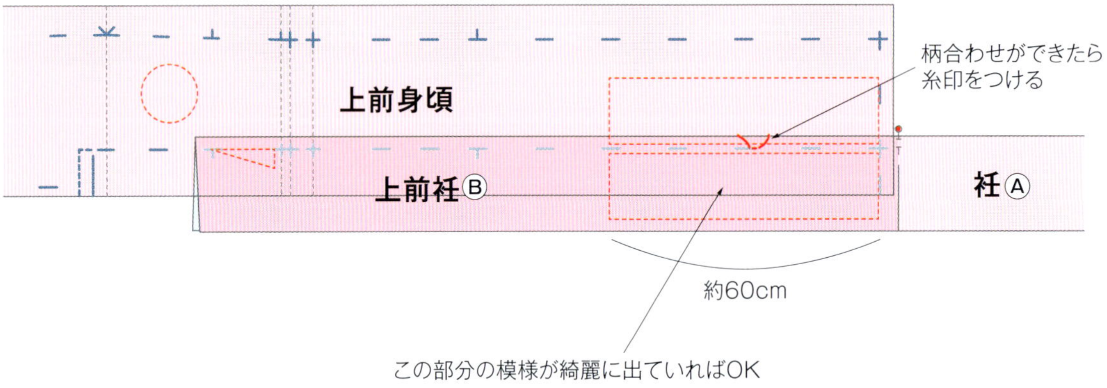

上前身頃
上前衽Ⓑ
衽Ⓐ
柄合わせができたら
糸印をつける
約60cm
この部分の模様が綺麗に出ていればOK

7 衽、衿を裁断する

柄合わせがうまくいったら、衽と衿を裁断します。ただし、共衿と地衿の切り離しは、衽の印付けが終わり斜め衿丈が決まってからにします。

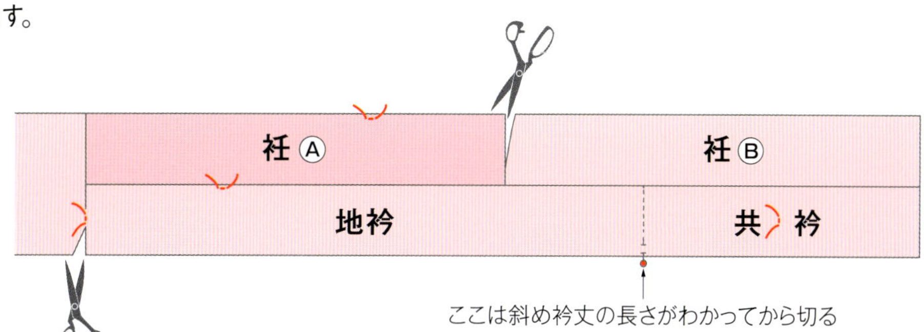
衽Ⓐ
衽Ⓑ
地衿
共
衿
ここは斜め衿丈の長さがわかってから切る

なぜならば、斜め衿丈によっては、地衿の長さが足りなくなり、共衿を短くする場合があるからです。

8 袖の柄合わせをする

❶印付けした左右身頃と、左右それぞれの袖の袖付け側を合わせます。まず短いほうを左袖にし、上前身頃の胸のポイント柄とのバランスを見ましょう。ちょうどよいところに待ち針を打ち直します。さらに、つなげたまま、残りを右袖にし、右前身頃の柄と合わせます。
❷両袖の柄合わせができたら左右袖を裁断し、前袖の袖口と袖山の袖付け側に糸印をつけます。縫い代が長く残ったら 6cm で切ってもよいですが、そのまま切らずに縫い代として袋縫いの中に入れ込んでもよいでしょう。

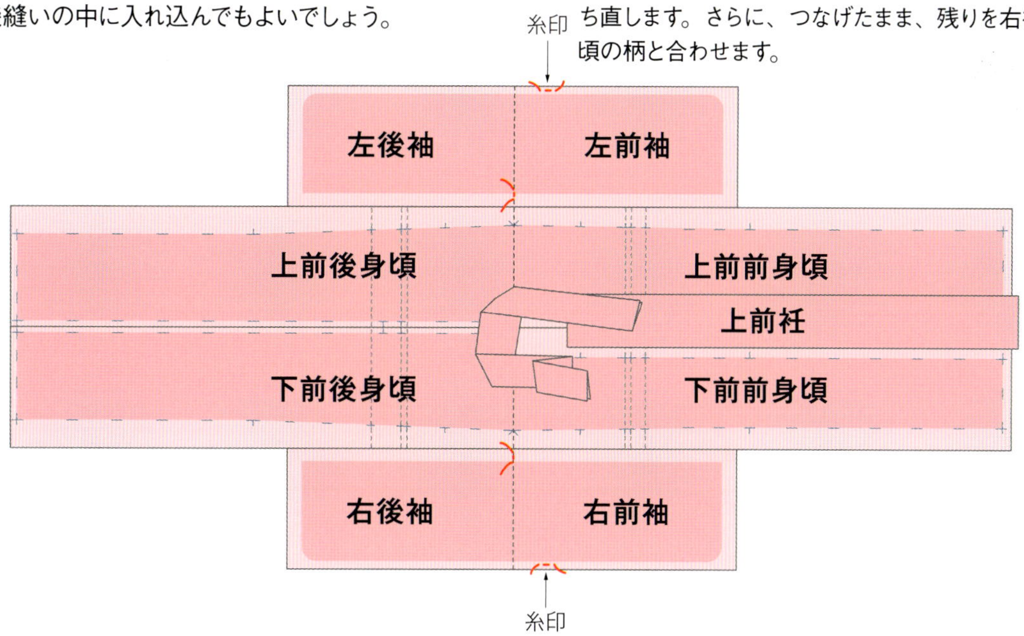
糸印
左後袖
左前袖
上前後身頃
上前前身頃
上前衽
下前後身頃
下前前身頃
右後袖
右前袖
糸印

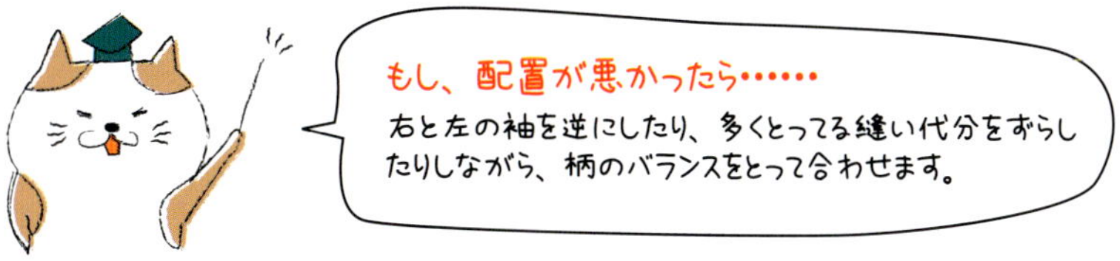
もし、配置が悪かったら……
右と左の袖を逆にしたり、多くとってる縫い代分をずらしたりしながら、柄のバランスをとって合わせます。

〝柄合わせ〟ここに注意！ ～柄の配置のポイント～

NGな柄合わせ

大きな柄が横並びになっていて、リズム感がない。視線も横に行くため、体型が悪く見える。

共衿のポイント柄が中途半端な位置にあり、地衿と柄が重なっている。

上前身頃のポイント柄が肩山から20センチ以上下のほうにあると目線が下に行くため、体型が悪く見える。また帯で模様が隠れてしまう。

柄の配置に偏りがあるため、前裾から約60センチの目線が行く場所に、美しい柄がない。

上前身頃の胸元の柄と袖の柄が横並びで、柄の配置が偏っている

ゆかたは特に大きい柄が多いので気をつけましょう。

良い柄合わせ

後裾から約80センチまでの柄がバランスよく配置されている。

上前身頃の肩山から10～20センチのところに、美しいポイント柄がある。

上前身頃のポイント柄を中心に、共衿、袖の柄がバランスよく配置されている。

前裾から約60センチ辺りの衽、前身頃の柄がバランスよく配置されている。

まとったときに、最初に胸元の柄に視線が行くようになっていると、着姿がきれいに見えますよ。

〝柄合わせ〟ここに注意！ ～柄別のポイント～

斜め方向の柄

縫い目で柄が切れないようにするときれいです。

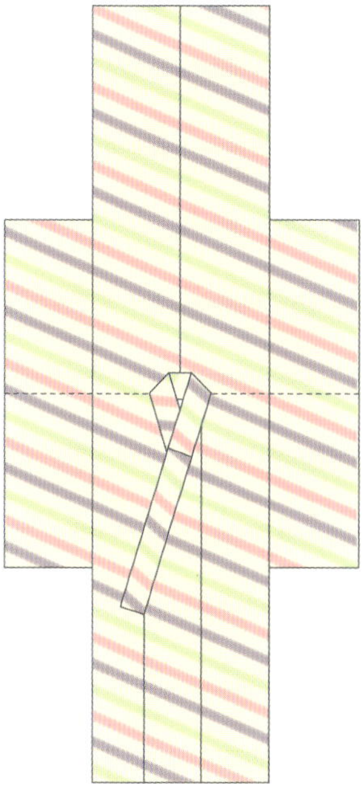

格子、絣の柄

背中心の縫い目で、柄がとぎれないようにするときれいです。

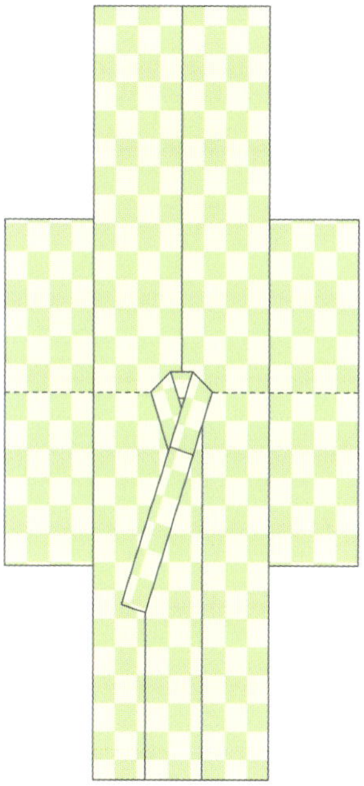

繰り返しの柄

それぞれの縫い目の両側に同じ模様が並ばないようにします。

一方向きの柄

上前身頃と上前の衽、左袖の前、下前の後身頃、右袖の後ろ側を上向きにします。

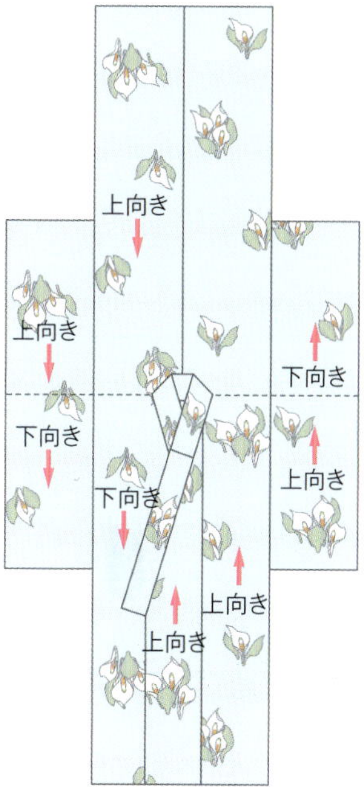

横段

模様を交互に合わせる方法と、模様を横につなげる方法があります。交互に合わせたほうが、ほっそり見えます。

・横の模様をつなげて配置

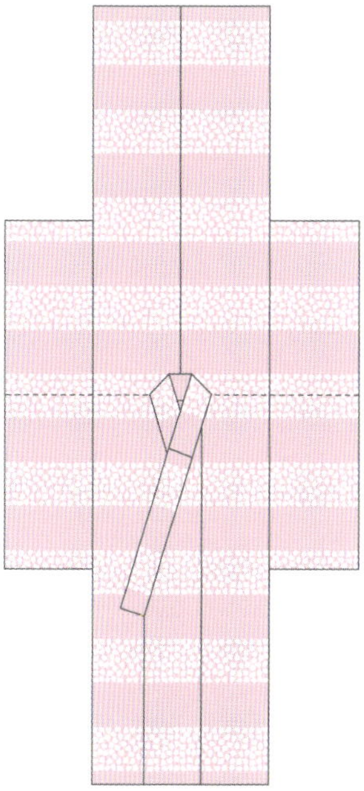

・横の模様を交互に配置

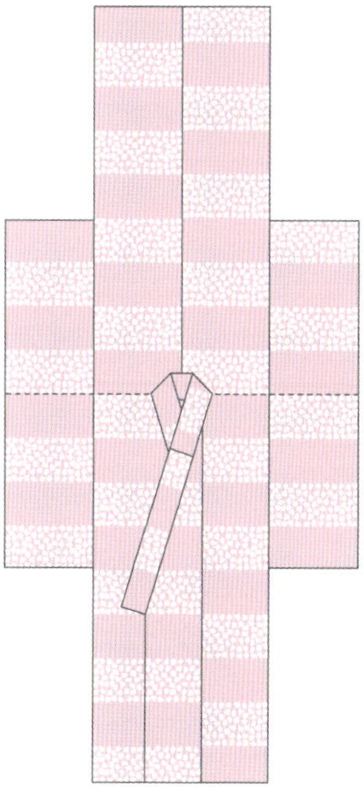

半幅の柄

タテの模様を交互に配置する追い裁ちが一般的です。
縫い目であえて同じ柄を合わせると印象が変わります。

・縫い目で柄が合わさるように配置

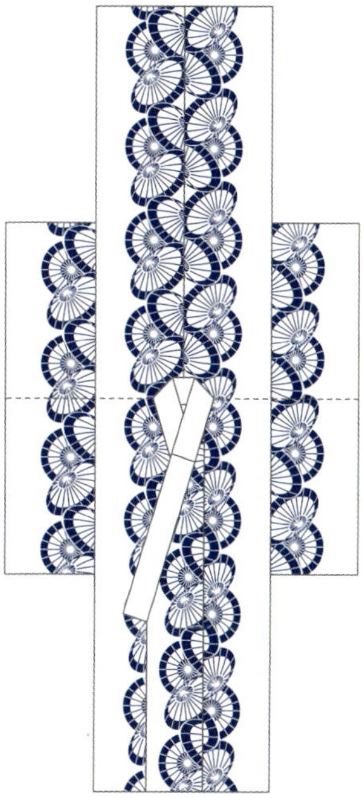

・タテの模様を交互に配置

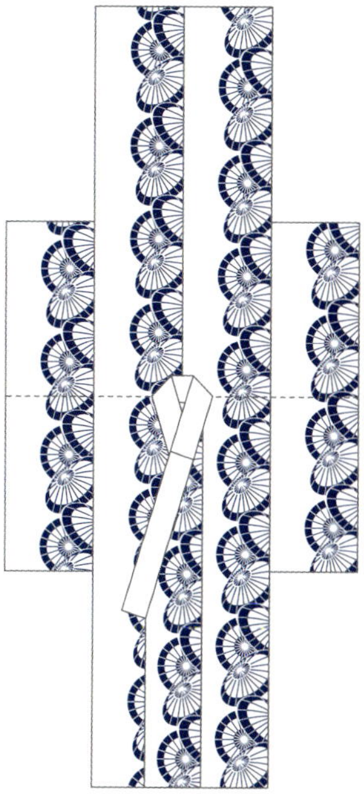

布を裁つ

DVD 1

後戻りのできない緊張の作業です。積もり、柄合わせがきちんとできているか、再度確認をしてからハサミを入れていきましょう。布の「地《じ》の目」に沿って裁ち切っていくのが基本です。「地の目」とは反物の経《たて》糸と緯《よこ》糸のことです。裁つときは緯糸に沿うようにします。

✻準備するもの
◇積もった反物
◇裁ちばさみ
◇待ち針
◇ボール紙

このページで説明している裁ち方は、無地や細かい柄など柄合わせが不要の反物の場合です。柄合わせが必要な場合は、P46を参照してください。

1 もう一度、寸法を確認する

❶布をたたんだまま、もう一度、裁ち切り寸法が間違いないかどうか、折りたたんだ寸法が間違いないかどうかを確認し、右側の裁断する線に待ち針を打ちます。
❷衽と余り布の間はまだ裁断しないので糸印をつけます。

裁断図
余り
衽・衿 ★
糸印
袖 ★
カット
身頃 ★

2 裁断する

❶待ち針をはずし、裁断する箇所の耳端に少しはさみを入れて、緯糸を1本だけ少しずつ引き出します。反対側の耳端がつれたところを少し切ると糸が抜けます。

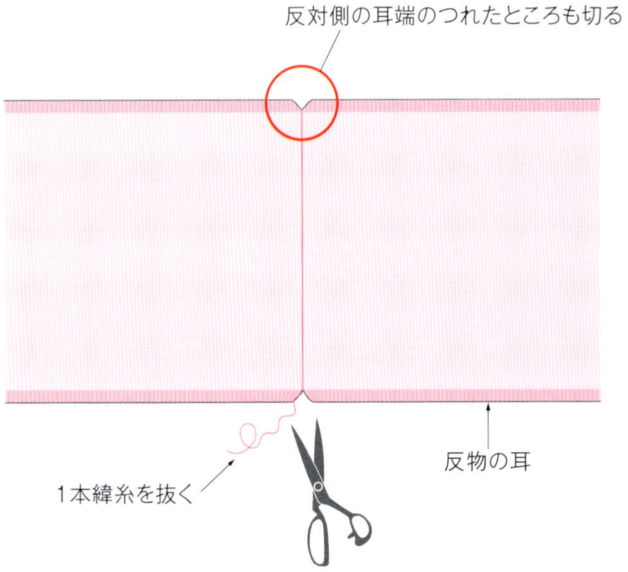

反対側の耳端のつれたところも切る
1本緯糸を抜く
反物の耳

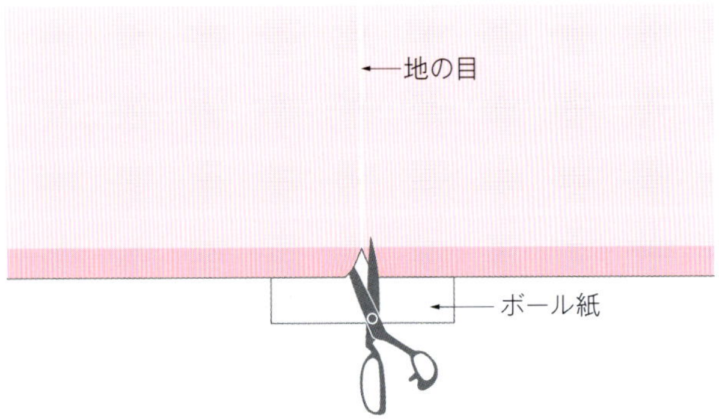

地の目
ボール紙

❷糸を抜いたところに「地の目」が現れるので、その下にボール紙を敷き、「地の目」に沿ってはさみを入れます。

3 衽と衿を切り分ける

衽と衿の裁断は、身頃の印付けをして、衽丈の寸法を出してから行います。

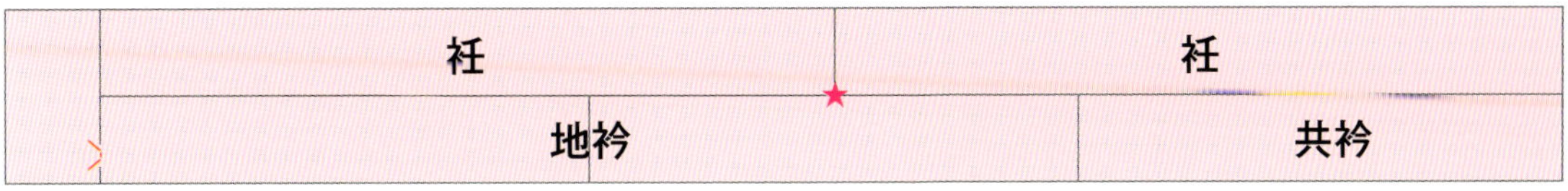
衽
衽
地衿
共衿

地衿
共衿

衽と衿を切り離すときは、半分に折ってコテで折れ線をつけてから、折れ線に沿ってはさみを入れます。

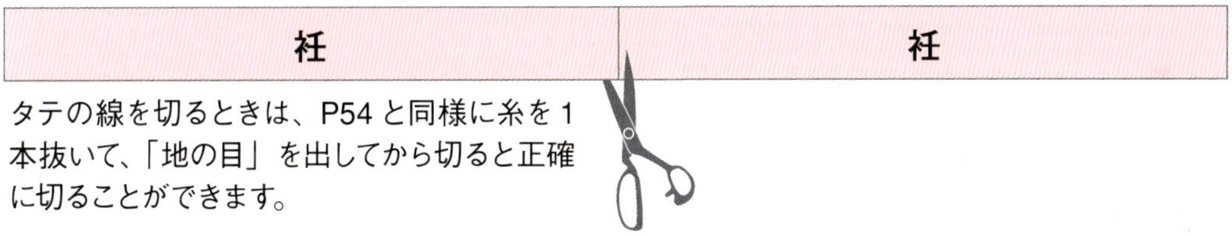
衽
衽

タテの線を切るときは、P54 と同様に糸を 1 本抜いて、「地の目」を出してから切ると正確に切ることができます。

地衿
共衿

共衿と地衿の裁断は、衽の印付けをして、斜め衿丈の寸法を出してから行います。

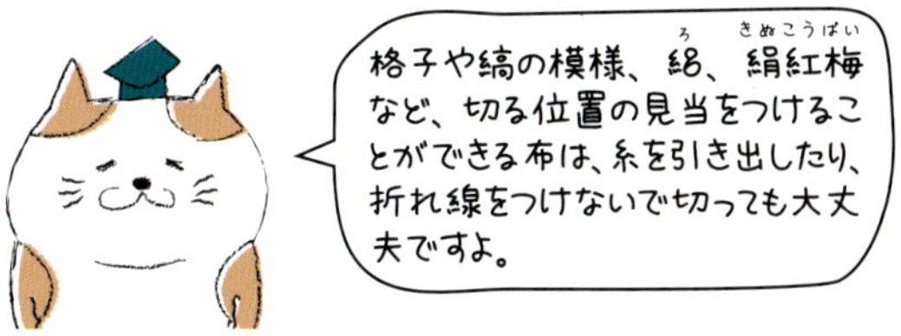
格子や縞の模様、絽《ろ》、絹紅梅《きぬこうばい》など、切る位置の見当をつけることができる布は、糸を引き出したり、折れ線をつけないで切っても大丈夫ですよ。

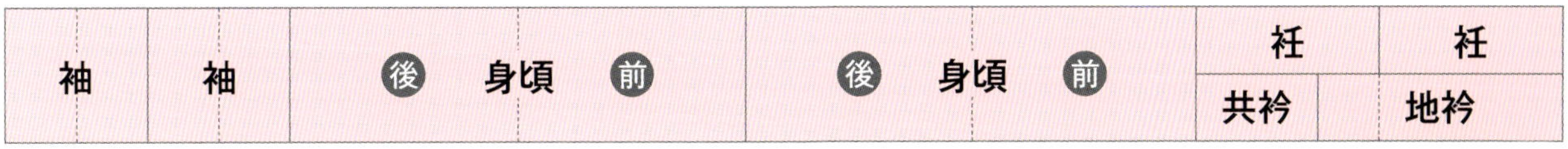
袖
袖
後
身頃
前
後
身頃
前
衽
衽
共衿
地衿

ちょこっと覚え得

反物の裁ち切り図

和裁を勉強したことがある方は、本書の反物の裁ち切り図を見て違和感を感じたのではないでしょうか？　表記の仕方として歴史的に受け継がれているのが袖を左側に置いたこちらの図です。左から文字を書いていた時代の名残といわれ、和裁の教科書などの正式な表記はこちらの図が一般的に使われています。実際に反物を置いて積もるときは右側から身頃、袖の順にとっていったほうがやりやすいので、本誌ではそのような図にしました。

よく見るのはこちらの図。実際に反物を積もったり裁ったりするときは本書の図のようにします。

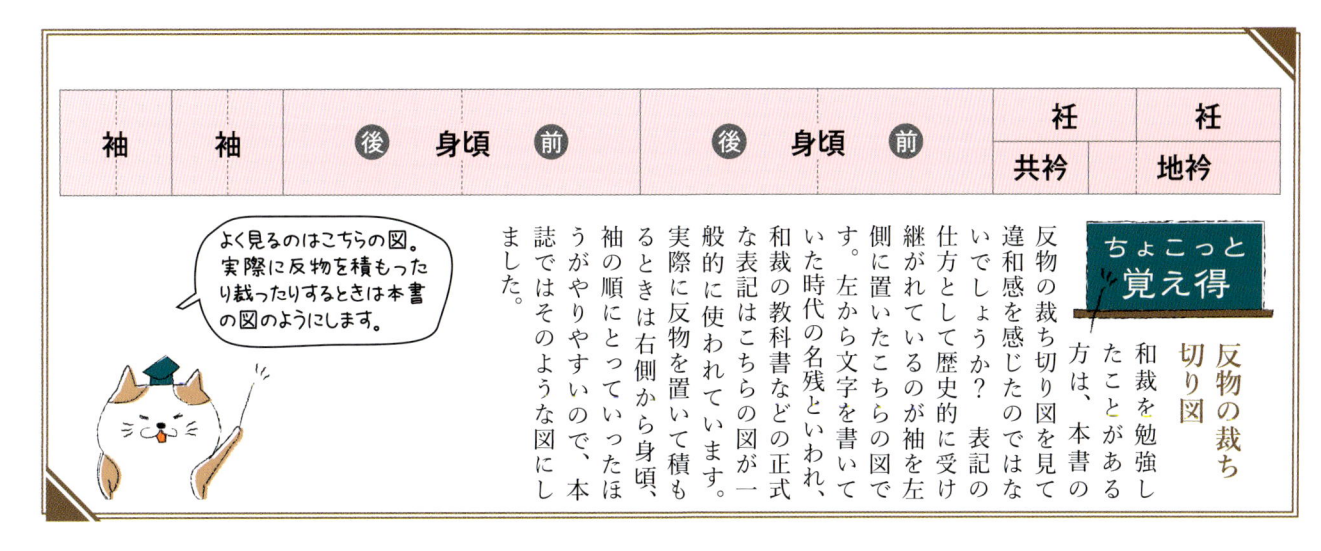

印をつける

DVD 1

印をつける場所や目的、布の素材によって、へら、コテ、糸、ペンなどの道具を使い分けていきます。へらやコテでの印付けは、縫う直前に作業をしないと時間とともに線が見えなくなるので注意が必要です。時間のあるときに少しずつ縫おうと思っている方は、糸を使う切りじつけがおすすめです。

へら

布に押しつけて印をつけていく方法です。重なっている布の上1枚にしか印はつけられません。下までつけたい場合はコテべらか、切りじつけにします。

❶縫い線の位置にものさしを当てて、へらのカーブの位置を布に押し当てます。

❷ものさしの中の目盛りを使う場合も、ものさしに対して直角に当てます。

コテべら

コテの先を布に押し当てて印をつけていく方法です。へらよりも力がいらず、布の枚数が重なっているときに使います。ただし絹布だけに限ります。

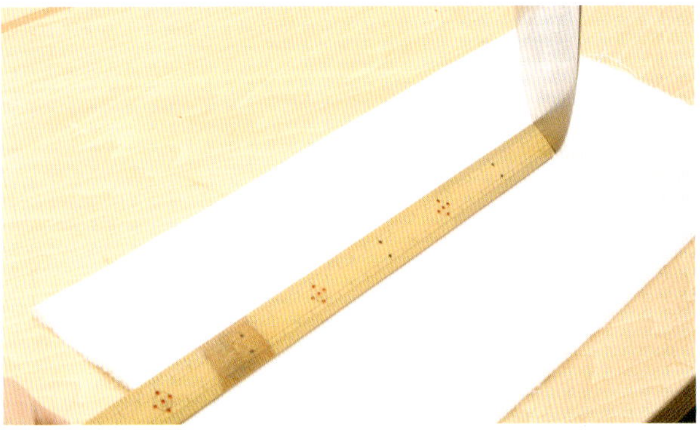

印をつけたい場所にものさしを当て、コテの先を布に少し押しつけます。

あとで消せるペン

縫い線上に通しで線を引くことができるので、曲がりをふせいできれいに縫うことができます。縫い終わったあとにコテで熱を加えると線はきれいに消えます。

❶線を描きます。

プロの世界でもあとで消せるペンが便利に使われています!

❷縫い終わってからコテを当てて、線を消します。

切りじつけ（糸印）

左右裏表の布を重ねて一度に印をつけていくことができます。特に、縫い止まりや角などの要所には、切りじつけが取れにくいのでおすすめです。糸は仕上げの際にすべてきれいに抜き取ります。

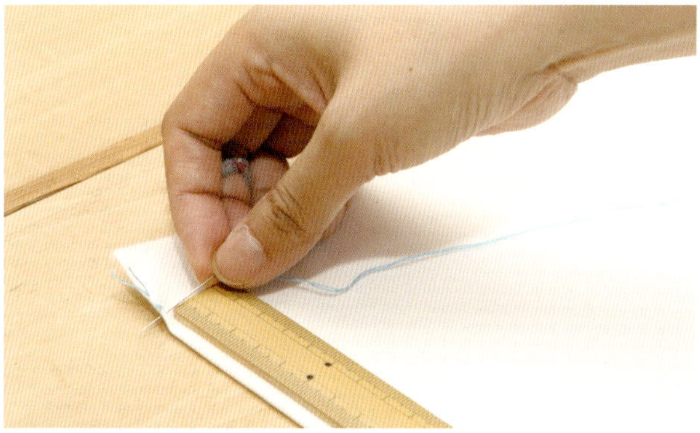

❶しつけ糸を針に通し２本取りにし、印をつけたい場所に針をさします。

❷縫い止まりや角などの要所は十字に縫い、糸の長さを3～4センチ残して切ります。

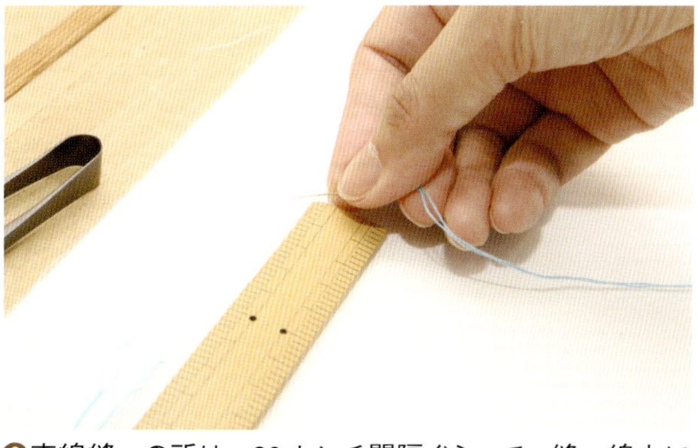

❸直線縫いの所は、20センチ間隔ぐらいで、縫い線上に針をさし向こう側に針先を出して糸を通して切ります。

❹印をつけ終えたら、重なっている布を上から少しずつ引きながら、間にハサミを入れて糸のみを切ります。

❺間の布の糸は５ミリぐらい残るようにします。

❻最後にコテ、またはアイロンで糸を押さえて抜けにくくします。

布を折る

直線縫いの箇所で、木綿や紬など手で布を折ると線がつきやすい素材にはこの方法が便利です。消えるのが速いので、縫う直前に行います。

❶掛け針で布の端を固定し、切りじつけ、またはへら付けした要所を持ち、指をすべらせてしっかり折ります。

❷まっすぐに折れ線がつきました。この線に沿って縫っていきます。

印付け図の見方

重要な箇所を中心にしっかり印付けを行いましょう。

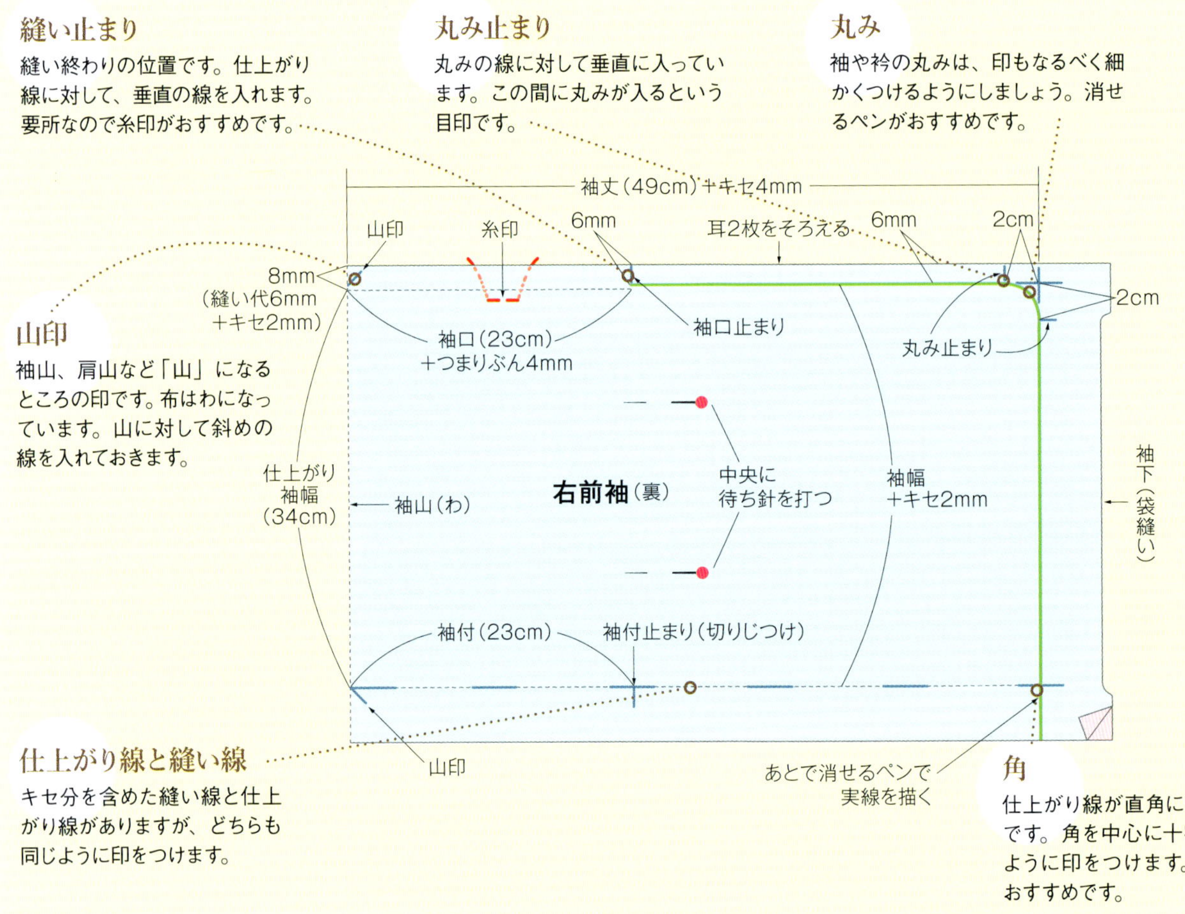

縫い止まり
縫い終わりの位置です。仕上がり線に対して、垂直の線を入れます。要所なので糸印がおすすめです。
丸み止まり
丸みの線に対して垂直に入っています。この間に丸みが入るという目印です。
丸み
袖や衿の丸みは、印もなるべく細かくつけるようにしましょう。消せるペンがおすすめです。
袖丈（49cm）＋キセ4mm
山印
糸印
6mm
耳2枚をそろえる
6mm
2cm
8mm
（縫い代6mm
＋キセ2mm）
2cm
袖口止まり
袖口（23cm）
＋つまりぶん4mm
丸み止まり
山印
袖山、肩山など「山」になるところの印です。布はわになっています。山に対して斜めの線を入れておきます。
仕上がり
袖幅
（34cm）
袖山（わ）
右前袖（裏）
中央に
待ち針を打つ
袖幅
＋キセ2mm
袖下（袋縫い）
袖付（23cm）
袖付止まり（切りじつけ）
山印
あとで消せるペンで
実線を描く
仕上がり線と縫い線
キセ分を含めた縫い線と仕上がり線がありますが、どちらも同じように印をつけます。
角
仕上がり線が直角に曲がる所です。角を中心に十字になるように印をつけます。糸印がおすすめです。

身頃、衽、衿の印つけをしましょう

後身頃

赤字は標準寸法値です。P40で出した寸法に置き替えながら印をつけましょう。

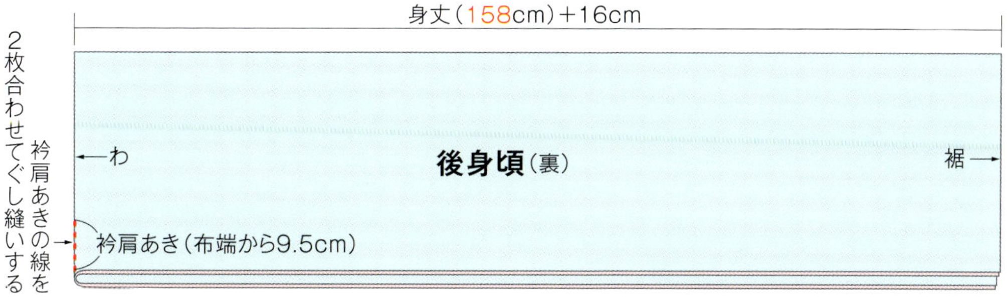

身丈（158cm）＋16cm
2枚合わせてぐし縫いする
衿肩あきの線を
←わ
後身頃（裏）
裾→
衿肩あき（布端から9.5cm）

❶左右身頃を中表に合わせ2つ折りにします。布は4枚重なった状態になります。
❷折り山で衿肩あきを9.5センチとり、2枚合わせて印代わりにぐしぬいをしておきます。

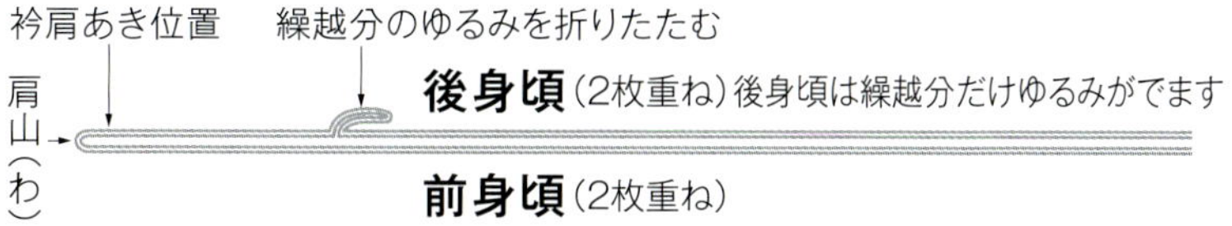

衿肩あき位置
繰越分のゆるみを折りたたむ
肩山（わ）
後身頃（2枚重ね）後身頃は繰越分だけゆるみがでます
前身頃（2枚重ね）

内揚げの布のゆるみを図のように折りたたみます。

次のページに拡大図あり

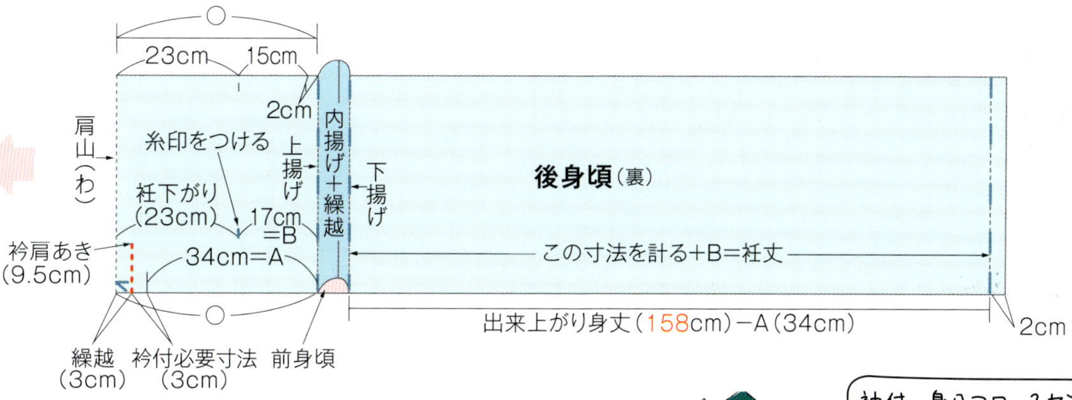

○
23cm
15cm
2cm
肩山（わ）
糸印をつける
上揚げ
内揚げ＋繰越
下揚げ
後身頃（裏）
衽下がり（23cm）
17cm=B
衿肩あき（9.5cm）
34cm=A
この寸法を計る＋B=衽丈
○
出来上がり身丈（158cm）－A（34cm）
2cm
繰越（3cm）
衿付必要寸法（3cm）
前身頃

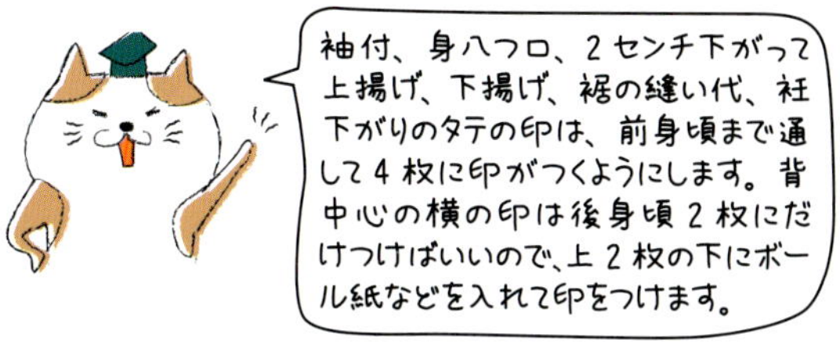

袖付、身八つ口、2センチ下がって上揚げ、下揚げ、裾の縫い代、衽下がりのタテの印は、前身頃まで通して4枚に印がつくようにします。背中心の横の印は後身頃2枚にだけつけばいいので、上2枚の下にボール紙などを入れて印をつけます。

次のページに拡大図あり

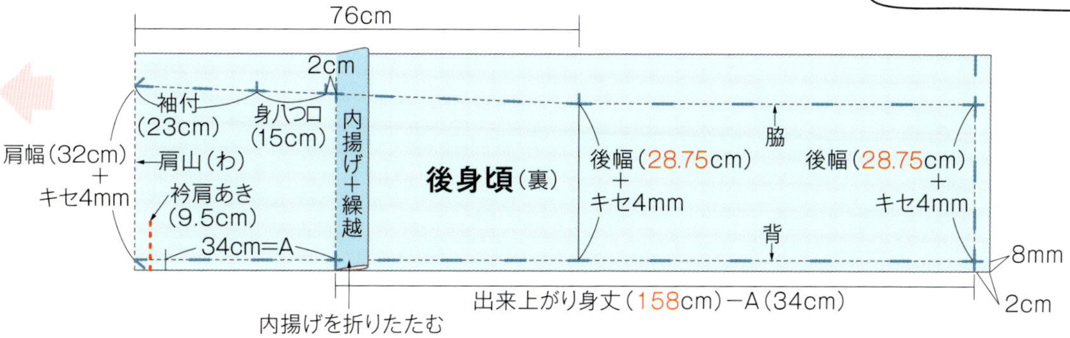

76cm
2cm
袖付（23cm）
身八つ口（15cm）
肩幅（32cm）＋キセ4mm
肩山（わ）
衿肩あき（9.5cm）
34cm=A
内揚げ＋繰越
後身頃（裏）
後幅（28.75cm）＋キセ4mm
脇
背
後幅（28.75cm）＋キセ4mm
8mm
2cm
出来上がり身丈（158cm）－A（34cm）
内揚げを折りたたむ

後身頃、前身頃の印をつける

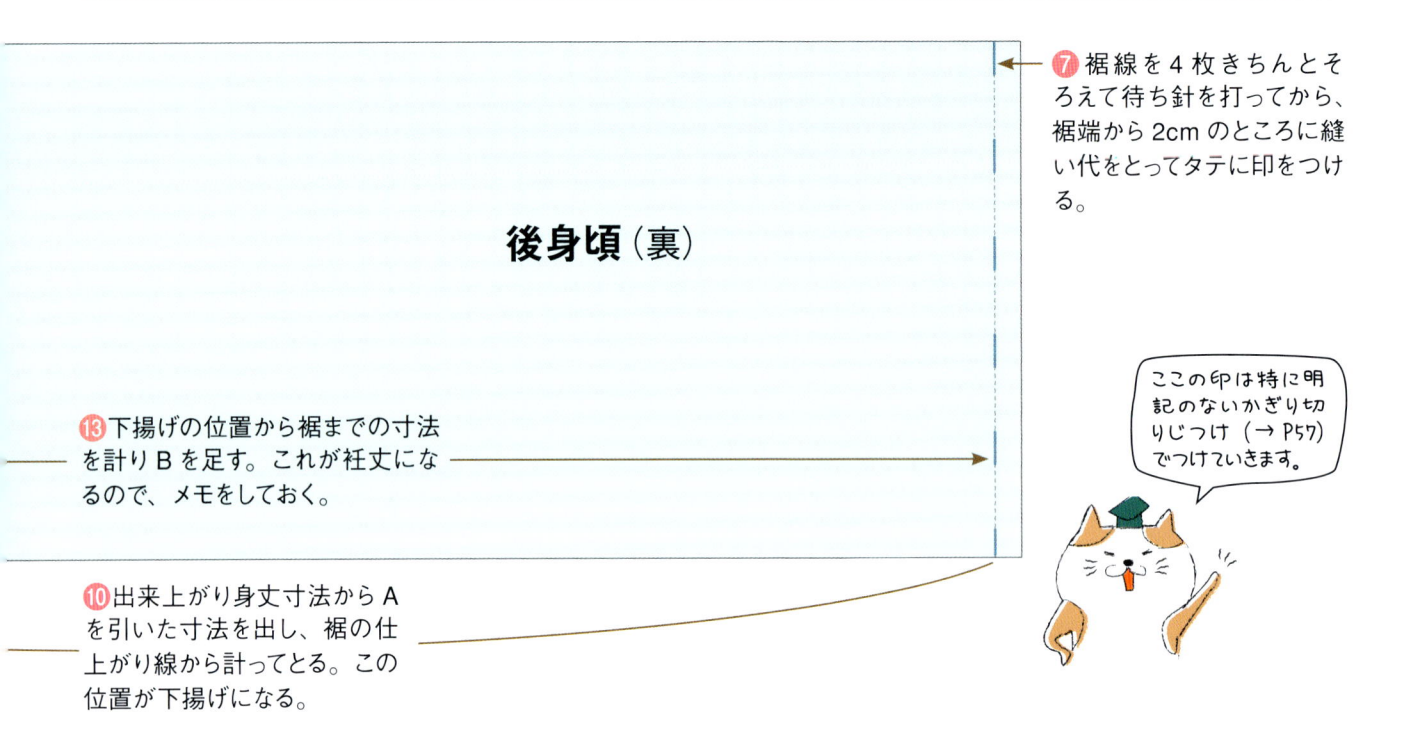

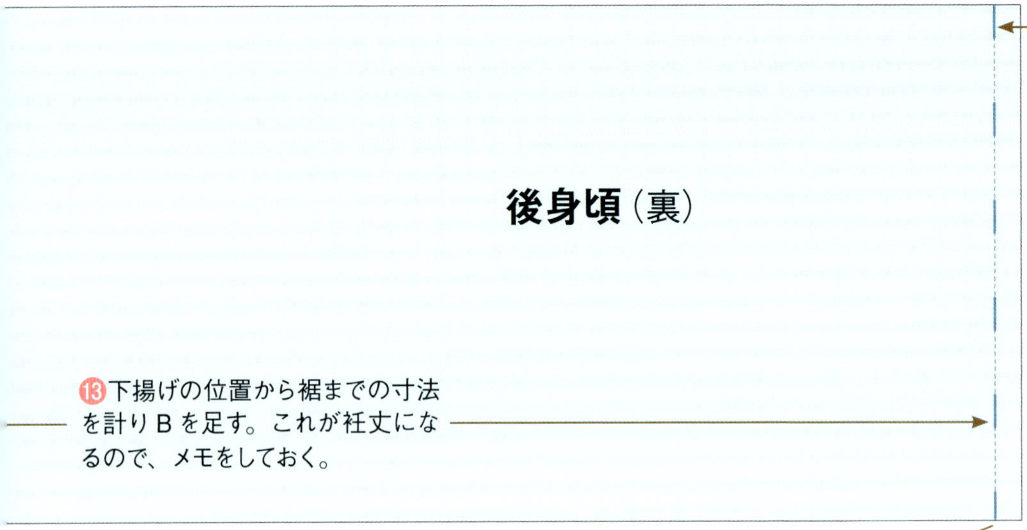
後身頃（裏）

❼ 裾線を４枚きちんとそろえて待ち針を打ってから、裾端から 2cm のところに縫い代をとってタテに印をつける。

ここの印は特に明記のないかぎり切りじつけ（→ P57）でつけていきます。

⓭下揚げの位置から裾までの寸法を計り B を足す。これが衽丈になるので、メモをしておく。

❿出来上がり身丈寸法から A を引いた寸法を出し、裾の仕上がり線から計ってとる。この位置が下揚げになる。

後身頃の印をつける

❸肩幅をとった位置から 76cm のところと、背縫いから後幅＋キセ 4mm の位置の交差したところに印をつける。

◎衽下がりの糸印は前身頃のみに必要なので、後身頃から糸を引き抜く（★）。
◎それ以外の糸印は、４枚それぞれの布につくように、重なっている布を少しずつ引きながら、間にはさみを入れて５ミリぐらい糸を残しながら切っていく（→ P57）。

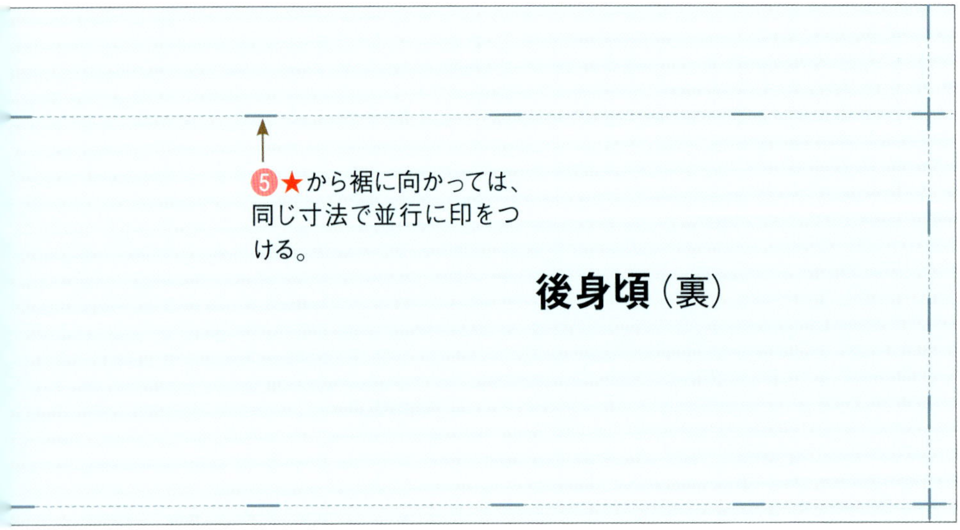
後身頃（裏）

❺★から裾に向かっては、同じ寸法で並行に印をつける。

ここの印は上２枚の後身頃のみにつけます。

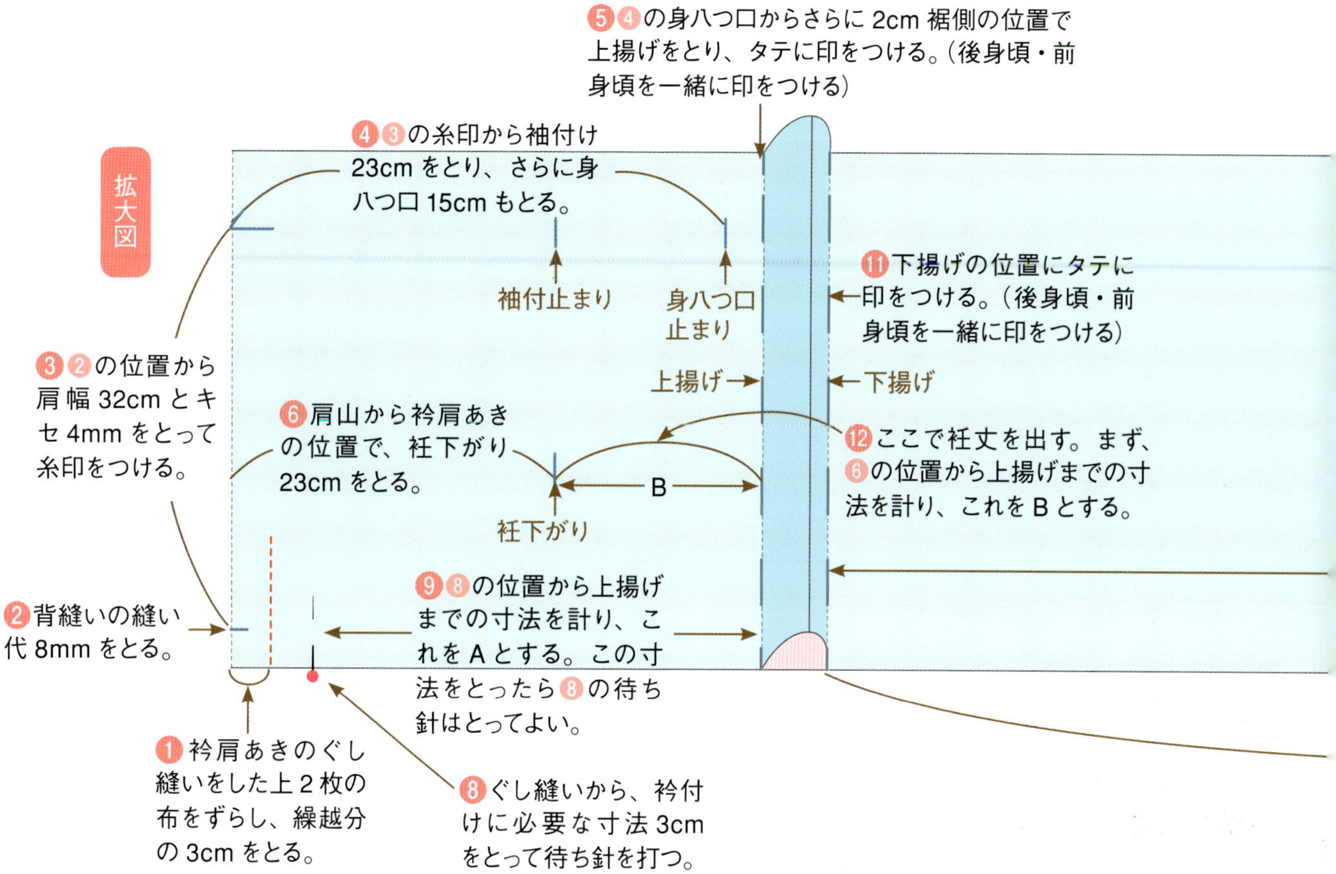
拡大図
⑤④の身八つ口からさらに 2cm 裾側の位置で上揚げをとり、タテに印をつける。（後身頃・前身頃を一緒に印をつける）
④③の糸印から袖付け 23cm をとり、さらに身八つ口 15cm もとる。
袖付止まり
身八つ口止まり
⑪下揚げの位置にタテに印をつける。（後身頃・前身頃を一緒に印をつける）
③②の位置から肩幅 32cm とキセ 4mm をとって糸印をつける。
上揚げ
下揚げ
⑥肩山から衿肩あきの位置で、衽下がり 23cm をとる。
⑫ここで衽丈を出す。まず、⑥の位置から上揚げまでの寸法を計り、これを B とする。
B
衽下がり
⑨⑧の位置から上揚げまでの寸法を計り、これを A とする。この寸法をとったら⑧の待ち針はとってよい。
②背縫いの縫い代 8mm をとる。
①衿肩あきのぐし縫いをした上 2 枚の布をずらし、繰越分の 3cm をとる。
⑧ぐし縫いから、衿付けに必要な寸法 3cm をとって待ち針を打つ。

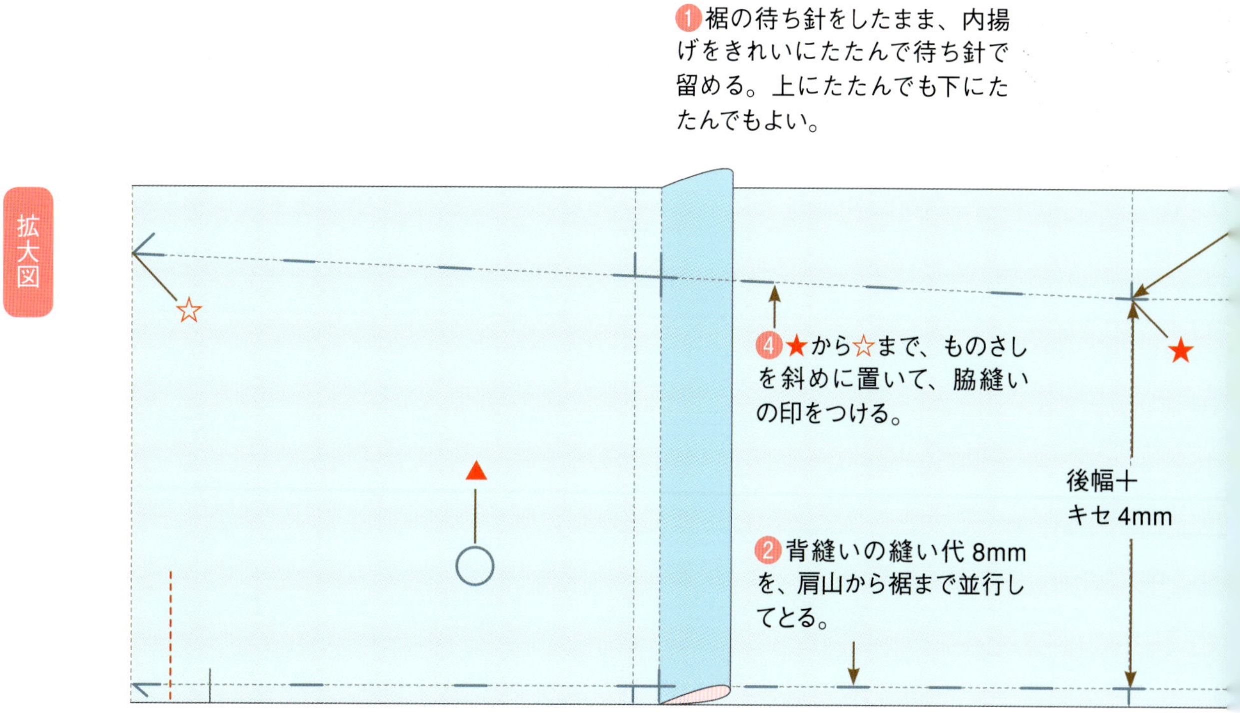
①裾の待ち針をしたまま、内揚げをきれいにたたんで待ち針で留める。上にたたんでも下にたたんでもよい。
拡大図
☆
④★から☆まで、ものさしを斜めに置いて、脇縫いの印をつける。
★
後幅＋
キセ 4mm
②背縫いの縫い代 8mm を、肩山から裾まで並行してとる。

前身頃

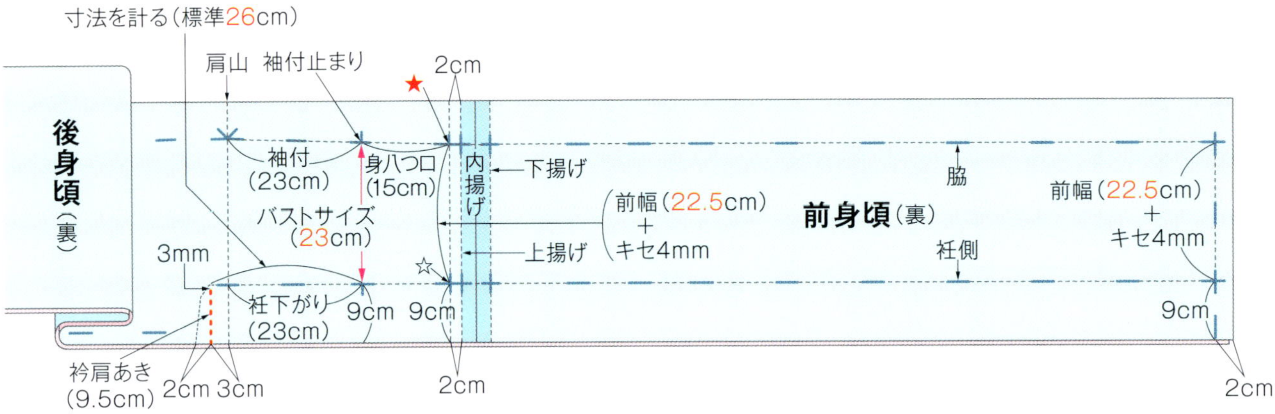

前身頃の印をつける

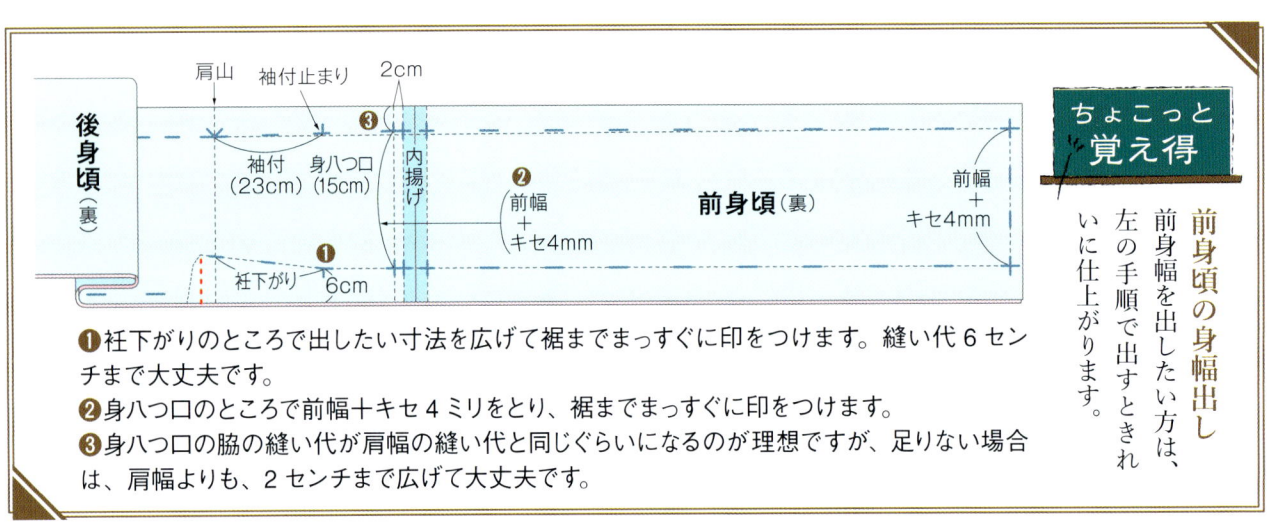

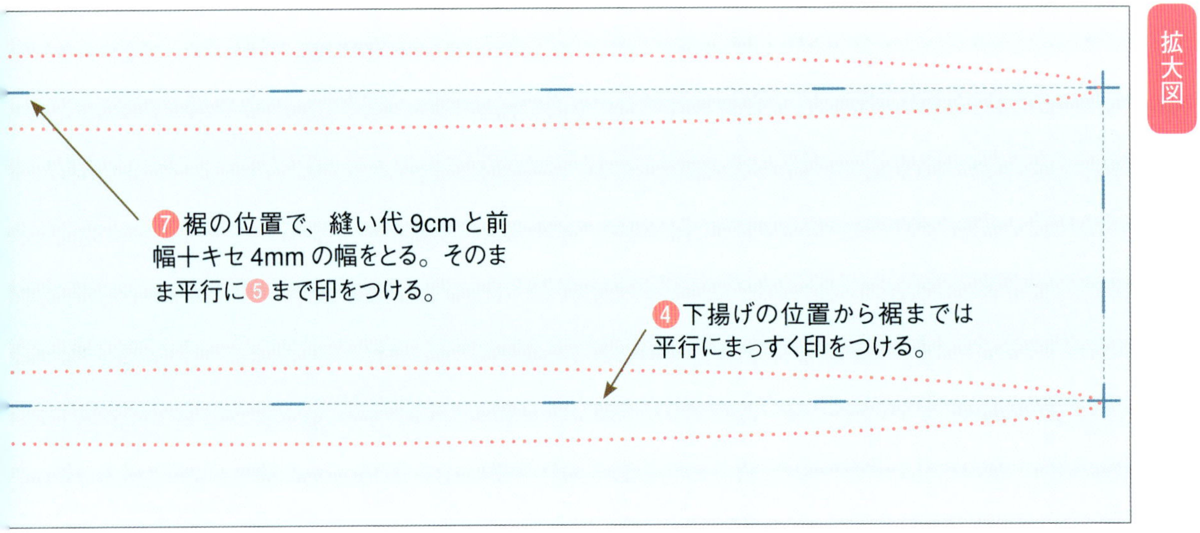

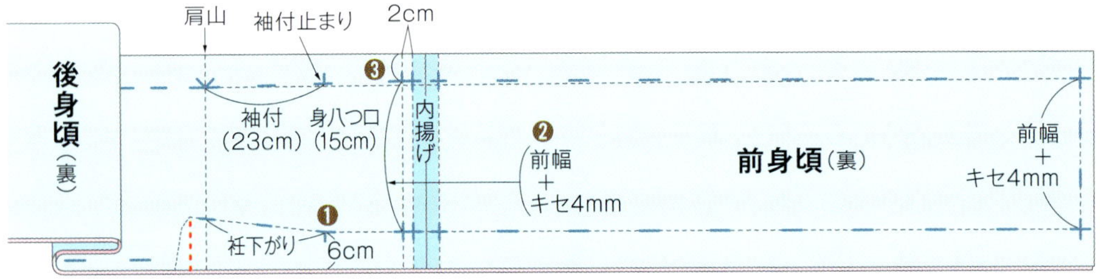

❶衽下がりのところで出したい寸法を広げて裾までまっすぐに印をつけます。縫い代 6 センチまで大丈夫です。

❷身八つ口のところで前幅＋キセ 4 ミリをとり、裾までまっすぐに印をつけます。

❸身八つ口の脇の縫い代が肩幅の縫い代と同じぐらいになるのが理想ですが、足りない場合は、肩幅よりも、2 センチまで広げて大丈夫です。

ちょこっと覚え得

前身頃の身幅出し

前身幅を出したい方は、左の手順で出すときれいに仕上がります。

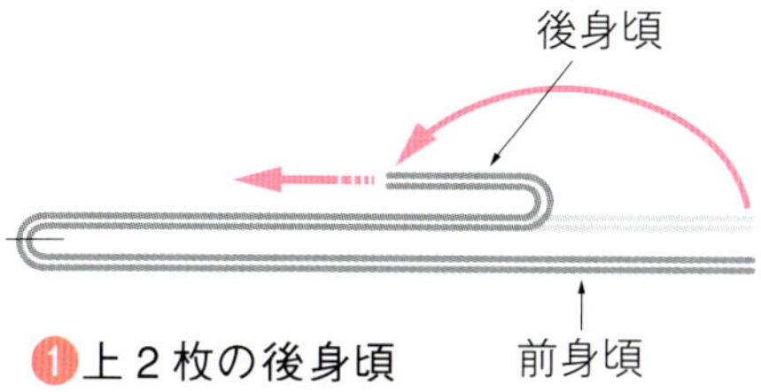
後身頃
前身頃

❶上2枚の後身頃を裾から折り返して左側に移動させて、前身頃を出す。

❻❺の位置から肩山までものさしを当て、バストサイズをとりながら印をつける。

❺後身頃で取った身八つ口の位置で、衽の縫い代9cmと前幅＋キセ4mmをとる。

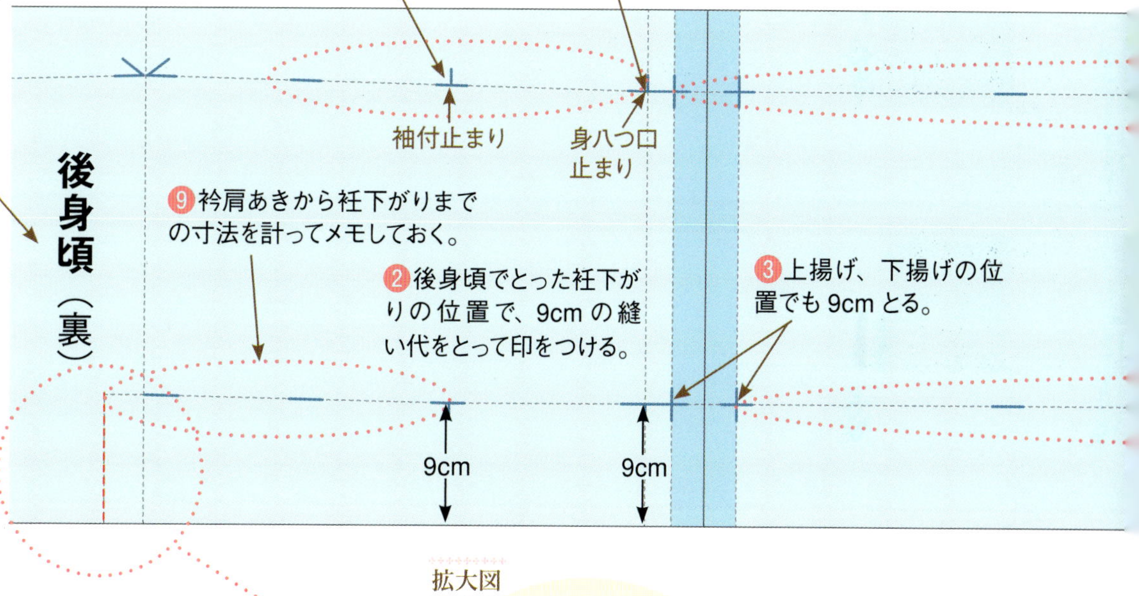
袖付止まり
身八つ口
止まり
後身頃（裏）
9cm
9cm

❾衿肩あきから衽下がりまでの寸法を計ってメモしておく。

❷後身頃でとった衽下がりの位置で、9cmの縫い代をとって印をつける。

❸上揚げ、下揚げの位置でも9cmとる。

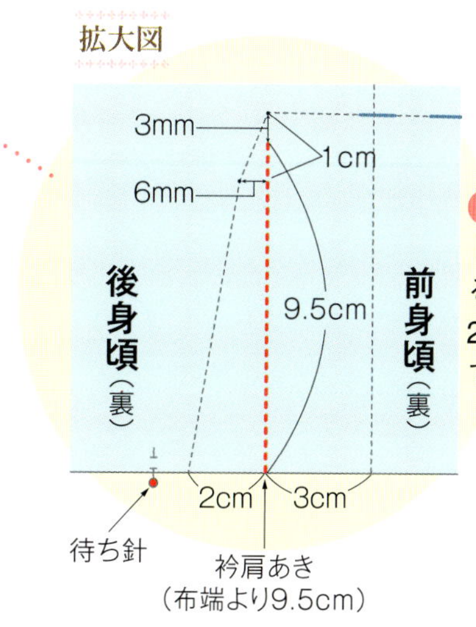
拡大図
3mm
1cm
6mm
9.5cm
後身頃（裏）
前身頃（裏）
2cm
3cm
待ち針
衿肩あき
（布端より9.5cm）

❽衿付けの縫い代をイラストのようにつける。慣れている方は、衿肩あきの印から2cmの所に印をつけるだけでよい。

衿付必要寸法は3センチとりましたが、縫うことで布が少し短くなる分とキセ分を含めています。実際に衿付の縫い代として線を引く場合は右の図のようになります。

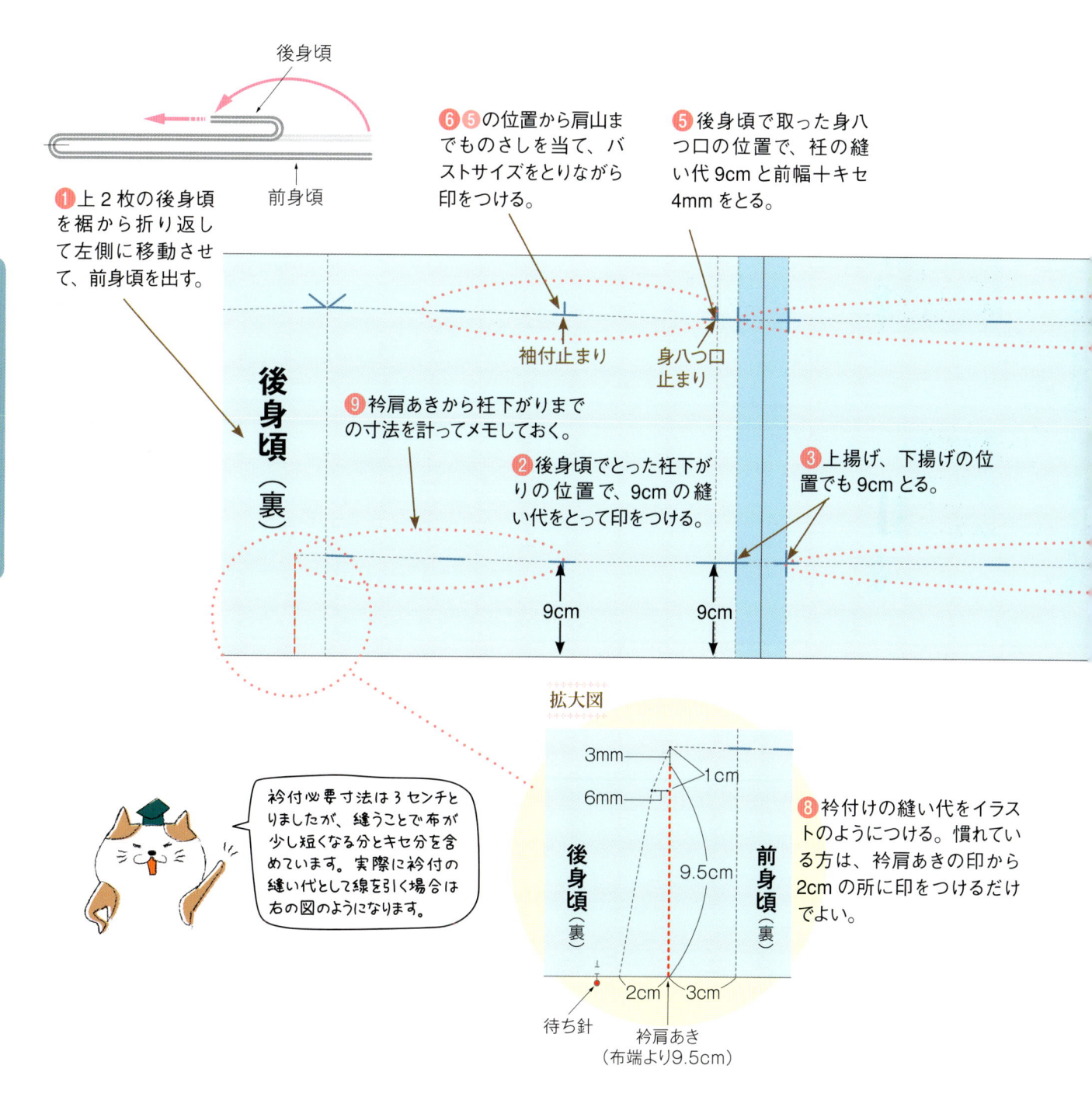

衽

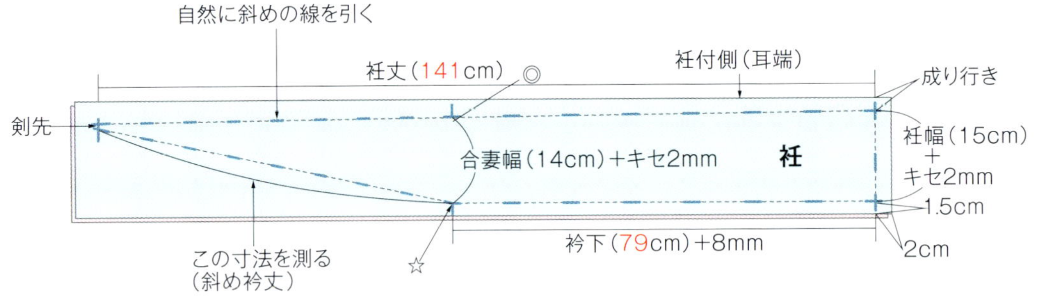
自然に斜めの線を引く
衽丈（141cm）◎
衽付側（耳端）
成り行き
剣先
衽幅（15cm）
＋
キセ2mm
合妻幅（14cm）＋キセ2mm
衽
1.5cm
2cm
衿下（79cm）＋8mm
この寸法を測る
（斜め衿丈）
☆

衽の印をつける

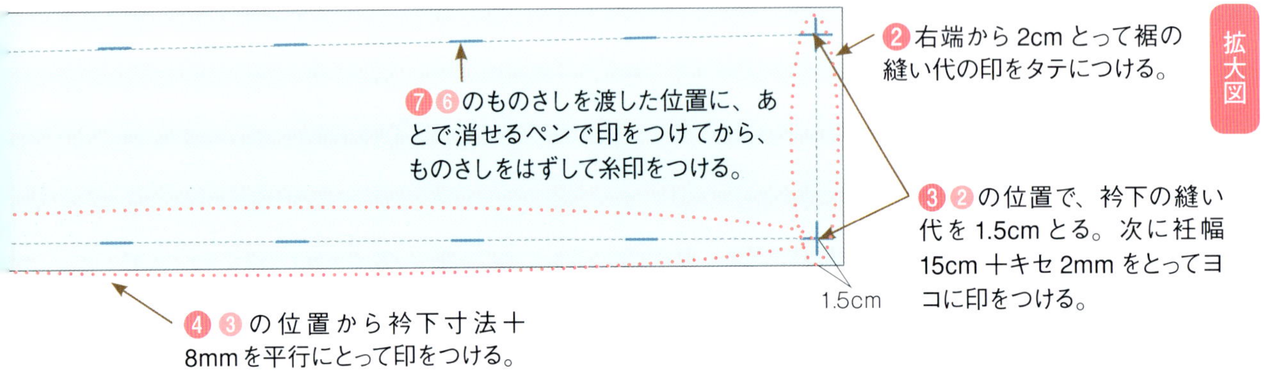
拡大図
❷右端から2cmとって裾の縫い代の印をタテにつける。
❸❷の位置で、衿下の縫い代を1.5cmとる。次に衽幅15cm＋キセ2mmをとってヨコに印をつける。
❹❸の位置から衿下寸法＋8mmを平行にとって印をつける。
❼❻のものさしを渡した位置に、あとで消せるペンで印をつけてから、ものさしをはずして糸印をつける。
1.5cm

衿

❶地衿と共衿を中表に2つ折りにし、耳端同士を向こうに、裁ち目を手前に、衿山を左に置いて重ねます。
❷手前の裁ち目側のみ3ミリ共衿のみ右にずらし、共衿付け位置を4枚通して印付けします。
❸裁ち目側に衿付けの縫い代1.2センチをとります。

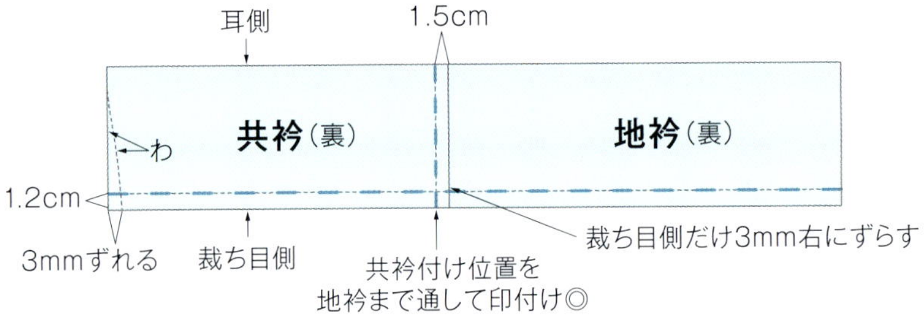
耳側
1.5cm
共衿（裏）
地衿（裏）
わ
1.2cm
3mmずれる
裁ち目側
共衿付け位置を
地衿まで通して印付け◎
裁ち目側だけ3mm右にずらす

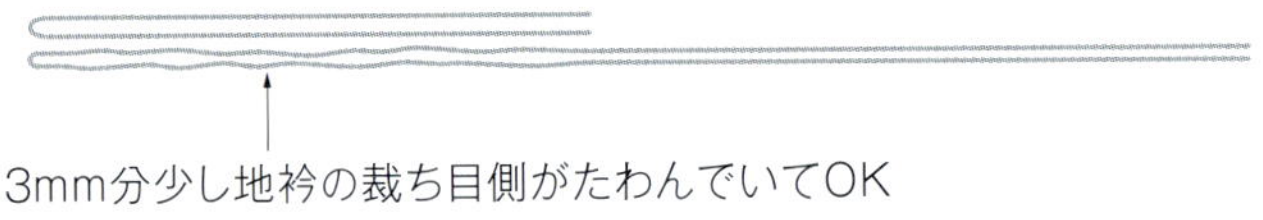
3mm分少し地衿の裁ち目側がたわんでいてOK

❹地衿の仕上がり線に印をつけます。共衿が重なるところの地衿の幅は共衿よりも2ミリ小さくなります。

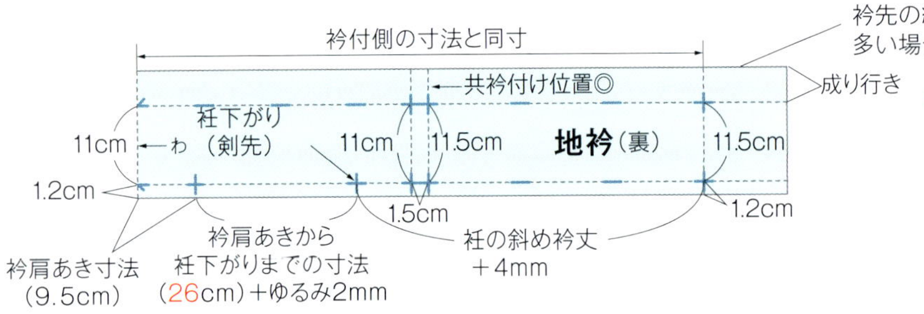
衿付側の寸法と同寸
衿先の縫い代は2cm以上あればよい。
多い場合は切らずに入れておく。
共衿付け位置◎
成り行き
衽下がり
（剣先）
11cm
わ
11cm
11.5cm
地衿（裏）
11.5cm
1.2cm
1.5cm
1.2cm
衿肩あき寸法
（9.5cm）
衿肩あきから
衽下がりまでの寸法
（26cm）＋ゆるみ2mm
衽の斜め衿丈
＋4mm

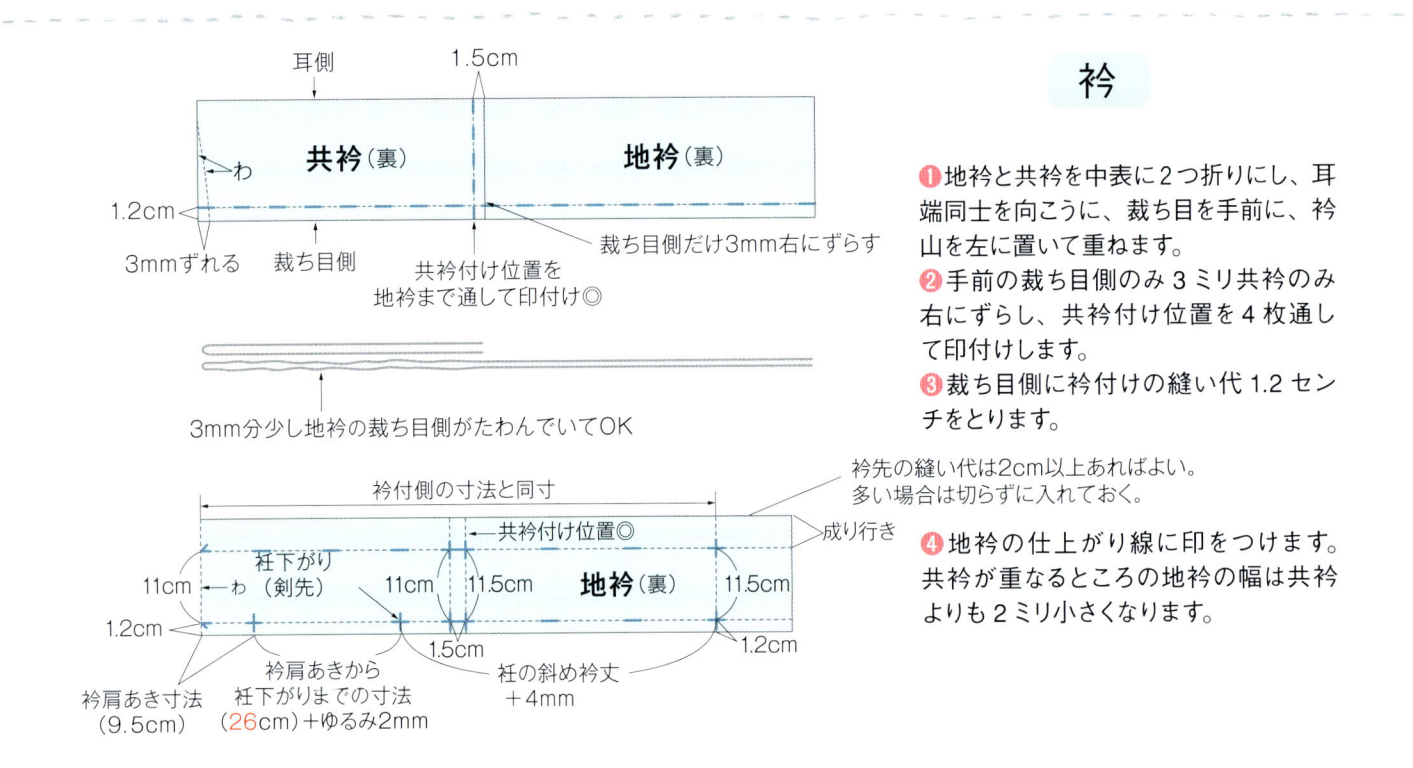

❻ものさしを裾から◎を通して衽丈の寸法をとる。このとき、裾幅と合妻幅に1cmの差があるので、ものさしは左に向かって斜めになる。左の端が剣先になる。

❶衽の布を中表に折り、折山を身体の左に、布の耳側を向こうに置く。

❺☆から合妻幅14cm＋キセ2mmをとって印をつける。

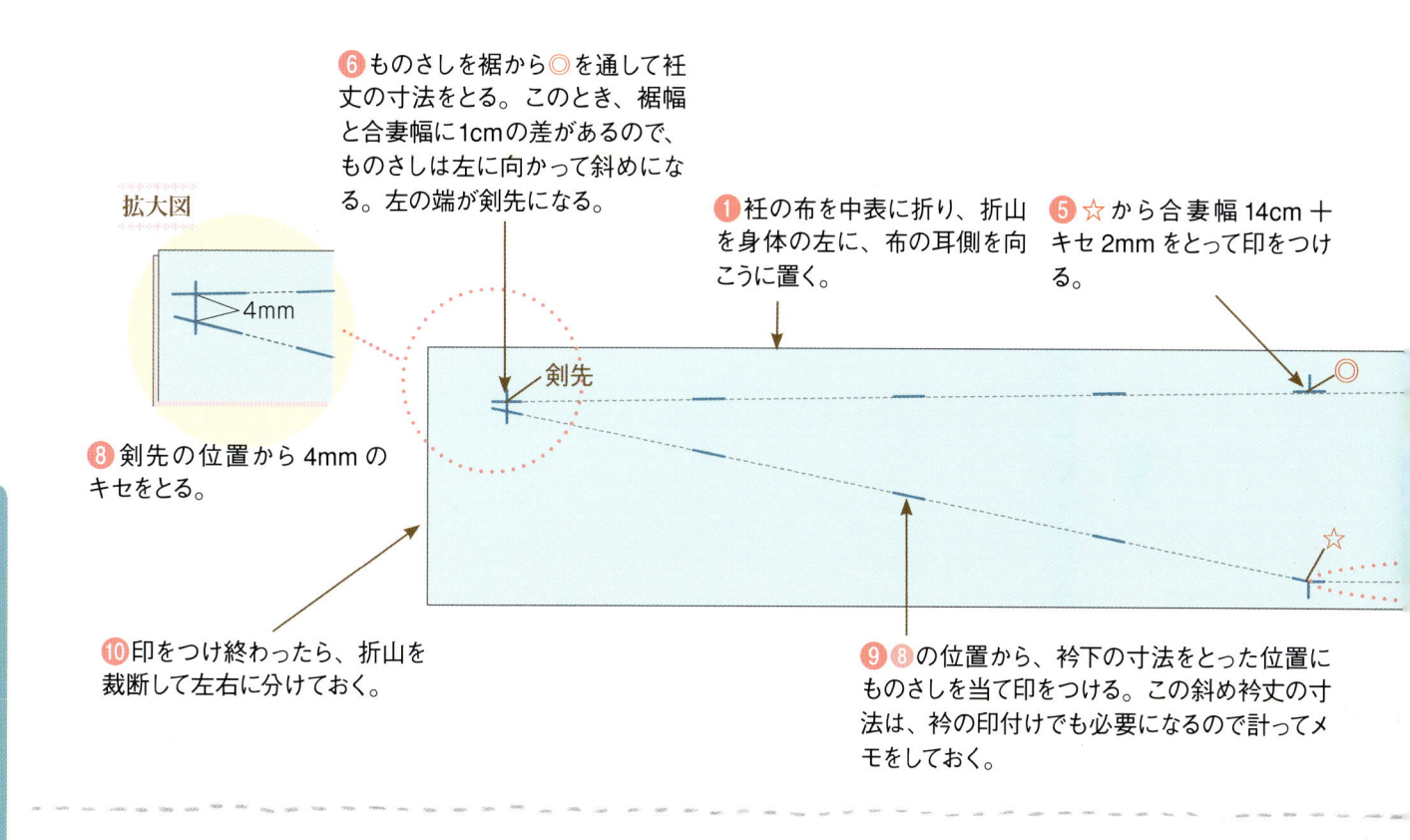

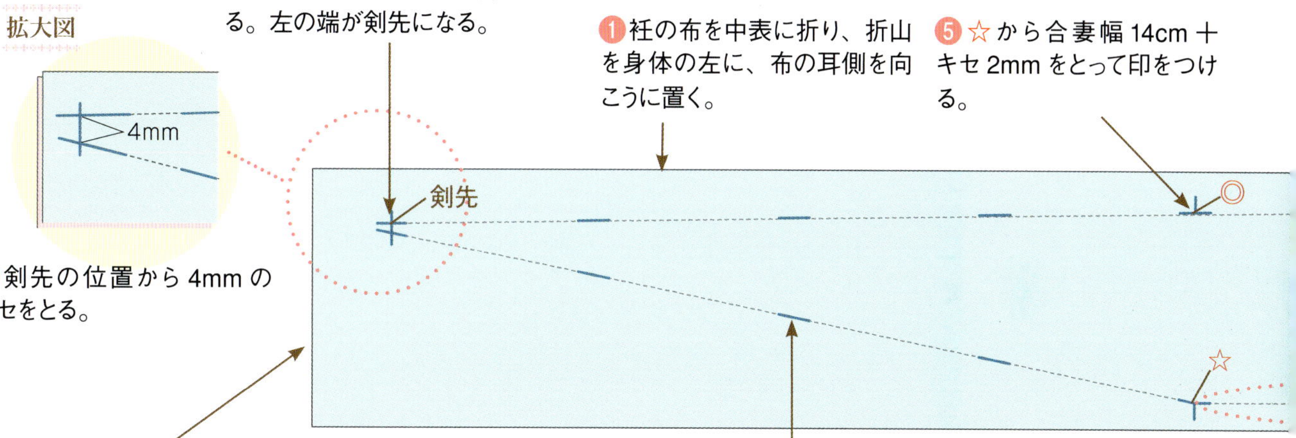
拡大図
4mm
剣先
◎
☆

❽剣先の位置から4mmのキセをとる。

❿印をつけ終わったら、折山を裁断して左右に分けておく。

❾❽の位置から、衿下の寸法をとった位置にものさしを当て印をつける。この斜め衿丈の寸法は、衿の印付けでも必要になるので計ってメモをしておく。

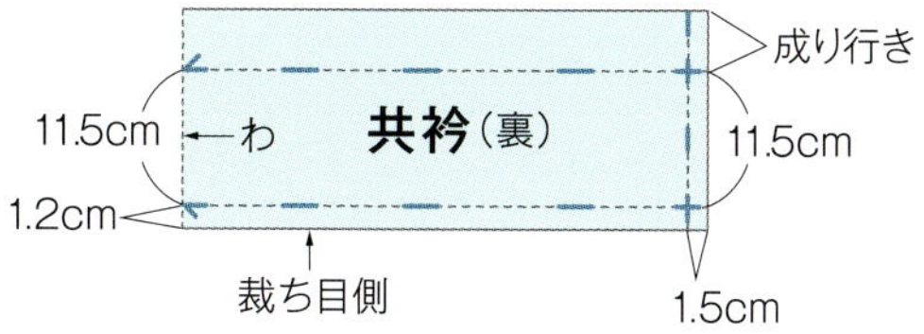
成り行き
11.5cm
わ
共衿（裏）
11.5cm
1.2cm
裁ち目側
1.5cm

❺裏衿は表衿の長さよりも6ミリ短くとります。衿付側と衿先のみに印をつけます。

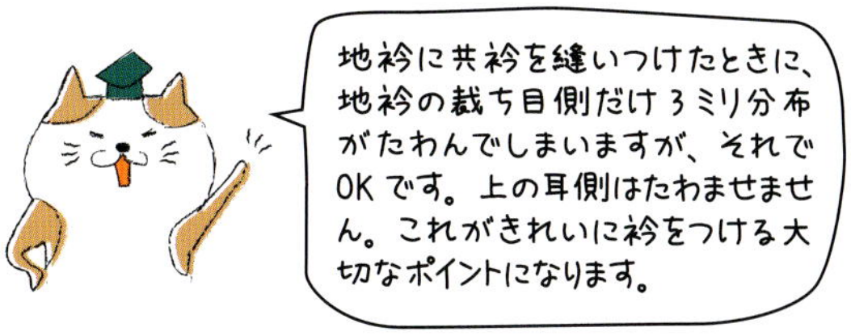
地衿に共衿を縫いつけたときに、地衿の裁ち目側だけ3ミリ分布がたわんでしまいますが、それでOKです。上の耳側はたわませません。これがきれいに衿をつける大切なポイントになります。

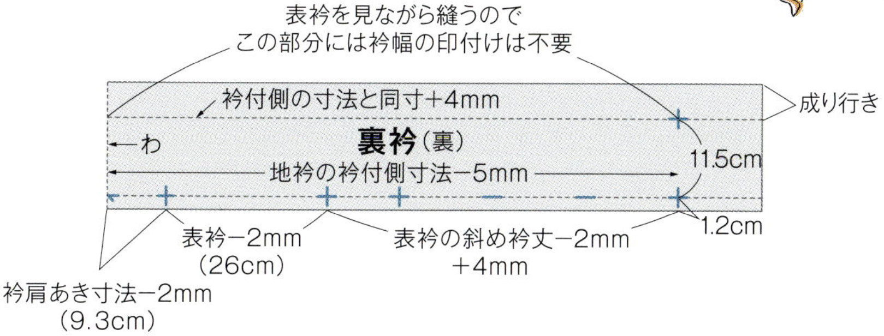
表衿を見ながら縫うので
この部分には衿幅の印付けは不要
衿付側の寸法と同寸＋4mm
成り行き
わ
裏衿（裏）
11.5cm
地衿の衿付側寸法−5mm
1.2cm
表衿−2mm
（26cm）
表衿の斜め衿丈−2mm
＋4mm
衿肩あき寸法−2mm
（9.3cm）

縫う

DVD 1

手と針と糸だけで、少しずつきものの形にしていきましょう。ぐし縫いしたら途中で糸こきをする、縫い上がったらコテを当てて縫い目を整える、キセをかけるなど、きれいに仕立てあげるポイントは先を急がずに、一つひとつの仕事をていねいに行うことです。

✻準備する材料

◇裏衿／地衿と同寸を1枚
※市販されています。

◇背伏せ布／3cm幅ぐらい×身丈分
※市販のものがあります。きものと共布でつくっても可。

◇三つ衿芯／11cm×25cm
※裏衿から透けて見えるので共布（使用する反物の余り）がベストです。なければ、白の新モスで用意します。

◇力布2枚／各5cm×5cm
※きものと共布

◇スナップボタン／1個

縫う順番と縫い方図

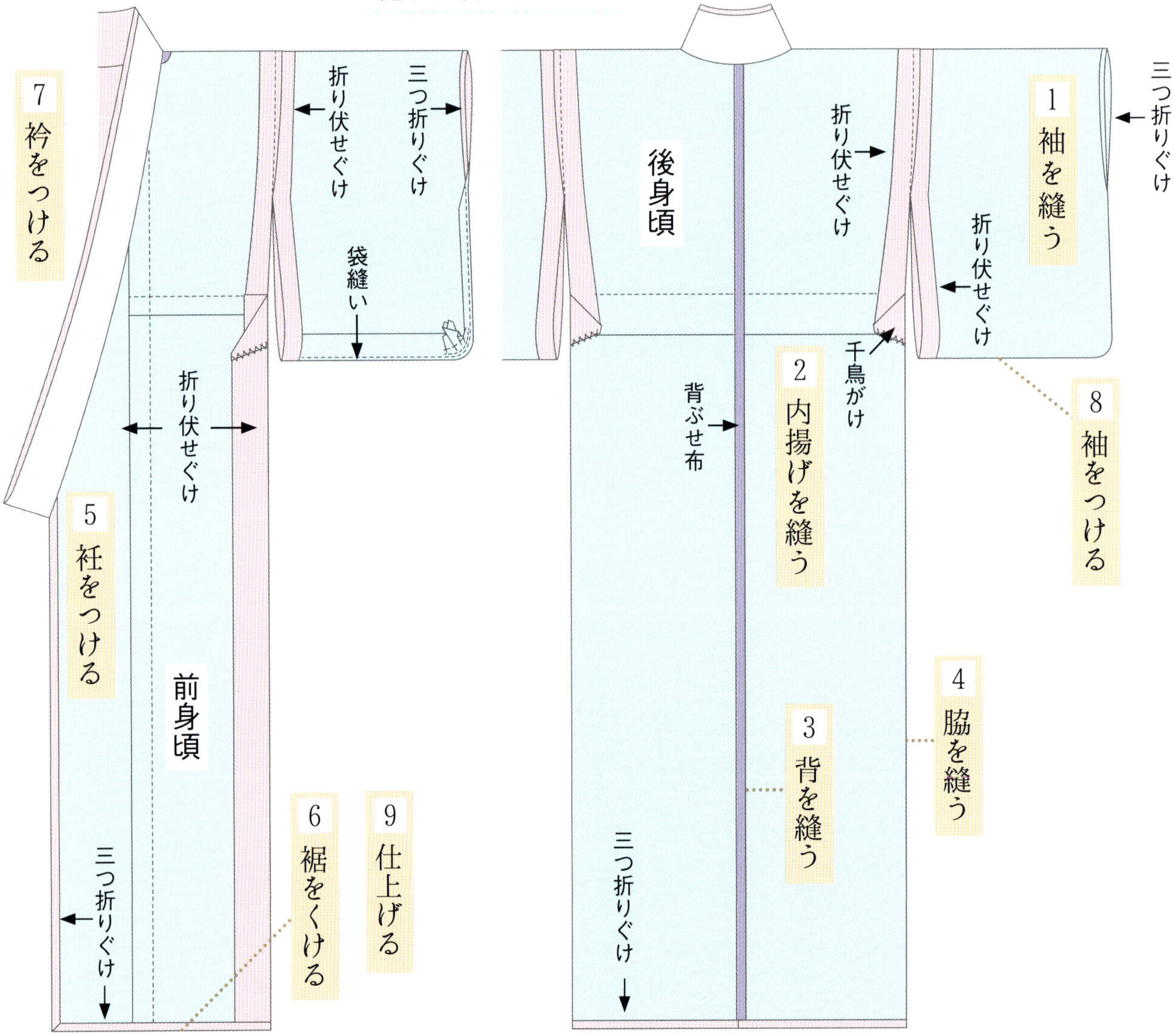

1 袖を縫う
三つ折りぐけ
折り伏せぐけ
後身頃
千鳥がけ
背ぶせ布
2 内揚げを縫う
8 袖をつける
4 脇を縫う
3 背を縫う
三つ折りぐけ
7 衿をつける
折り伏せぐけ
三つ折りぐけ
袋縫い
折り伏せぐけ
5 衽をつける
前身頃
三つ折りぐけ
6 裾をくける
9 仕上げる

1 袖下を縫う

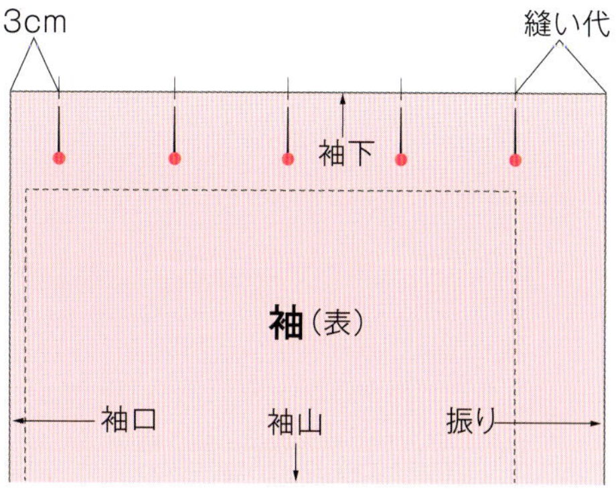
3cm
縫い代
袖下
袖（表）
袖口
袖山
振り

※以降イラスト内の待ち針は省略します。

❶袖の布を外側が表になるように2つ折りにし、袖下の裁ち目をそろえて待ち針を打ちます。

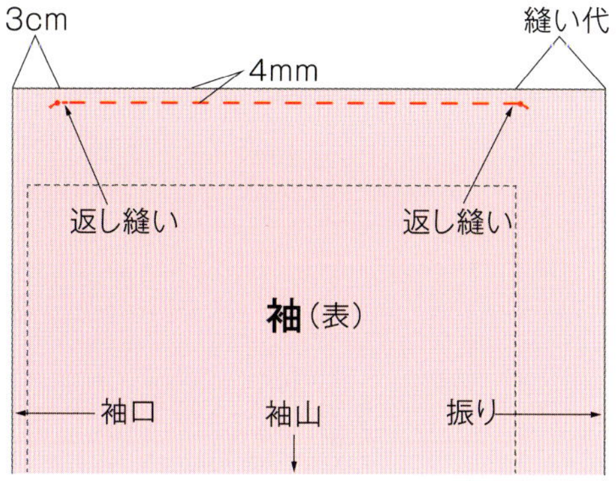
3cm
縫い代
4mm
返し縫い
返し縫い
袖（表）
袖口
袖山
振り

❷袖の振り側の縫い代と袖口側の3センチを残し、裁ち目から4ミリ入ったところをぐし縫いします。

2 前袖口に糸印をつけ左右の袖を分ける

左右の袖口を突き合わせて、糸印をつけます。ただし、柄合わせした場合は、すでについています。

これをしておけば右袖を2枚つくってしまう心配がなくなります。

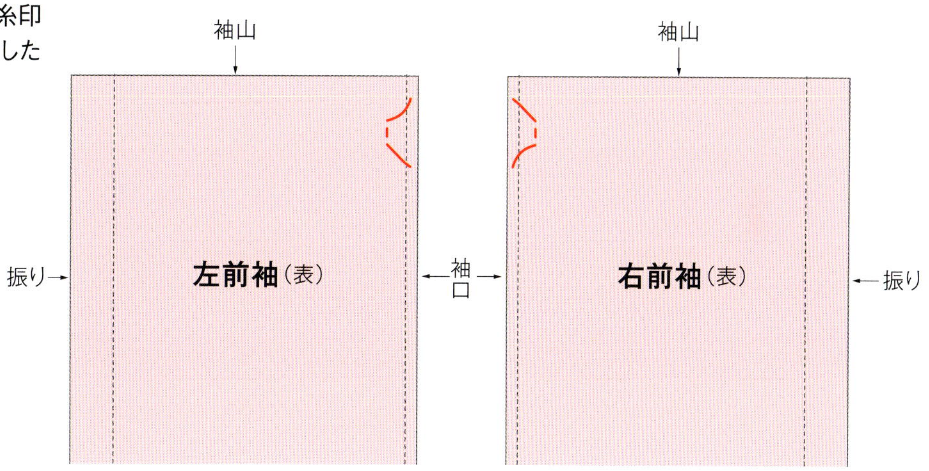
袖山
袖山
振り
左前袖（表）
袖口
右前袖（表）
振り

3 1mmのキセをかける

袖下の縫い代を倒しながら、1ミリのキセをかけます。

表側、裏側どちらに倒しても大丈夫です。

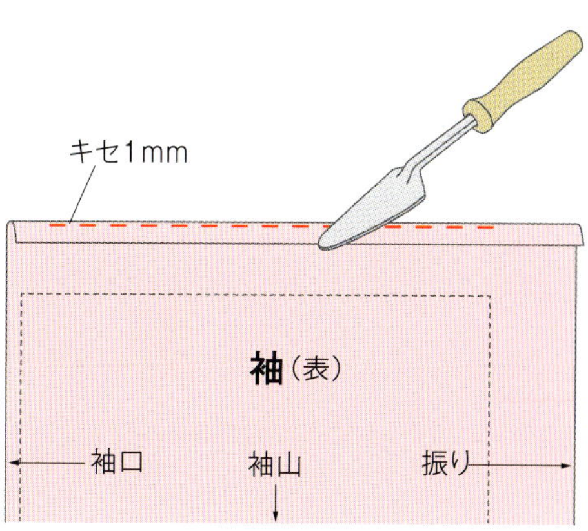
キセ1mm
袖（表）
袖口
袖山
振り

4 印付けをする

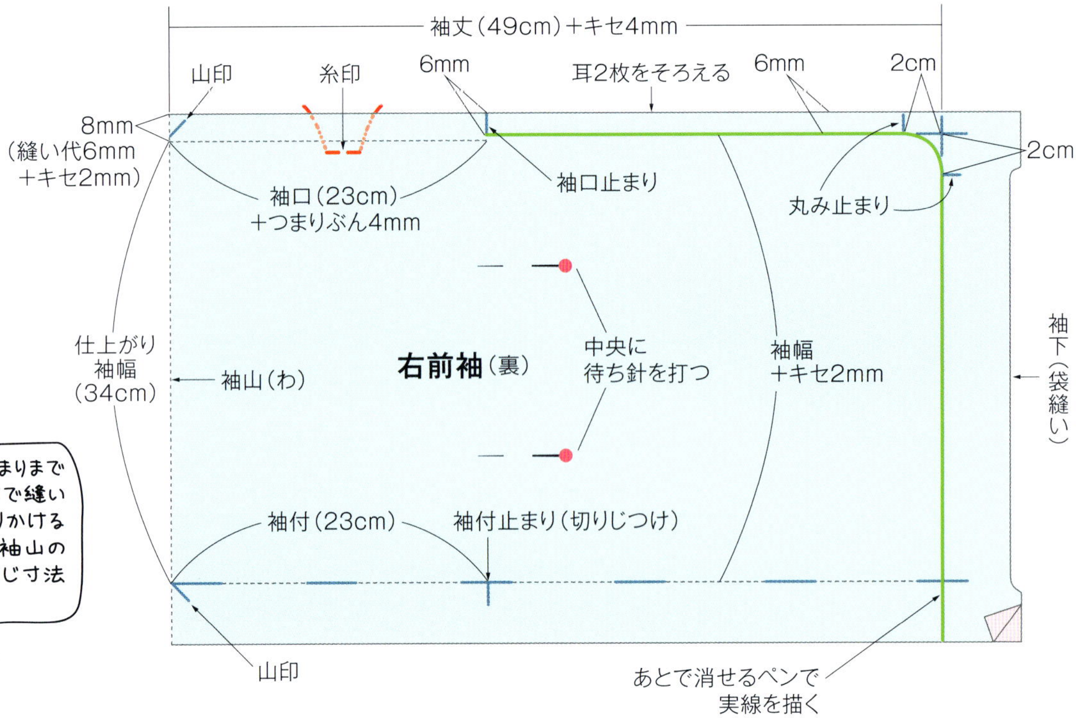

袖丈（49cm）＋キセ4mm
山印
糸印
6mm
耳2枚をそろえる
6mm
2cm
8mm
（縫い代6mm
＋キセ2mm）
2cm
袖口止まり
袖口（23cm）
＋つまりぶん4mm
丸み止まり
仕上がり
袖幅
（34cm）
袖山（わ）
右前袖（裏）
中央に
待ち針を打つ
袖幅
＋キセ2mm
袖下（袋縫い）
袖付（23cm）
袖付止まり（切りじつけ）
山印
あとで消せるペンで
実線を描く

袖下から袖口止まりまでは6ミリの縫い代で縫います。キセを2ミリかけるので、結果として袖山の縫い代8ミリと同じ寸法になります。

❶袖口から 8 ミリの縫い代をとって袖幅の寸法をとり山印をつけます。
❷袖幅をとった位置から袖丈（49 センチ）＋キセ 4 ミリをとり、袖下の線をあとで消せるペンでまっすぐに引きます。
❸袖口は 23 センチ＋つまりぶん 4 ミリをとり、袖口止まりの印をつけます。
❹袖口止まりから袖下は、縫い代を 6 ミリにして、あとで消えるペンでまっすぐの線を引きます。
❺袖下と袖口の線が交差したところに 2 センチの丸みを描きます（→ P71 下段）。
❻袖付けは袖山から 23 センチとり、袖付止まりの印をつけます。

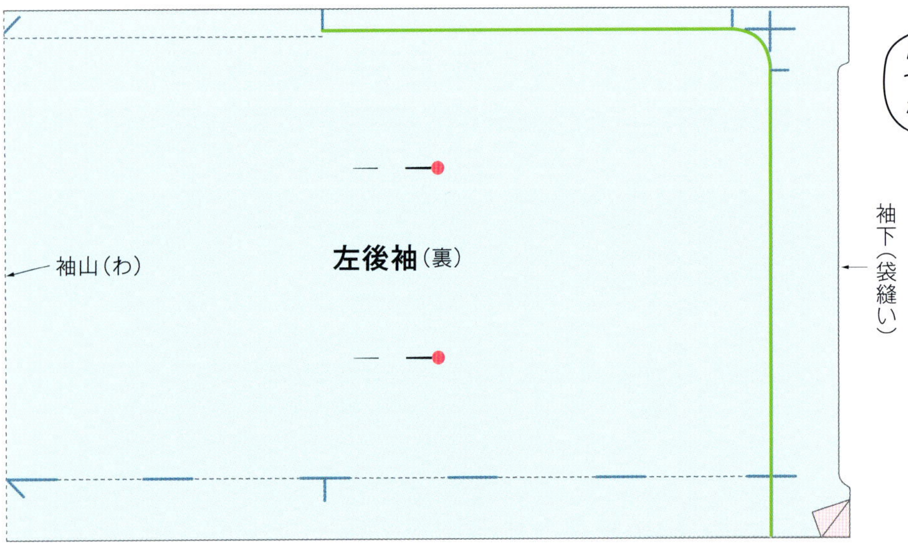

袖山（わ）
左後袖（裏）
袖下（袋縫い）

反対側の袖も同様に印をつけましょう。糸印の位置が左右の袖の目安になります。

5 袖の振りから袖下、丸み、袖口止まりまでを縫う

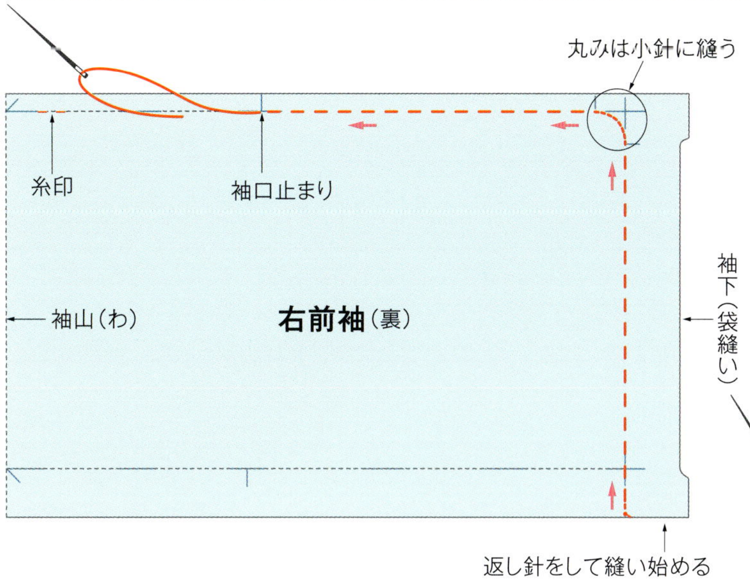
丸みは小針に縫う
糸印
袖口止まり
袖山（わ）
右前袖（裏）
袖下（袋縫い）
返し針をして縫い始める

❶待ち針を打ち、袖の振りから袖口止まりまで縫います。

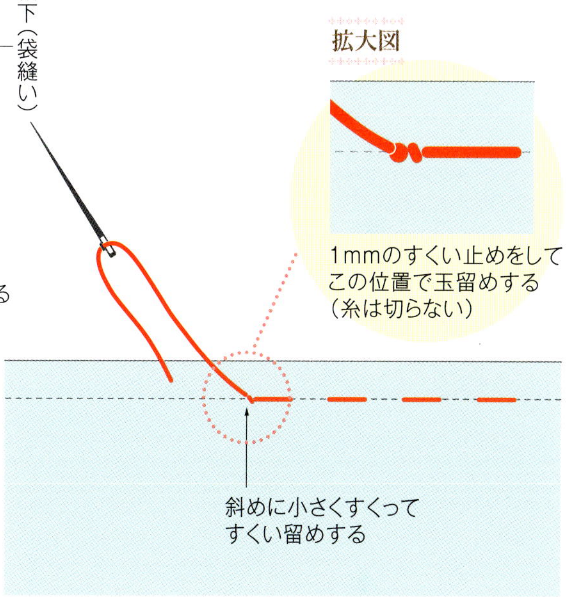
拡大図
1mmのすくい止めをしてこの位置で玉留めする（糸は切らない）
斜めに小さくすくってすくい留めする

❷袖口止まりまで来たら斜めにすくい止め（→ P31）をして、3回巻きの玉結びをして、針から糸は抜かないで布の向こう側に針をさして糸を出しておきます。

6 袖口を三つ折りして、三つ折りぐけをする

❷表に少しだけ糸を出しながら、1センチ間隔でぐるりと1周くけたら袖口止まりで玉留めして糸を切ります。

くれぐれも、袖口寸法以上にくけないように。袖口寸法以上にくけてしまうと汚く仕上がります。

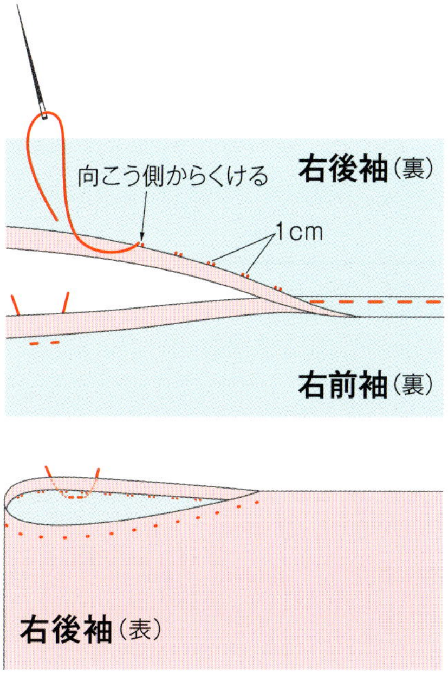
向こう側からくける
右後袖（裏）
1cm
右前袖（裏）
右後袖（表）

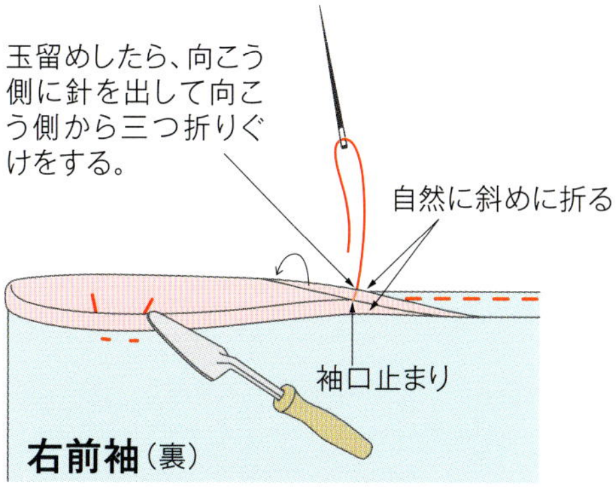
玉留めしたら、向こう側に針を出して向こう側から三つ折りぐけをする。
自然に斜めに折る
袖口止まり
右前袖（裏）

❶糸と針をつけたまま、袖下は4ミリ、袖口側は2ミリのキセをかけ、袖口は仕上がり線で折って三つ折りにします。袖口止まりからくけはじめます。

7 袖の丸みをつくる

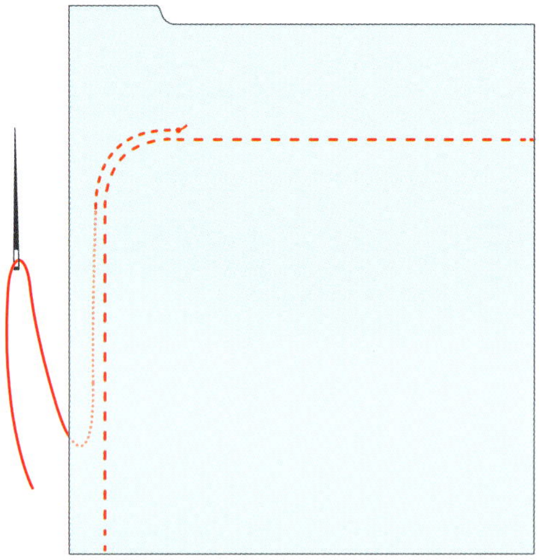

❶丸みの縫い代部分をイラストのようにぐし縫いし、向こう側に糸を出します。袖の丸みのところは1ミリのキセをかけます。このとき、袖の丸み部分には 1.6 センチの丸み型を当てます。

両袖とも、P67で糸
印をつけた方向に縫
い代をたおすことで、
左右対象の袖になり
ますよ。

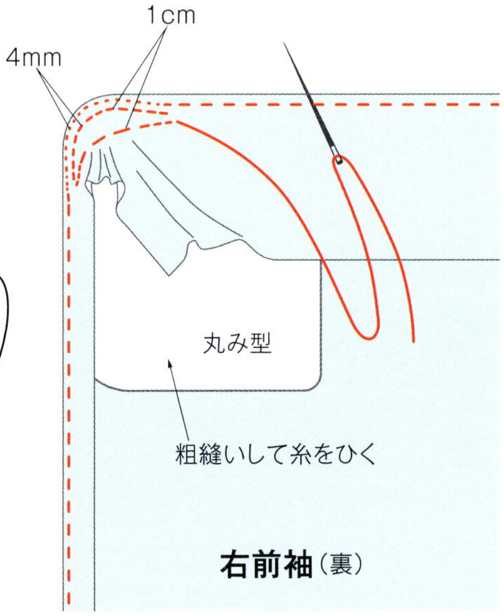

1cm
4mm
丸み型
粗縫いして糸をひく
右前袖（裏）

❷左から右に折り返し、真ん中ぐらいで 6 針分粗くぐし縫いし、糸を引きます。

6針粗く縫って糸を
引くと、均等のヒダ
が3つできますよ。

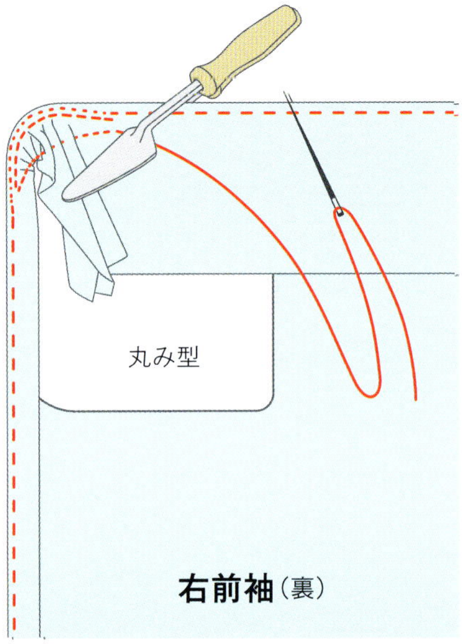

丸み型
右前袖（裏）

❸ヒダに軽く湿り気を与えてコテでピタッと押さえます。

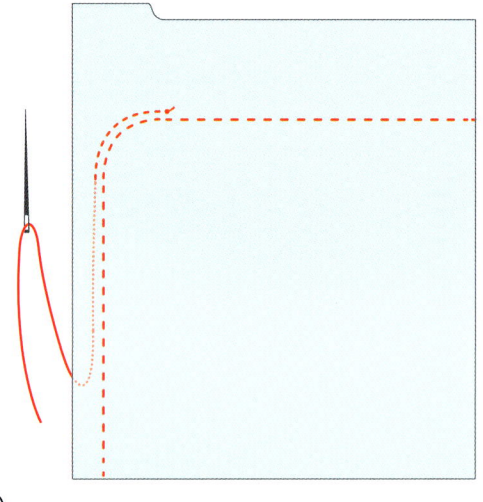

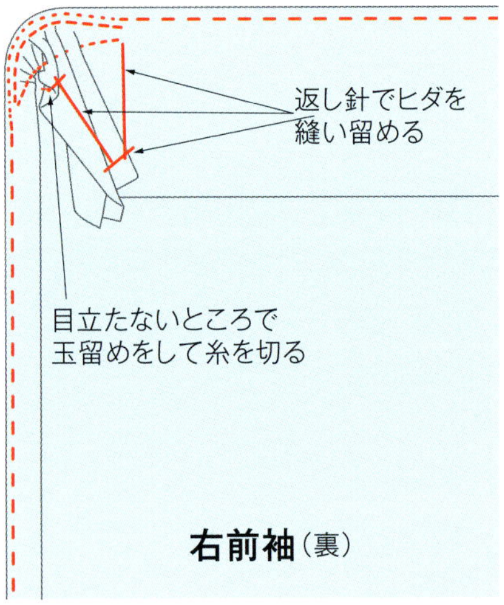

返し針でヒダを
縫い留める
目立たないところで
玉留めをして糸を切る
右前袖（裏）

❹続きの糸で返し縫いしながら 3 つできたヒダ山を押さえて、玉留めして糸を切ります。

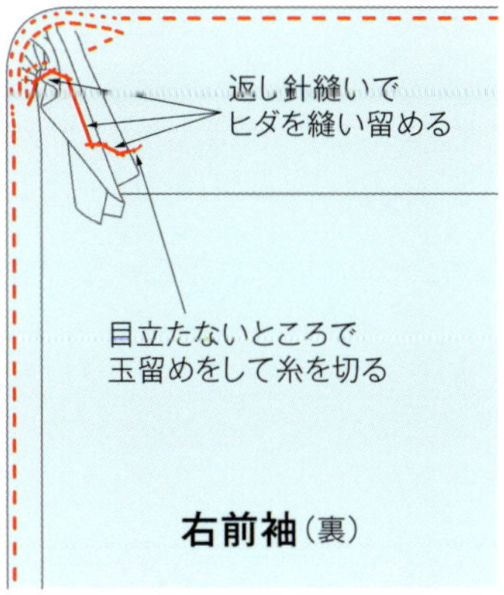

返し針縫いで
ヒダを縫い留める
目立たないところで
玉留めをして糸を切る
右前袖（裏）

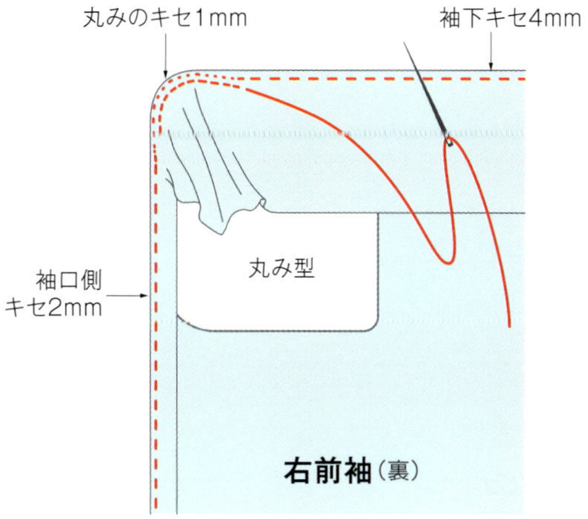

丸みのキセ1mm
袖下キセ4mm
袖口側
キセ2mm
丸み型
右前袖（裏）

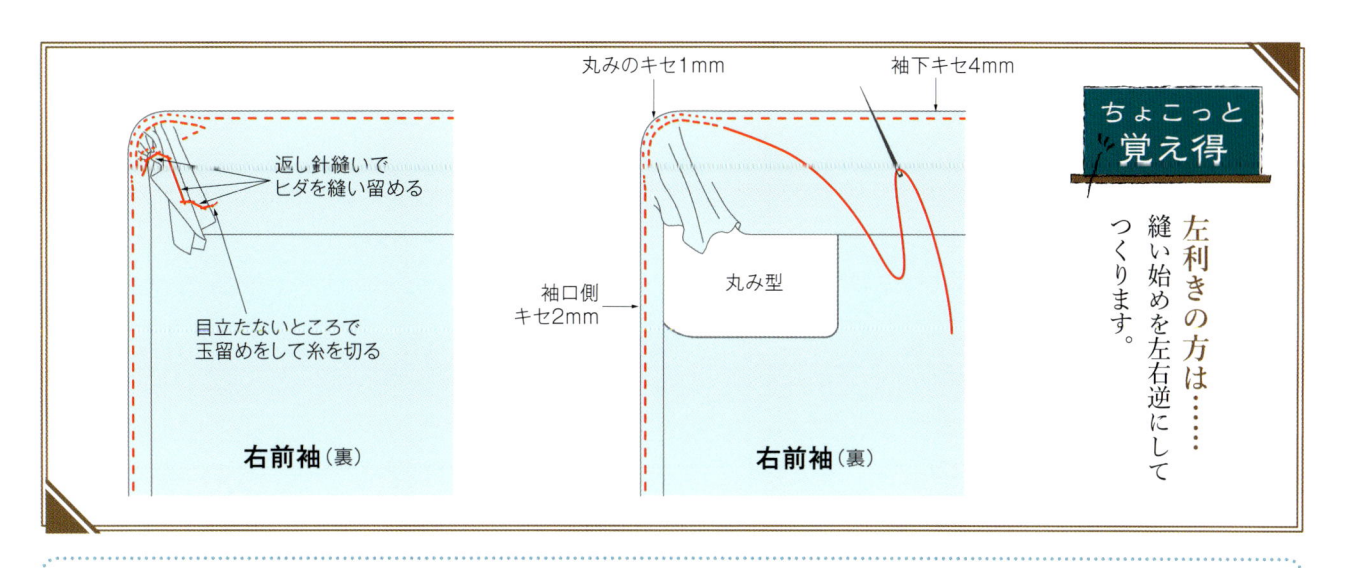

ちょこっと覚え得

左利きの方は……

縫い始めを左右逆にしてつくります。

8 袖幅に折る

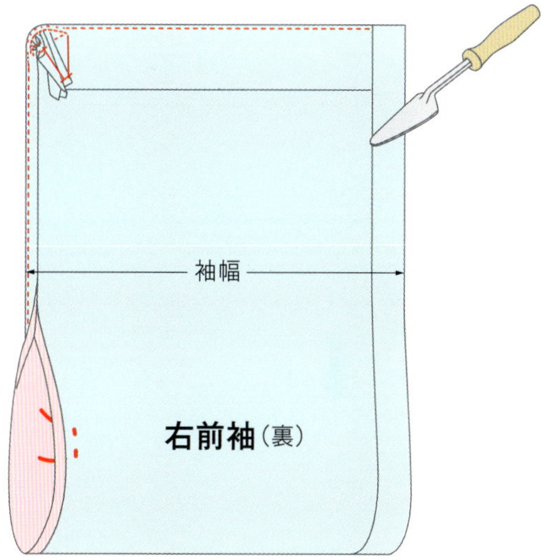

袖幅
右前袖（裏）

❶袖の振り側の仕上がり線を折ってコテを当てておきます。

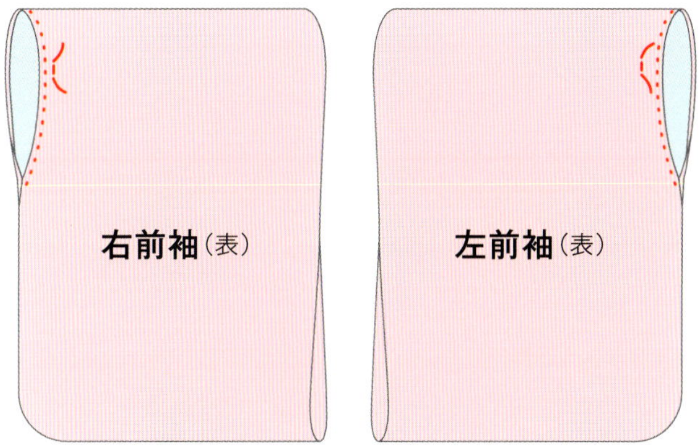

右前袖（表）
左前袖（表）

❷もう一方の袖は左右対称にして同様に縫います。

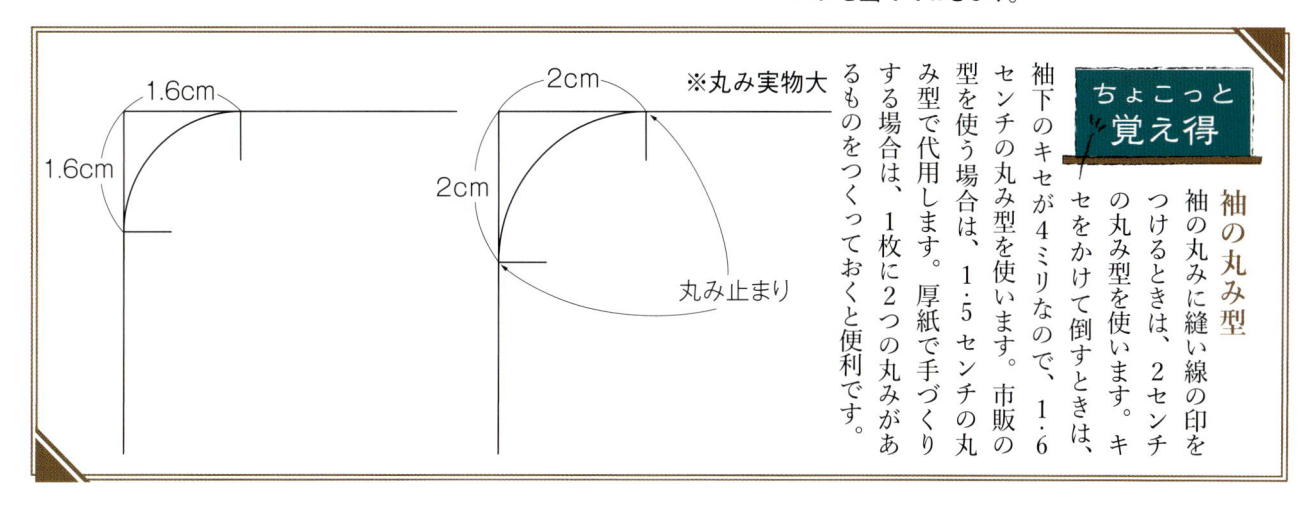

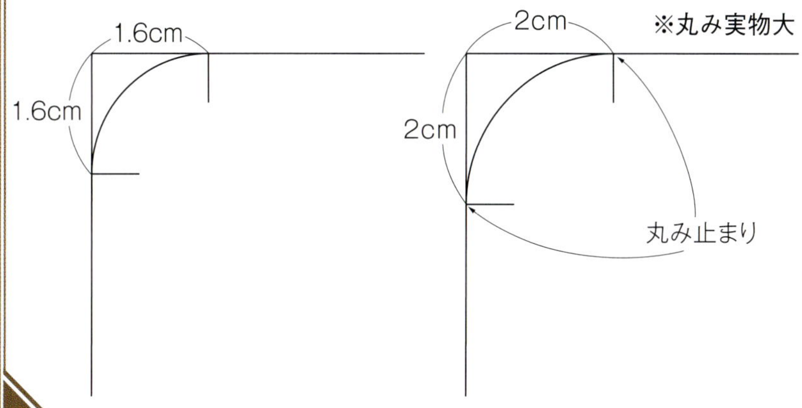

※丸み実物大
1.6cm
1.6cm
2cm
2cm
丸み止まり

ちょこっと覚え得

袖の丸み型

袖の丸みに縫い線の印をつけるときは、2センチの丸み型を使います。キセをかけて倒すときは、袖下のキセが4ミリなので、1・6センチの丸み型を使います。市販の型を使う場合は、1・5センチの丸み型で代用します。厚紙で手づくりする場合は、1枚に2つの丸みがあるものをつくっておくと便利です。

1 上内揚げと下内揚げを合わせる

上内揚げと下内揚げの中心で２つ折りにして待ち針を打ち、背中心から脇の縫い代の手前まで縫い合わせます。

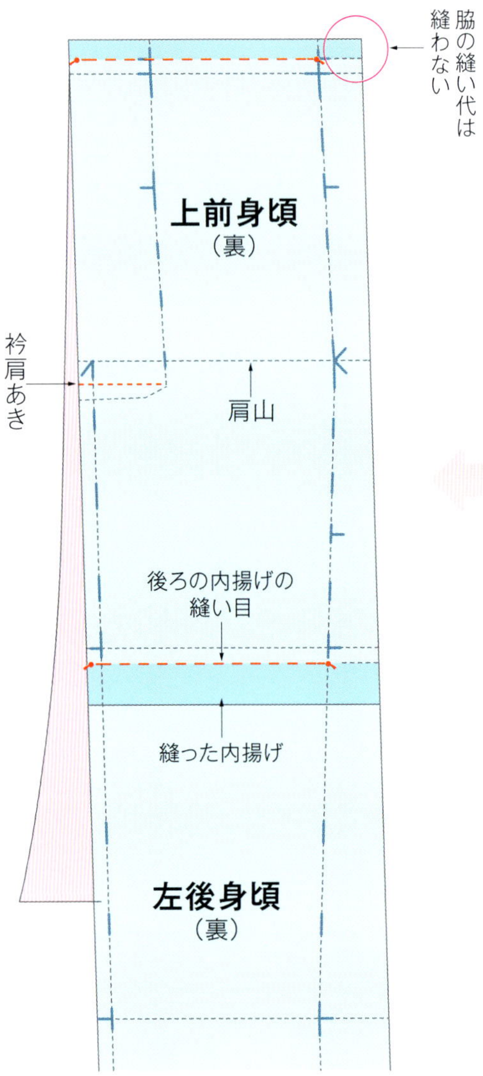
脇の縫い代は縫わない
上前身頃
（裏）
衿肩あき
肩山
後ろの内揚げの縫い目
縫った内揚げ
左後身頃
（裏）

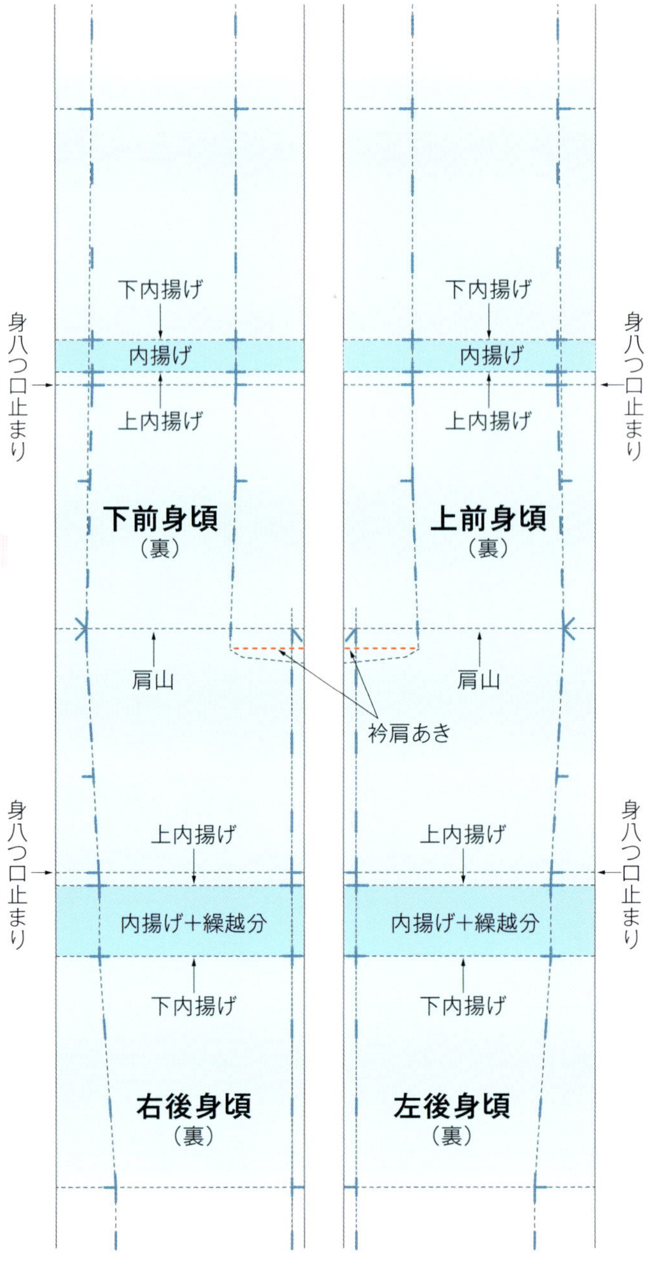
下内揚げ
内揚げ
上内揚げ
身八つ口止まり
下前身頃
（裏）
上前身頃
（裏）
肩山
衿肩あき
上内揚げ
内揚げ＋繰越分
下内揚げ
身八つ口止まり
右後身頃
（裏）
左後身頃
（裏）

裁断して印付けした、
身頃を広げてみると、
こんなふうになっています。

2 キセをかける

4カ所縫ったところをすべて裾側に倒しながら1ミリのキセをかけます。

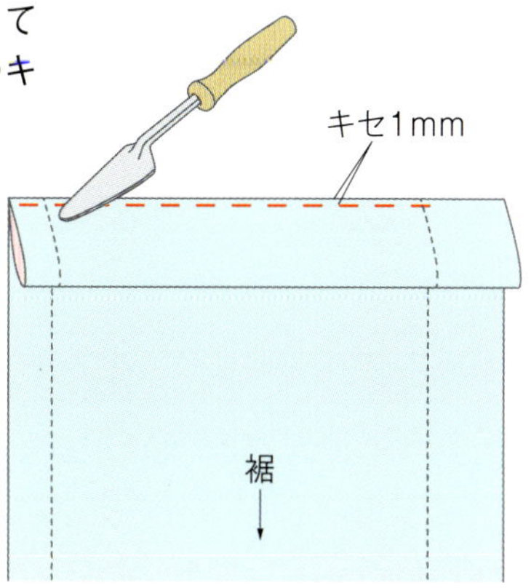
キセ1mm
裾

内揚げは必ず裾方向に倒してキセをかけます。

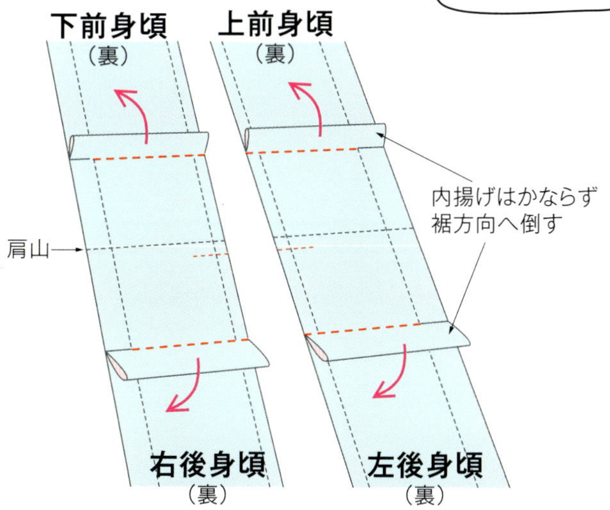
下前身頃
（裏）
上前身頃
（裏）
肩山
内揚げはかならず裾方向へ倒す
右後身頃
（裏）
左後身頃
（裏）

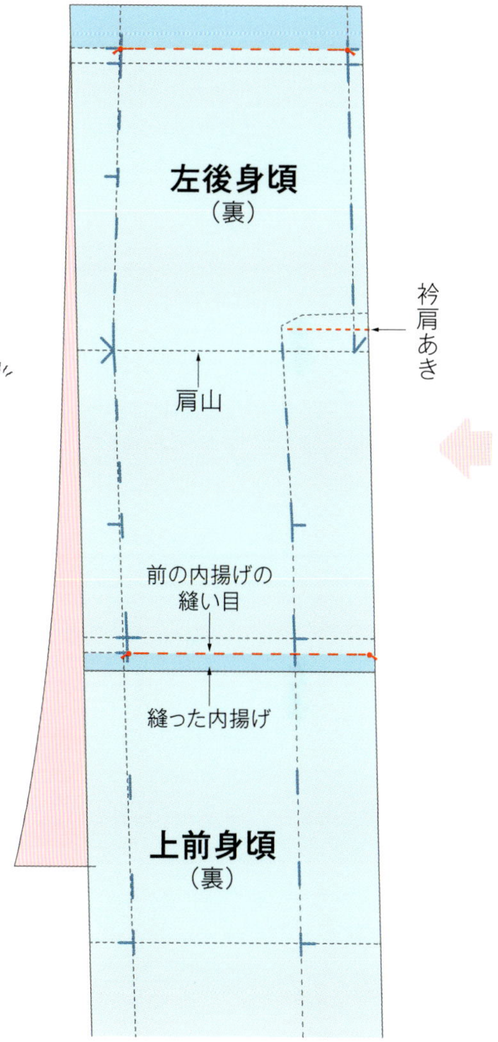
左後身頃
（裏）
衿肩あき
肩山
前の内揚げの縫い目
縫った内揚げ
上前身頃
（裏）

3 くける

折り端を身頃にくけつけます。4カ所とも同様に。

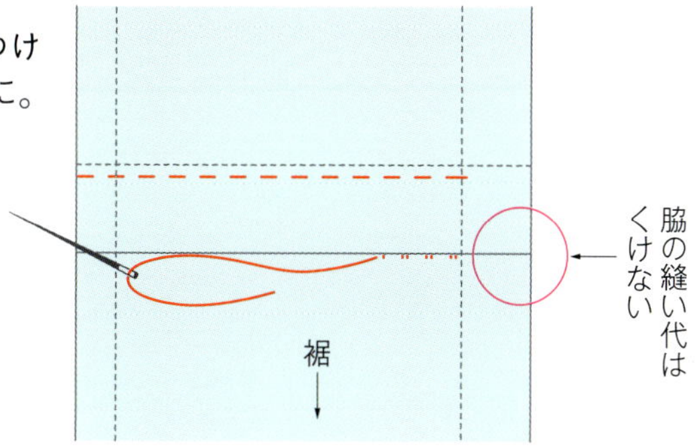
脇の縫い代はくけない
裾

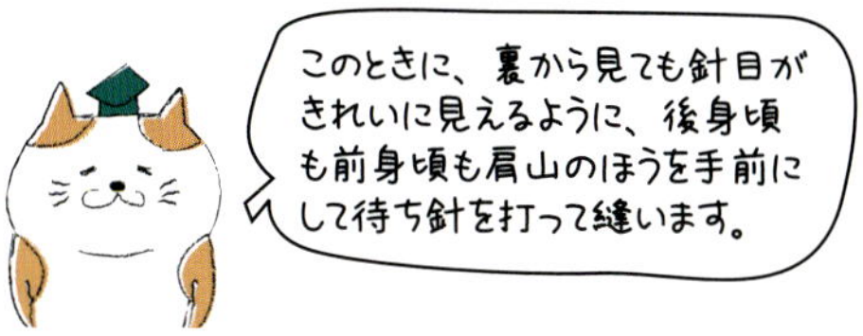
このときに、裏から見ても針目がきれいに見えるように、後身頃も前身頃も肩山のほうを手前にして待ち針を打って縫います。

3 背を縫う

1 背伏せ布をつける

衿肩あき側が背です

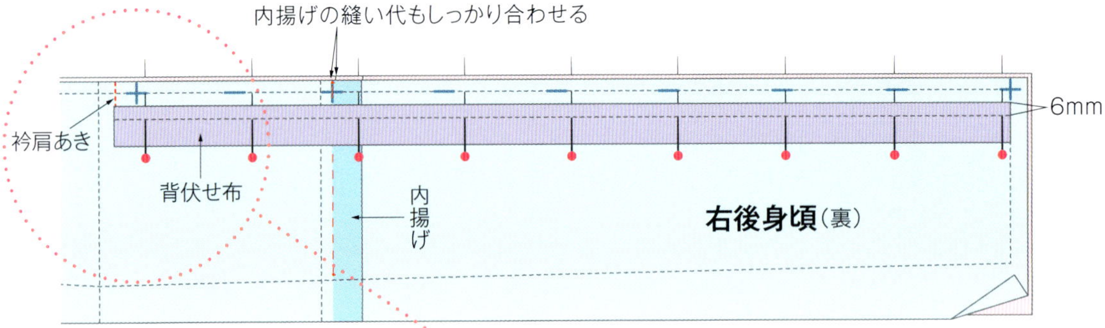

内揚げの縫い代もしっかり合わせる
6mm
衿肩あき
背伏せ布
内揚げ
右後身頃（裏）

❶左右の後身頃を中表に合わせて裾側を右に置いて待ち針を打ちます。
❷背伏せ布は衿肩あきから裾の仕上がり線までの長さをとり、イラストのように置いて、待ち針を打ち直します。

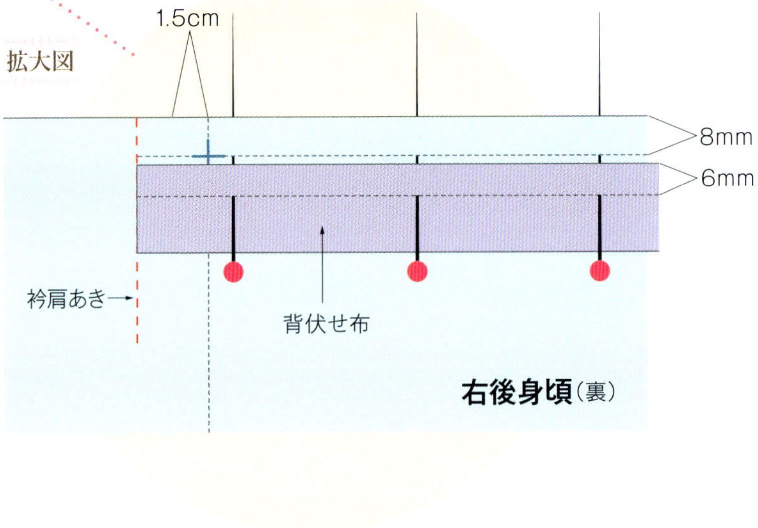

拡大図
1.5cm
8mm
6mm
衿肩あき
背伏せ布
右後身頃（裏）

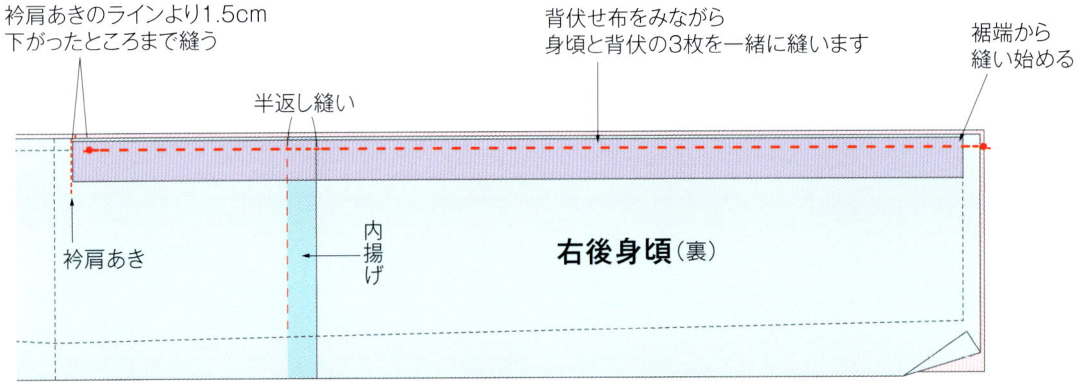

衿肩あきのラインより1.5cm
下がったところまで縫う
背伏せ布をみながら
身頃と背伏の3枚を一緒に縫います
裾端から
縫い始める
半返し縫い
衿肩あき
内揚げ
右後身頃（裏）

❸裾端から縫い始め、衿肩あきから1.5センチ下がったところまで縫い合わせます。途中、内揚げの範囲は半返し縫いします。

2 背伏せ布で縫い代をくるむ

❶縫い目をコテで落ち着かせてから、縫い代を背伏せ布でくるみます。

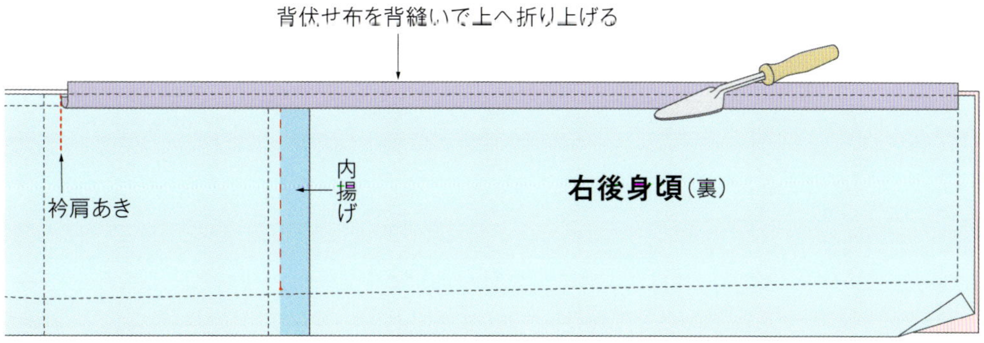
背伏せ布を背縫いで上へ折り上げる
衿肩あき
内揚げ
右後身頃（裏）

❷背縫い線の１ミリ手前で折って、縫い代に本ぐけで縫いつけます。

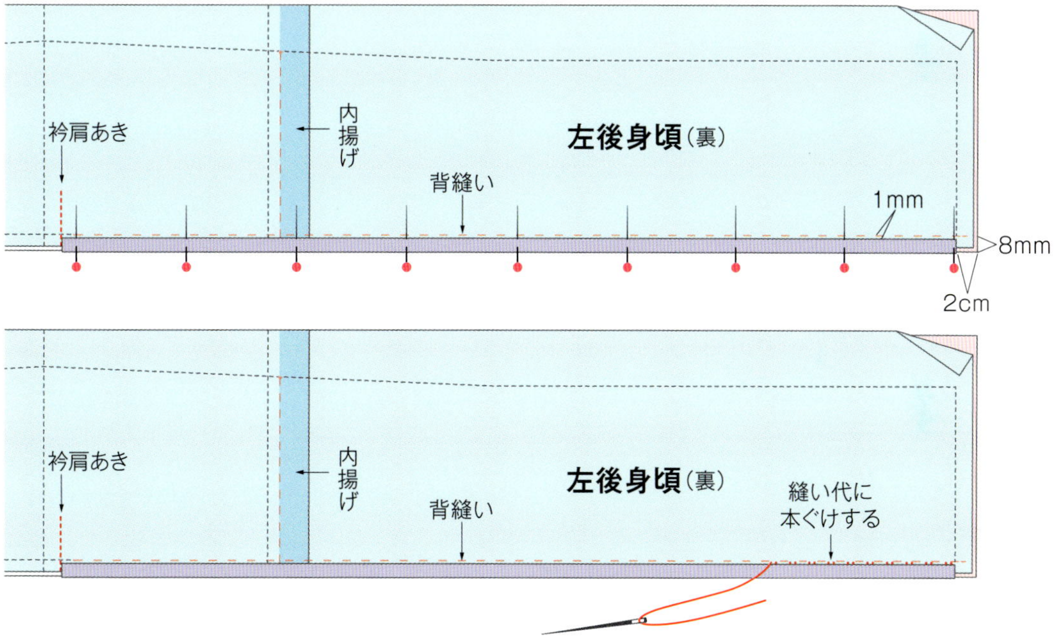
衿肩あき
内揚げ
左後身頃（裏）
背縫い
1mm
8mm
2cm
衿肩あき
内揚げ
左後身頃（裏）
背縫い
縫い代に
本ぐけする

3 キセをかける

背伏せ布をくけつけたら、縫い代を左後身頃側に倒しながら２ミリのキセをかけます。

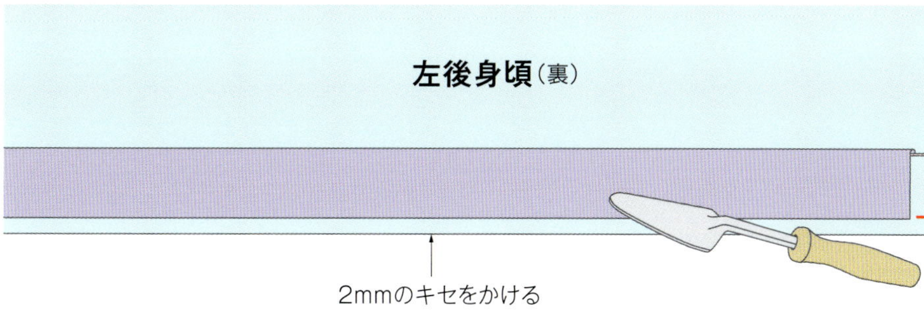
左後身頃（裏）
2mmのキセをかける

4 脇を縫う

1 待ち針を打つ

前後身頃を広げて肩山で中表に２つ折りにし、裾から身八つ口止まりまで待ち針を打ちます。

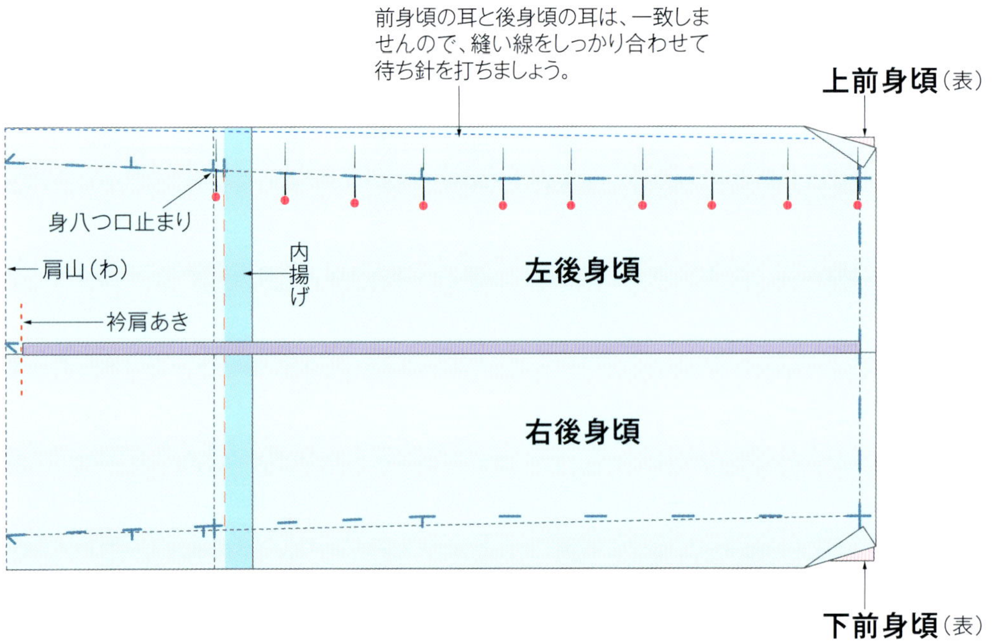

前身頃の耳と後身頃の耳は、一致しませんので、縫い線をしっかり合わせて待ち針を打ちましょう。
上前身頃（表）
身八つ口止まり
肩山（わ）
衿肩あき
内揚げ
左後身頃
右後身頃
下前身頃（表）

2 縫う

❶後身頃を見ながら１針返してぐし縫いします。縫い終わりは１針返してから玉結びをします。

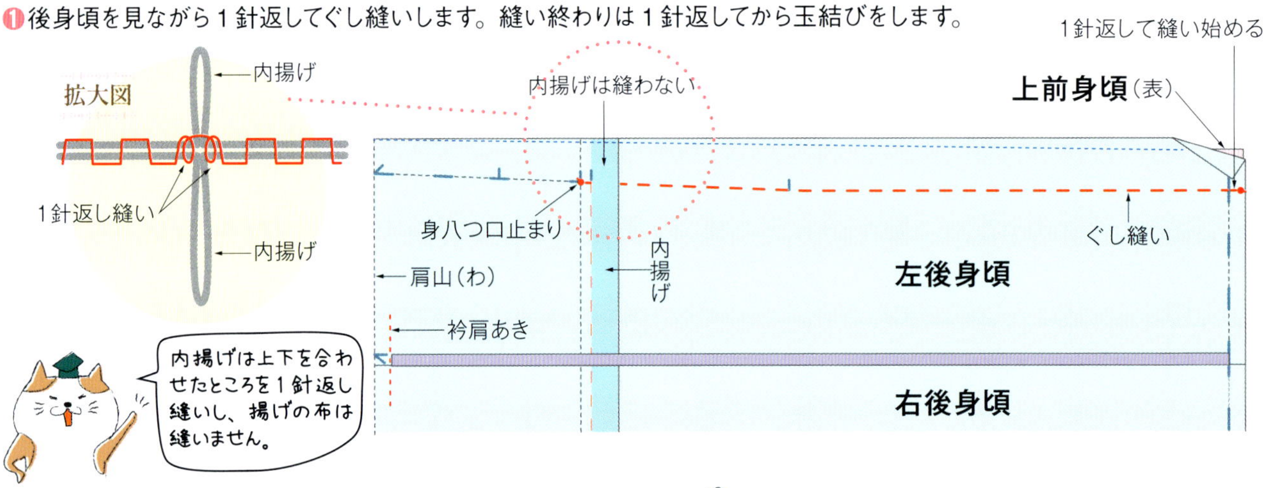

1針返して縫い始める
拡大図
内揚げ
1針返し縫い
内揚げ
内揚げは縫わない
上前身頃（表）
身八つ口止まり
ぐし縫い
肩山（わ）
内揚げ
左後身頃
衿肩あき
右後身頃
内揚げは上下を合わせたところを1針返し縫いし、揚げの布は縫いません。

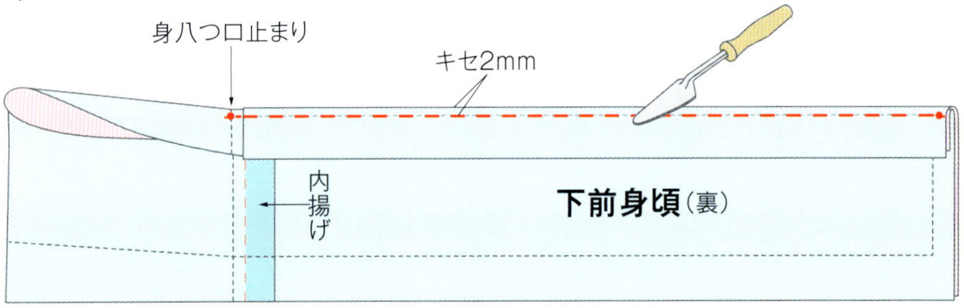

身八つ口止まり
キセ2mm
内揚げ
下前身頃（裏）

❷縫い代を前身頃側に倒しながら２ミリのキセをかけます。左右同様に。

3 縫い代の始末をする

❶身頃を表に返し、袖付けの縫い代を折ります。袖山は印より５ミリ外側に、袖付止まりの中間までは４ミリ外側に。そこから袖付止まりまでは自然に斜めにして折ります。

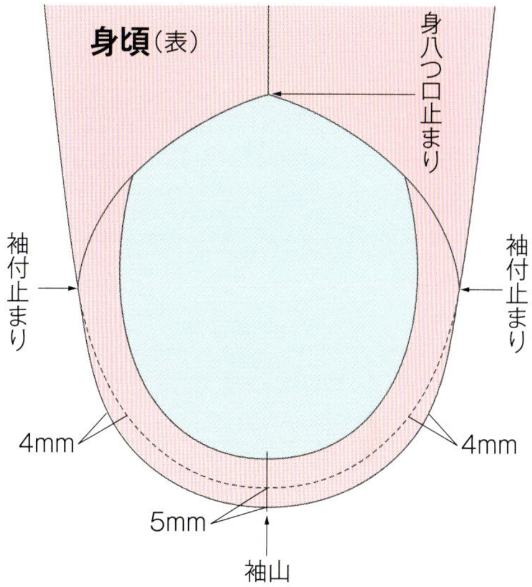
身頃（表）
身八つ口止まり
袖付止まり
袖付止まり
4mm
4mm
5mm
袖山

❷再び身頃を裏にします。内揚げのところで縫い代を三角に広げて、コテを当てます。

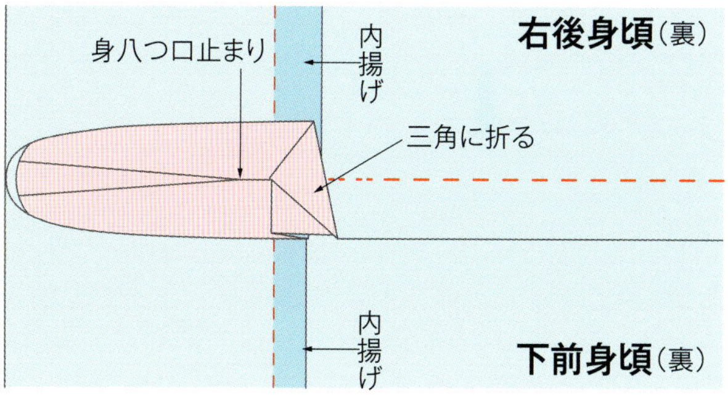
身八つ口止まり
内揚げ
右後身頃（裏）
三角に折る
内揚げ
下前身頃（裏）

❸❷で三角に折ったところの縫い代の裏側から脇の縫い線から1ミリ外側に針を入れ、三角の折り上げた間から、身八つ口止まりまでしのびとじをします。このとき内揚げの布は縫わないように注意しましょう。

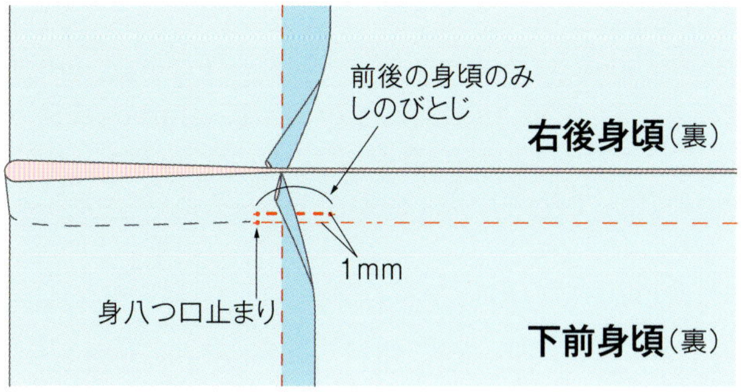
前後の身頃のみ
しのびとじ
右後身頃（裏）
1mm
身八つ口止まり
下前身頃（裏）

❹三角に折った中心が小さな糸目で留められていればOKです。

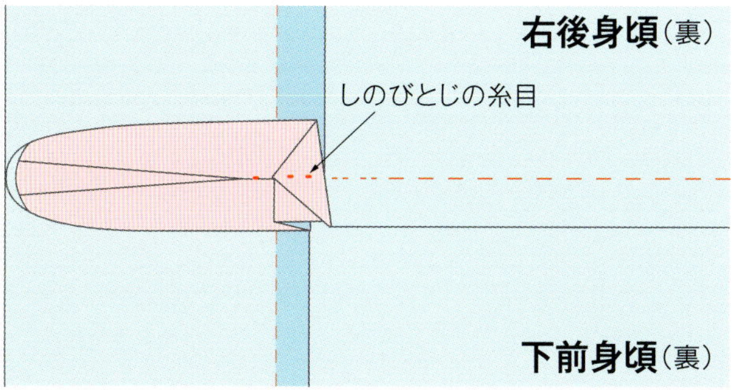
右後身頃（裏）
しのびとじの糸目
下前身頃（裏）

❺身頃を表にして身八つ口を出して、かんぬき留めをします。

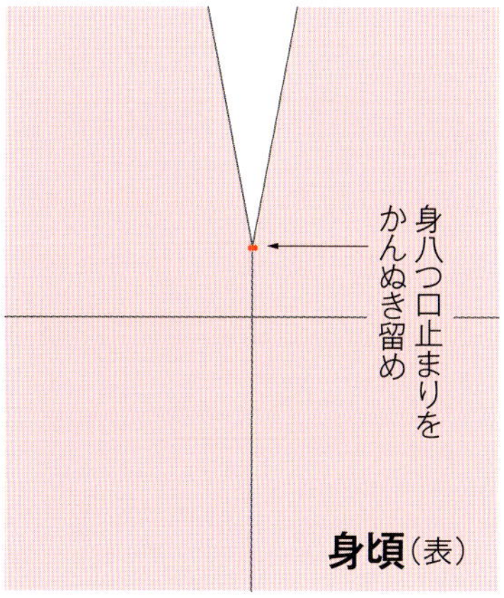
身八つ口止まりを
かんぬき留め
身頃（表）

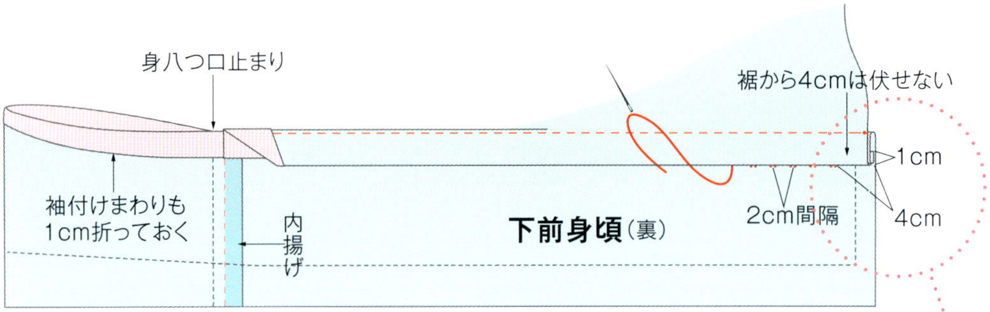

身八つ口止まり
裾から4cmは伏せない
1cm
袖付けまわりも
1cm折っておく
内揚げ
下前身頃（裏）
2cm間隔
4cm

❻脇の縫い代、袖付けまわりの縫い代を1センチ折って、裾端から4センチ上がった位置から袖付けまわりまで2センチ間隔の折り伏せぐけをします。

拡大図

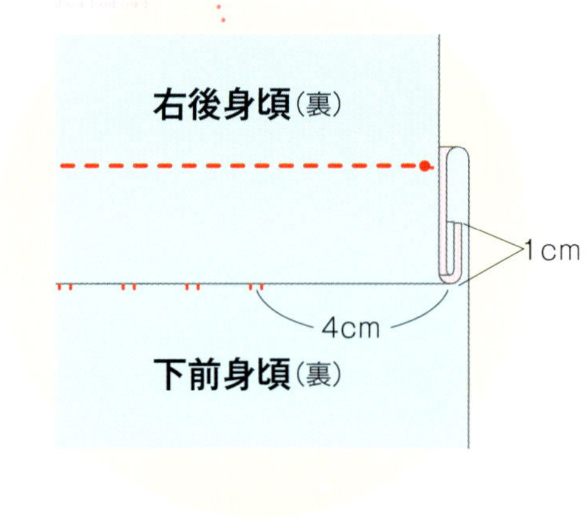

右後身頃（裏）
1cm
4cm
下前身頃（裏）

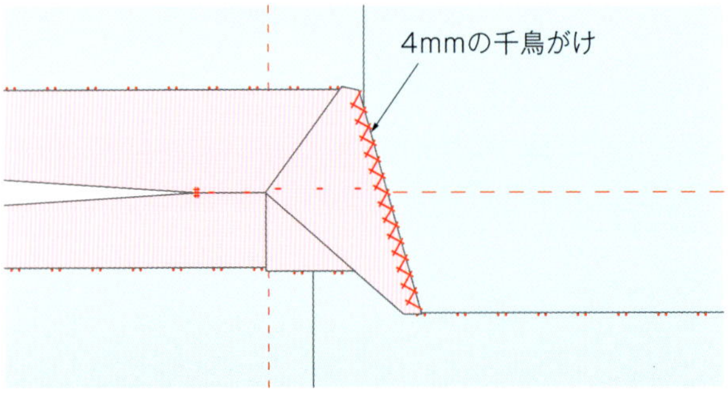

4mmの千鳥がけ

❼三角の底辺に4ミリの千鳥がけをします。

これで、三角の布もぴったりと縫い代について収まりました。

5 衽をつける

1 衿下角を額縁づくりにする

衽は、先に衿下角を額縁づくりしてから身頃に縫いつけます。

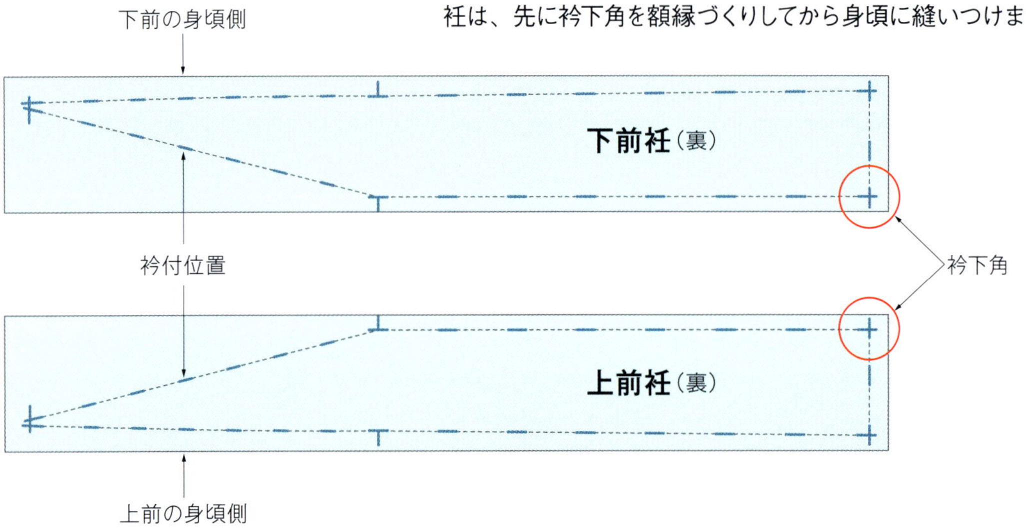

下前の身頃側
下前衽（裏）
衿付位置
衿下角
上前衽（裏）
上前の身頃側

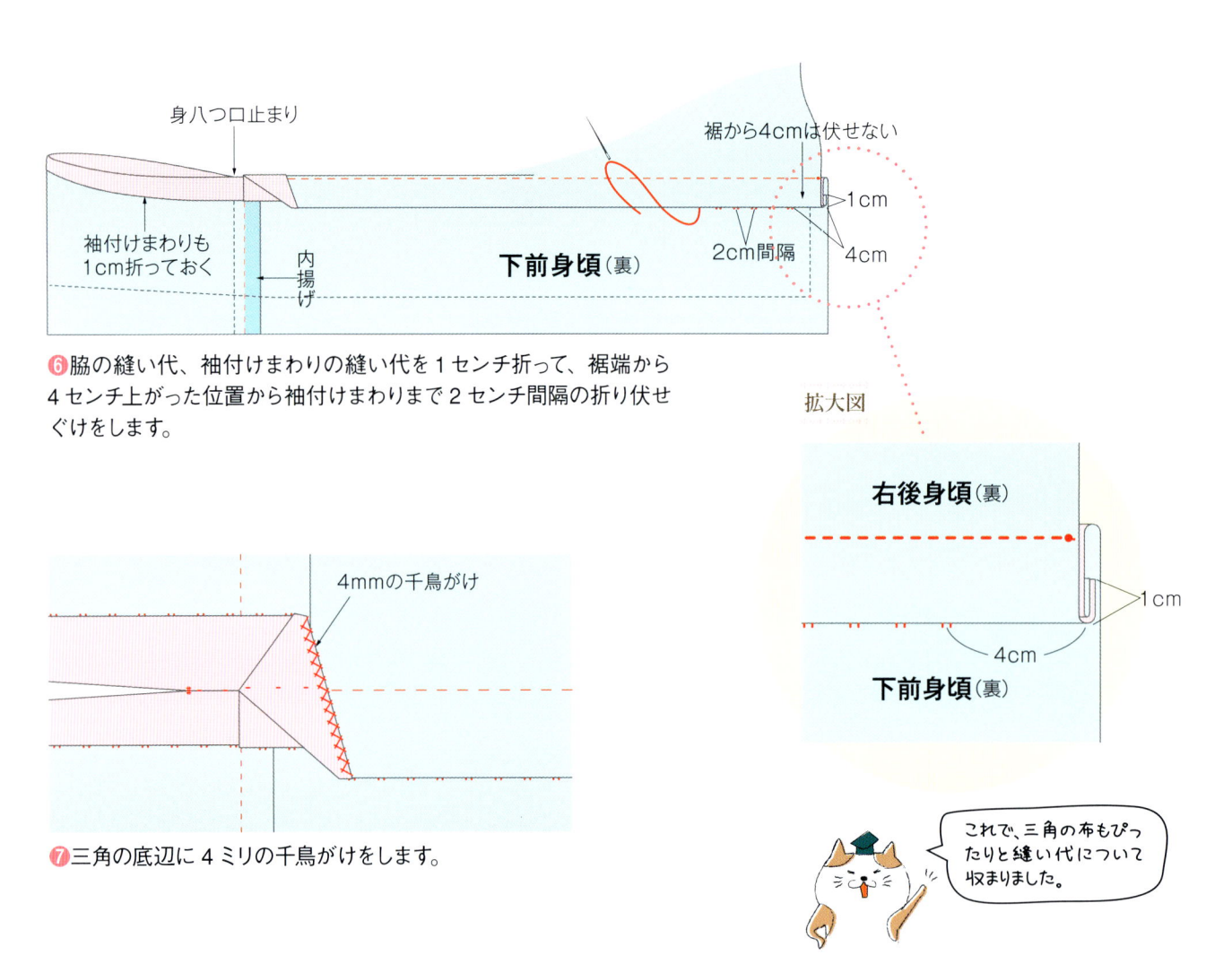

❶衽の衿下の角㋐を基点にして㋑、㋒の位置に印をつけます。

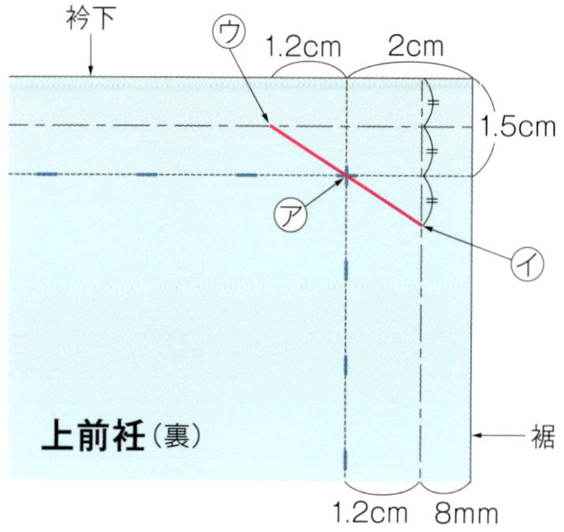

❷㋑から㋒に針をさします。

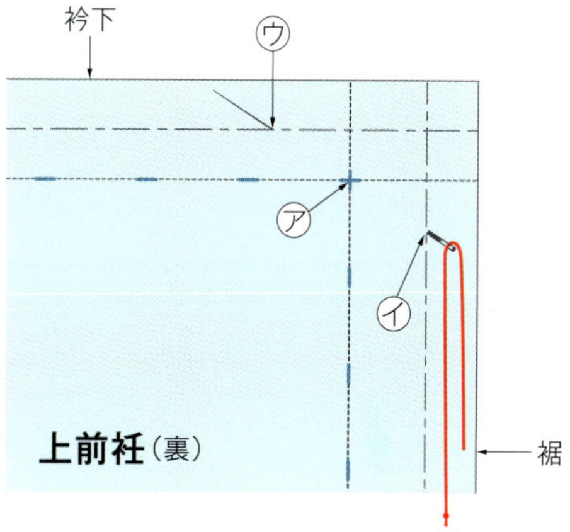

❸針をさしたまま、㋑と㋒の位置をぴったりつけて布を折り、針先を㋐に向けて１針返してからぐしぬいします。㋐の位置まできたら１針返して縫い終わります。

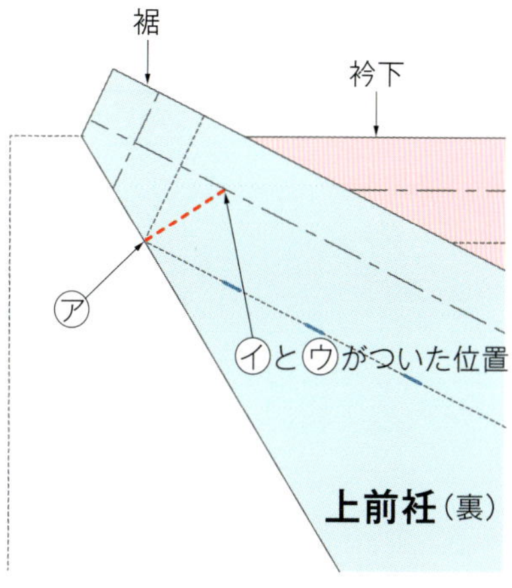

❹縫ったところを広げます。縫い代が三角に折れるので親指を入れて、縫い線をしごきます。

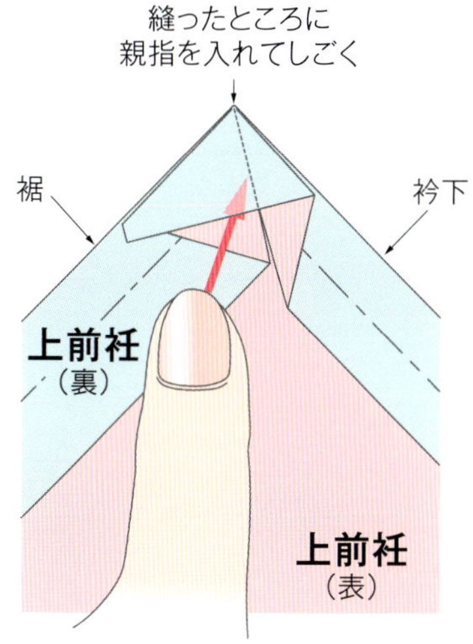

❺三角の底辺がまっすぐになるように外側に折ってから、㋐を基点に縫い代を返します。

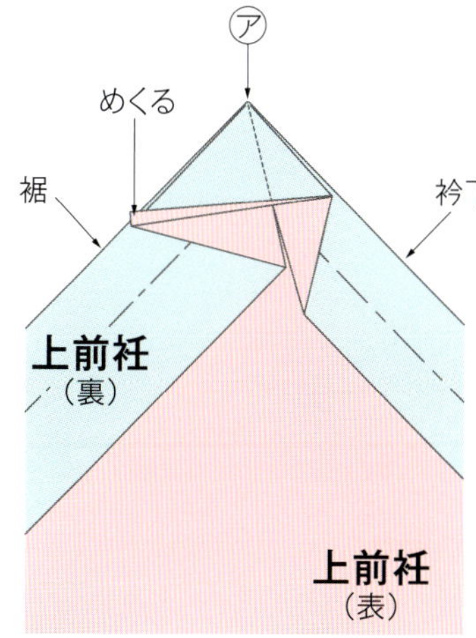

❻㋐の角を目打ちや針先で整えて直角にし、縫い止まりの位置から縫い代を内側に折ります。

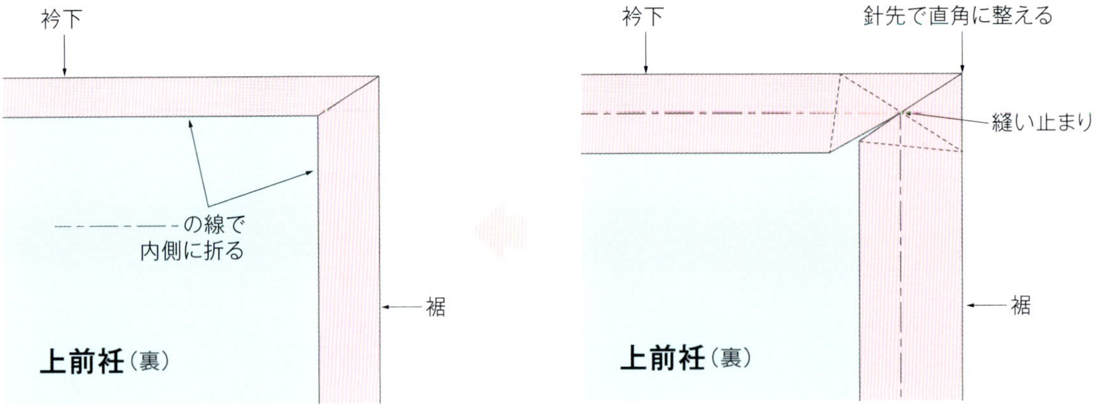
衿下
-----の線で
内側に折る
裾
上前衽（裏）
衿下
針先で直角に整える
縫い止まり
裾
上前衽（裏）

2 衿下をくける

裾角から衿先の印の６センチ上まで縫い代を折り、１センチ間隔で三つ折りぐけをします。

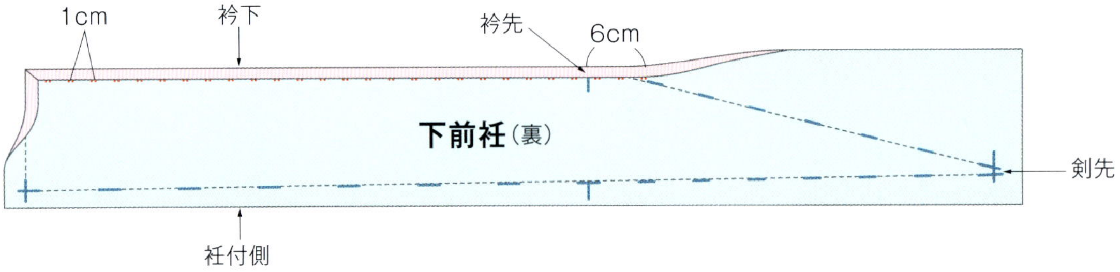
1cm
衿下
衿先
6cm
下前衽（裏）
剣先
衽付側

3 前身頃と衽を合わせる

前身頃を上にして衽と身頃を中表で合わせます。①、②、③の順に待ち針を打ちます。
あとは、間に打っていきます。

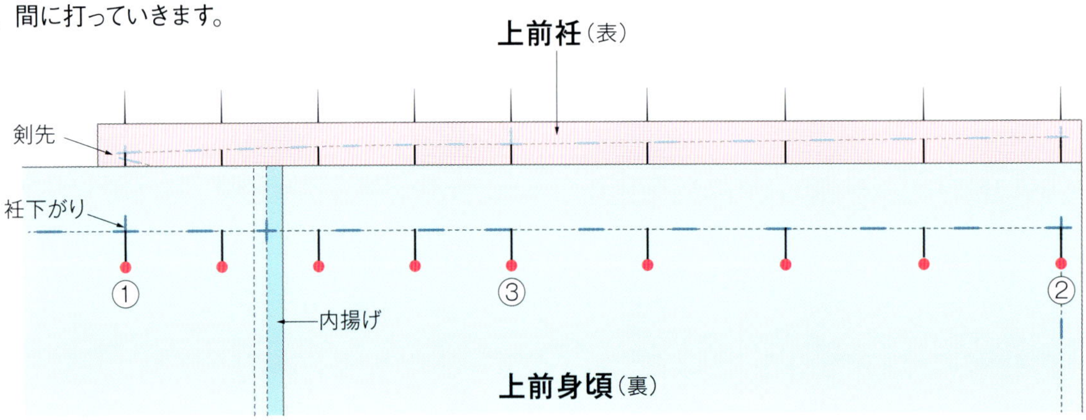
上前衽（表）
剣先
衽下がり
①
③
②
内揚げ
上前身頃（裏）

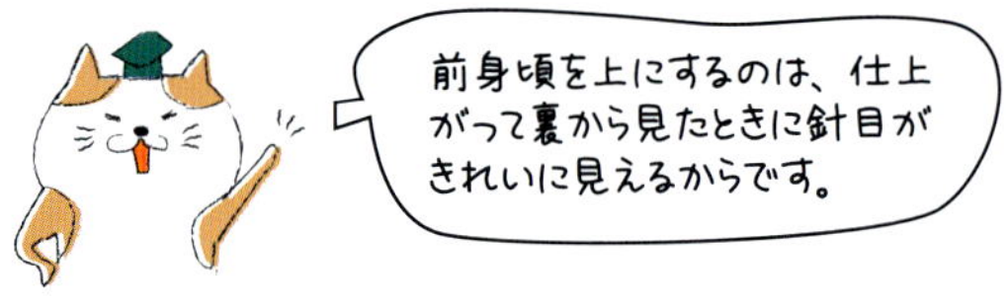
前身頃を上にするのは、仕上がって裏から見たときに針目がきれいに見えるからです。

4 縫う

上前衽は裾から、下前衽は剣先から１針返して縫い始めます。縫い終わりの位置まできたら１針返して縫い終わります。

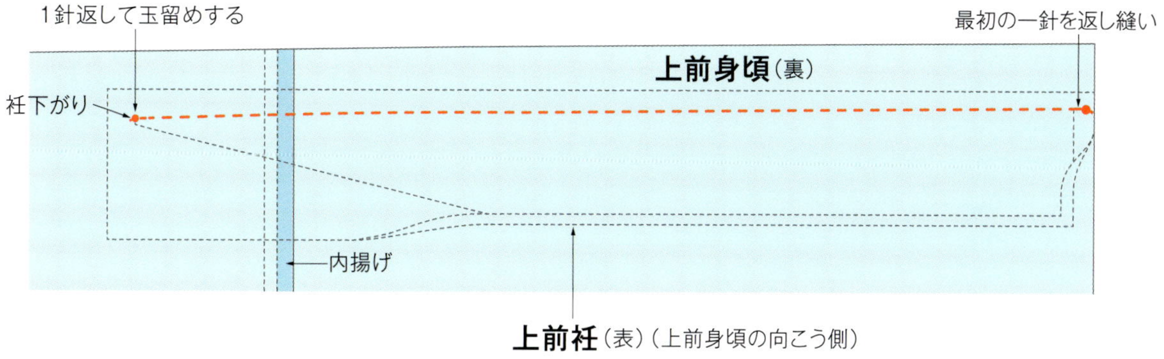

1針返して玉留めする
最初の一針を返し縫い
上前身頃（裏）
衽下がり
内揚げ
上前衽（表）（上前身頃の向こう側）

5 縫い代を始末する

❶衽側に２ミリのキセをかけます。

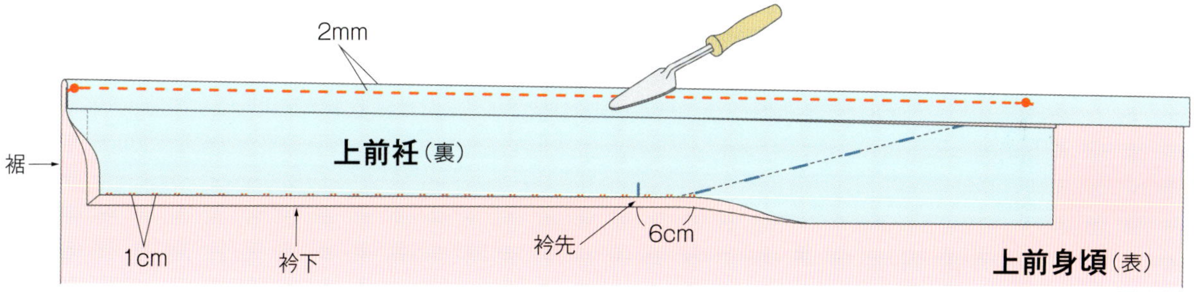

2mm
裾
上前衽（裏）
1cm
衿下
衿先
6cm
上前身頃（表）

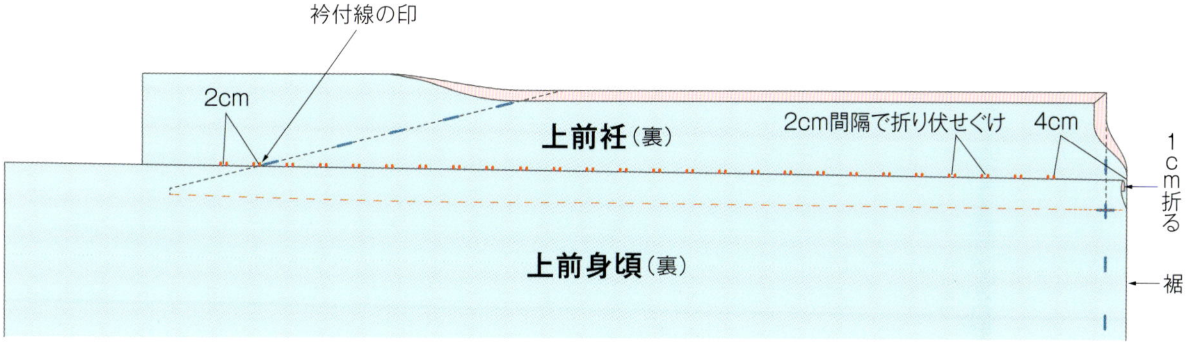

衿付線の印
2cm
上前衽（裏）
2cm間隔で折り伏せぐけ
4cm
1cm折る
上前身頃（裏）
裾

❷衽を上になるように置きます。前身頃の縫い代を、１センチ折って２センチ間隔の伏せぐけで衽にくけていきます。範囲は、裾端から４センチ上のところから、衽の衿付線の印が交わるところの２センチ上まででです。

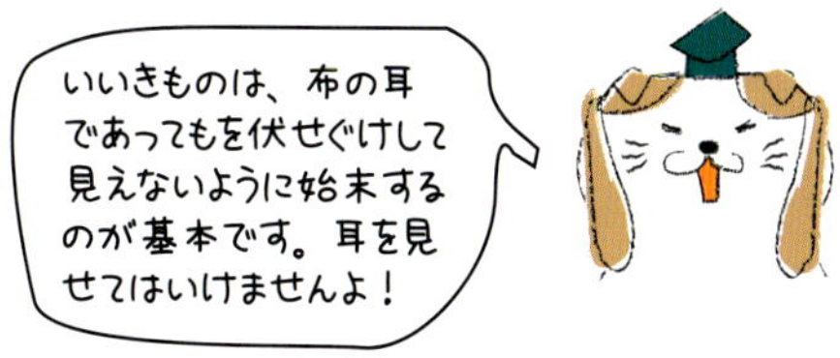

いいきものは、布の耳であってもを伏せぐけして見えないように始末するのが基本です。耳を見せてはいけませんよ！

6 裾を始末する

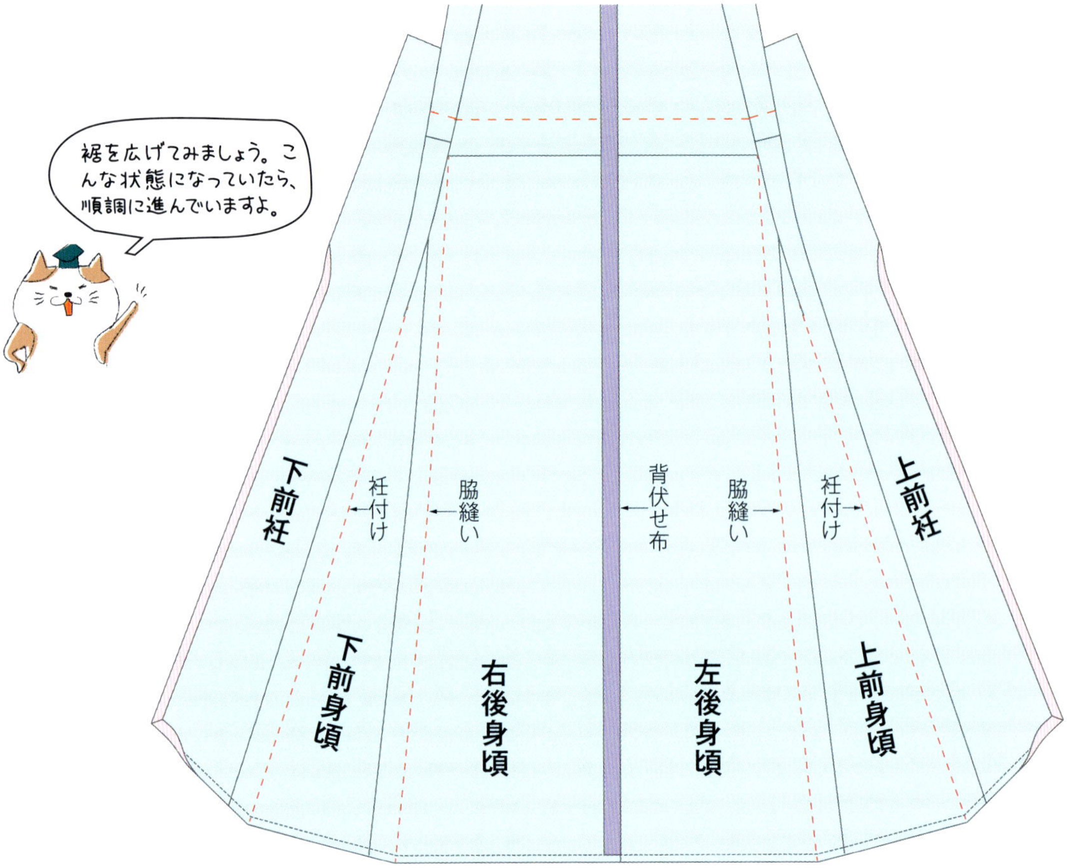
裾を広げてみましょう。こんな状態になっていたら、順調に進んでいますよ。
下前衽
衽付け
脇縫い
背伏せ布
脇縫い
衽付け
上前衽
下前身頃
右後身頃
左後身頃
上前身頃

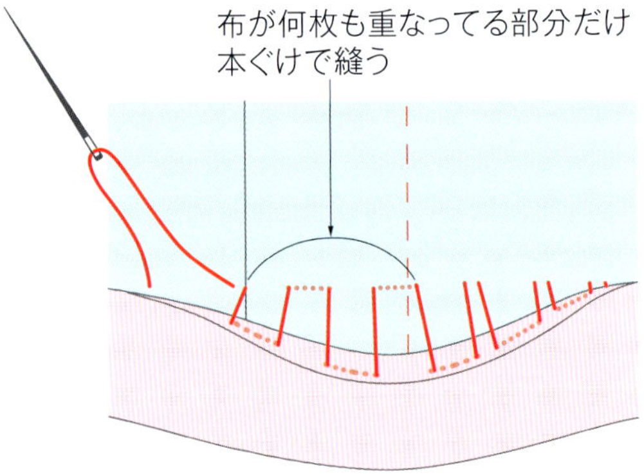
布が何枚も重なってる部分だけ本ぐけで縫う

裾を仕上がり線で折って、上前衽の額縁縫いのところから、下前衽の額縁縫いのところまで、１センチ間隔の三つ折りぐけにします。衽付け、脇縫い縫い代の範囲は布に厚みがあるので本ぐけします。

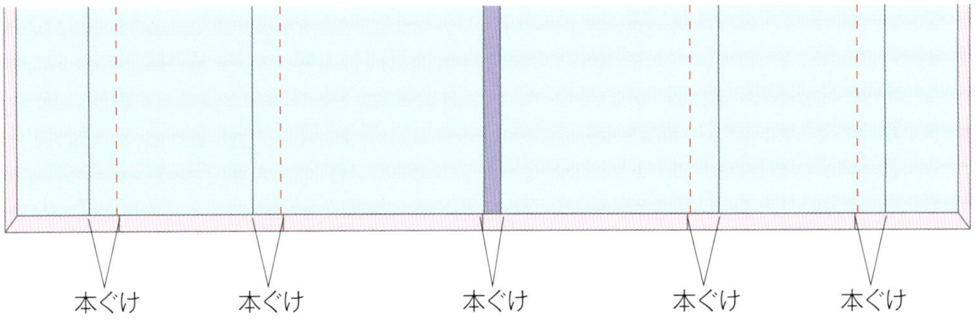
本ぐけ
本ぐけ
本ぐけ
本ぐけ
本ぐけ

7 衿をつける

✻ 衿付けに必要なもの

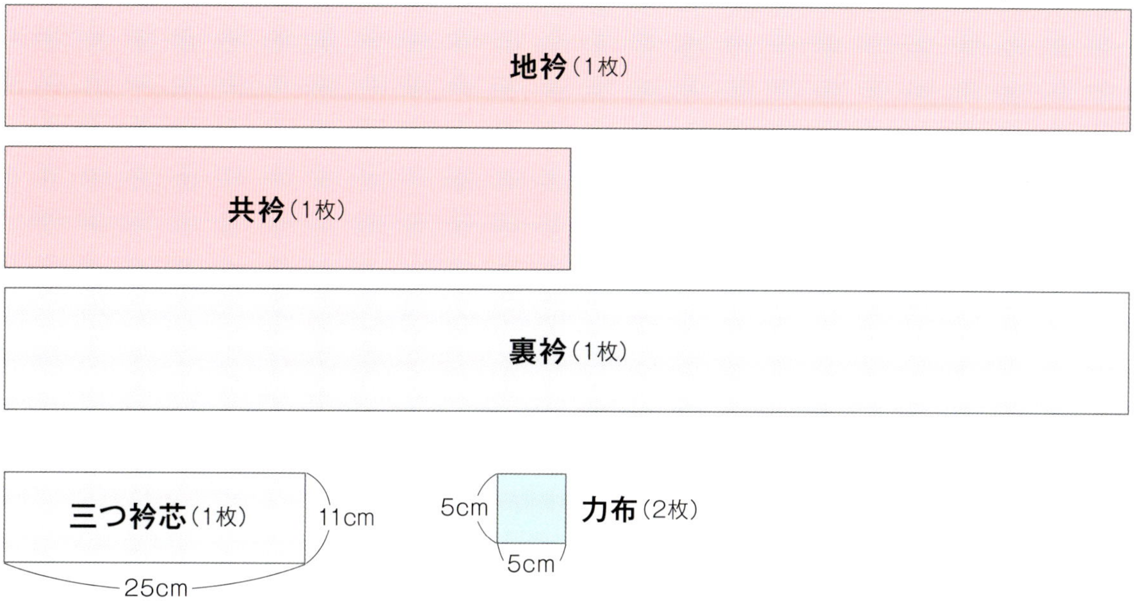

地衿（1枚）
共衿（1枚）
裏衿（1枚）
三つ衿芯（1枚）
11cm
25cm
5cm
力布（2枚）
5cm

1 力布をつくる

❶ 5センチ角の力布を三角に折ります。

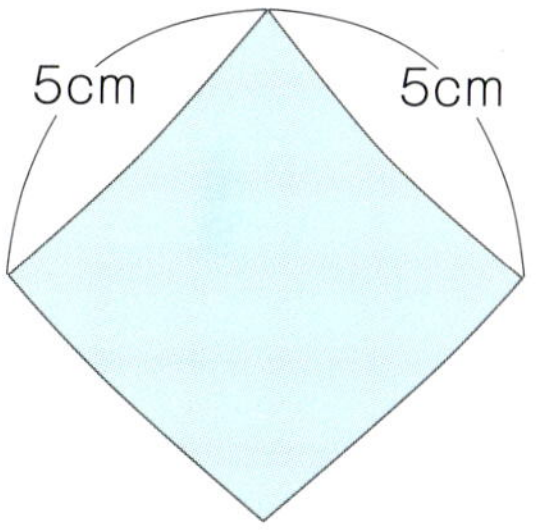

5cm
5cm

❷ 三角の頂点を2枚合わせてしっかりひねって、コテで固定しておきます。

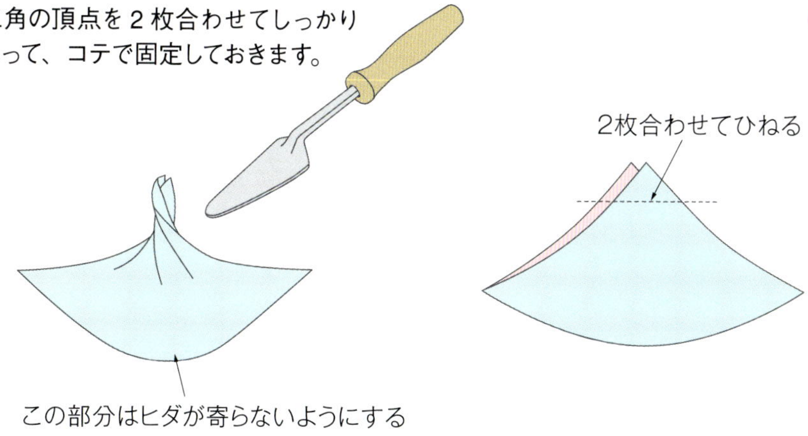

2枚合わせてひねる
この部分はヒダが寄らないようにする

ちょこっと覚え得

小針に縫う

きものはほとんどぐし縫いで縫い合わせていきますが、袖の丸みや衿付けなど、大切なポイントでは「小針に縫う」ところがあります。どのくらいの小針なのか、左の実物大の写真でご確認ください。和裁のプロのぐし縫いもご紹介します。

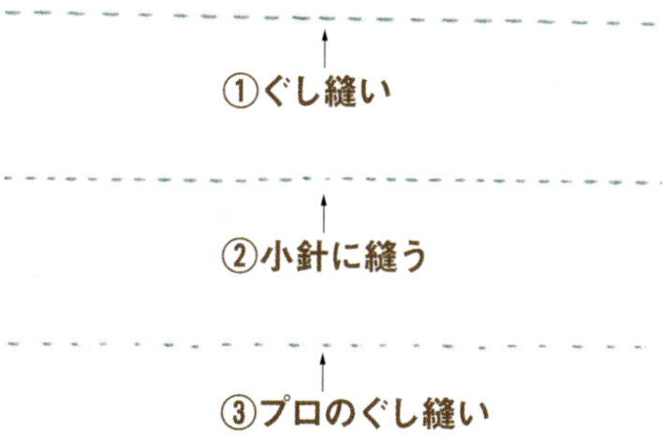

①ぐし縫い
②小針に縫う
③プロのぐし縫い

① **ぐし縫い**
2～3ミリ間隔で縫います。

② **小針に縫う**
ぐし縫いの半分、1ミリ間隔ぐらいで縫います。

③ **プロのぐし縫い**
ぐし縫いと同じ間隔ですが、表に見える針目を小さくします。

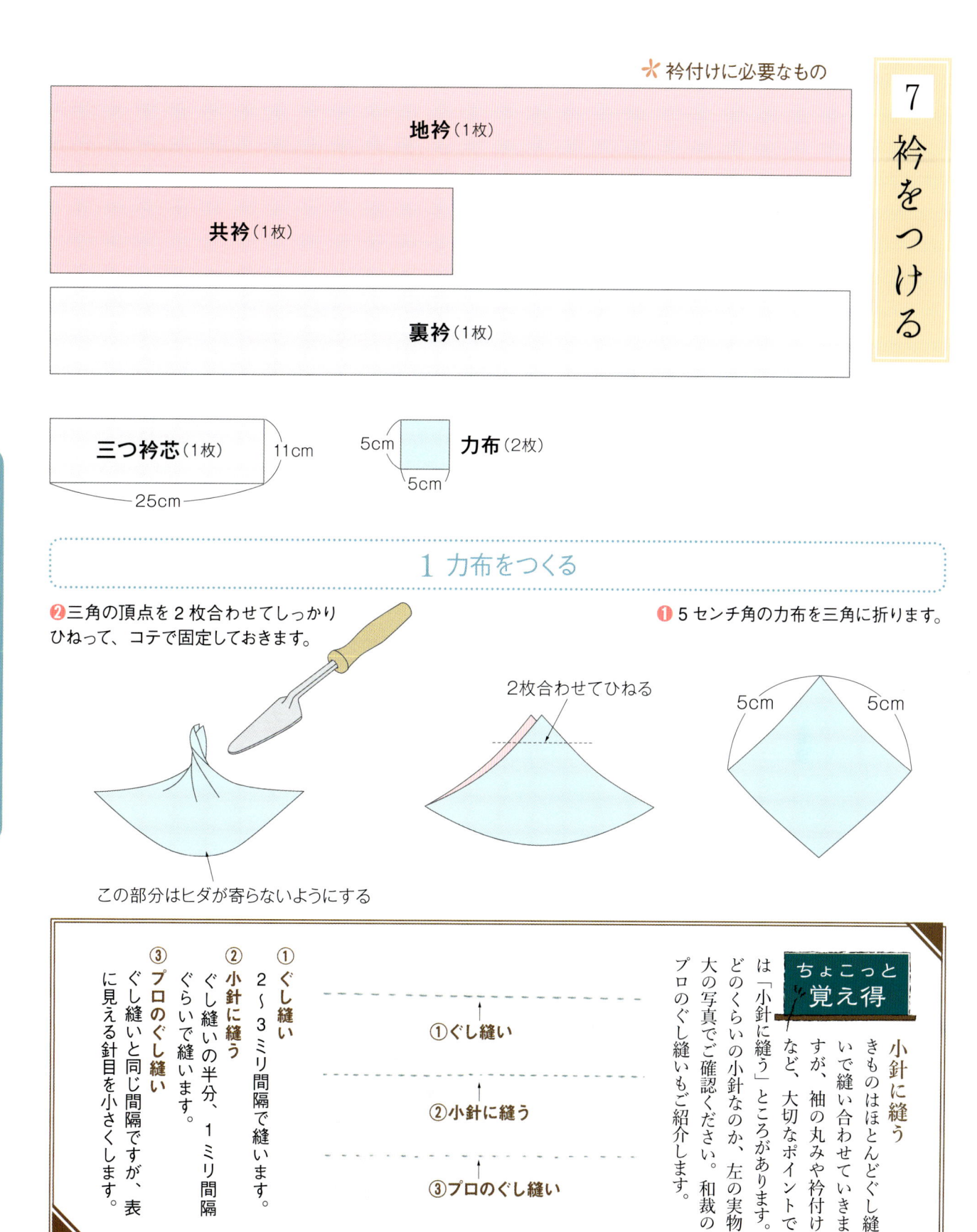

2 衿肩あきを切る

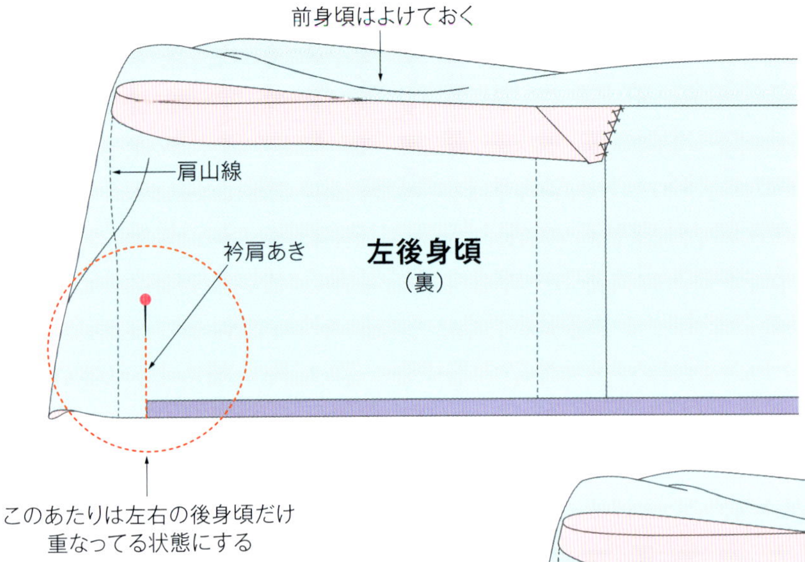

前身頃はよけておく
肩山線
衿肩あき
左後身頃
（裏）
このあたりは左右の後身頃だけ
重なってる状態にする

❶身頃をイラストのように置き、衿肩あきの縫い印を出します。寸法（縫い代を引いて 8.7 センチ）を確認してから、先端に待ち針を打ちます。

一緒に切ったあとに、
残った糸はきれいにそ
うじしておきましょう。

❷縫い印にそってはさみを入れて切ります。

衿まわりが開きました！

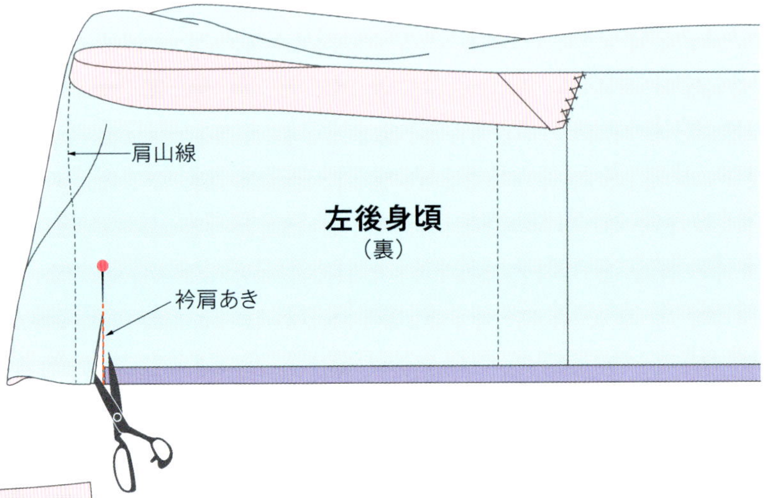

肩山線
左後身頃
（裏）
衿肩あき

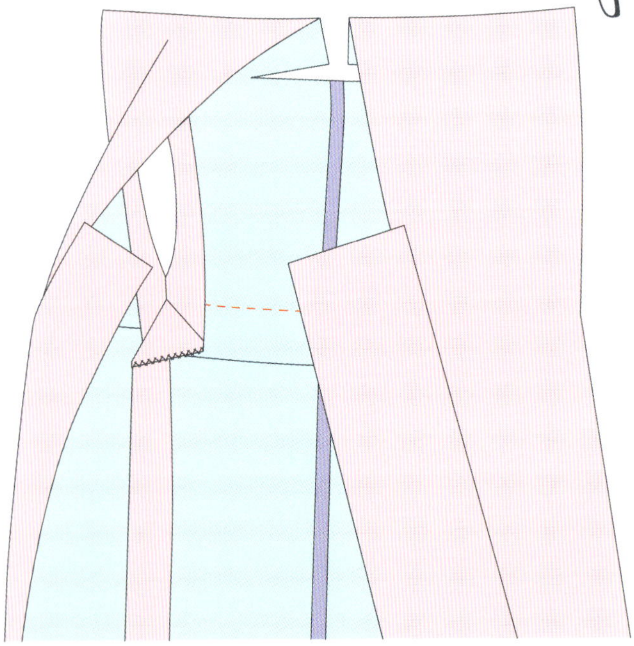

3 力布を衿肩あきにつける

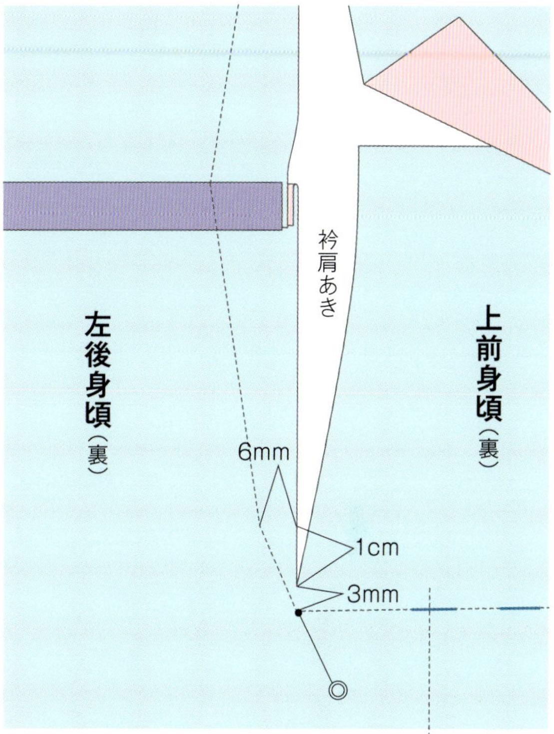
衿肩あき
左後身頃
（裏）
上前身頃
（裏）
6mm
1cm
3mm

❶身頃の裏を出します。衿肩あきの印付けはこんなふうになっています。

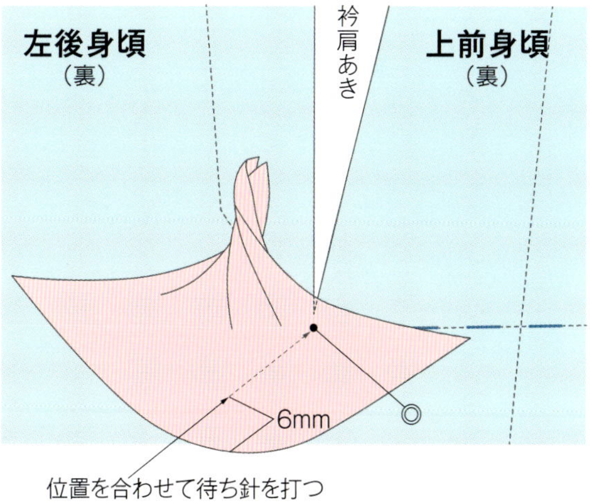
左後身頃
（裏）
衿肩あき
上前身頃
（裏）
6mm
位置を合わせて待ち針を打つ

❷カットした衿肩あきの先端から３ミリ入った仕上がり線の位置と、力布の折山の中心から６ミリ入った位置を合わせて待ち針を打ちます（◎）。

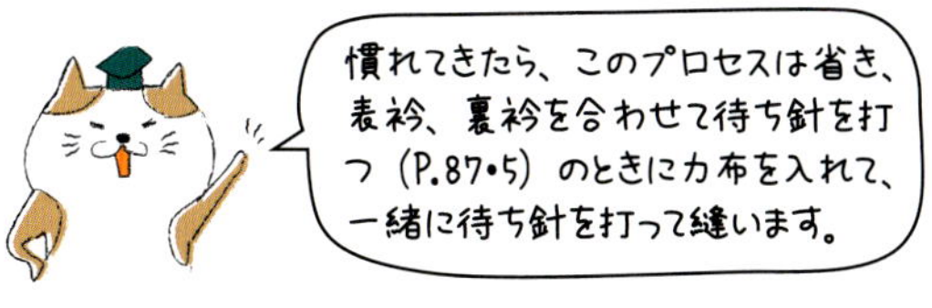
慣れてきたら、このプロセスは省き、
表衿、裏衿を合わせて待ち針を打
つ（P.87・5）のときに力布を入れて、
一緒に待ち針を打って縫います。

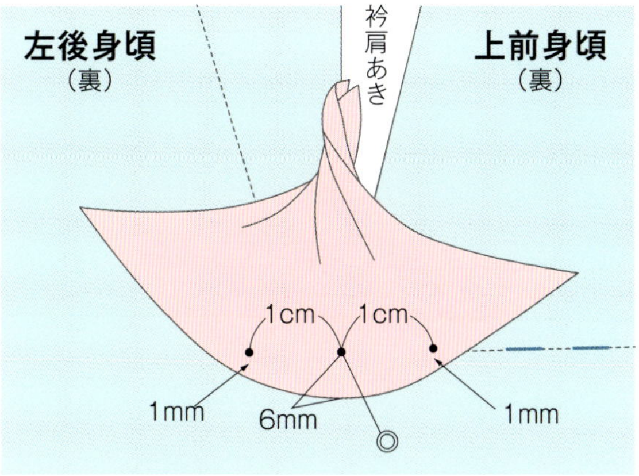
左後身頃
（裏）
衿肩あき
上前身頃
（裏）
1cm
1cm
1mm
6mm
1mm

❸次に◎の位置から仕上がり線に沿って左右１センチのところと力布の折山から１ミリ入った位置に左右それぞれに待ち針を打ちます。

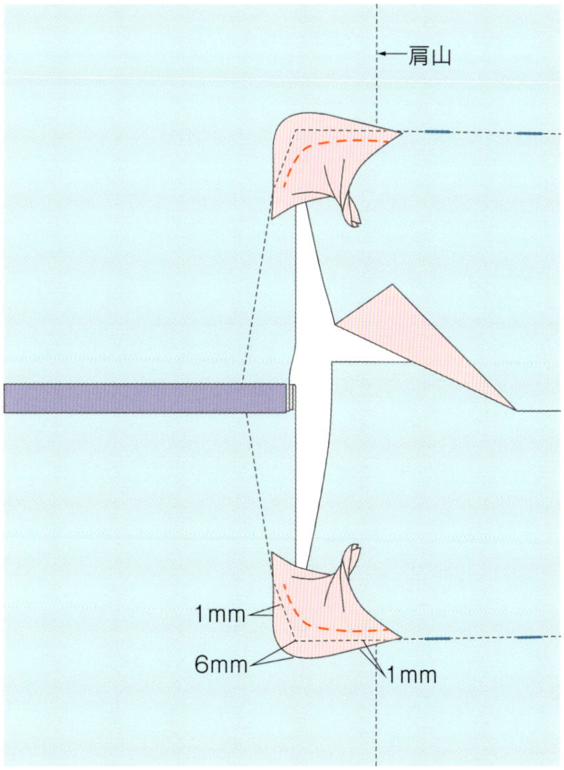
肩山
1mm
6mm
1mm

❹縫い代側に軽くしつけをかけて力布を動かないようにしておきます。

4 地衿をつける

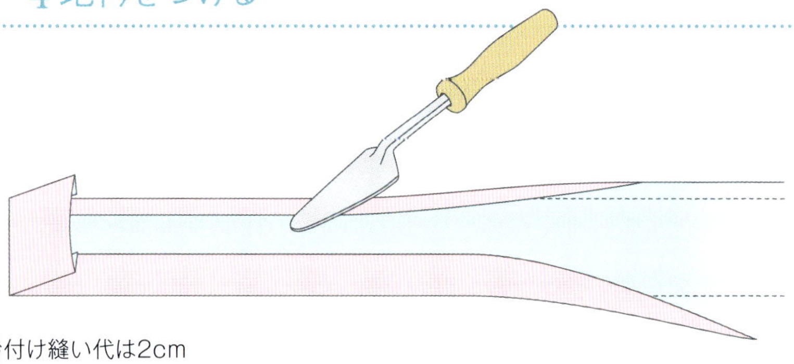

❶地衿は衿付線（縫い代 1.2 センチ）、地衿丈、衿幅すべての仕上がり線にコテを当てて線をつけておきます。

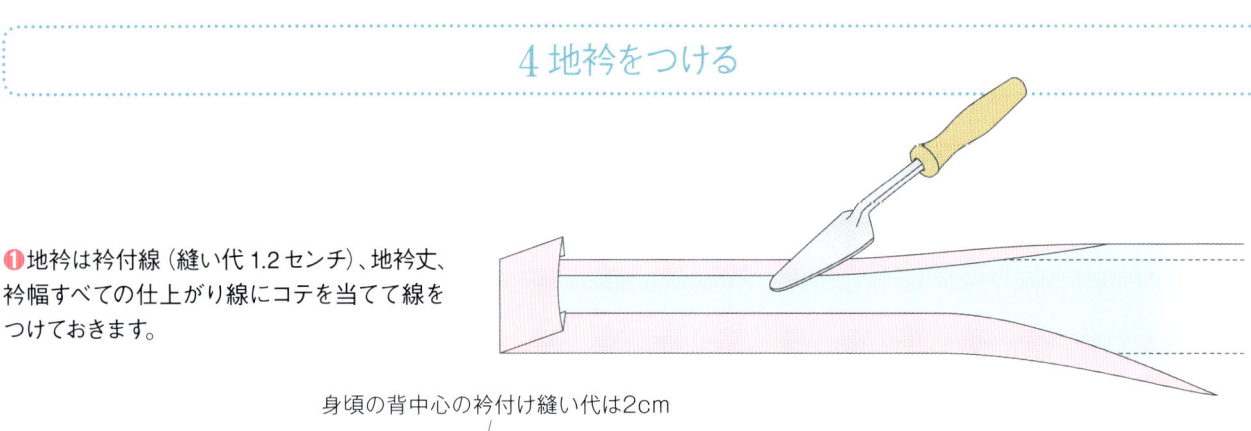

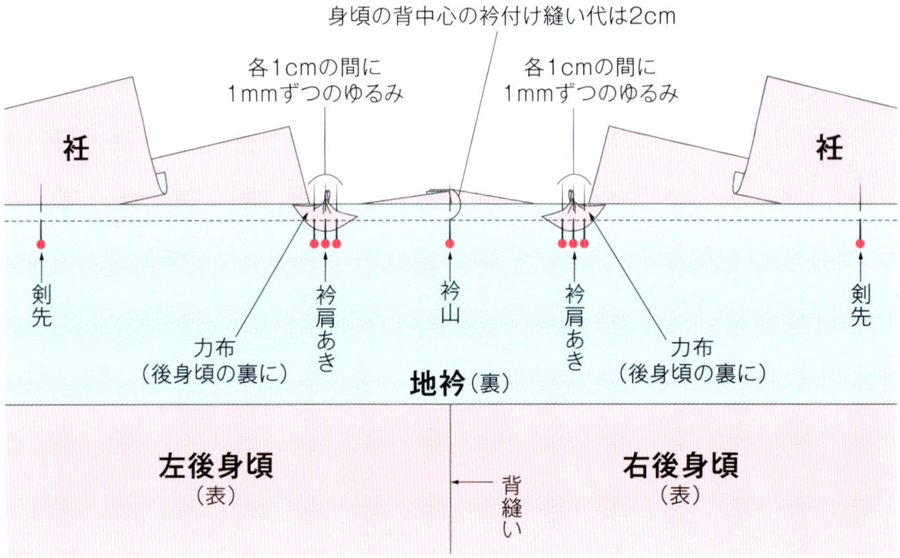

身頃の背中心の衿付け縫い代は2cm
各1cmの間に
1mmずつのゆるみ
各1cmの間に
1mmずつのゆるみ
衽
衽
剣先
衿肩あき
衿山
衿肩あき
剣先
力布
（後身頃の裏に）
力布
（後身頃の裏に）
地衿（裏）
左後身頃
（表）
背縫い
右後身頃
（表）

❷後身頃の表を出し、背中心と地衿の中心（衿山）を中表に合わせて待ち針でとめます。次に左右の衿肩あきを合わせて待ち針で打ち、左右各１センチずつのところにも待ち針を打ちますが、このとき衿のみ１ミリずつゆるみを入れます。

❸次に左右の剣先の位置に待ち針を打ちます。

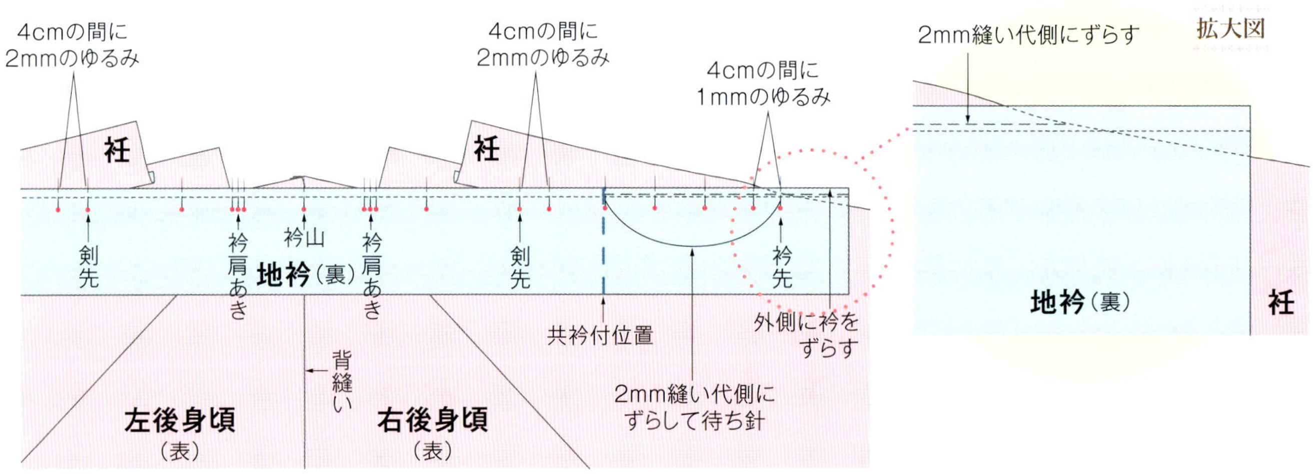

4cmの間に
2mmのゆるみ
4cmの間に
2mmのゆるみ
4cmの間に
1mmのゆるみ
2mm縫い代側にずらす
拡大図
衽
衽
剣先
衿肩あき
衿山
地衿（裏）
衿肩あき
剣先
衿先
共衿付位置
外側に衿をずらす
2mm縫い代側にずらして待ち針
背縫い
左後身頃
（表）
右後身頃
（表）
地衿（裏）
衽

❺剣先から４センチ下がったところに２ミリのゆるみを、さらに衿先の手前４センチのところに１ミリのゆるみを入れて待ち針を打ちます。反対側も同様に。

❹また、共衿部分はキセをかけない状態にしたいので、衿付線上に待ち針を打ちますが、共衿がかからない部分は、衿付線より２ミリ縫い代側にずらし、仕上がり線より２ミリ中側に待ち針を打ちます。

5 裏衿を合わせる

裏衿を身頃の裏側に重ねて、印をつけたところを表衿と合わせて待ち針を打ち直します。

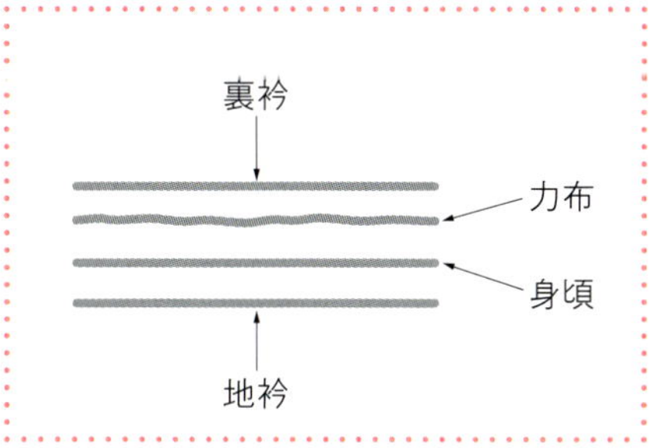
裏衿
力布
身頃
地衿

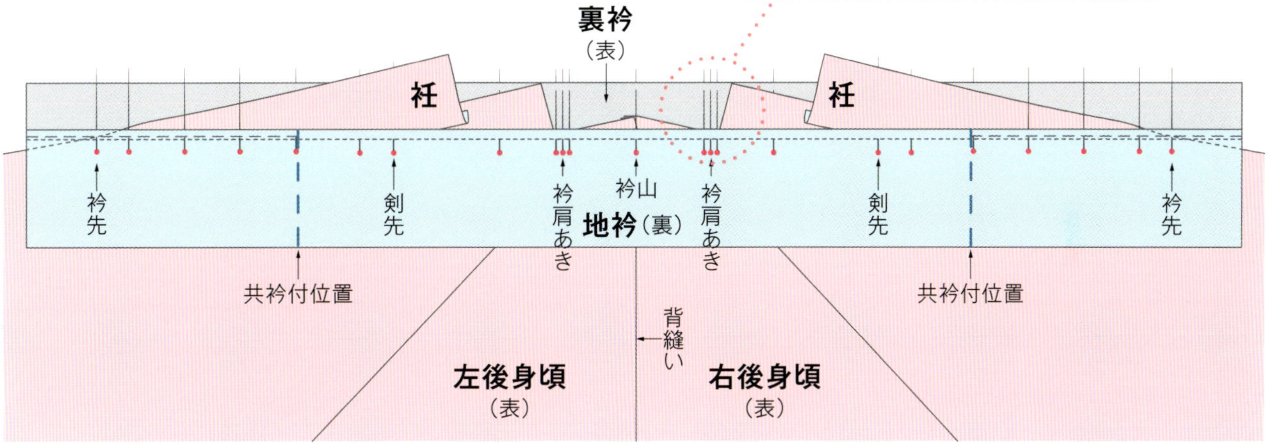
裏衿
（表）
衽
衽
衿先
剣先
衿肩あき
衿山
衿肩あき
剣先
衿先
地衿（裏）
共衿付位置
共衿付位置
背縫い
左後身頃
（表）
右後身頃
（表）

6 縫う

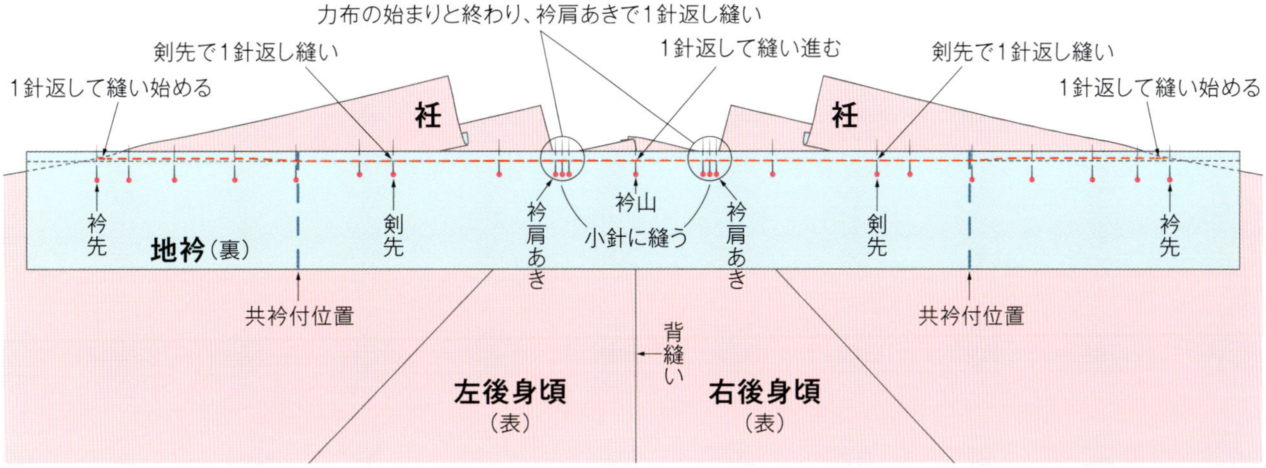
力布の始まりと終わり、衿肩あきで1針返し縫い
剣先で1針返し縫い
1針返して縫い進む
剣先で1針返し縫い
1針返して縫い始める
1針返して縫い始める
衽
衽
衿先
地衿（裏）
剣先
衿肩あき
衿山
小針に縫う
衿肩あき
剣先
衿先
共衿付位置
共衿付位置
背縫い
左後身頃
（表）
右後身頃
（表）

❶衿先から1針返して縫い始め、剣先で1針返し縫いします。衿肩明きの力布がついている部分（2センチ）は、力布の始まり、衿肩あき、力布の終わりで1針返し縫いします。その先の衿肩回りは小針で縫います。

❷背縫いまできたら、背縫いのあとにつけたキセを崩さないように1針返し縫いをします。反対側も同様にして、最後の衿先で1針返して縫い止まります。

❸縫い終わったら、縫い代から飛び出している力布の先を切ります。

7 三つ衿芯をつける

裏衿が上になるように置き直し、身頃と三つ衿芯の中心を合わせて三つ衿芯の裁ち目を裏衿の縫い代の中に入れます。仕上がりの縫い線から４ミリのところを身頃の縫い代に粗くぐし縫いしてつけます。

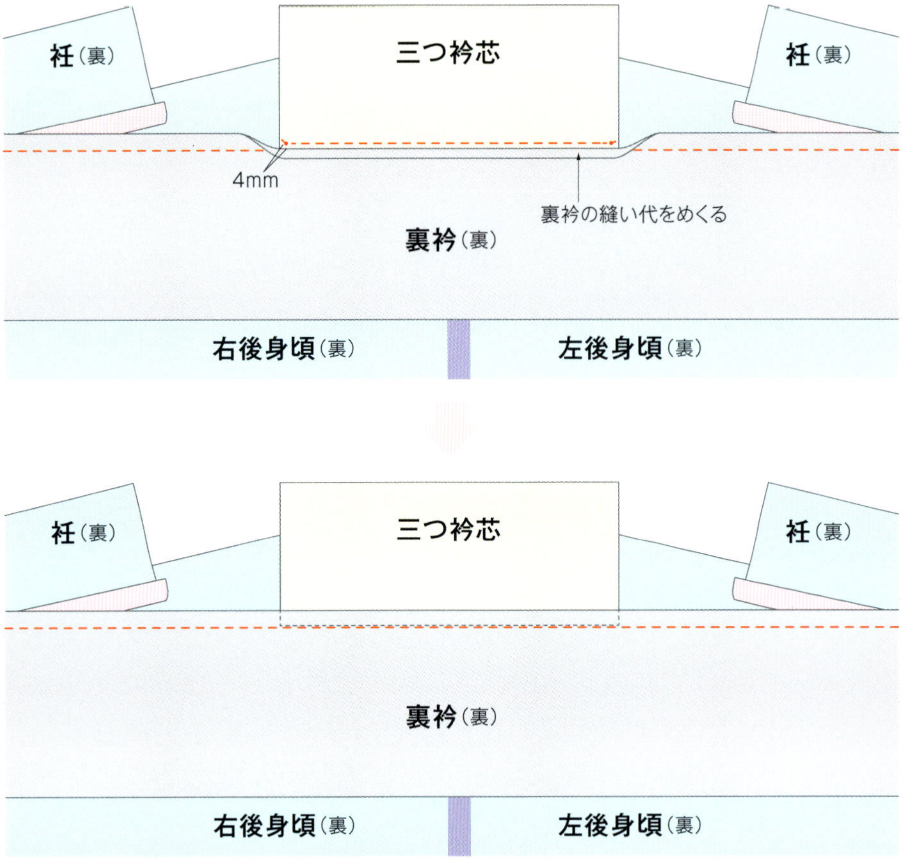
衽（裏）
三つ衿芯
衽（裏）
4mm
裏衿の縫い代をめくる
裏衿（裏）
右後身頃（裏）
左後身頃（裏）
衽（裏）
三つ衿芯
衽（裏）
裏衿（裏）
右後身頃（裏）
左後身頃（裏）

8 共衿をつける

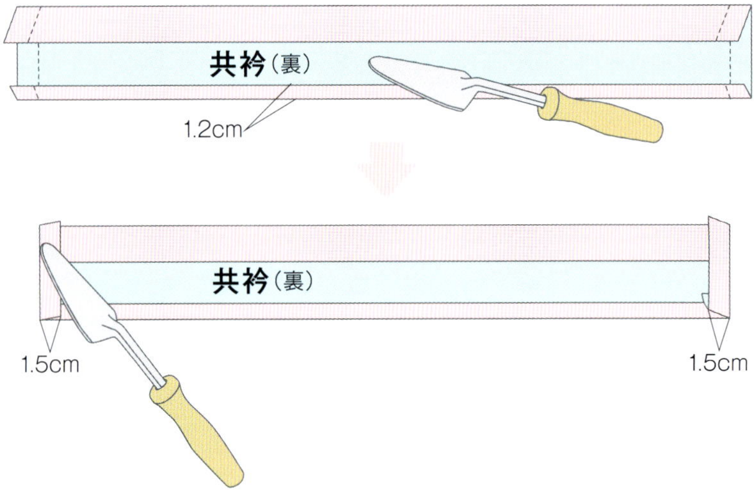
共衿（裏）
1.2cm
共衿（裏）
1.5cm
1.5cm

❶共衿の仕上がり線にコテを当てて折れ線をつけます。

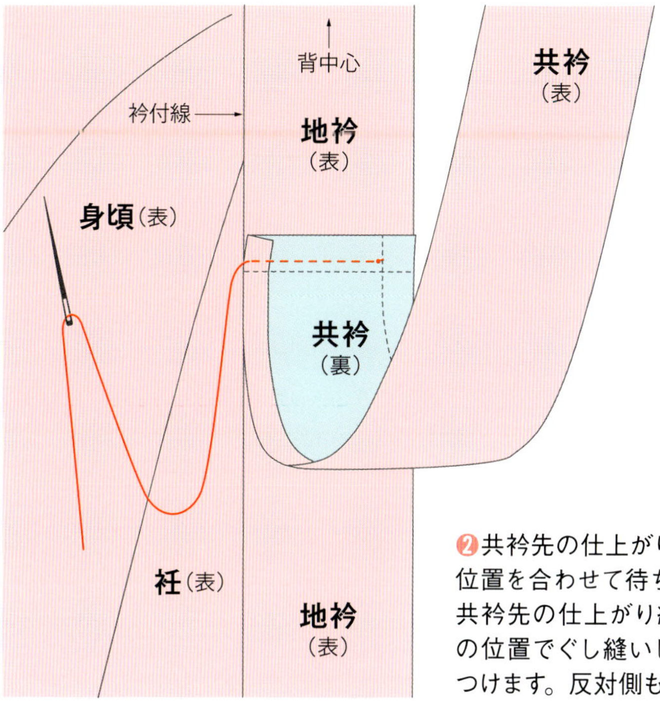
背中心
衿付線
地衿
（表）
共衿
（表）
身頃（表）
共衿
（裏）
衽（表）
地衿
（表）

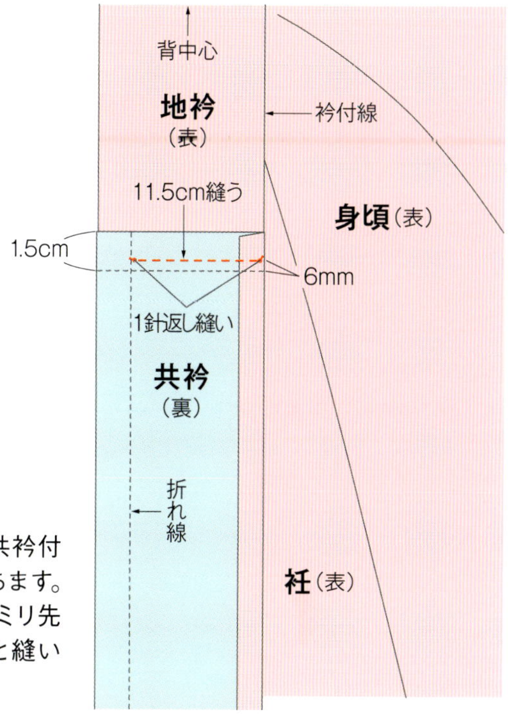
背中心
地衿
（表）
衿付線
11.5cm縫う
1.5cm
6mm
1針返し縫い
共衿
（裏）
身頃（表）
折れ線
衽（表）

❷共衿先の仕上がり線と、共衿付位置を合わせて待ち針を打ちます。共衿先の仕上がり線から６ミリ先の位置でぐし縫いして地衿と縫いつけます。反対側も同様に。

反対側の衿先も、同様に縫い、糸は切らずに続けて下のイラストに進んでくけに入ります。

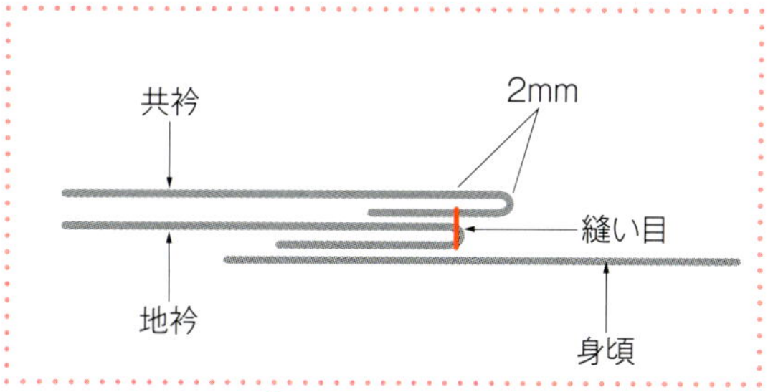
共衿
2mm
縫い目
地衿
身頃

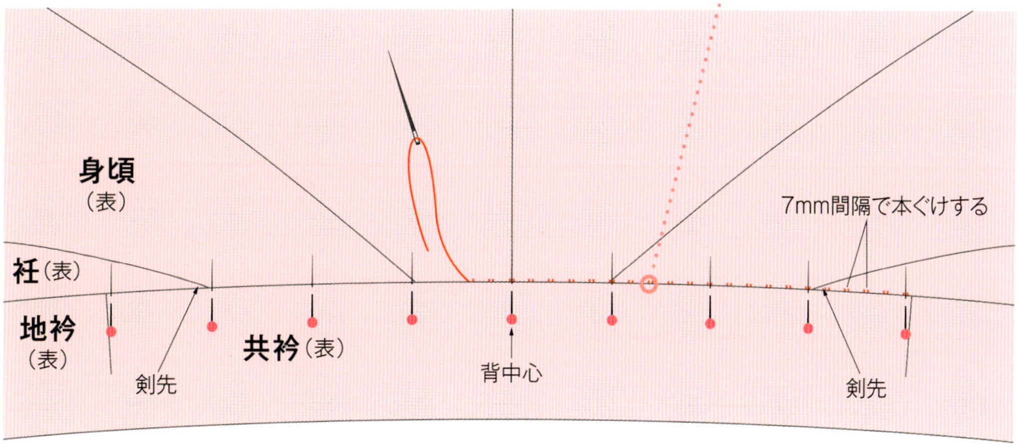
身頃
（表）
7mm間隔で本ぐけする
衽（表）
地衿
（表）
共衿（表）
剣先
背中心
剣先

❸地衿の上に共衿を重ね、共衿を約２ミリ地衿よりも持ち出して、待ち針を打ち、７ミリ間隔で、地衿の縫い目をすくいながら本ぐけしていきます。

9 衿先を留める

縫い糸を２本どりにし、裏衿の衿先縫い止まりから４ミリのところに針を入れ、表衿は５ミリのところにさします。糸は引かずに２ミリ先に針をさして、裏衿まで戻ります。両端の糸を引いて、３回しっかり結び合わせます。

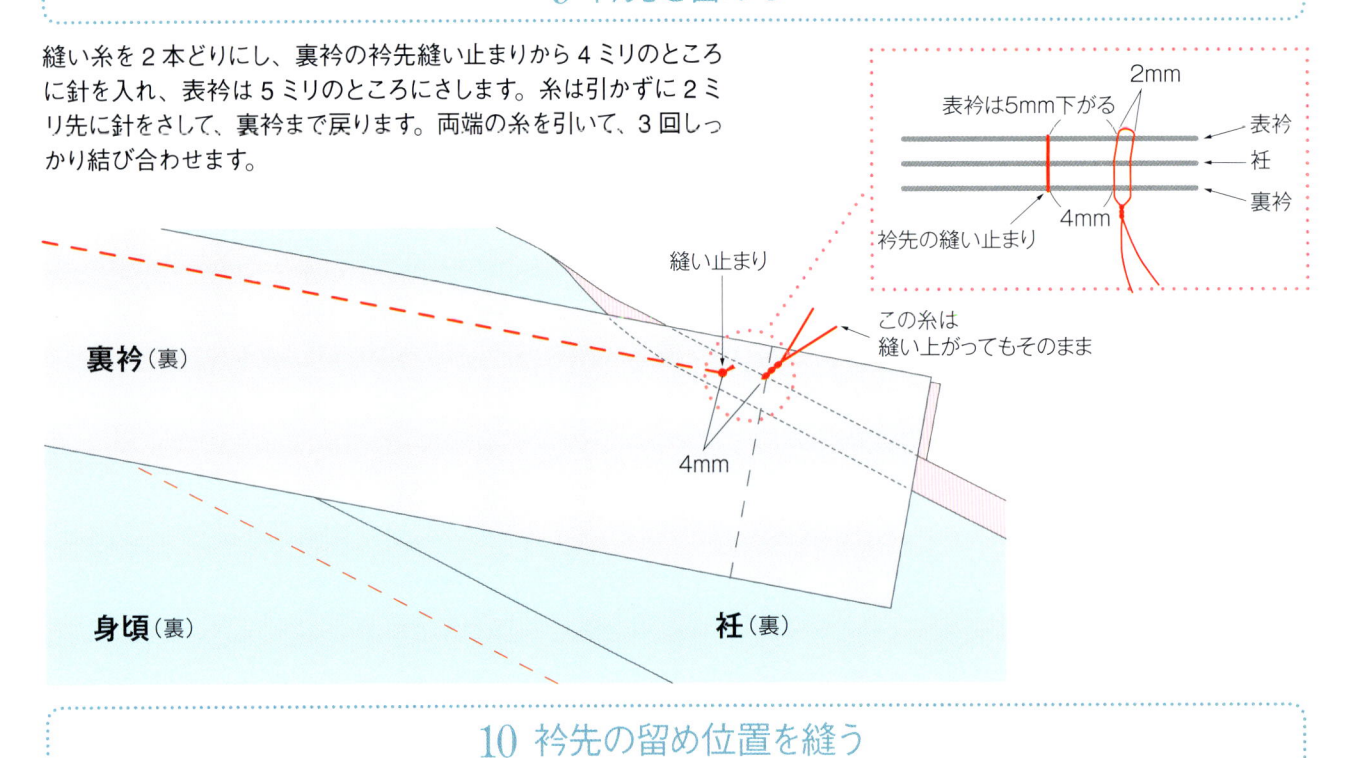

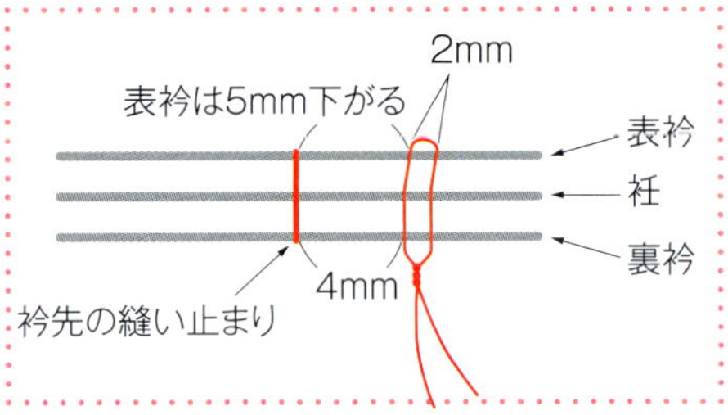

2mm
表衿は5mm下がる
表衿
衽
裏衿
4mm
衿先の縫い止まり

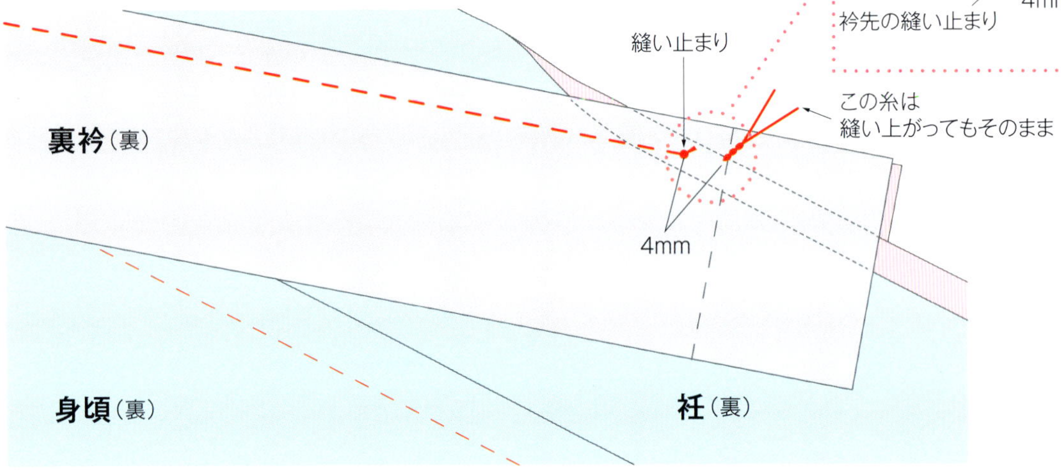

縫い止まり
この糸は
縫い上がってもそのまま
裏衿（裏）
4mm
身頃（裏）
衽（裏）

10 衿先の留め位置を縫う

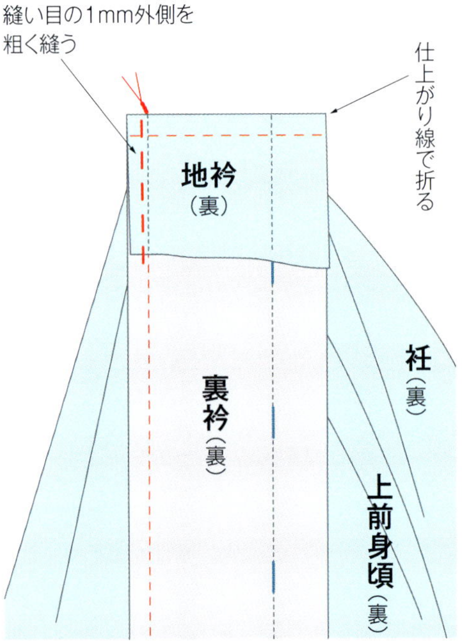

縫い目の1mm外側を
粗く縫う
仕上がり線で折る
地衿（裏）
裏衿（裏）
衽（裏）
上前身頃（裏）

❷仕上がり線の留めで裏衿側に折って、衿先の縫い代の衿つけ側、縫い目から１ミリのところを粗く縫いつけておきます。

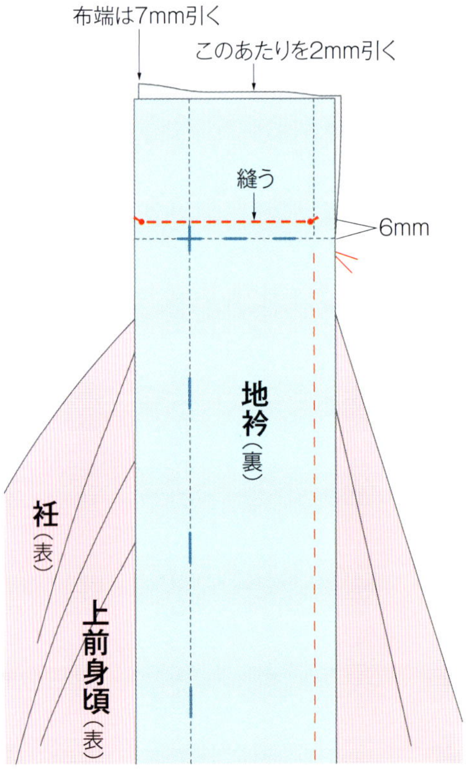

布端は7mm引く
このあたりを2mm引く
縫う
6mm
地衿（裏）
衽（表）
上前身頃（表）

❶衿先を中表にし、衿先の留め位置の仕上がり線から６ミリ下の位置を縫い合わせます。

11 衿を表に返す

衿を表に返し、裏衿にコテを当てます。

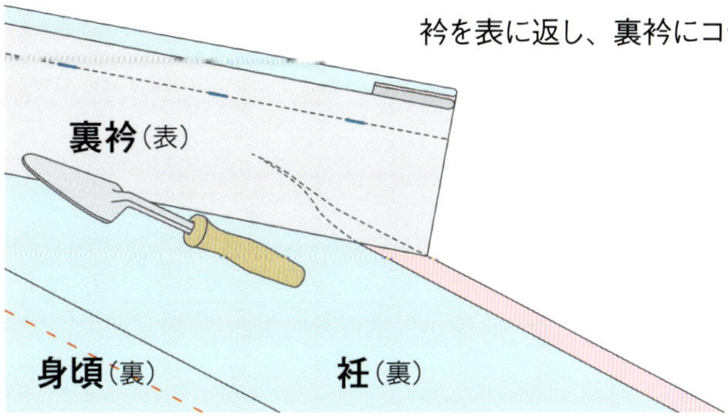
裏衿(表)
身頃(裏)
衽(裏)

12 共衿の縫い代にしのびとじをする

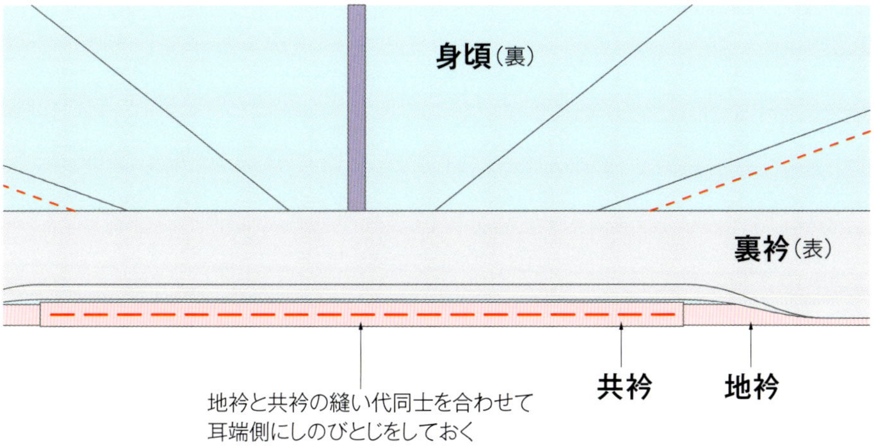
身頃(裏)
裏衿(表)
地衿と共衿の縫い代同士を合わせて
耳端側にしのびとじをしておく
共衿
地衿

表の縫い代も衿幅ですべて折り入れますが、共衿がかかっている部分は、縫い代どうしを合わせ、耳端側をしのびとじして、中に入った布が動かないようにしてから折り入れます。

これをしておくと、半分に折って着付けをするときに、衿がごわつかずにきれいに着ることができますよ。

13 裏衿幅をつけて縫い代を折る

❷裏衿は表衿幅からマイナス6ミリの位置で縫い代を折って、衿先角に1本どりの縫い糸を通して引き糸にします。

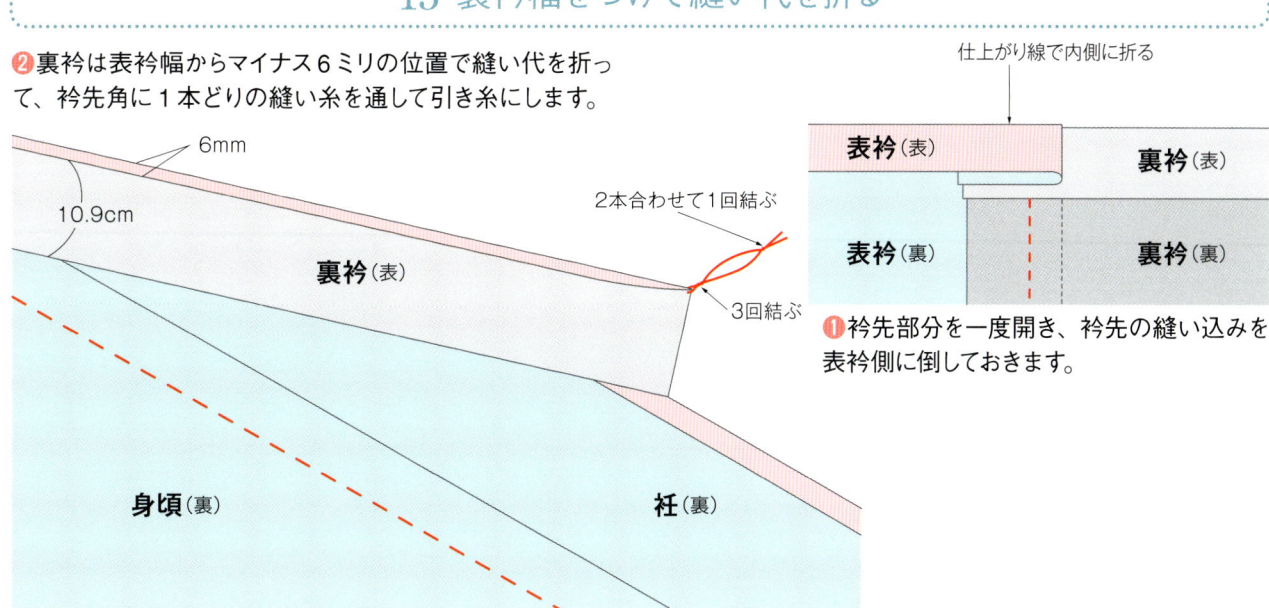

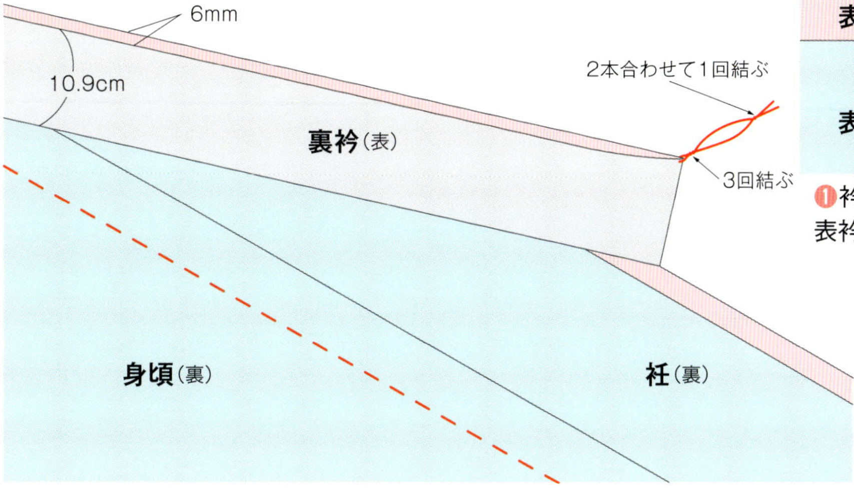
6mm
10.9cm
2本合わせて1回結ぶ
裏衿(表)
3回結ぶ
身頃(裏)
衽(裏)

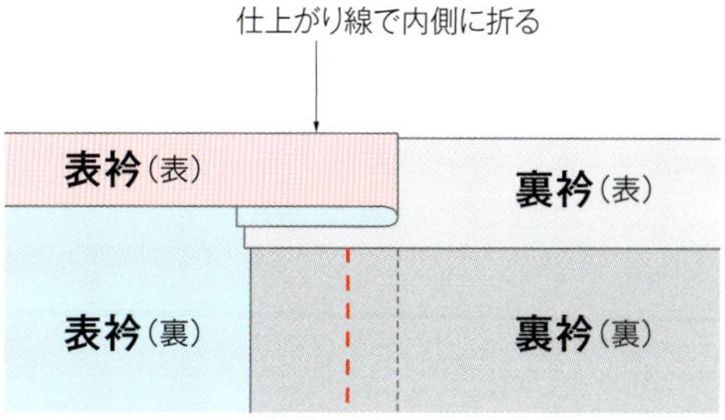
仕上がり線で内側に折る
表衿(表)
裏衿(表)
表衿(裏)
裏衿(裏)

❶衿先部分を一度開き、衿先の縫い込みを表衿側に倒しておきます。

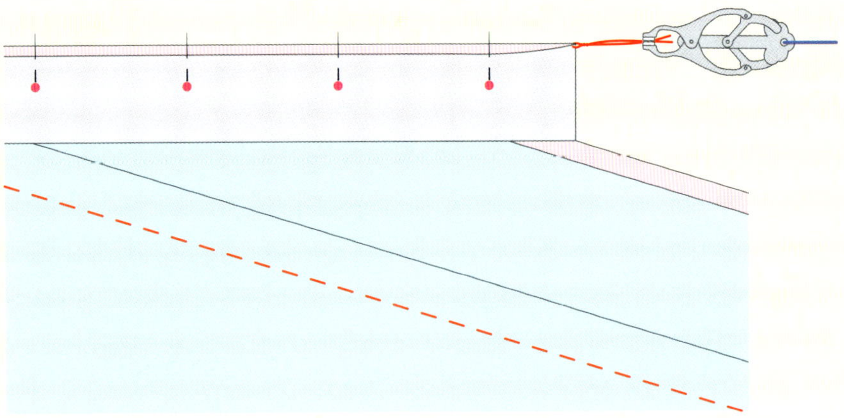

達人への道

引き糸を使いこなす

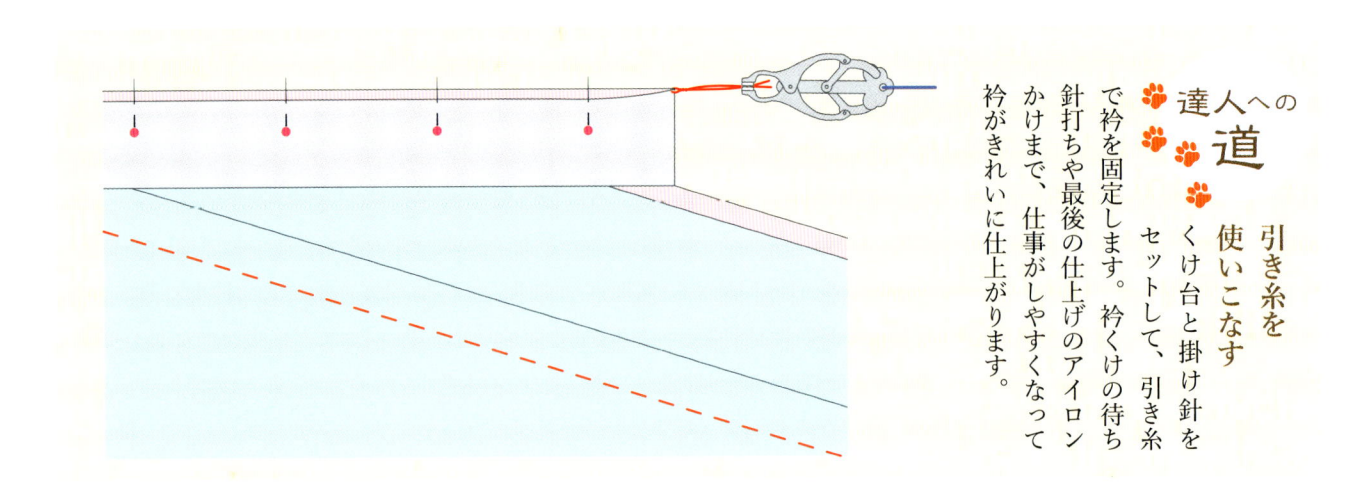

くけ台と掛け針をセットして、引き糸で衿を固定します。衿くけの待ち針打ちや最後の仕上げのアイロンかけまで、仕事がしやすくなって衿がきれいに仕上がります。

14 衿をくける

裏衿を表衿よりも控えながら本ぐけします。

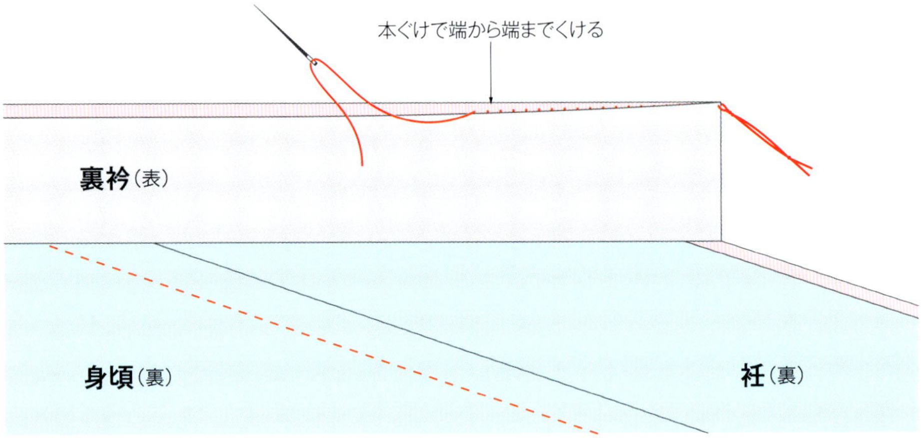
本ぐけで端から端までくける
裏衿(表)
身頃(裏)
衽(裏)

15 スナップボタンをつける

衿の中心にスナップボタンをつけます。

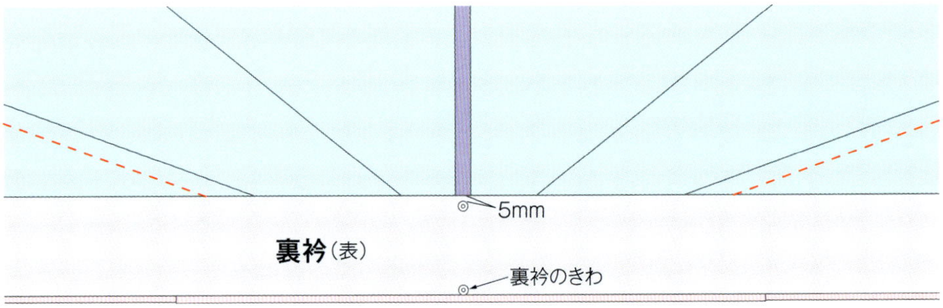
5mm
裏衿(表)
裏衿のきわ

8 袖をつける

1 袖を身頃の中に入れる

袖を表に返し、身頃は裏を出して袖を身頃の中に入れます。

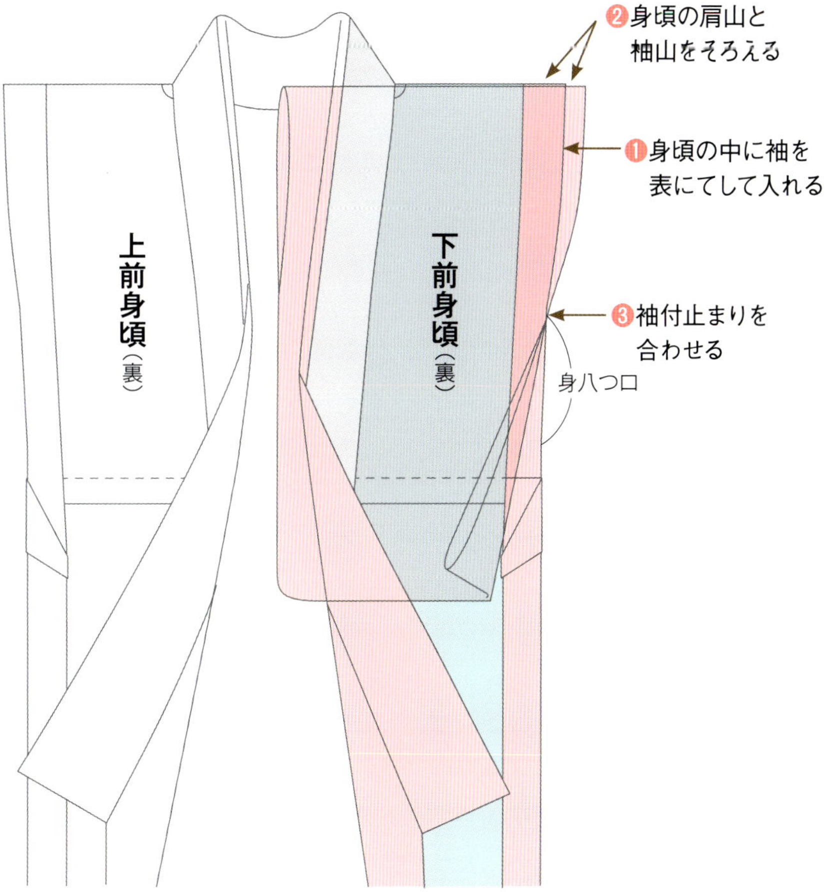

❷身頃の肩山と袖山をそろえる
❶身頃の中に袖を表にてして入れる
❸袖付止まりを合わせる
身八つ口
上前身頃（裏）
下前身頃（裏）

2 待ち針を打つ

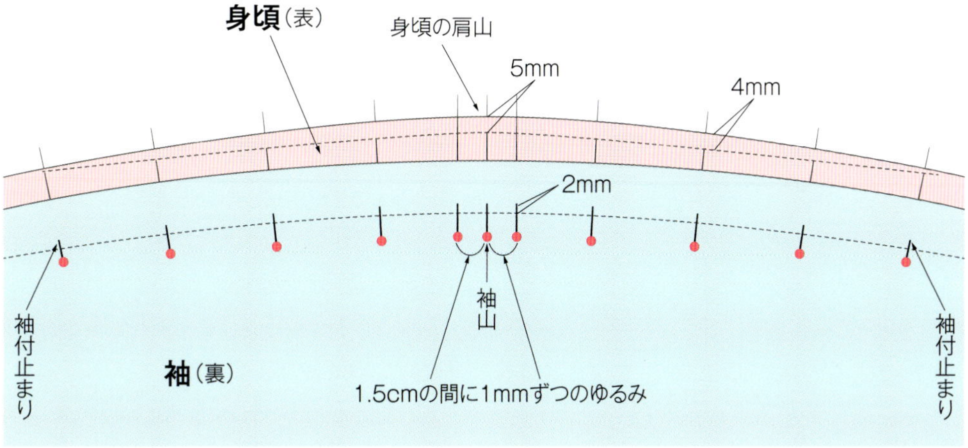

身頃（表）
身頃の肩山
5mm
4mm
2mm
袖山
袖付止まり
袖付止まり
袖（裏）
1.5cmの間に1mmずつのゆるみ

袖山の左右で、袖に1ミリのゆるみを入れます。これをしないと身頃に袖が乗ったときに、身頃にたるみが出てしまいます。

肩山、袖山側を広げ、袖山を手前に置きます。袖は仕上がり線から２ミリ縫い代側を身頃は仕上がり線の位置を待ち針で留めていきます。このとき袖山の左右 1.5 センチの範囲で、袖布に１ミリのゆるみを入れます。

3 袖付け線を縫う

袖付止まりから仕上がり線の２ミリ上を１針返して縫い始めます。肩山・袖山まできたら、１針返し縫いし、その先はまた普通のぐし縫いで進みます。縫い終わりは１針返して玉留めします。その後、袖のほうに向けて２ミリのキセをかけます。

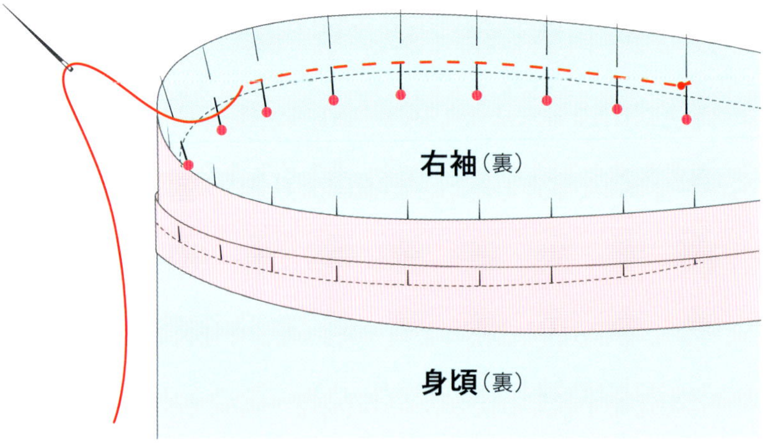

右袖（裏）
身頃（裏）

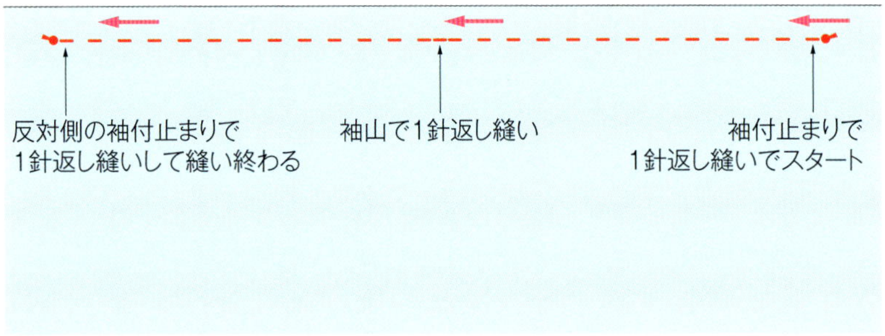

反対側の袖付止まりで
1針返し縫いして縫い終わる
袖山で1針返し縫い
袖付止まりで
1針返し縫いでスタート

袖を見ながら縫います。

4 かんぬき留めをする

袖付止まりの前後左右4カ所にかんぬき留めをします。

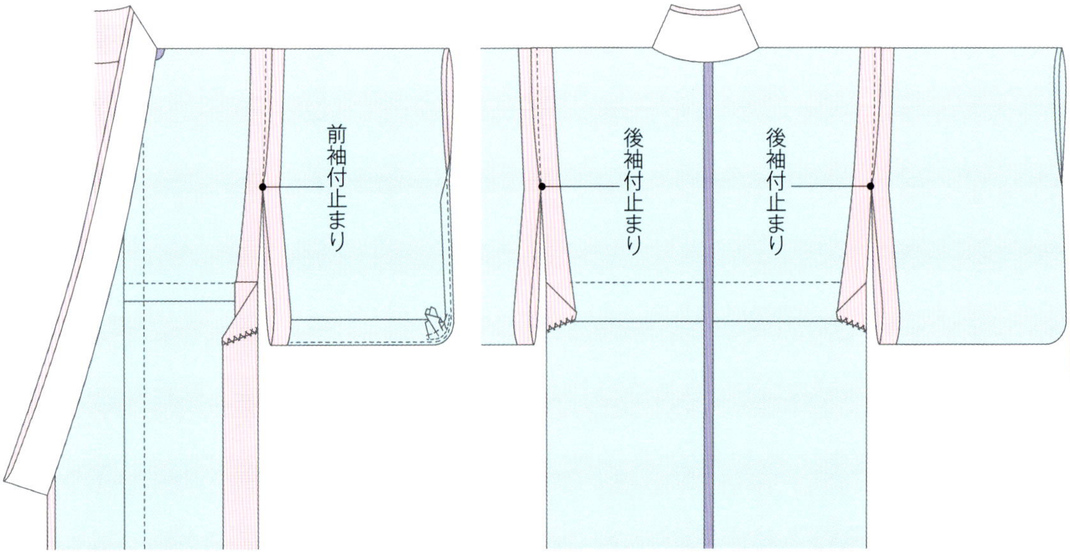

前袖付止まり
後袖付止まり
後袖付止まり

かんぬき留めが苦手な方は、1針分を3回ぐらい重ね縫いしましょう。

5 縫い代をくける

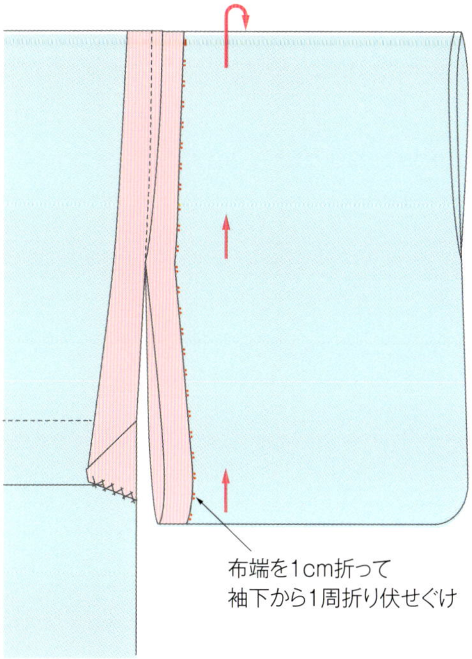
布端を1cm折って
袖下から1周折り伏せぐけ

縫い代の端を１センチぐるりと内側に折り、袖下の底の縫い代が重なっているところは本ぐけ、あとは２センチ間隔で１周折り伏せぐけします。

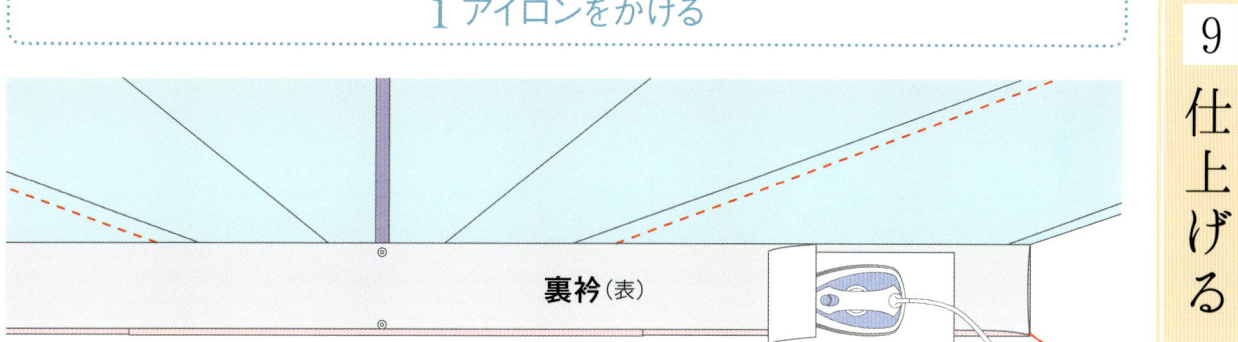

いよいよ仕上げに
入りますよー！

9 仕上げる

1 アイロンをかける

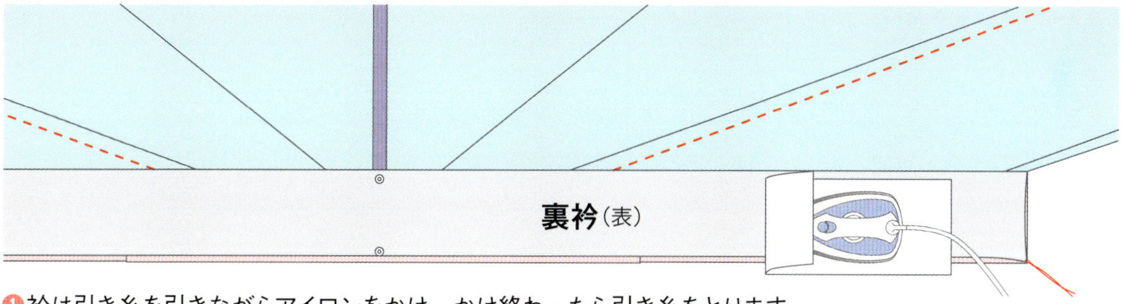
裏衿（表）

❶衿は引き糸を引きながらアイロンをかけ、かけ終わったら引き糸をとります。

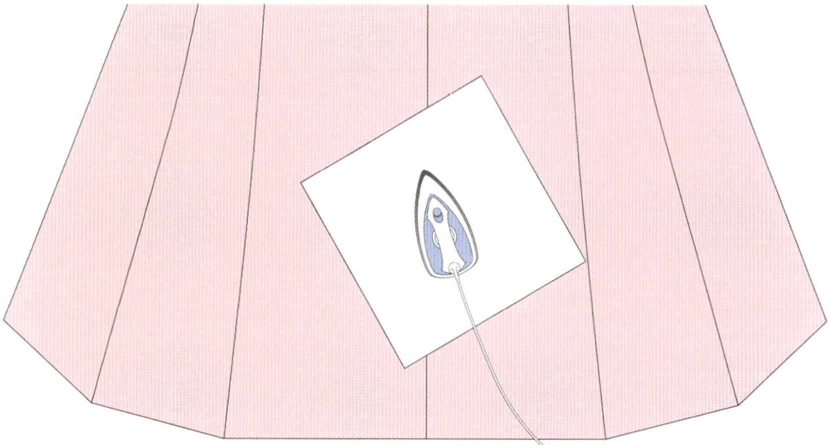

❷表側から全体にアイロンをかけます。木綿、麻は当て布に霧吹きしながらドライモードでかけます。縮《ちぢみ》、絞りなどデコボコのある素材は、当て布に霧吹きをしないでドライモードのみでかけます。

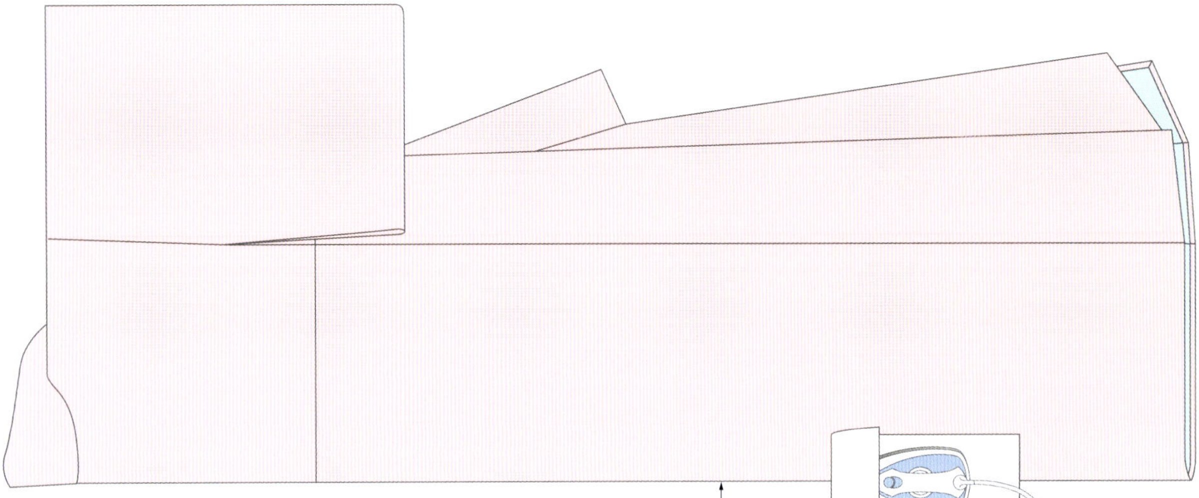
背中心

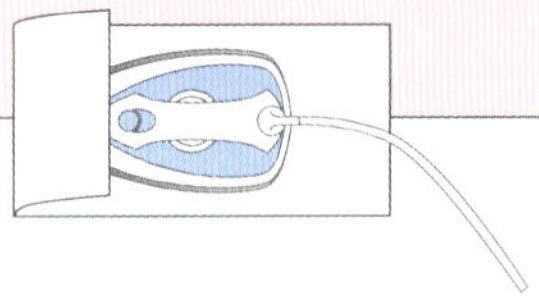

❸背と脇の線はきものを外表に２つ折りにしてアイロンをかけます。

２押しをする

きものを本だたみにする

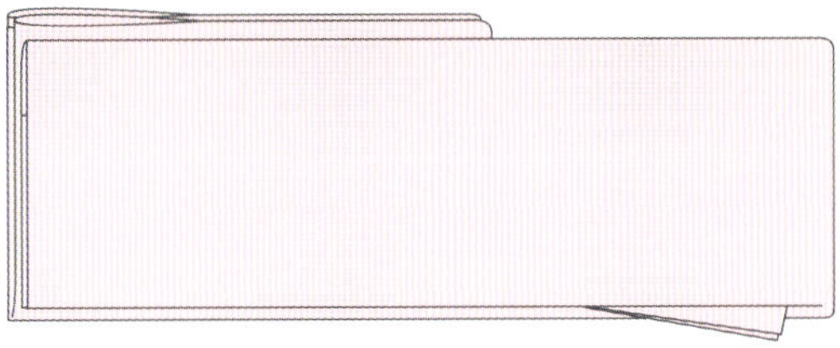

重い本など

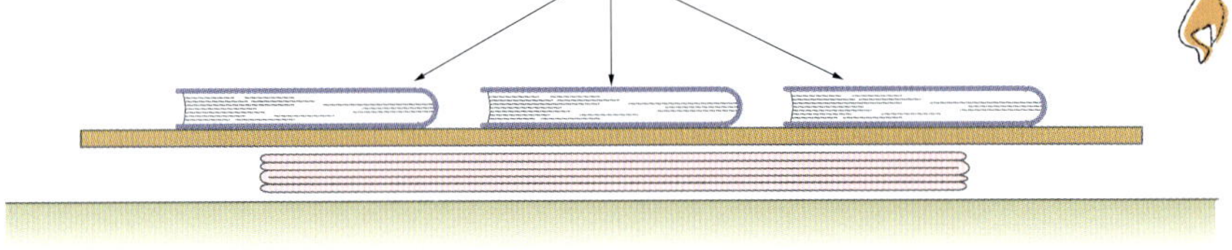

きれいに本だたみ（→ P200）をし、重い板などを乗せて一晩押さえます。

袖を１番上にすると筋がついてしまうので注意。大きい板がない場合は、ヘラ台を置いて、その上に重い本などを乗せて置いてもいいですよ！

第三章

単衣きものを応用して

ゆかたを縫う

単衣きものとの違いは、袖と衿の形と、縫い代の始末の仕方です。木綿素材を選べば縫いやすく、単衣きものよりもかんたんに感じるかもしれません。透け感のある綿麻などの素材で仕立てる場合は、透け防止に「居敷当て」が必要になりますので、P112の「薄物を縫う」をご参照ください。

準備するもの

◇三つ衿芯／11㎝×25㎝
※共布、または白の新モスで用意します。ただし、透ける素材は必ず共布で用意します。

◇力布2枚／各5㎝×5㎝
※きものの共布で用意します。

24569は単衣きものと同様ですよ！

縫う順番と縫い方図

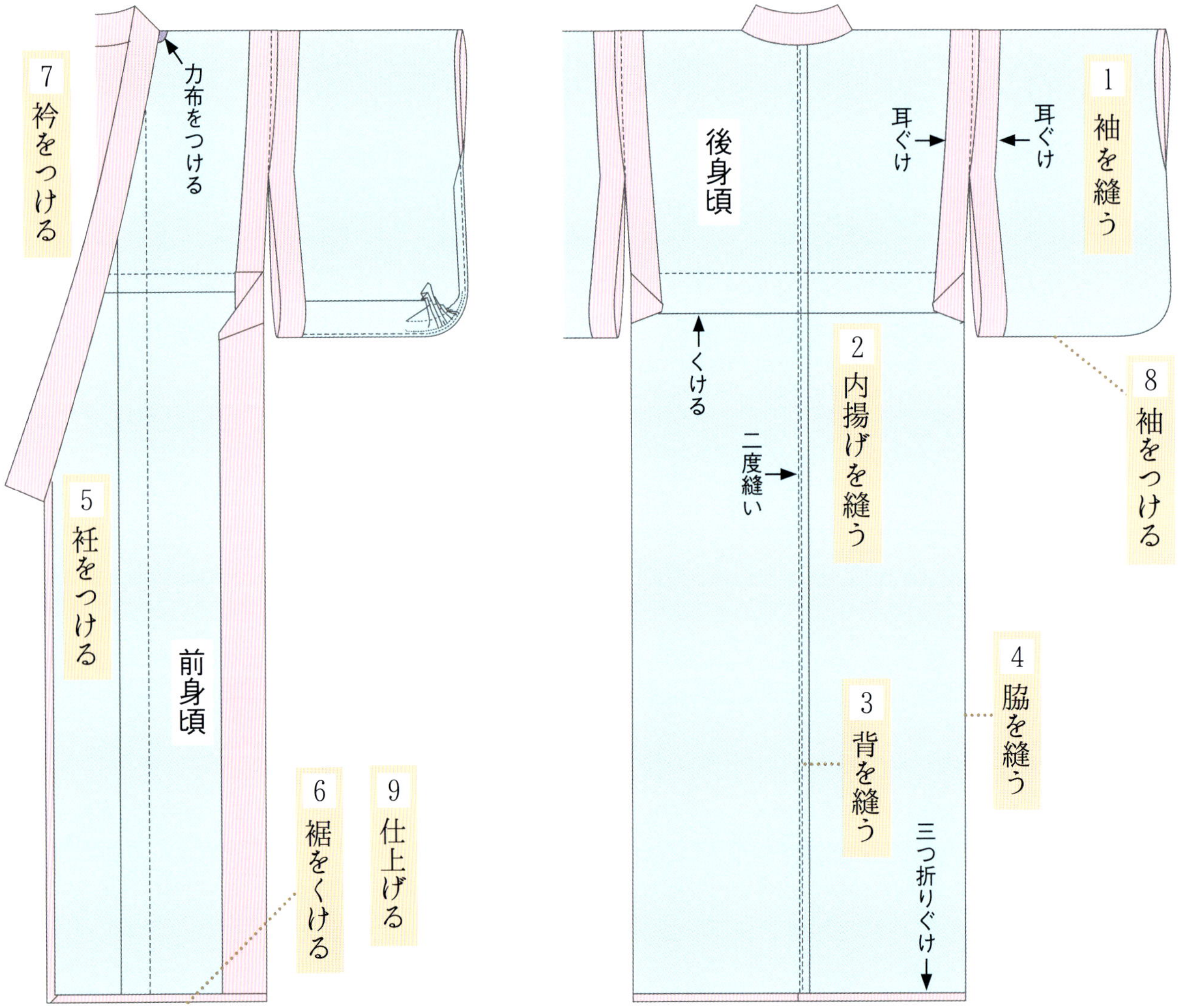

7 衿をつける
力布をつける
5 衽をつける
前身頃
6 裾をくける
9 仕上げる
後身頃
耳ぐけ
耳ぐけ
1 袖を縫う
くける
2 内揚げを縫う
二度縫い
8 袖をつける
3 背を縫う
4 脇を縫う
三つ折りぐけ

積もる

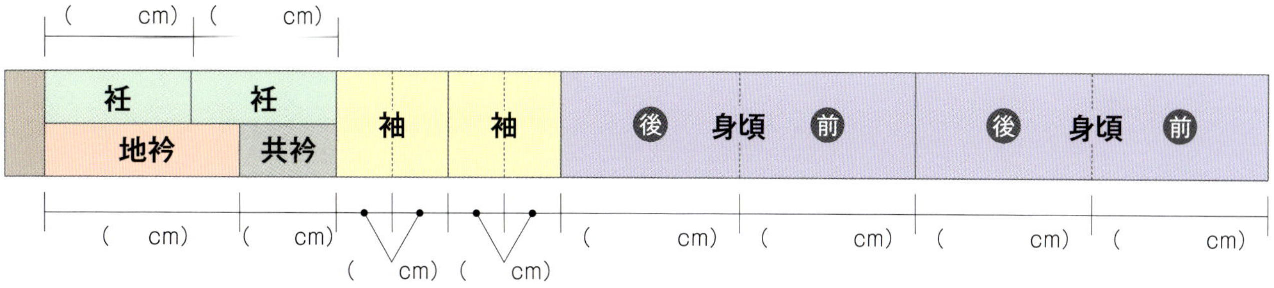

(　cm)　(　cm)
衽
衽
地衿
共衿
袖
袖
後　身頃　前
後　身頃　前
(　cm)　(　cm)　(　cm)　(　cm)　(　cm)　(　cm)　(　cm)　(　cm)

標準寸法で計算した例です。赤いところはご自身の寸法に置き換えてください。

袖　〈 袖丈（49cm） ＋ 袖下の縫い代（6cm） 〉×２ ＝ 裁ち切り袖丈（110cm）
※各左右１枚ずつ（220cm）

身頃　〈 身丈（158cm） ＋ 繰越（3cm） ＋ 衿付必要寸法（3cm） ＋ 裾の縫い代（2cm） ＋ 内揚げ（5cm） 〉×２
＝ 裁ち切り身丈（342cm）
※各左右１枚ずつ（684cm）

衽　身丈（158cm） ＝ 裁ち切り衽丈（158cm）
※各左右１枚ずつ（316cm）

共衿　〈 衿肩あき（10cm） ＋ 繰越（3cm） ＋ 衽下がり（23cm） ＋ 13cm 〉×２
＝ 裁ち切り共衿丈（98cm）
※１枚

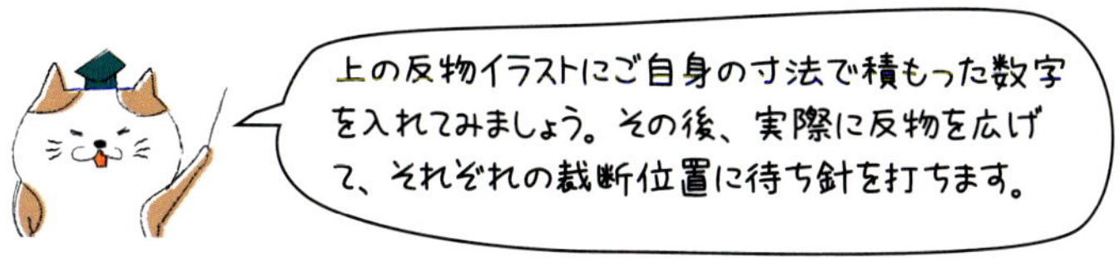

上の反物イラストにご自身の寸法で積もった数字を入れてみましょう。その後、実際に反物を広げて、それぞれの裁断位置に待ち針を打ちます。

ゆかたの印をつける

後身頃

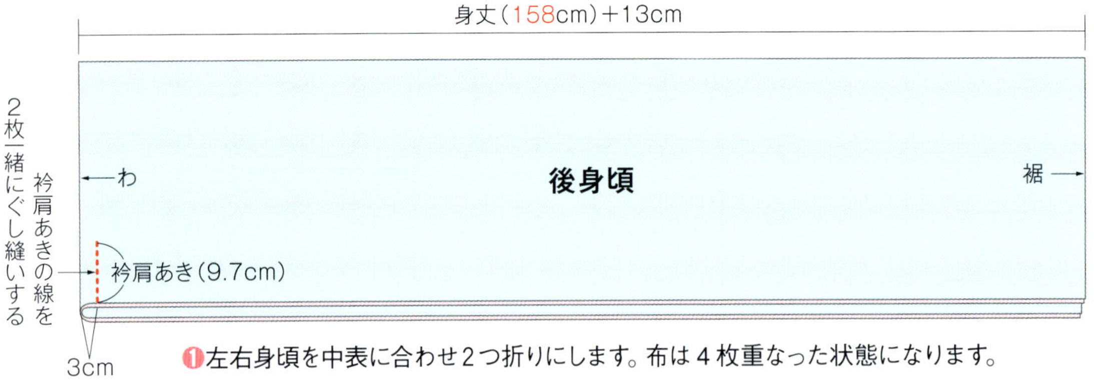

身丈（158cm）＋13cm
後身頃
わ
裾
2枚一緒にぐし縫いする
衿肩あきの線を
衿肩あき（9.7cm）
3cm

❶左右身頃を中表に合わせ2つ折りにします。布は4枚重なった状態になります。

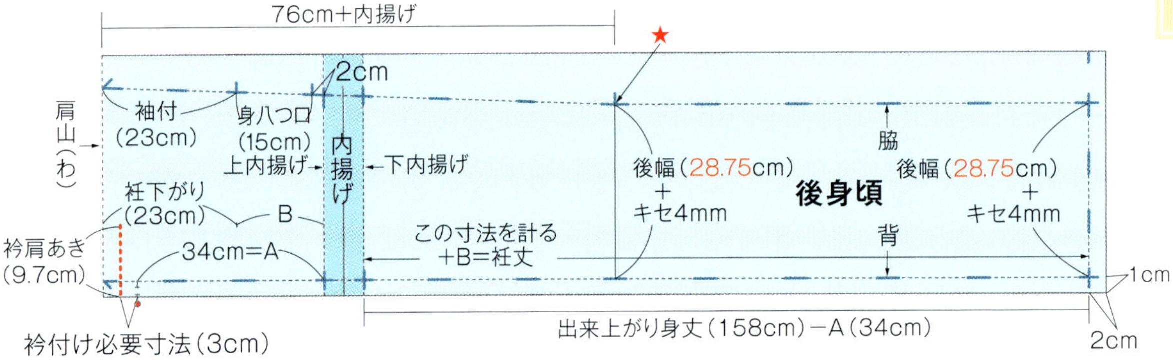

76cm＋内揚げ
★
2cm
肩山（わ）
袖付（23cm）
身八つ口（15cm）
上内揚げ
内揚げ
下内揚げ
衽下がり（23cm）
B
衿肩あき（9.7cm）
34cm=A
この寸法を計る
＋B＝衽丈
後幅（28.75cm）＋キセ4mm
後身頃
脇
背
後幅（28.75cm）＋キセ4mm
1cm
衿付け必要寸法（3cm）
出来上がり身丈（158cm）－A（34cm）
2cm

❷折り山から3センチの位置に衿肩あきを9.7センチとります。2枚一緒に印代わりにぐしぬいをしておきます。背縫い代が1センチに変る以外は単衣きものの印付けと同様です。→ P59～61

前身頃

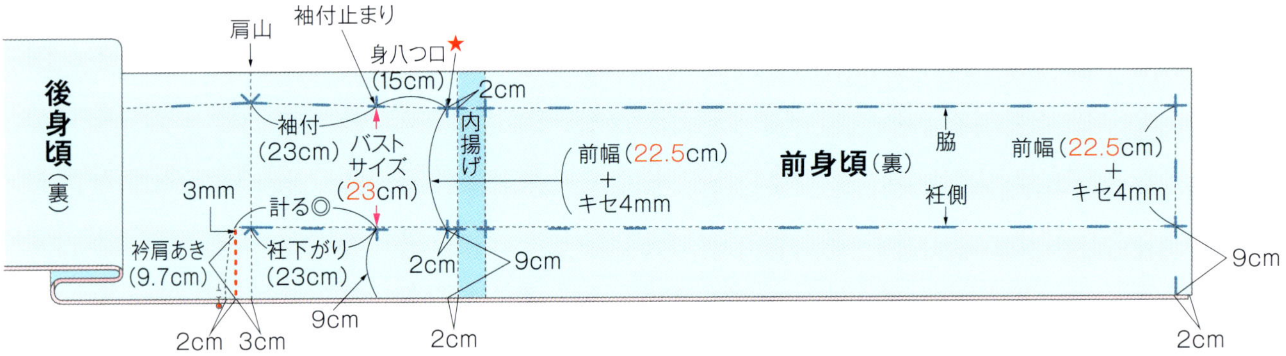

後身頃（裏）
肩山
袖付止まり
身八つ口（15cm）
★
2cm
袖付（23cm）
バストサイズ（23cm）
内揚げ
前幅（22.5cm）＋キセ4mm
前身頃（裏）
脇
衽側
前幅（22.5cm）＋キセ4mm
3mm
計る◎
衿肩あき（9.7cm）
衽下がり（23cm）
2cm
9cm
9cm
2cm　3cm
9cm
2cm
2cm

❶まず衿肩あき周りを図のように印をつけて肩山の位置をとります。
❷あとは、単衣きものの印付けと同様です。→ P62～63

衽

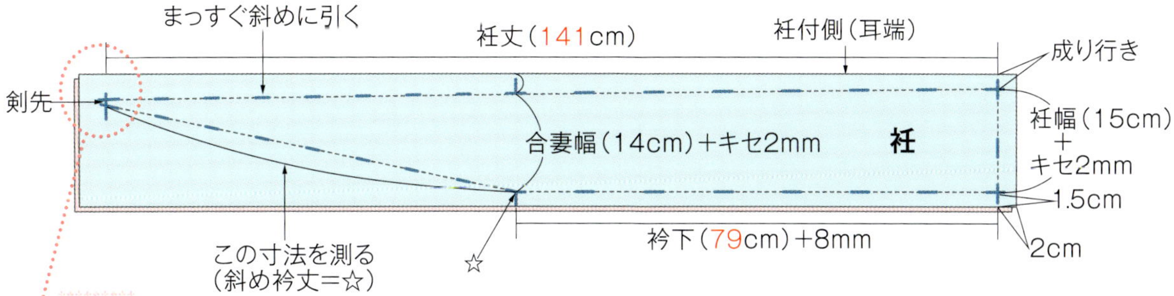
まっすぐ斜めに引く
衽丈（141cm）
衽付側（耳端）
成り行き
剣先
合妻幅（14cm）＋キセ2mm
衽
衽幅（15cm）
＋
キセ2mm
1.5cm
衿下（79cm）＋8mm
2cm
この寸法を測る
（斜め衿丈＝☆）
☆

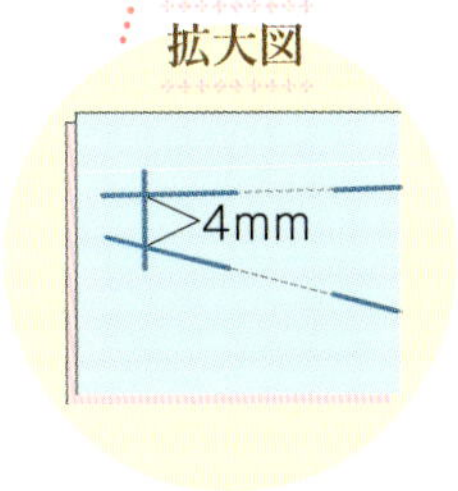
拡大図
4mm

単衣きものと同様です。→ P64～65

衿

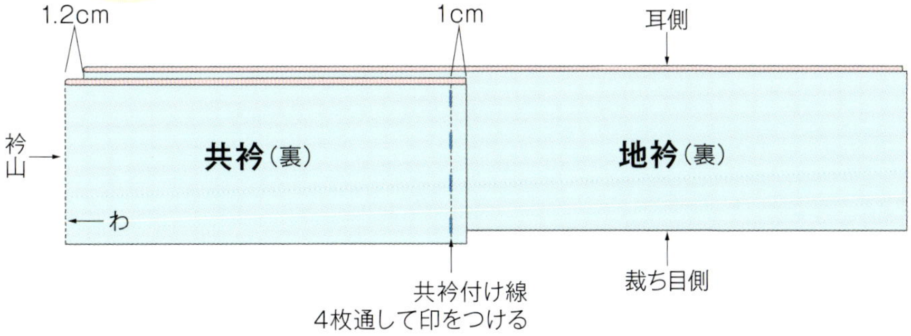
1.2cm
1cm
耳側
衿山
共衿（裏）
地衿（裏）
わ
裁ち目側
共衿付け線
4枚通して印をつける

❶地衿と共衿を中表に 2 つ折りにし、耳端同士を向こうに、裁ち目側を手前に置き、衿山を左にして重ねます。

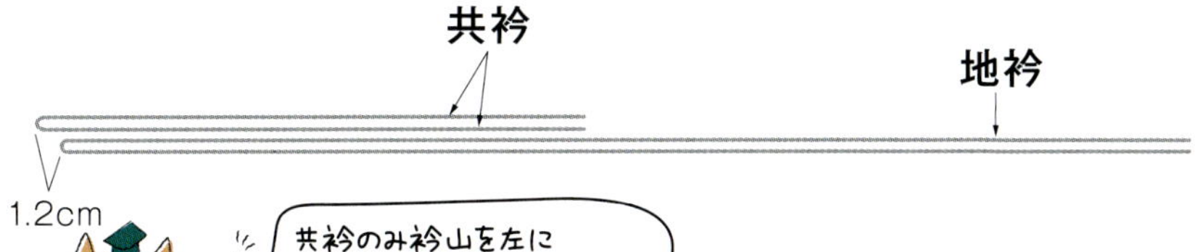
共衿
地衿
1.2cm

❷ 共衿の衿山のみ左に 1.2 センチずらします。

共衿のみ衿山を左にずらした分がキセになります。

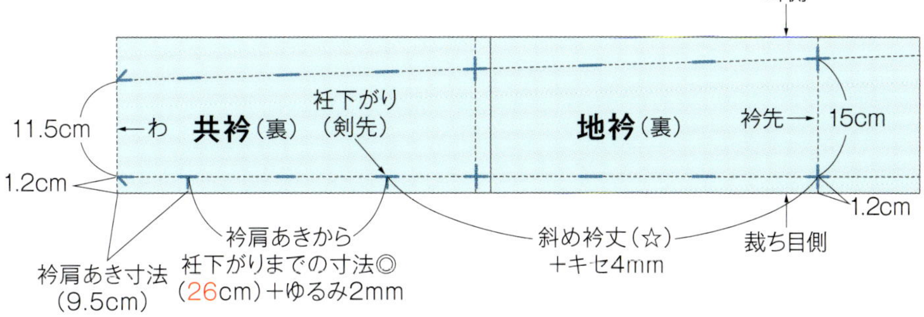
耳側
11.5cm
わ
共衿（裏）
衽下がり
（剣先）
地衿（裏）
衿先
15cm
1.2cm
1.2cm
衿肩あき寸法
（9.5cm）
衿肩あきから
衽下がりまでの寸法◎
（26cm）＋ゆるみ2mm
斜め衿丈（☆）
＋キセ4mm
裁ち目側

❸衿山と反対側、共衿の裁ち端から 1 センチのところが共衿付け位置になります。4 枚通して印付けします。
❹地衿に仕上がり線の印をつけます。

身頃の衿肩あきと衿の衿肩あき寸法が違うのは、切る寸法と縫う寸法が違うからです。

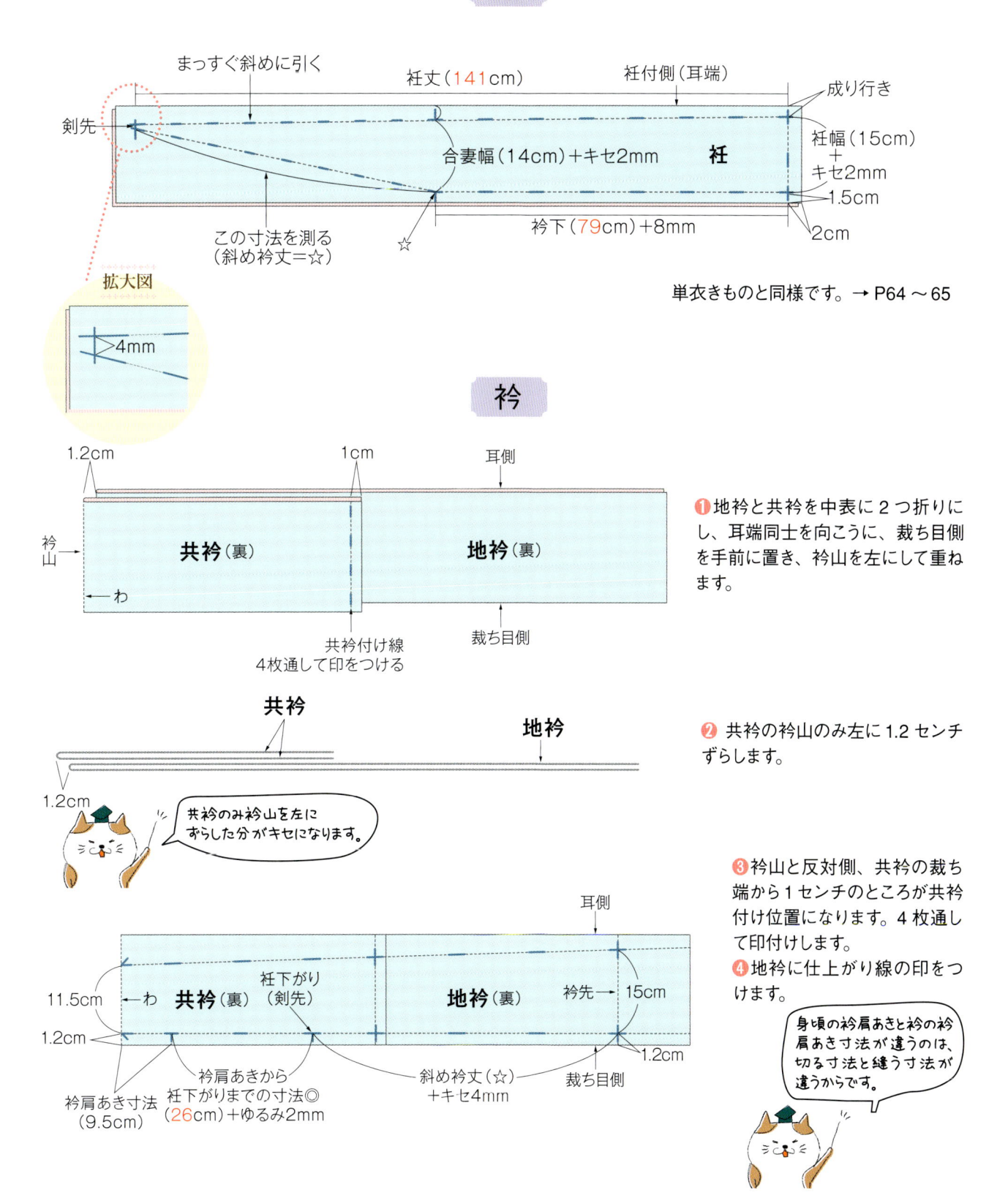

1 袖下を縫います。→ P67

2 両袖口を向い合わせに置いて、前袖口に糸印をつけ左右の袖を分けておきます。ただし、柄合わせをした場合はすでに糸印はついています。→ P51

3 仕上がり線の印付けをする

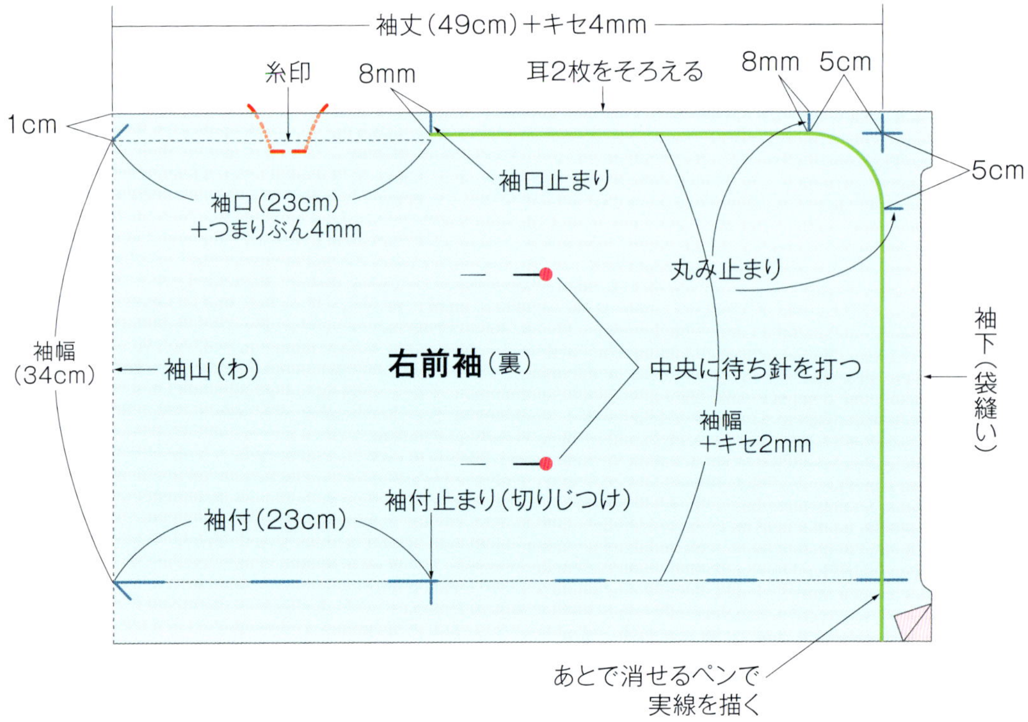
袖丈（49cm）＋キセ4mm
糸印
8mm
耳2枚をそろえる
8mm
5cm
1cm
袖口止まり
5cm
袖口（23cm）
＋つまりぶん4mm
丸み止まり
袖幅
（34cm）
袖山（わ）
右前袖（裏）
中央に待ち針を打つ
袖下（袋縫い）
袖幅
＋キセ2mm
袖付止まり（切りじつけ）
袖付（23cm）
あとで消せるペンで
実線を描く

袖の丸み、袖口の縫い代幅以外は単衣の袖と同じです。袖の丸み型は、キセがすべて２ミリなので５センチの丸み型が１つあれば大丈夫です。

※丸み実物大

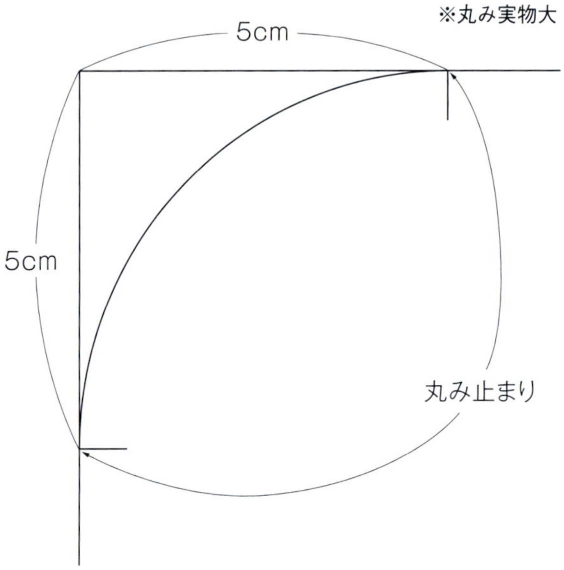
5cm
5cm
丸み止まり

4 袖の振りから袖下、丸み、袖口止まりまでを縫い、すくい留めします。糸は切らないでおきます。→ P69

5 キセをかけてから袖口を三つ折りして、三つ折りぐけをします。→ P69

6 袖の丸みをつくる

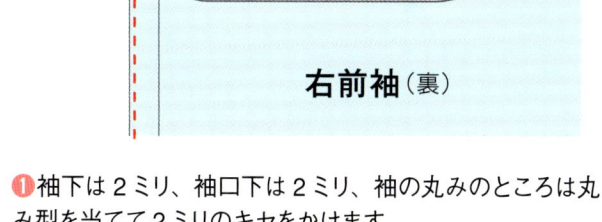

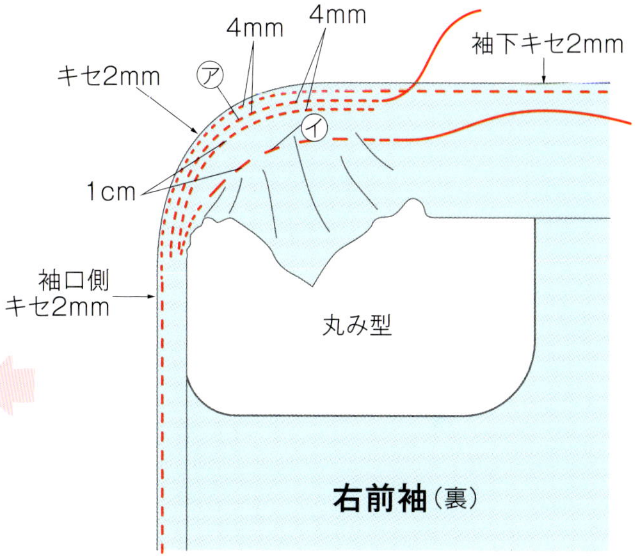

4mm
4mm
袖下キセ2mm
キセ2mm
㋐
㋑
1cm
袖口側
キセ2mm
丸み型
右前袖（裏）

❶袖下は２ミリ、袖口下は２ミリ、袖の丸みのところは丸み型を当てて２ミリのキセをかけます。
❷丸みの縫い代部分、縫い目から４ミリ入ったところを袖口側からぐし縫いし、糸を２～３センチ残して切ります㋐。２本目は１本目の４ミリ内側を袖下側からぐし縫いします。㋐の縫い始めの地点までいったら糸を少しだけ引いて折り返し、真ん中辺りは針目と針目の空間が６ミリぐらいになるように12針縫います㋑。糸はまだ針にかけたままに。

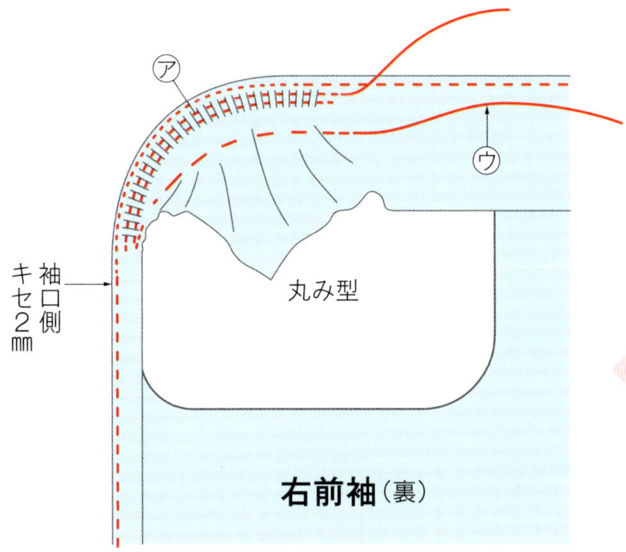

㋐
㋒
袖口側
キセ2㎜
丸み型
右前袖（裏）

❸㋒の糸を引いてヒダを６つつくります。
❹ヒダに軽く湿り気を与えてコテでピタッと押さえます。
❺㋐の縫い目のところの布がゆるんでいたら、少しだけ糸を引きます。

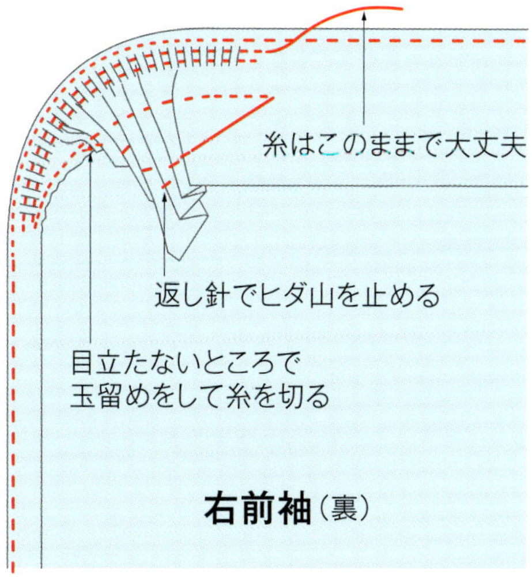

糸はこのままで大丈夫
返し針でヒダ山を止める
目立たないところで
玉留めをして糸を切る
右前袖（裏）

❻㋒の続きの糸で返し針をしながら６つできたヒダ山を押さえて、目立たないところで玉留めして糸を切ります。

左利きの方は縫い始めと逆にして、左に引き糸がくるようにします。（P71参照）

7 袖幅に折って完成

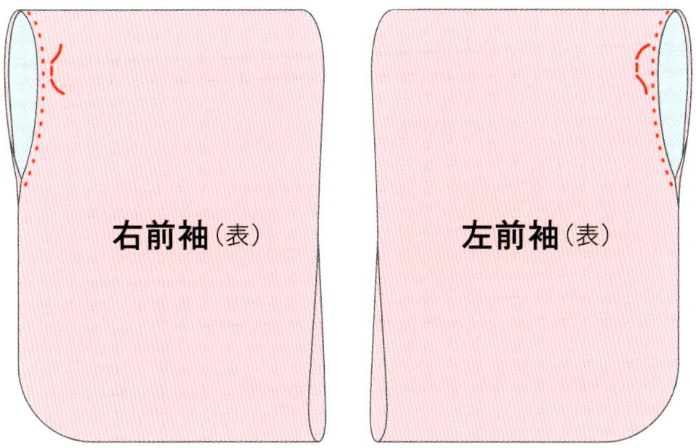

右前袖（表）
左前袖（表）

2 内揚げを縫う

単衣きものと同様です。
↓P72

3 背を縫う

1 二度縫いする

❶後身頃同士を中表に合わせて、衿肩あきの位置から裾までを均等に待ち針を打ちます。
❷衿肩あきから1.5センチ下がった位置から、1針返してから3ミリぐらいの針目でぐし縫いします。内揚げの糸目のところで1針返して、内揚げの布が重なっている範囲は半返し縫いします。裾端まで縫ったら、1針返して玉留めします。
❸❷の2ミリ上をもう一度、同様にぐし縫いして二度縫いします。

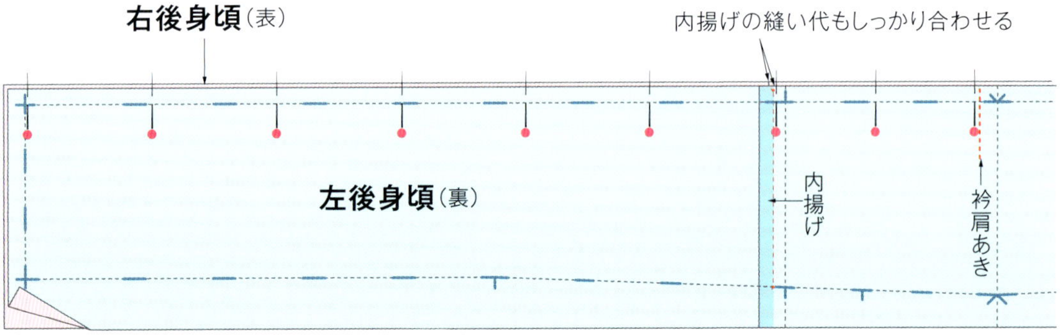

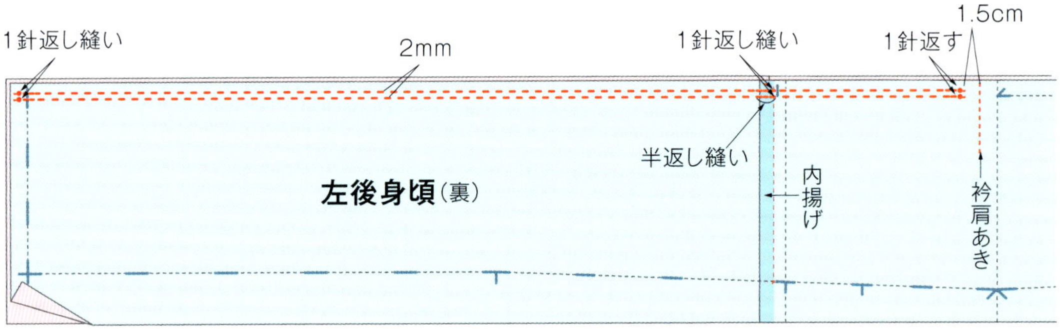

2 左後身頃側に2ミリのキセをかける

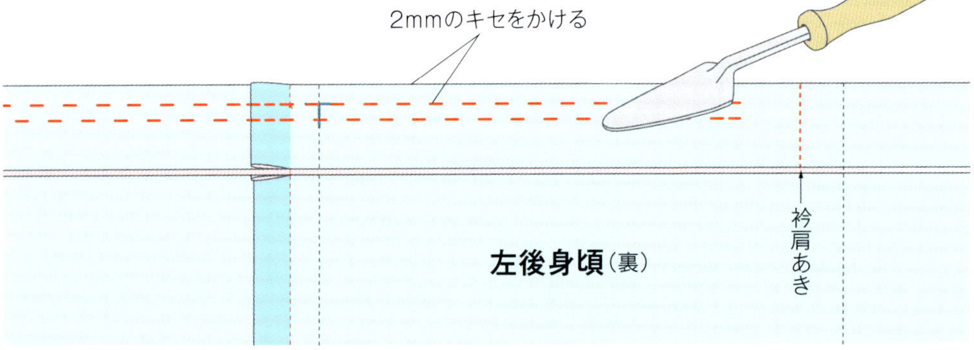

4 脇を縫う

単衣きものと同様です。↓P76
ただし、最後の縫い代の始末が耳ぐけになります。

5 衽をつける

単衣きものと同様です。↓P78
ただし、最後の縫い代の始末が耳ぐけになります。

6 裾を始末する

単衣きものと同様です。↓P82

耳ぐけにすると縫い代に布が重ならないので、涼しくてゴワゴワしません。透けない素材のゆかたはこのくけ方が一般的です。

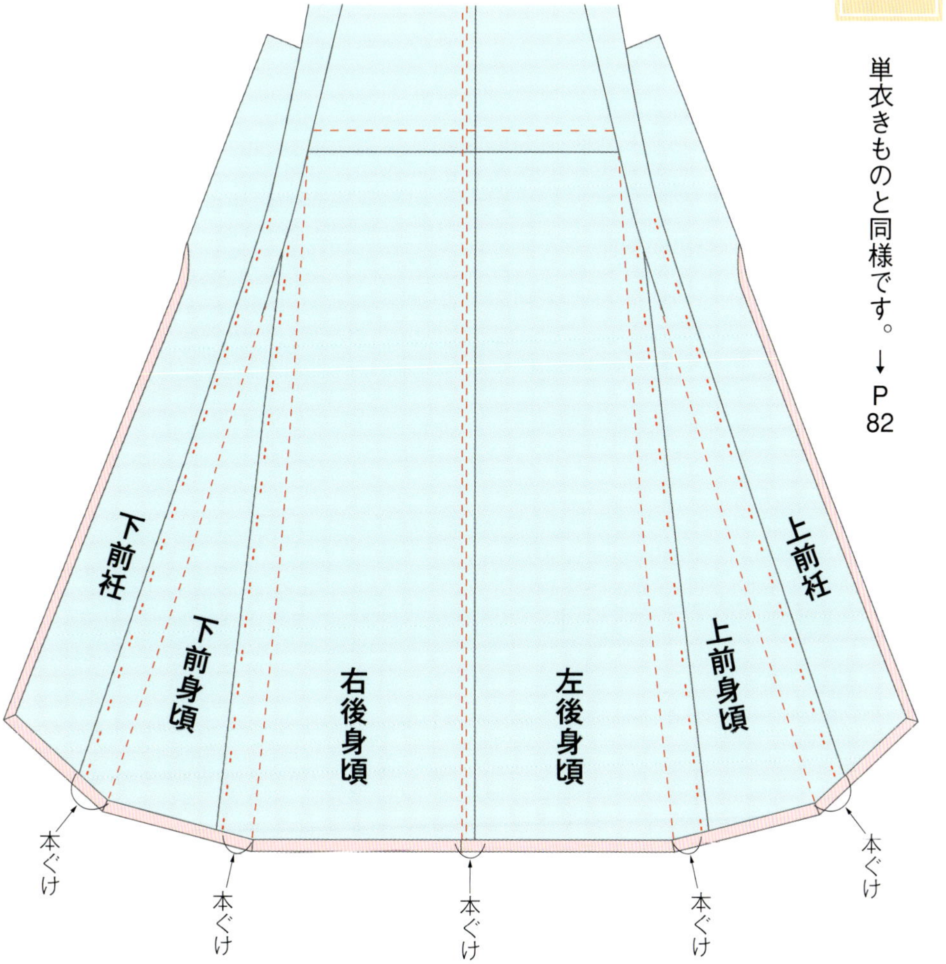
上前衽
上前身頃
左後身頃
右後身頃
下前身頃
下前衽
本ぐけ
本ぐけ
本ぐけ
本ぐけ
本ぐけ

7 衿をつける

衿付けに必要なもの

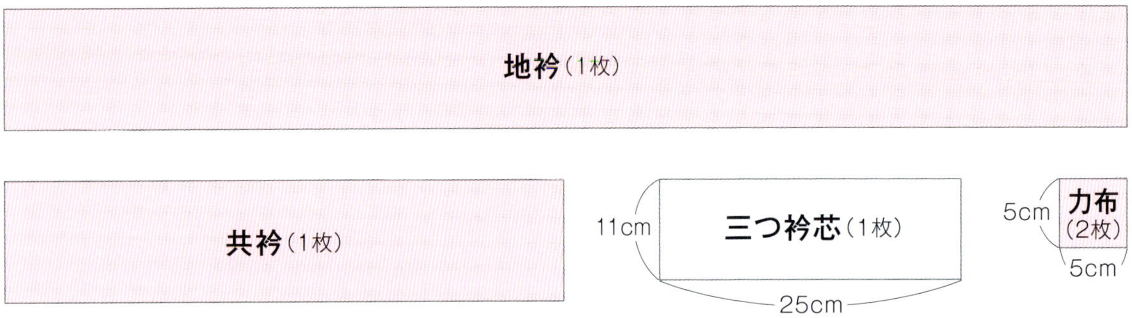

地衿（1枚）
共衿（1枚）
11cm
三つ衿芯（1枚）
25cm
5cm
力布
（2枚）
5cm

1 力布をつくります。単衣きものと同様です。→ P83

2 衿肩あきを切ります。単衣きものと同様です。→ 84

3 力布を衿肩あきにつけます。単衣きものと同様です。→ P85

4 地衿に共衿を縫いつける

地衿に共衿を重ね、共衿付位置を合わせて、左右ともに縫います。このときに、共衿に２ミリのゆるみを入れながら縫います。

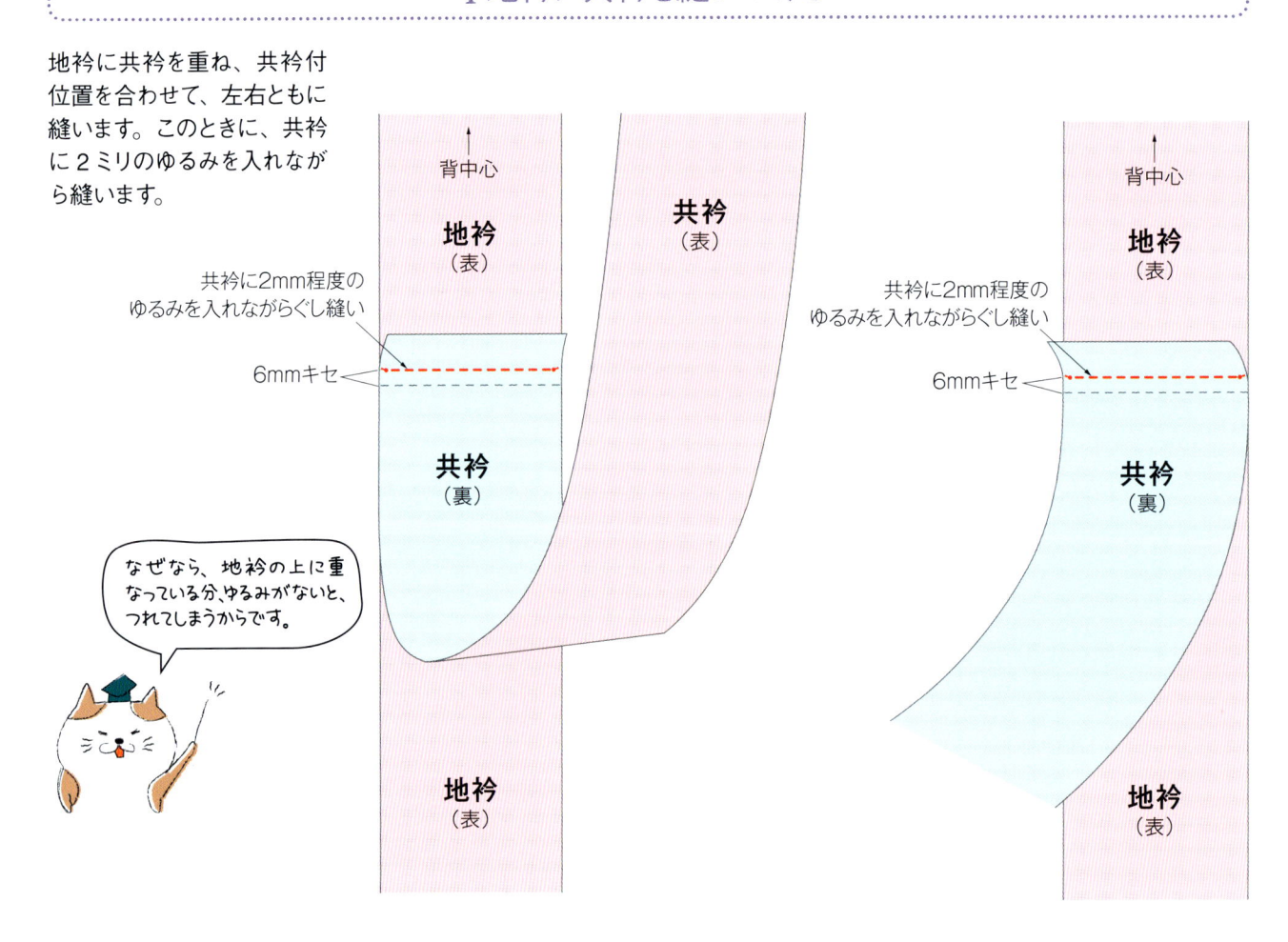

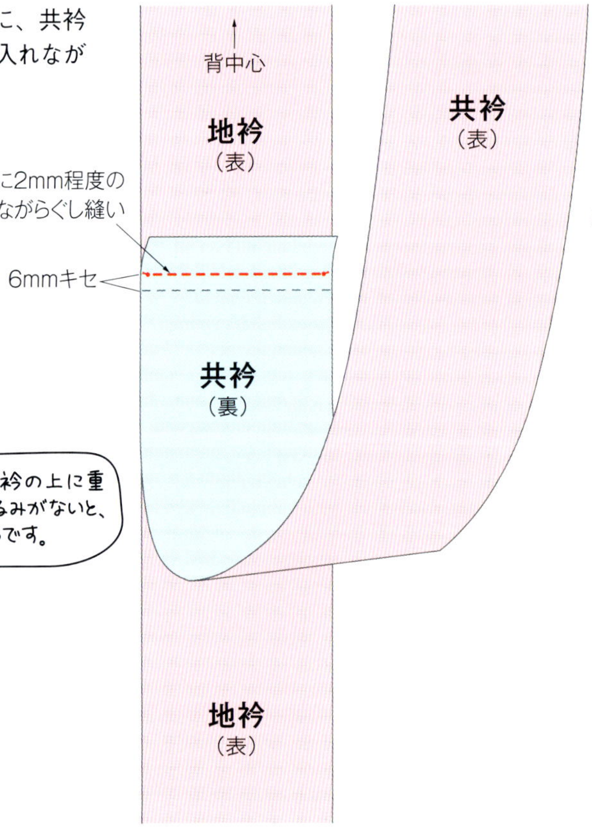

背中心
地衿
（表）
共衿に2mm程度の
ゆるみを入れながらぐし縫い
6mmキセ
共衿
（裏）
共衿
（表）
地衿
（表）

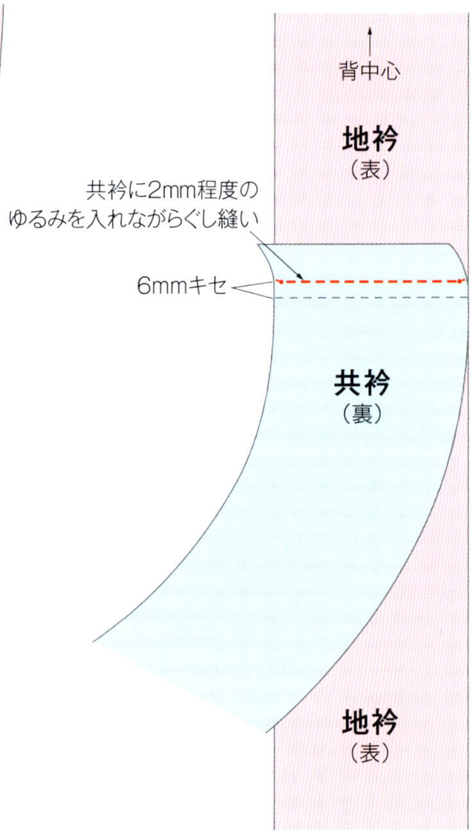

背中心
地衿
（表）
共衿に2mm程度の
ゆるみを入れながらぐし縫い
6mmキセ
共衿
（裏）
地衿
（表）

なぜなら、地衿の上に重なっている分、ゆるみがないと、つれてしまうからです。

5 キセをかけて、縫い代を粗縫いする

❶衿山同士を合わせて待ち針を打ち、共衿のゆるみ分は左右にコテを当ててキセとします。
❷衿を広げ、共布が重なっている裁ち端側の縫い代を粗縫いしておきます。

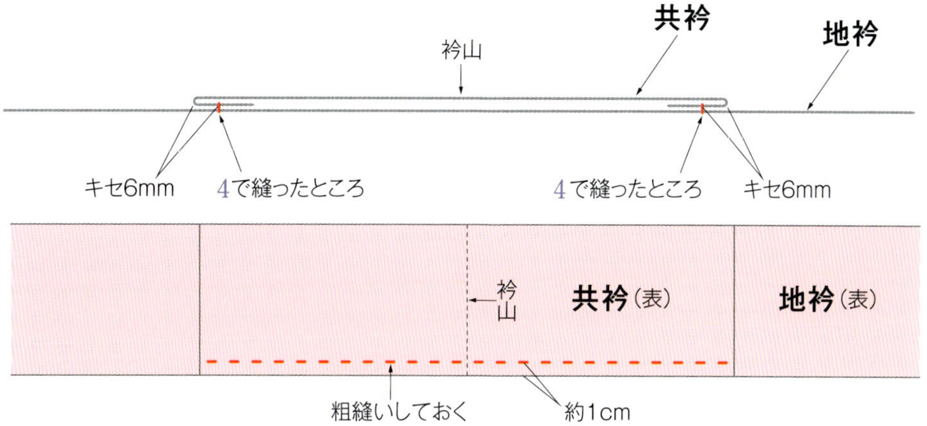
共衿
地衿
衿山
キセ6mm
4で縫ったところ
4で縫ったところ
キセ6mm
衿山
共衿(表)
地衿(表)
粗縫いしておく
約1cm

6 衿付け側に、コテを入れる

衿付け側を裏衿側に向けて 1.2 センチのところを折ってコテで仕上がりの折れ線ををつけておきます。

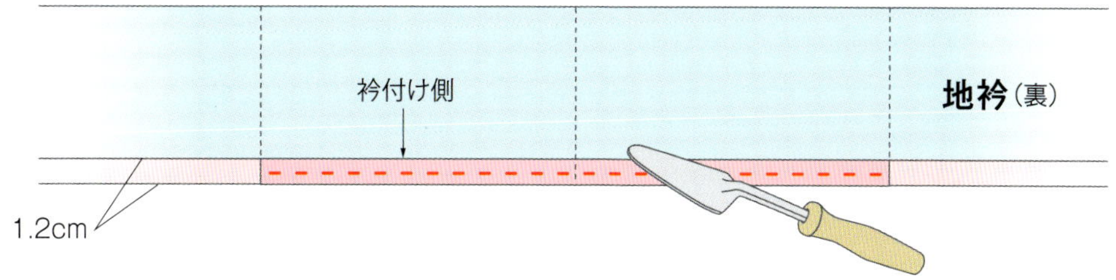
衿付け側
地衿(裏)
1.2cm

7 身頃に衿をつける

身頃と衿を重ね、衿は 6 の仕上がりゴテの 2 ミリ縫い代側に、1 センチの縫い代をとって待ち針を打ちます。ほかは単衣きものと同様です。→ P86 ※ただし裏衿はつけません。

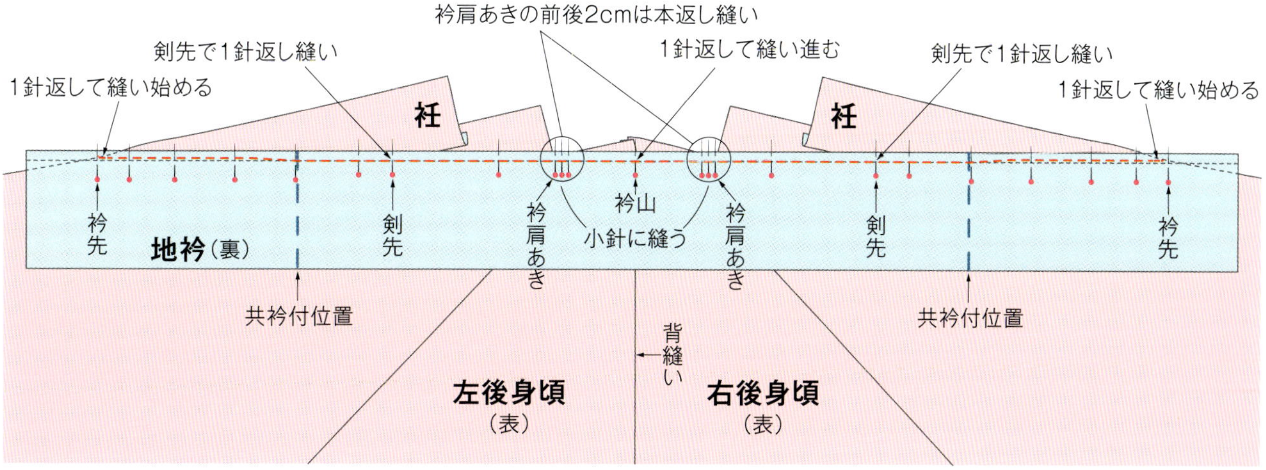
衿肩あきの前後2cmは本返し縫い
剣先で1針返し縫い
1針返して縫い進む
剣先で1針返し縫い
1針返して縫い始める
1針返して縫い始める
衽
衽
衿先
地衿(裏)
剣先
衿肩あき
衿山
小針に縫う
衿肩あき
剣先
衿先
共衿付位置
共衿付位置
背縫い
左後身頃
(表)
右後身頃
(表)

8 縫います。単衣きものと同様です。→ P87

9 三つ衿芯をつける

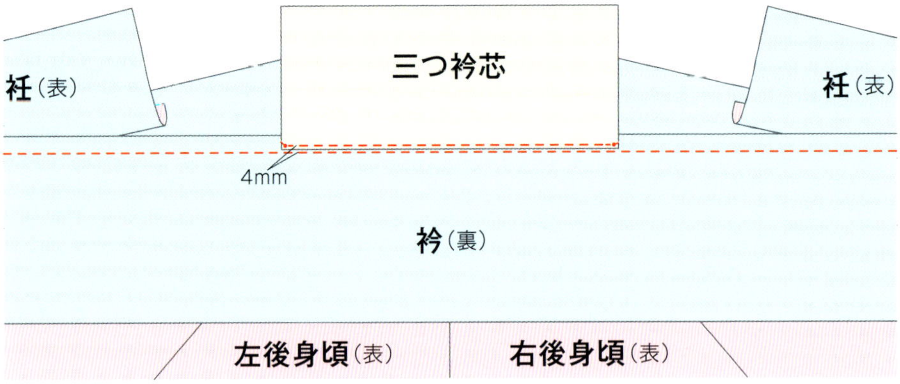

衽（表）
三つ衿芯
衽（表）
4mm
衿（裏）
左後身頃（表）
右後身頃（表）

❶三つ衿芯の中心と身頃の背中心を合わせて縫い代の上にのせます。
❷縫い代に粗くとじます。

10 縫い代を内側に折り返す

衿を広げ、縫い代を折り返します。身頃と重なっている部分は「しのびとじ」をして縫い代を押さえておきます。

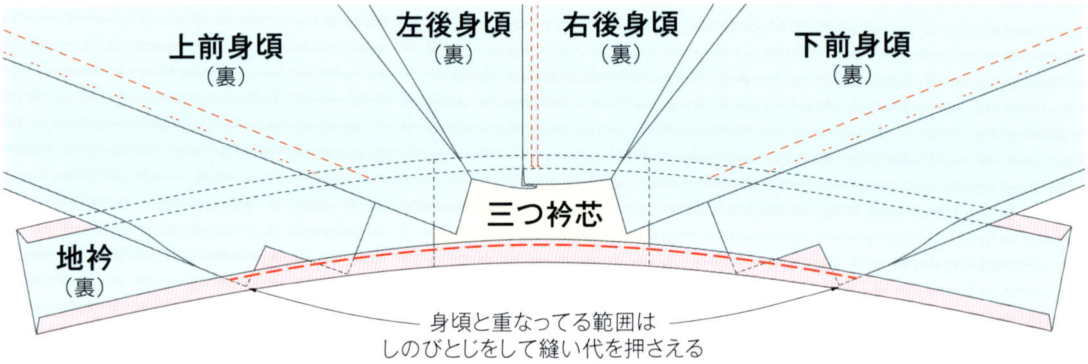

上前身頃（裏）
左後身頃（裏）
右後身頃（裏）
下前身頃（裏）
三つ衿芯
地衿（裏）
身頃と重なってる範囲は
しのびとじをして縫い代を押さえる

11 衿を仕上がりのサイズに折る

衿を仕上がりのサイズに折って、待ち針でとめます。

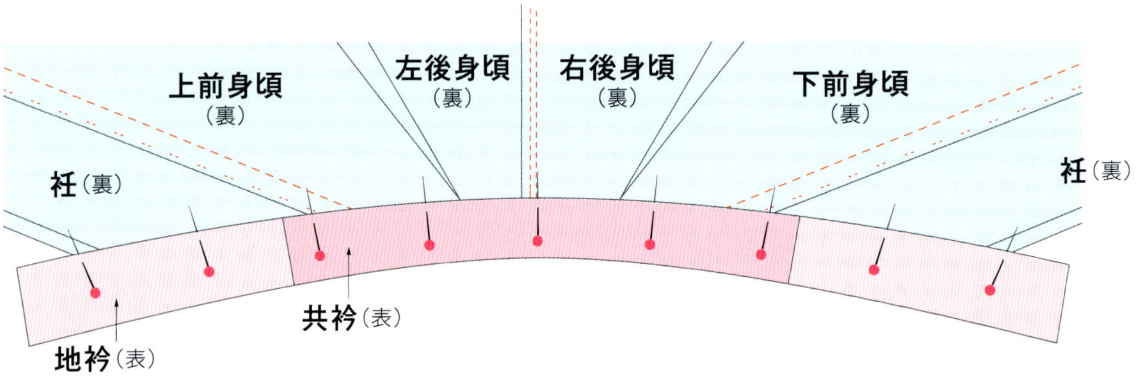

上前身頃（裏）
左後身頃（裏）
右後身頃（裏）
下前身頃（裏）
衽（裏）
衽（裏）
共衿（表）
地衿（表）

12 衿先を留める

縫い糸を２本どりにし玉結びはつくらずに、イラストの①～⑥の順で針を進めて、①と⑥の糸を最後に３回しっかり結び合わせます。

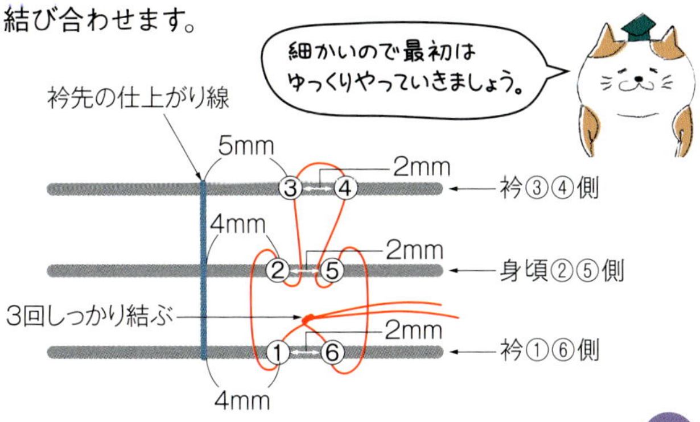

細かいので最初は
ゆっくりやっていきましょう。
衿先の仕上がり線
5mm
2mm
③
④
衿③④側
4mm
2mm
②
⑤
身頃②⑤側
3回しっかり結ぶ
2mm
①
⑥
衿①⑥側
4mm

a

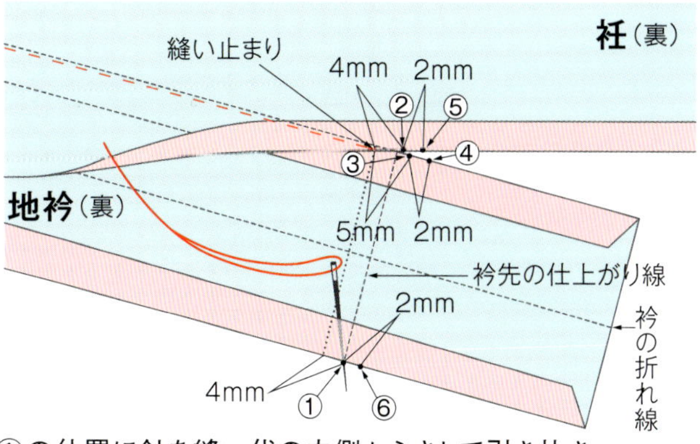

衽（裏）
縫い止まり
4mm
2mm
②
⑤
③
④
5mm
2mm
地衿（裏）
衿先の仕上がり線
2mm
衿の折れ線
4mm
①
⑥

①の位置に針を縫い代の内側からさして引き抜き、糸端は３～４センチ残しておきます。

b

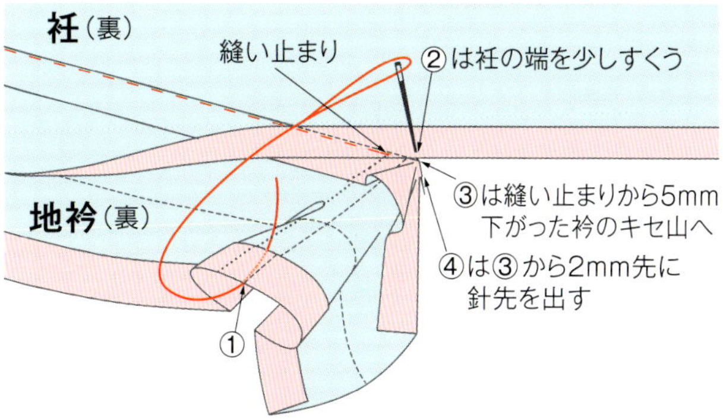

衽（裏）
縫い止まり
②は衽の端を少しすくう
地衿（裏）
③は縫い止まりから5mm下がった衿のキセ山へ
④は③から2mm先に針先を出す
①

②から④は一気に１針で縫います。

c

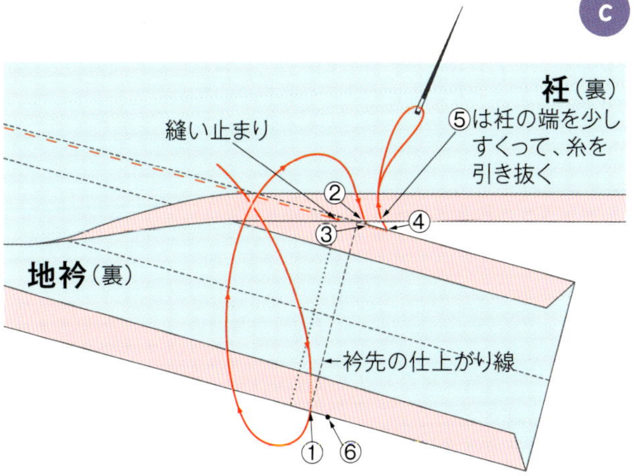

衽（裏）
縫い止まり
⑤は衽の端を少しすくって、糸を引き抜く
②
③
④
地衿（裏）
衿先の仕上がり線
①
⑥

次に④の位置からまっすぐ上がったところの⑤に出します。

d

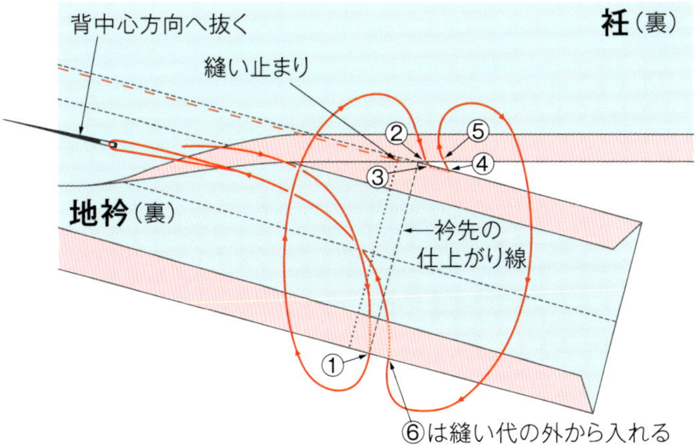

背中心方向へ抜く
衽（裏）
縫い止まり
②
⑤
④
③
地衿（裏）
衿先の仕上がり線
①
⑥は縫い代の外から入れる

最後の⑥は縫い代の折山の外から針を入れて①～②の間を通っている糸の下側をくぐらせて背中心の方向に引きます。

e

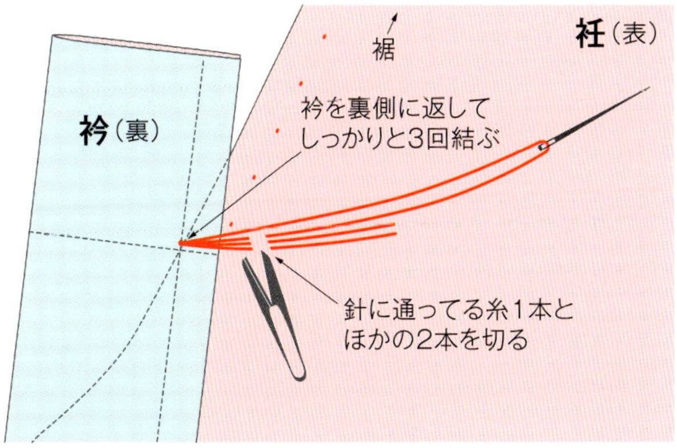

裾
衽（表）
衿（裏）
衿を裏側に返してしっかりと3回結ぶ
針に通ってる糸1本とほかの2本を切る

衿を中表に折って縫い代の折れ線を伸ばし、①で残した糸と⑥の糸を３回しっかりと玉結びをします。次にイラストのように、針に通っている糸１本を残し、続けて衿先の留め位置を縫います。

13 衿先の留め位置を縫う

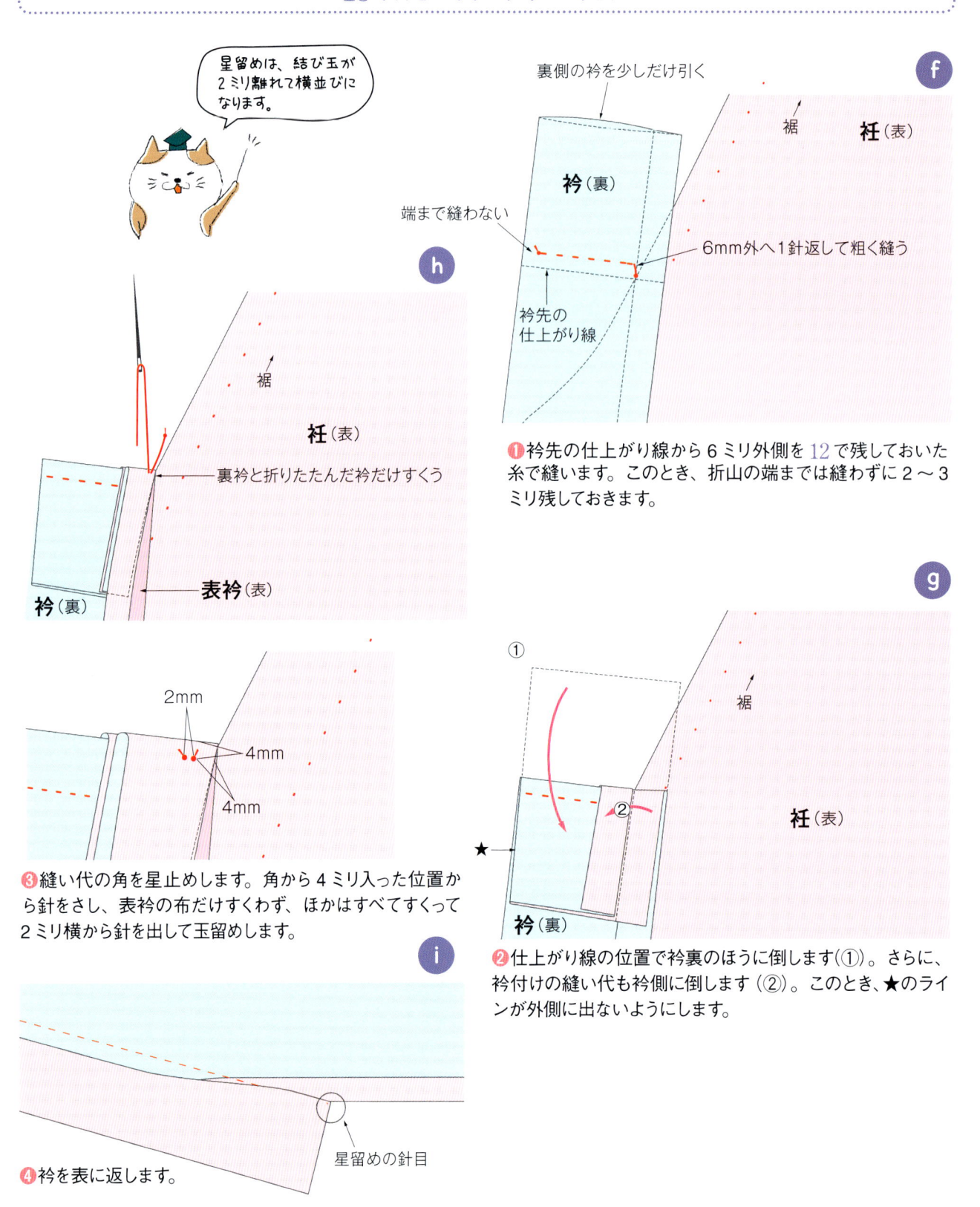

星留めは、結び玉が
2ミリ離れて横並びに
なります。

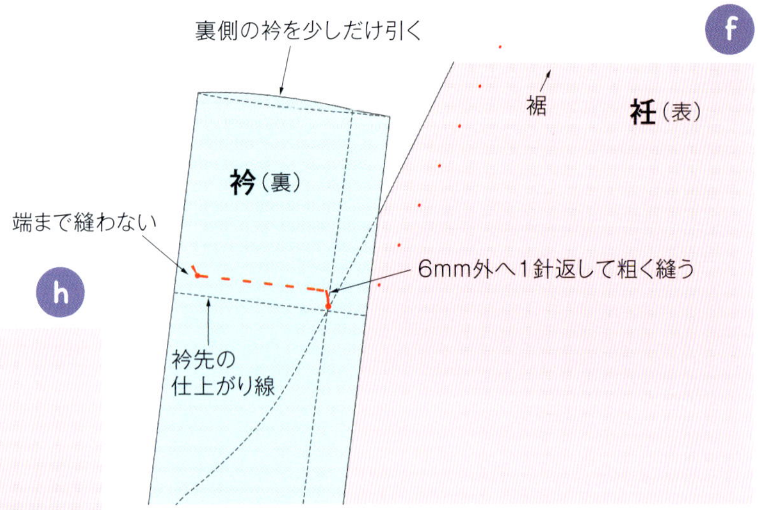
f
裏側の衿を少しだけ引く
裾
衽（表）
衿（裏）
端まで縫わない
6mm外へ1針返して粗く縫う
衿先の
仕上がり線

❶衿先の仕上がり線から6ミリ外側を12で残しておいた糸で縫います。このとき、折山の端までは縫わずに2～3ミリ残しておきます。

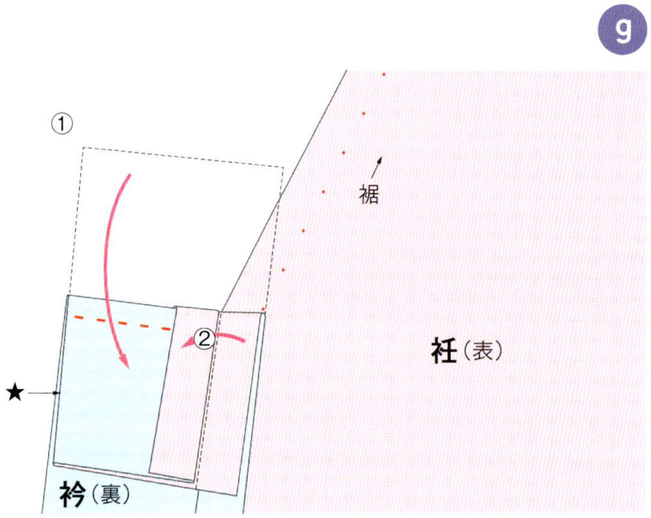
g
①
裾
②
衽（表）
★
衿（裏）

❷仕上がり線の位置で衿裏のほうに倒します（①）。さらに、衿付けの縫い代も衿側に倒します（②）。このとき、★のラインが外側に出ないようにします。

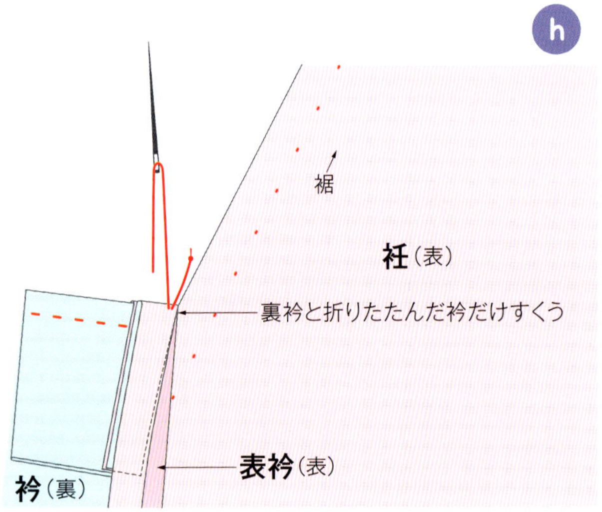
h
裾
衽（表）
裏衿と折りたたんだ衿だけすくう
表衿（表）
衿（裏）

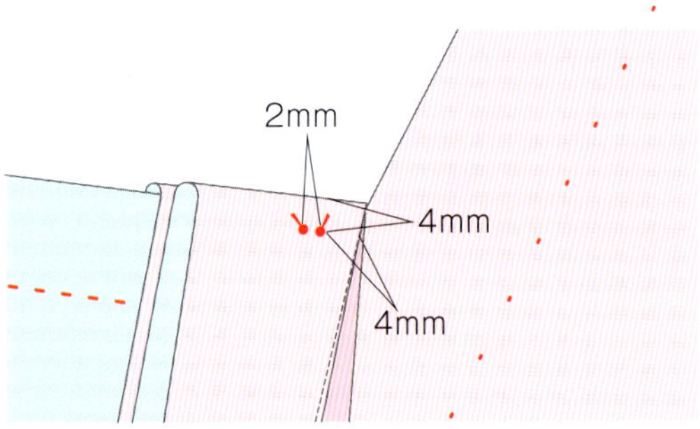
2mm
4mm
4mm

❸縫い代の角を星止めします。角から4ミリ入った位置から針をさし、表衿の布だけすくわず、ほかはすべてすくって2ミリ横から針を出して玉留めします。

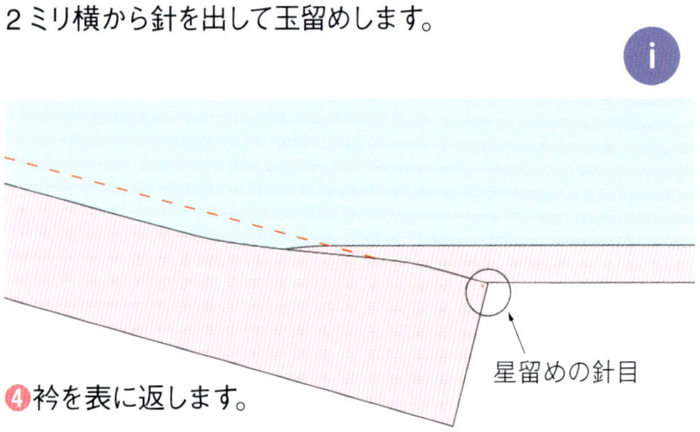
i
星留めの針目

❹衿を表に返します。

14 衿をくける

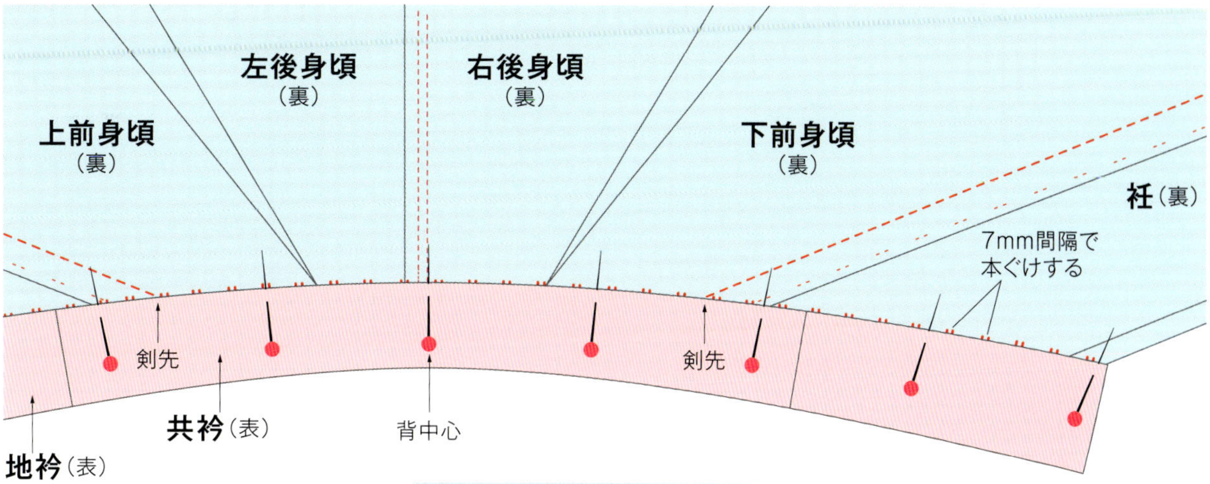

左後身頃
（裏）
右後身頃
（裏）
上前身頃
（裏）
下前身頃
（裏）
衽（裏）
7mm間隔で
本ぐけする
剣先
剣先
共衿（表）
背中心
地衿（表）

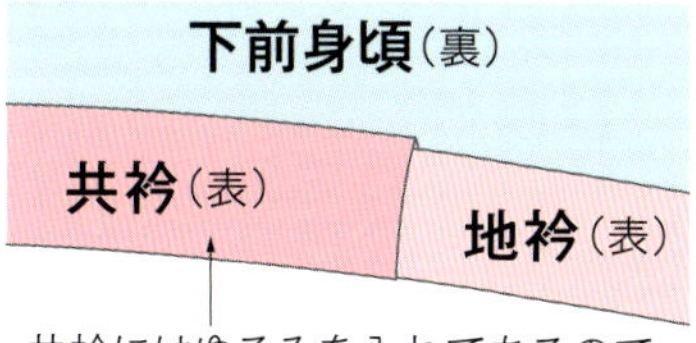

下前身頃（裏）
共衿（表）
地衿（表）
共衿にはゆるみを入れてあるので、
つれないようにくける。

❶共衿を仕上がり寸法で折ると自然に地衿は深めに折れます。結果として、共衿が地衿よりも衿幅が少し広い状態になります。
❷縫い代の折山に針を通しながら、衿付けの縫い目のところを本ぐけしていきます。

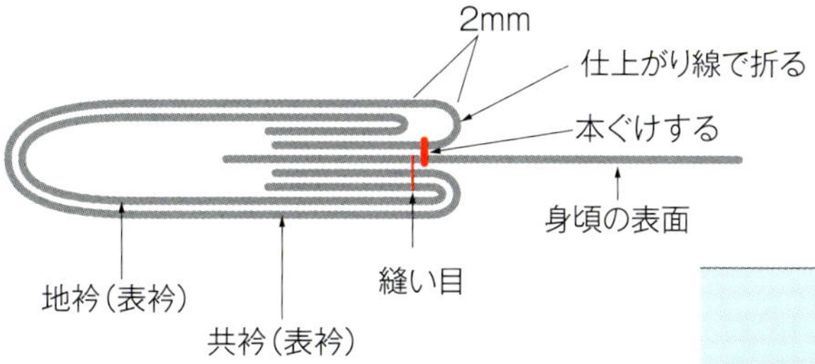

2mm
仕上がり線で折る
本ぐけする
身頃の表面
縫い目
地衿（表衿）
共衿（表衿）

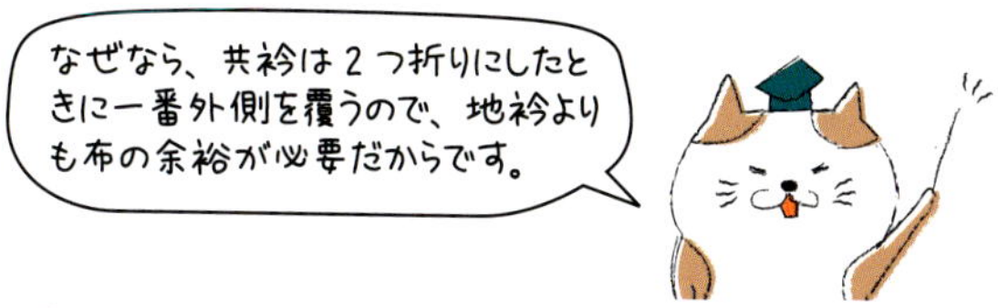

なぜなら、共衿は2つ折りにしたときに一番外側を覆うので、地衿よりも布の余裕が必要だからです。

8 袖をつける

単衣きものと同様です。↓P93
ただし、最後の縫い代の始末は耳ぐけで行います。

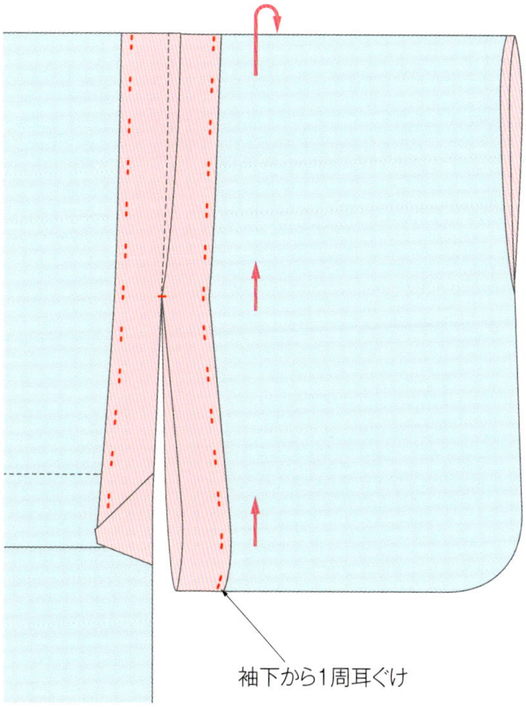

袖下から1周耳ぐけ

9 仕上げる

単衣きものと同様です。↓P95

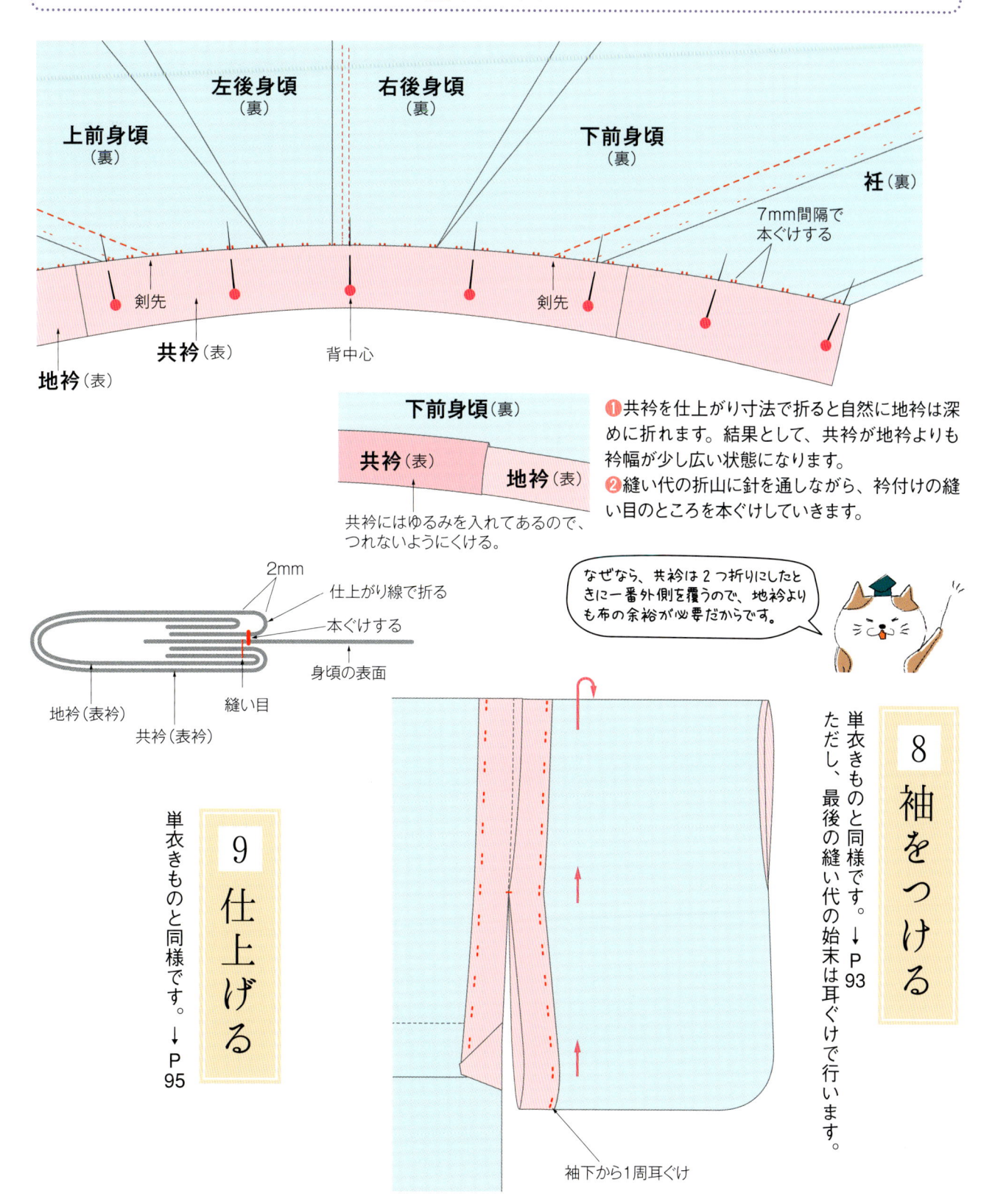

薄物を縫う

第三章

縫い代まで表から透けて見えるので、縫い代の端をしっかり中まで折りこんで三つ折りぐけにするときれいに仕上がります。身頃には、透け防止に「居敷当て」をつけます。さらに後居敷当て用布は、市販されている広幅のものを使うとかんたんです。

✳準備するもの

◇反物

◇裏衿／地衿と同寸を1枚

※市販されています。

◇背伏せ布／3cm幅ぐらい×後ろ衿の下から内揚げの2センチ下までの長さ

※市販のものがあります。きものと共布でつくってもOKです。

◇三つ衿芯／11cm×25cm

※透けて見えるので必ず共布（使用する反物の余り）を使います。

◇力布2枚／各5cm×5cm

※きものと共布

◇居敷当て布／羽二重の広幅（約74cm）×125cm

※市販されています。

縫う順番と縫い方図

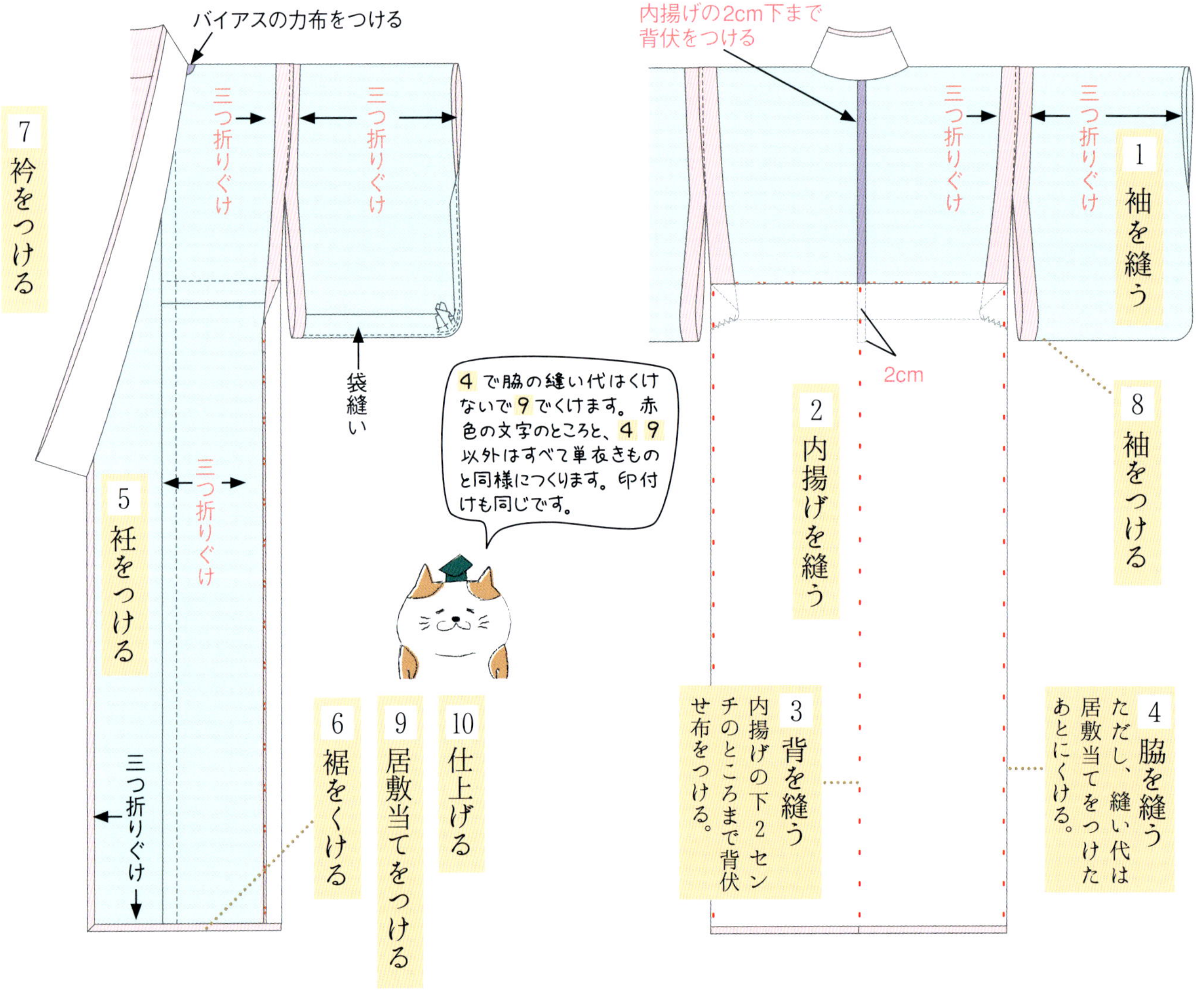
バイアスの力布をつける
三つ折りぐけ
三つ折りぐけ
袋縫い
7 衿をつける
5 衽をつける
三つ折りぐけ
三つ折りぐけ
6 裾をくける
9 居敷当てをつける
10 仕上げる
4で脇の縫い代はくけないで9でくけます。赤色の文字のところと、4 9以外はすべて単衣きものと同様につくります。印付けも同じです。
内揚げの2cm下まで背伏をつける
三つ折りぐけ
三つ折りぐけ
2cm
1 袖を縫う
2 内揚げを縫う
8 袖をつける
3 背を縫う 内揚げの下2センチのところまで背伏せ布をつける。
4 脇を縫う ただし、縫い代は居敷当てをつけたあとにくける。

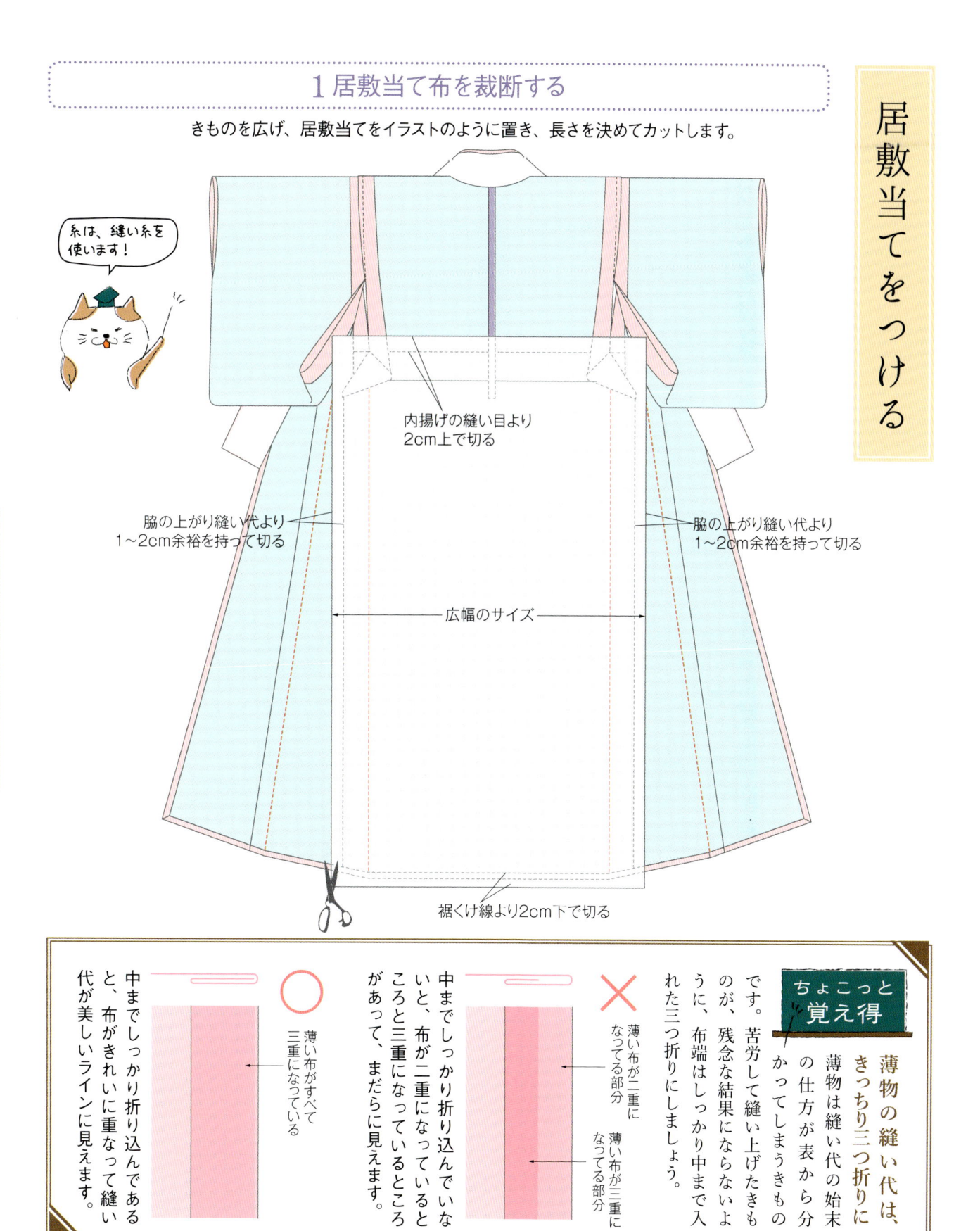

居敷当てをつける

1 居敷当て布を裁断する

きものを広げ、居敷当てをイラストのように置き、長さを決めてカットします。

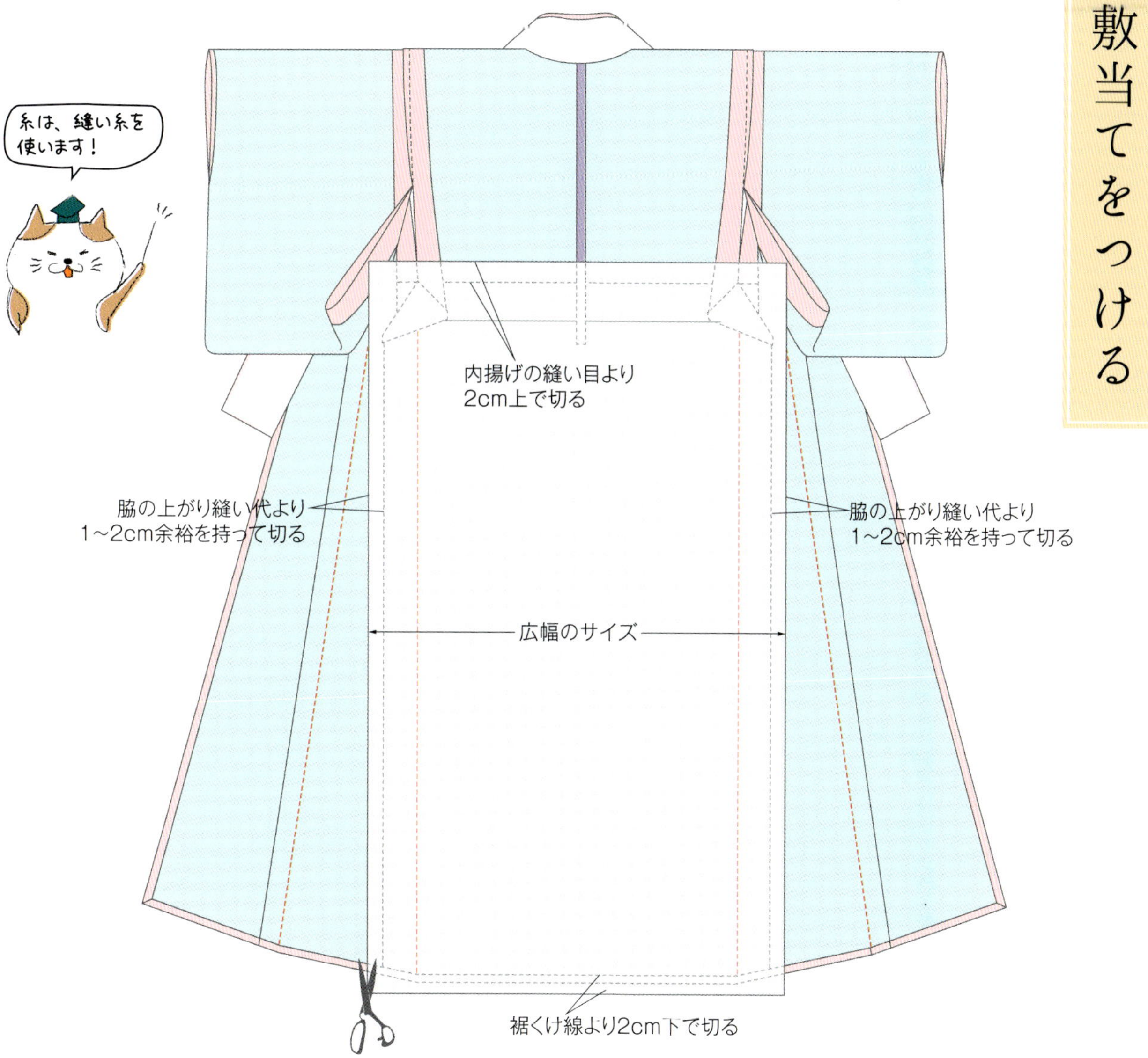
糸は、縫い糸を使います！
内揚げの縫い目より2cm上で切る
脇の上がり縫い代より1～2cm余裕を持って切る
脇の上がり縫い代より1～2cm余裕を持って切る
広幅のサイズ
裾くけ線より2cm下で切る

ちょこっと覚え得

薄物の縫い代は、きっちり三つ折りに

薄物は縫い代の始末の仕方が表から分かってしまうきものです。苦労して縫い上げたきものが、残念な結果にならないように、布端はしっかり中まで入れた三つ折りにしましょう。

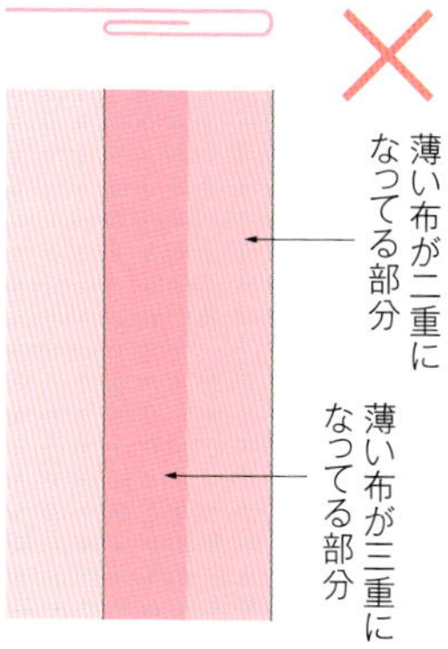
薄い布が二重になってる部分
薄い布が三重になってる部分

中までしっかり折り込んでいないと、布が二重になっているところと三重になっているところがあって、まだらに見えます。

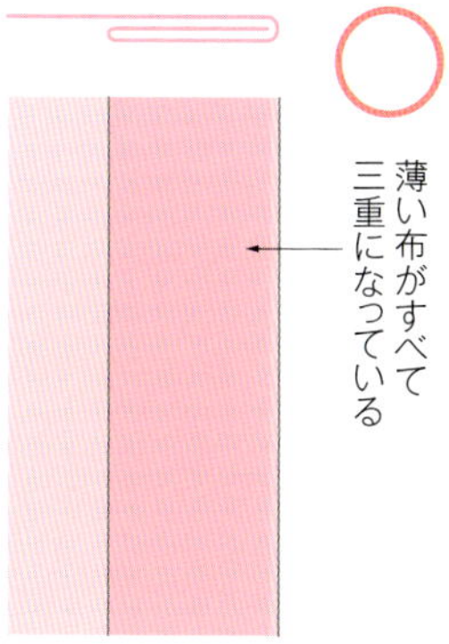
薄い布がすべて三重になっている

中までしっかり折り込んであると、布がきれいに重なって縫い代が美しいラインに見えます。

2 下の順番で居敷当てをつける

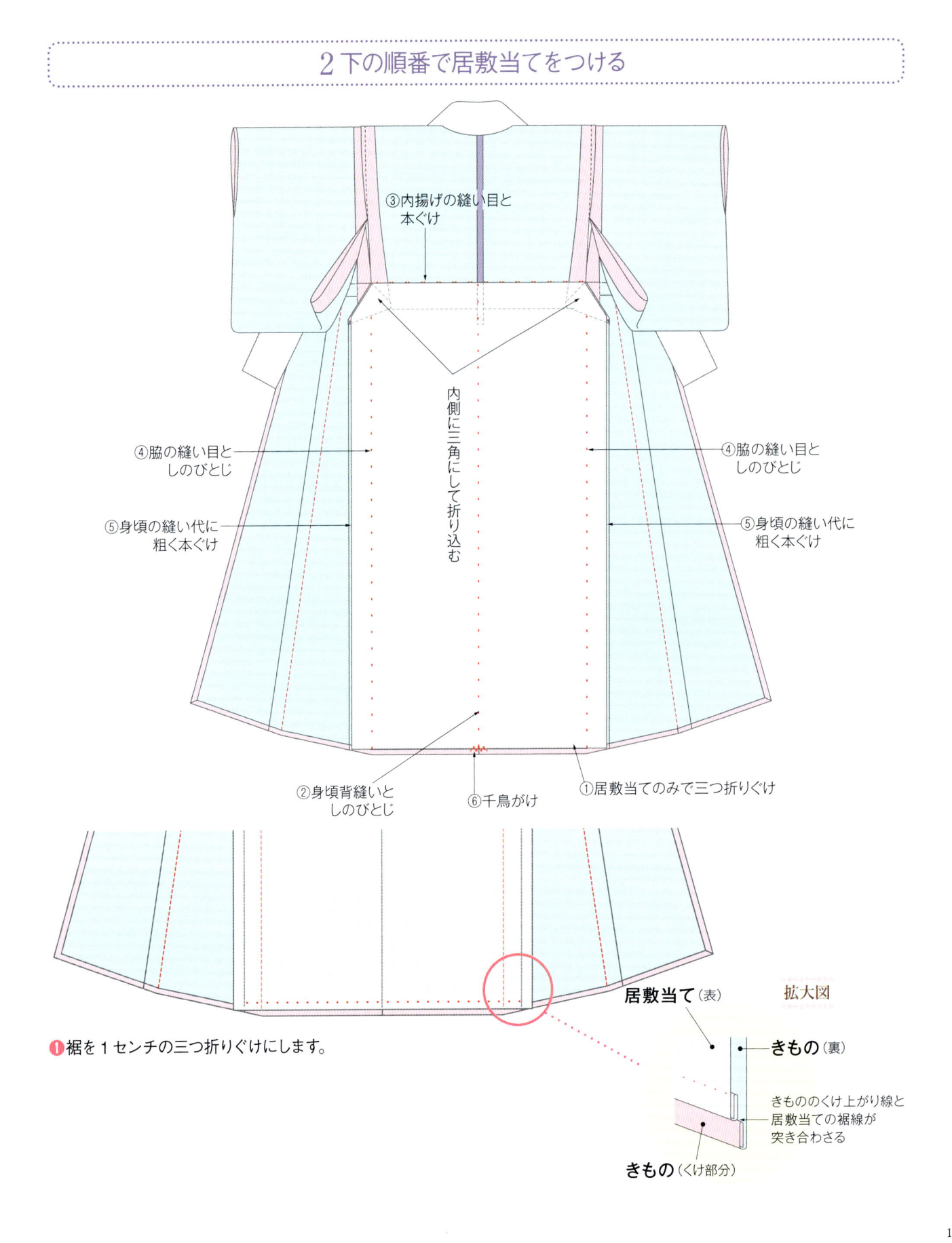

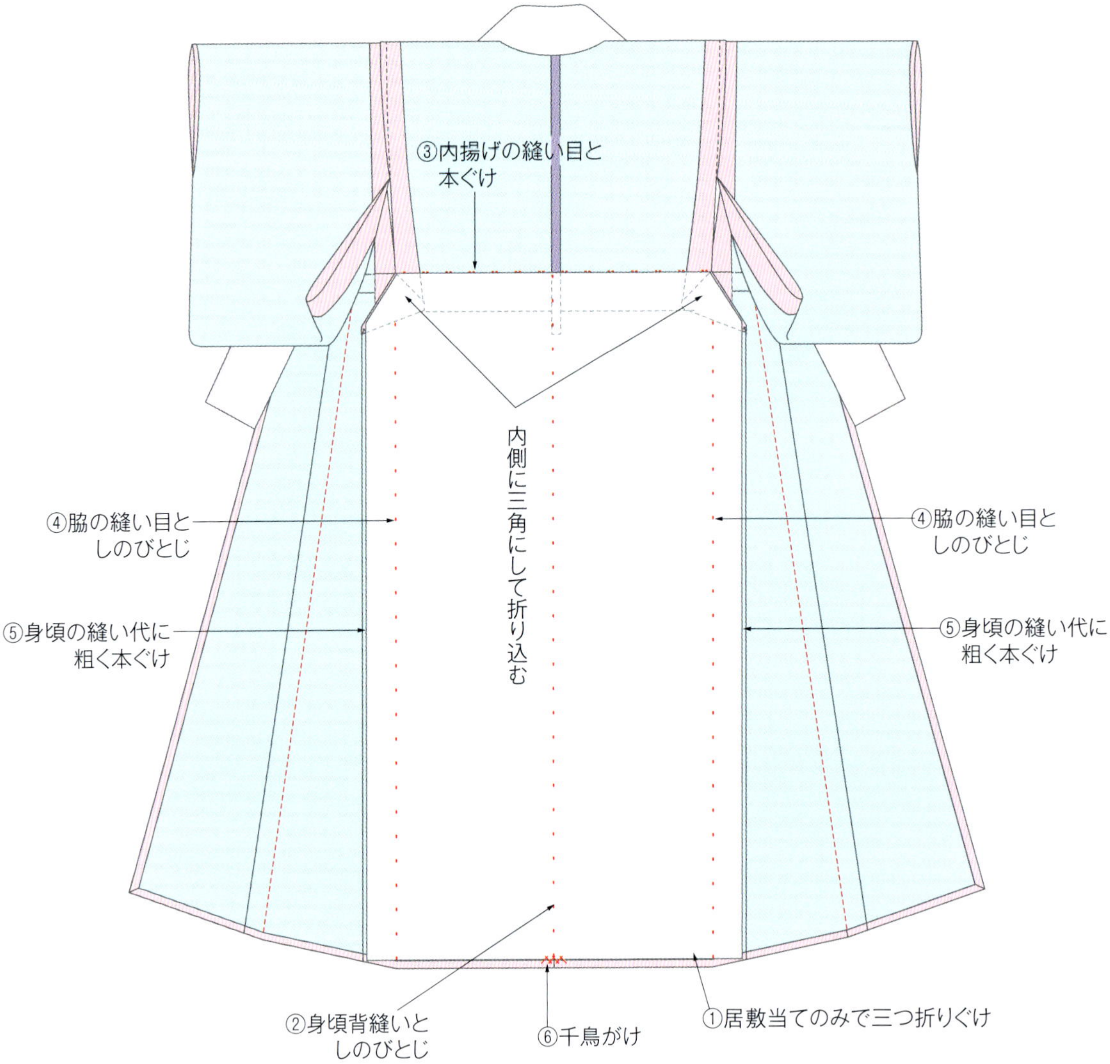

③内揚げの縫い目と
本ぐけ
内側に三角にして折り込む
④脇の縫い目と
しのびとじ
④脇の縫い目と
しのびとじ
⑤身頃の縫い代に
粗く本ぐけ
⑤身頃の縫い代に
粗く本ぐけ
②身頃背縫いと
しのびとじ
⑥千鳥がけ
①居敷当てのみで三つ折りぐけ

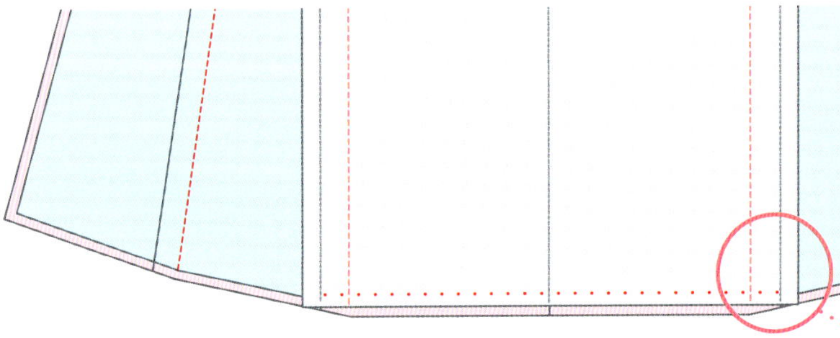

❶裾を１センチの三つ折りぐけにします。

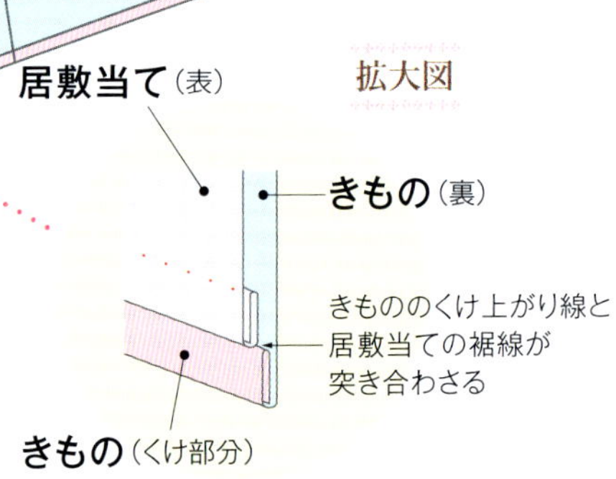

拡大図
居敷当て（表）
きもの（裏）
きもののくけ上がり線と
居敷当ての裾線が
突き合わさる
きもの（くけ部分）

2cm内側に折る
内揚げ側を2cm折り
裾を三つ折りぐけをしたら
居敷当て布を
背中心で二つに折る
三つ折りぐけをする

❷居敷当ての布をイラストのように折って、背中心に約３センチ間隔のしのびとじをします。

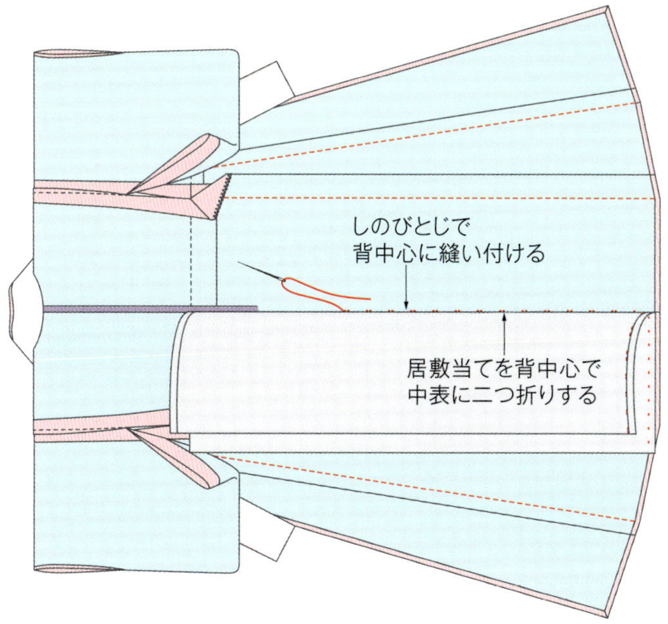
しのびとじで
背中心に縫い付ける
居敷当てを背中心で
中表に二つ折りする

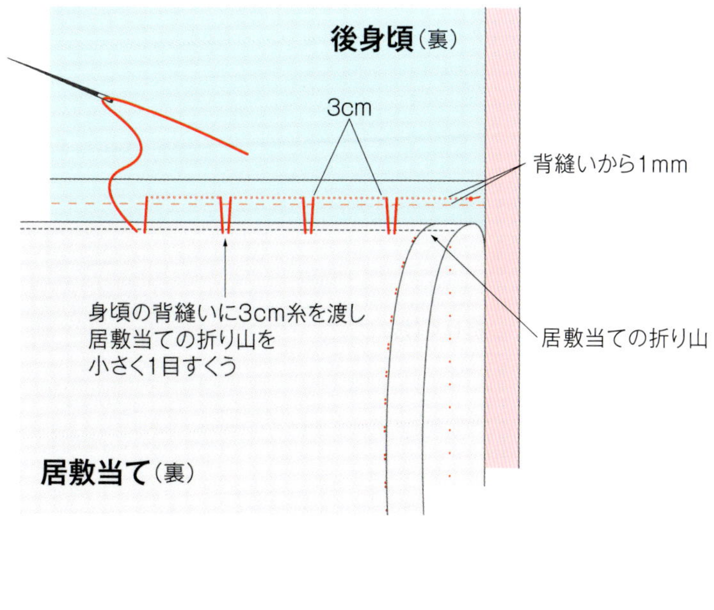
後身頃（裏）
3cm
背縫いから1mm
身頃の背縫いに3cm糸を渡し
居敷当ての折り山を
小さく1目すくう
居敷当ての折り山
居敷当て（裏）

居敷当ての表には小さな針目が３センチ置きに出ます。

❸内揚げの縫い目と、居敷き当てを本ぐけします。

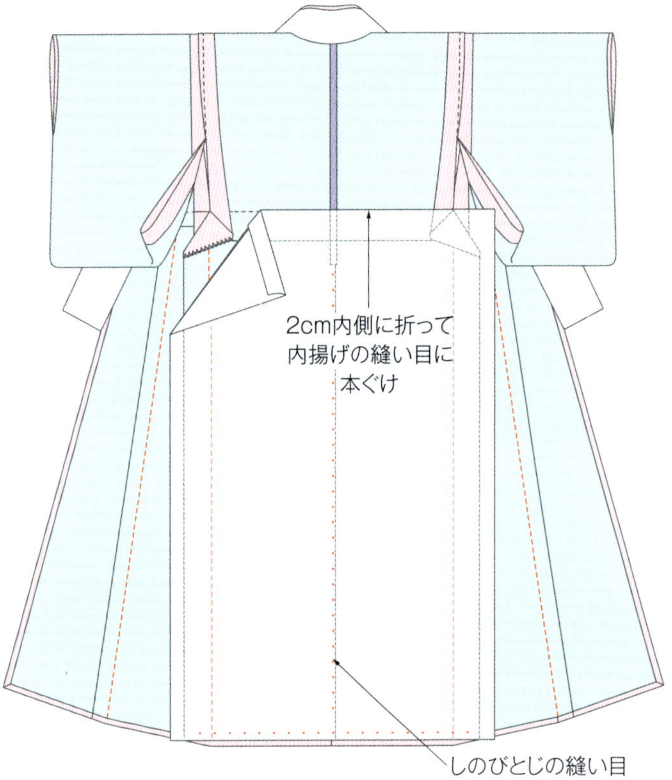
2cm内側に折って
内揚げの縫い目に
本ぐけ
しのびとじの縫い目

❹次に身頃を横にして脇で中表に折ります。脇縫い線から１ミリ縫い代側に入ったところと居敷き当て布を３センチ間隔のしのびとじでつけます。

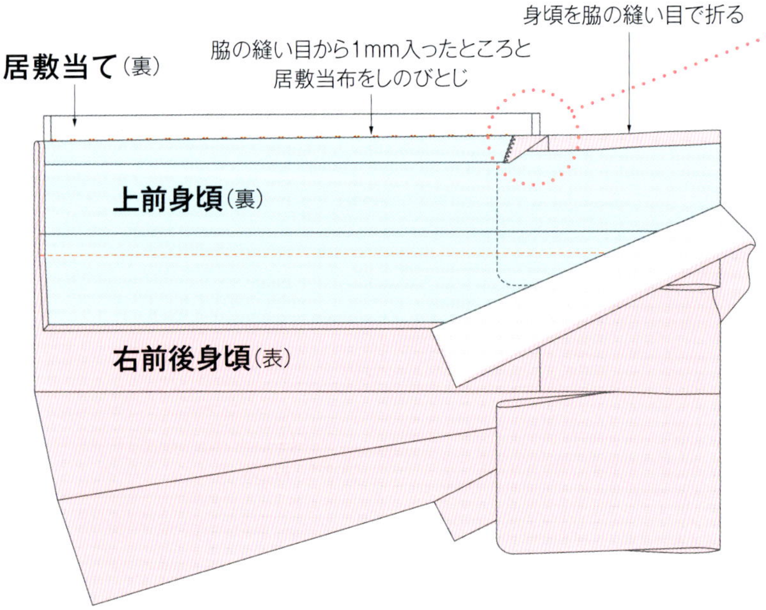
身頃を脇の縫い目で折る
脇の縫い目から1mm入ったところと
居敷当布をしのびとじ
居敷当て（裏）
上前身頃（裏）
右前後身頃（表）

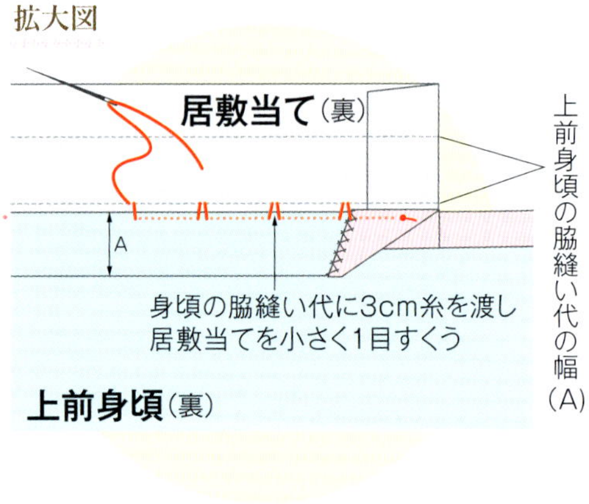
拡大図
居敷当て（裏）
上前身頃の脇縫い代の幅(A)
A
身頃の脇縫い代に3cm糸を渡し
居敷当てを小さく1目すくう
上前身頃（裏）

脇縫いで身頃を折って、
きものの前身頃側を
手前にして縫います！
反対側も同様に。

⑤前身頃の縫い代に粗く本ぐけします。

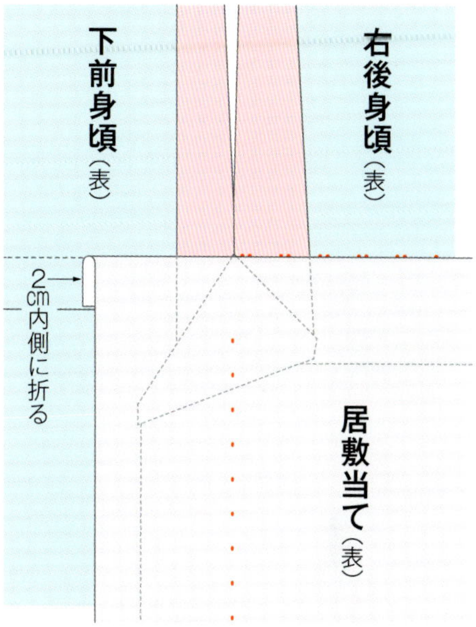
下前身頃（表）
右後身頃（表）
2cm内側に折る
居敷当て（表）

こんな状態になっています。

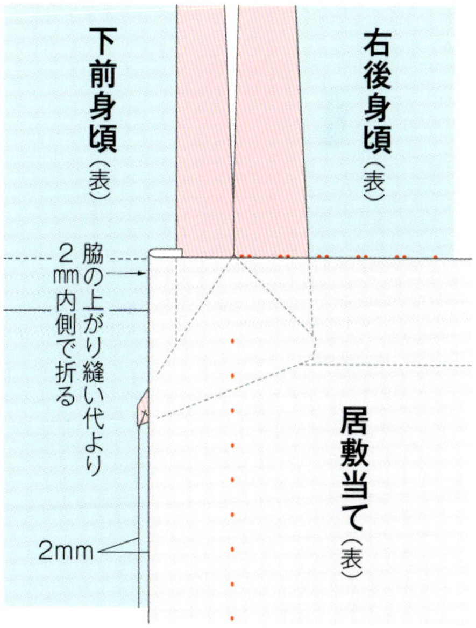
下前身頃（表）
右後身頃（表）
脇の上がり縫い代より2mm内側で折る
2mm
居敷当て（表）

まず、三つ折りにした脇の縫い代の端から2ミリのところに居敷当ての縫い代がくるように内側に裾まで折り返します。

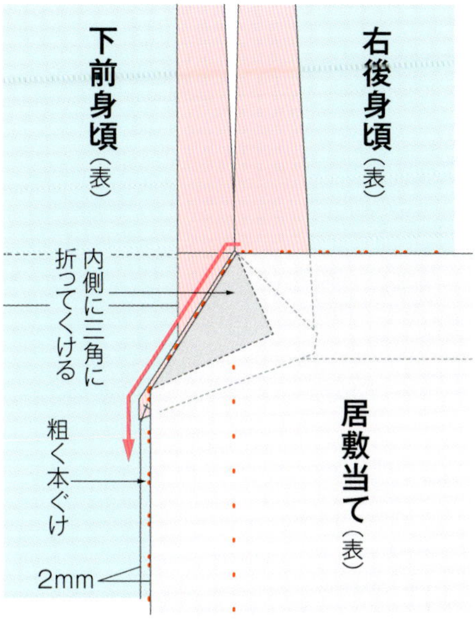
下前身頃（表）
右後身頃（表）
内側に三角に折ってくける
粗く本ぐけ
2mm
居敷当て（表）

角は三角にして内側に折り返し粗めに本ぐけして裾まで縫います。そのあとに三つ折りにしたきものの脇の縫い代を身頃にくけます。反対側も同様に。

⑥裾の背中心のところで、千鳥がけをして居敷き当てときものをつけます。

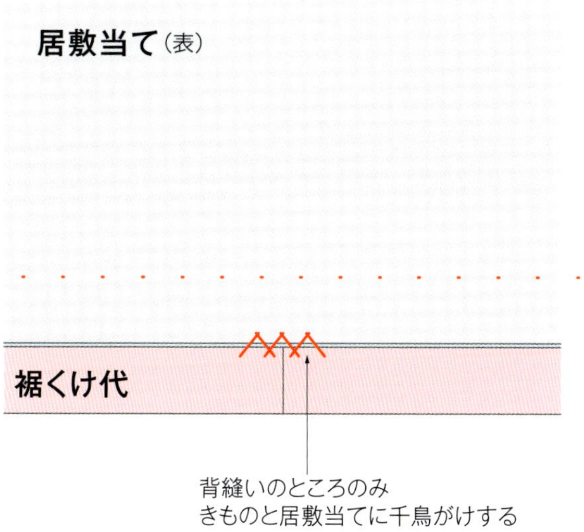
居敷当て（表）
裾くけ代
背縫いのところのみ
きものと居敷当てに千鳥がけする

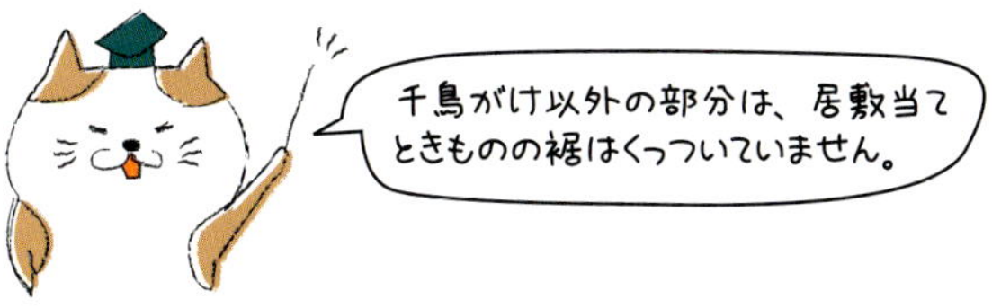
千鳥がけ以外の部分は、居敷当てときものの裾はくっついていません。

男性のゆかたを縫う（単衣のきもの）

ゆかたと単衣のきものの仕立て方の違いは、背伏せ布をつけるか、縫い代を耳ぐけで始末するか、折り伏せぐけで始末するかになります。ゆかたとして仕立てる場合は、女性のゆかたページを、単衣のきものとして仕立てる場合は、単衣きものページを参照してください。

＊準備するもの

◇反物

◇三つ衿芯／11cm×25cm

◇力布2枚／各5cm×5cm

※きものと共布

※きものの場合はさらに裏衿、背伏せ布を準備します。（→P66参照）

女性の単衣きものやゆかたが縫えたあとなら、比較的楽につくれますよ。

縫う順番と縫い方図

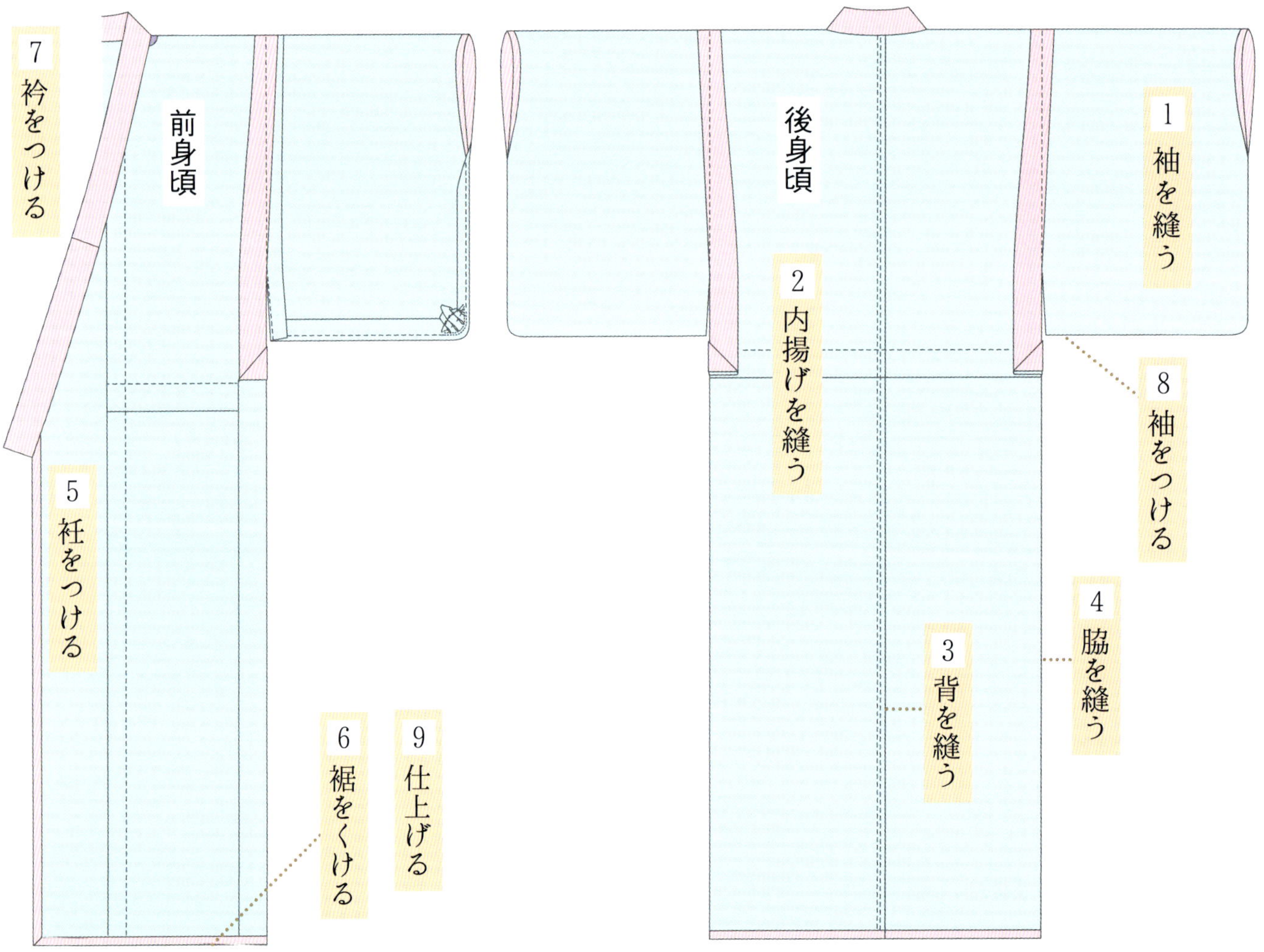

前身頃
後身頃
1 袖を縫う
2 内揚げを縫う
3 背を縫う
4 脇を縫う
5 衽をつける
6 裾をくける
7 衿をつける
8 袖をつける
9 仕上げる

積もる

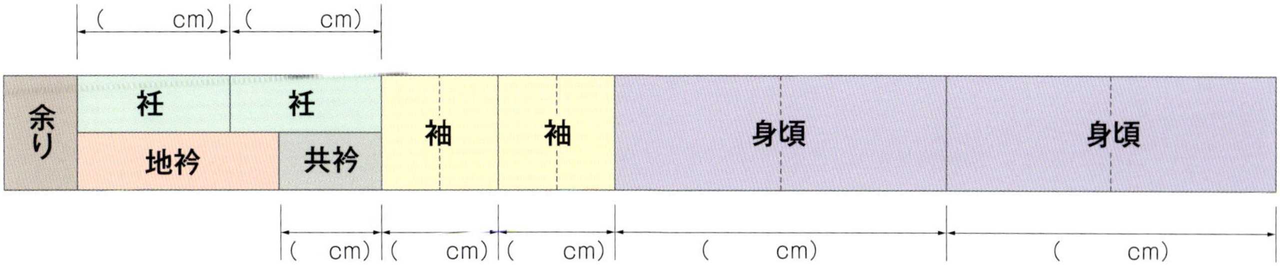
(　　cm)
(　　cm)
余り
衽
衽
地衿
共衿
袖
袖
身頃
身頃
(　　cm)
(　　cm)
(　　cm)
(　　cm)
(　　cm)

袖　〈 袖丈（49cm） ＋ 袖下の縫い代（6cm） 〉× 2 ＝ 裁ち切り袖丈（110cm）
※左右２枚とる（220cm）

身頃　〈 上がり着丈（144.5cm） ＋ 上下縫い代 6cm ＋ 内揚げ 8cm 〉× 2 ＝ 裁ち切り着丈（317cm）
※左右２枚とる（634cm）

衽　上がり着丈（144.5cm） ＝ 裁ち切り衽丈（144.5cm）
※各左右１枚ずつ（289cm）

男性はおはしょりがないので身丈ではなく着丈になります。また、衽は必ず裁ち切り衽丈×２のところで印糸をつけます。切ってしまうと柄合わせが出来ません。

共衿　共衿丈 49cm × 2 ＝ 裁ち切り共衿丈（98cm）
※１枚

部位	標準体型の参考寸法(※)	寸法の出し方	自己寸法欄
身丈(背)	144.5cm	身長 ×0.85	
衿下	68cm	身丈 ÷ 2 − 4cm(1 寸)※帯位置が低いので衿下寸法が短くなる。	
裄	72cm	採寸した寸法ですが、ほとんどは布幅いっぱいに仕立てる。	

※身長 170cm で計算しています。

●以下は採寸に関係なく標準寸法を基本に考えます。

部位	標準寸法
合褄幅	14cm(3 寸 7 分)
前幅	24.5cm(6 寸 5 分)
後幅	30cm(8 寸)
袖丈	49cm(1 尺 3 寸)
袖付	39.5cm(1 尺 5 分)
袖口	28.5cm(7 寸 5 分)

部位	標準寸法
袖幅	36cm(9 寸 5 分)
人形	9.5cm(2 寸 5 分)
肩幅	34cm(9 寸)
衽下がり	肩山より 19ｃｍ(約 5 寸)
衿幅	5.5cm(1 寸 5 分)
衿肩あき	10cm(2 寸 6 分)
衽幅	15cm(4 寸)

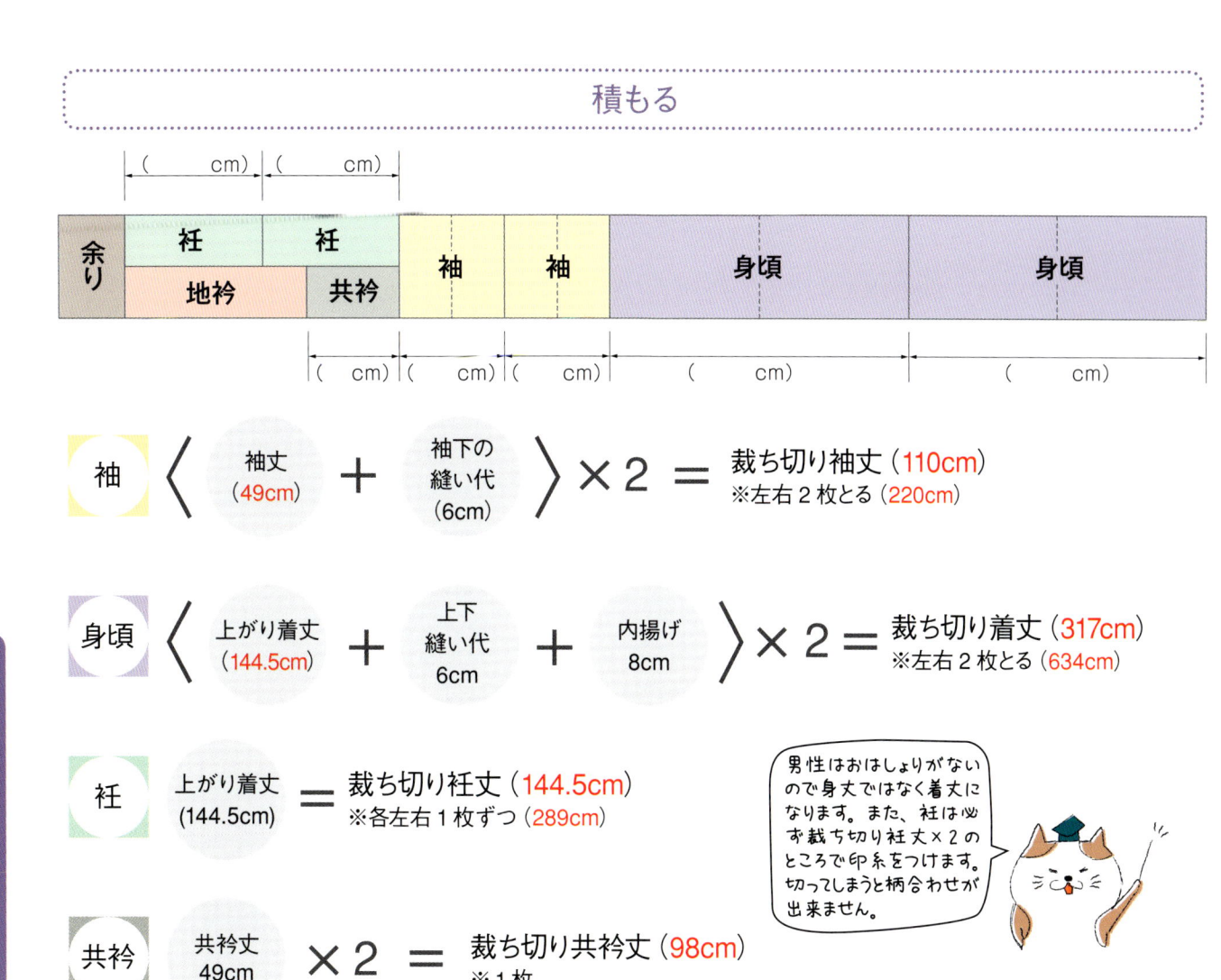

印をつける

＊基本的な印のつけ方は、女性単衣きもの、女性ゆかたと同様です。

後身頃

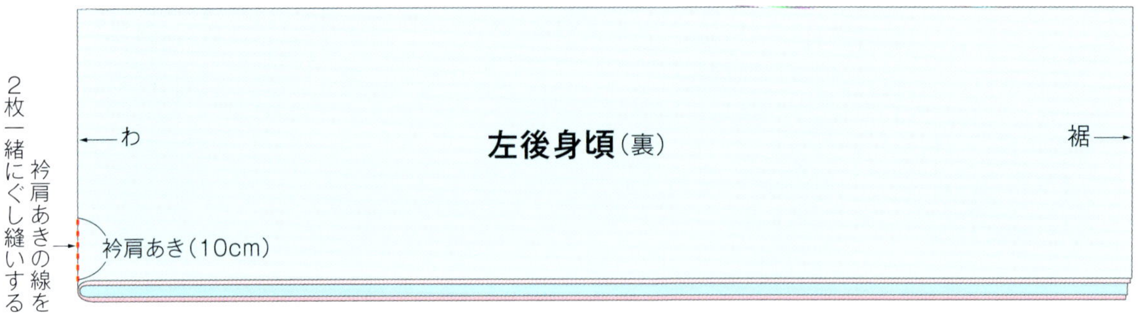

左後身頃（裏）
わ
裾
衿肩あき（10cm）
衿肩あきの線を2枚一緒にぐし縫いする

❶左右身頃を中表に合わせ2つ折りにします。布は4枚重なった状態になります。
❷折り山の位置に衿肩あき10センチをとります。2枚一緒に印代わりにぐしぬいをしておきます。

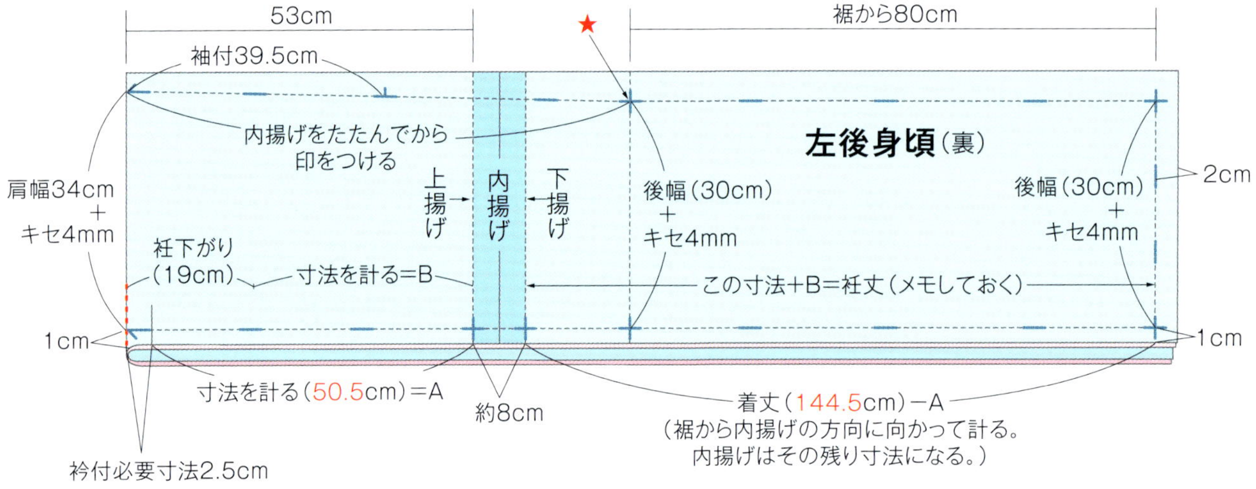

53cm
★
裾から80cm
袖付39.5cm
内揚げをたたんでから
印をつける
左後身頃（裏）
肩幅34cm
＋
キセ4mm
上揚げ
内揚げ
下揚げ
後幅（30cm）
＋
キセ4mm
後幅（30cm）
＋
キセ4mm
2cm
衽下がり
（19cm）
寸法を計る＝B
この寸法＋B＝衽丈（メモしておく）
1cm
1cm
寸法を計る（50.5cm）＝A
約8cm
着丈（144.5cm）－A
（裾から内揚げの方向に向かって計る。
内揚げはその残り寸法になる。）
衿付必要寸法2.5cm

❶肩山から53センチのところで上内揚げの寸法をとります。
❷脇線は、裾から80センチのところまではまっすぐに印をつけて下内揚げをとります。
❸衽下がり19センチをとり、衽丈の寸法を出してメモしておきます。
❹★の位置から肩山までは斜めにまっすぐに印をつけます。
❺ほか、イラストのとおりに印をつけます。

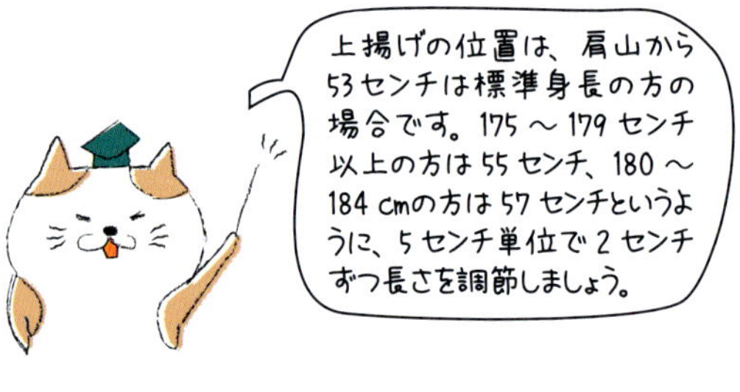

上揚げの位置は、肩山から53センチは標準身長の方の場合です。175～179センチ以上の方は55センチ、180～184cmの方は57センチというように、5センチ単位で2センチずつ長さを調節しましょう。

前身頃

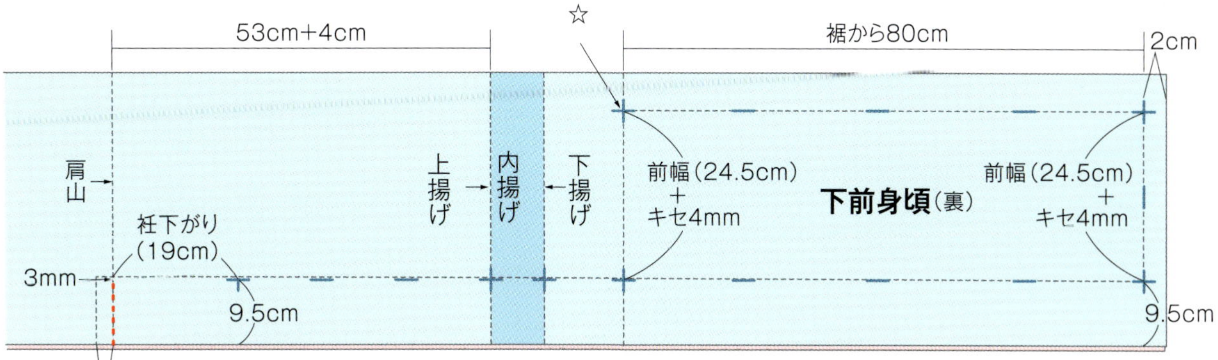
☆
53cm+4cm
裾から80cm
2cm
肩山
上揚げ
内揚げ
下揚げ
前幅（24.5cm）＋キセ4mm
下前身頃（裏）
前幅（24.5cm）＋キセ4mm
衽下がり（19cm）
3mm
9.5cm
9.5cm
1cm

❶まず衿肩あきまわりを図のように印をつけて衽下がりまでの横の印をつけます。
❷内揚げの位置は、後ろ身頃よりも４cm下にずれます。
❸ほか、イラストのとおりに印をつけます。

内揚げの位置が前と後ろでずれるのは、男性は帯を下腹から背中にかけて後ろ上がりに結ぶからです。

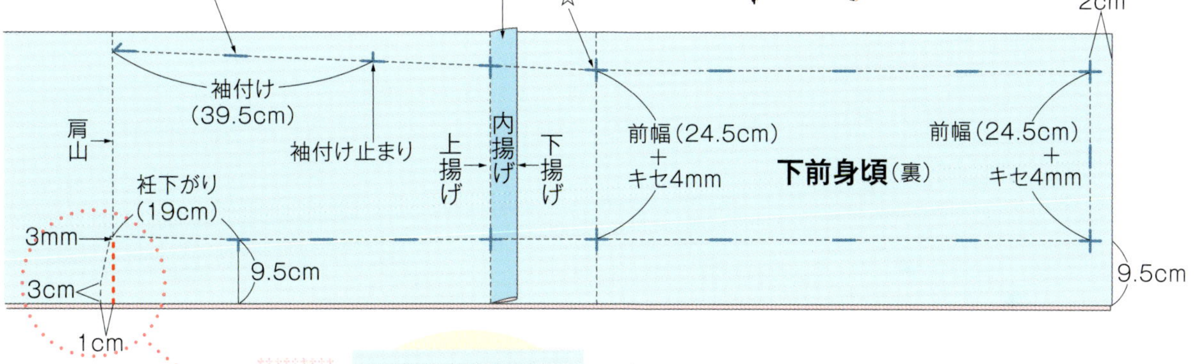
内揚げを折りたたんでから肩山から☆までの斜めの印をつける
内揚げをたたむ
☆
2cm
袖付け（39.5cm）
袖付け止まり
肩山
上揚げ
内揚げ
下揚げ
前幅（24.5cm）＋キセ4mm
下前身頃（裏）
前幅（24.5cm）＋キセ4mm
衽下がり（19cm）
3mm
3cm
9.5cm
9.5cm
1cm

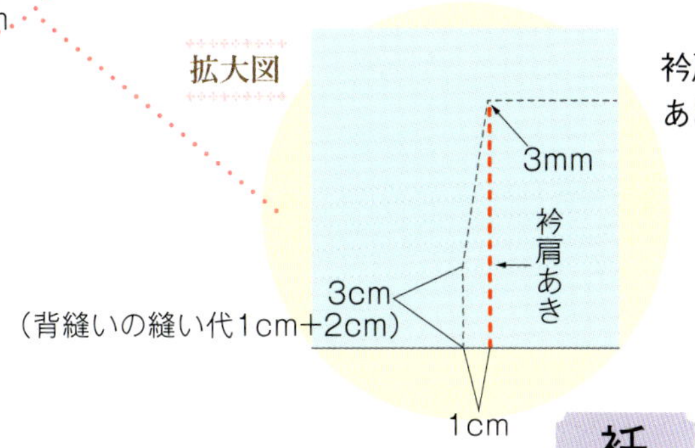
拡大図
3mm
衿肩あき
3cm（背縫いの縫い代1cm+2cm）
1cm

衿肩まわりの印は、背中心から３センチはまっすぐに、あとは衿肩先に向かって斜めに引きます。

衽

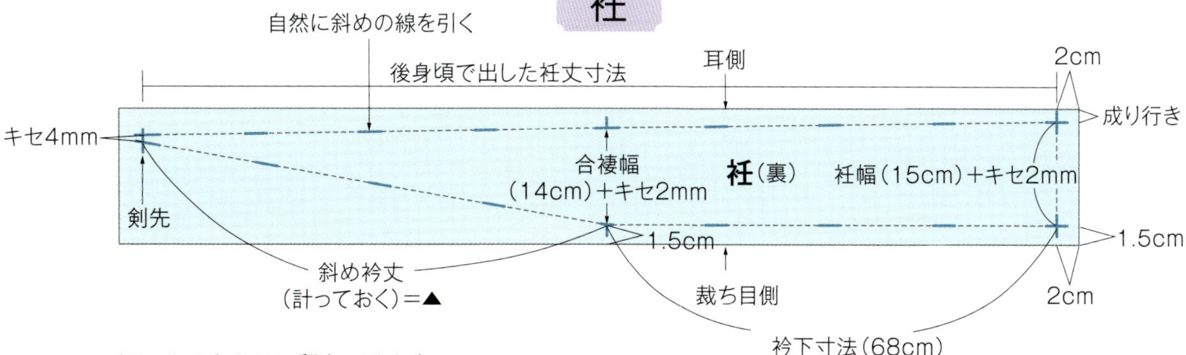
自然に斜めの線を引く
後身頃で出した衽丈寸法
耳側
2cm
成り行き
キセ4mm
剣先
合褄幅（14cm）＋キセ2mm
衽（裏）
衽幅（15cm）＋キセ2mm
1.5cm
1.5cm
斜め衿丈（計っておく）＝▲
裁ち目側
2cm
衿下寸法（68cm）＋キセ8mm

イラストのとおりに印をつけます。

衿

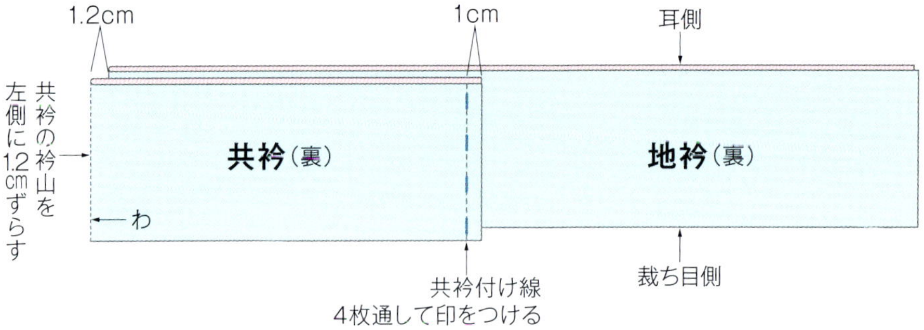

1.2cm
1cm
耳側
共衿の衿山を左側に1.2cmずらす
共衿（裏）
地衿（裏）
わ
共衿付け線
4枚通して印をつける
裁ち目側

❶地衿と共衿を中表に２つ折りにし、耳端同士を向こうに、裁ち目側を手前に置き、衿山を左にして重ねます。
❷共衿の衿山のみ左に1.2センチずらします。
❸衿山と反対側、共衿の裁ち端から１センチのところが共衿付け位置になります。４枚通して印付けします。

きものの衿の印付けは
女性の単衣きものをご参
照ください。衽下がりの
寸法以外は同じです。

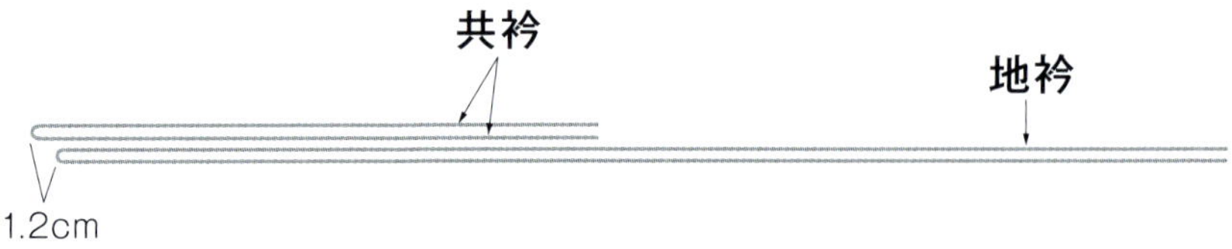

共衿
地衿
1.2cm

イラストのとおりに印をつけます。

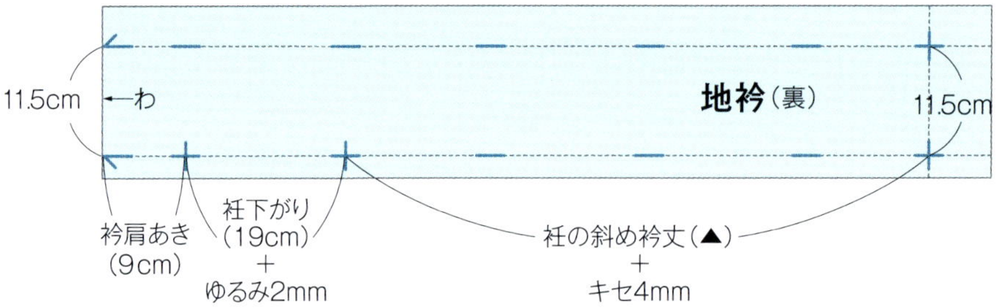

11.5cm
わ
地衿（裏）
11.5cm
衿肩あき（9cm）
衽下がり（19cm）＋ゆるみ2mm
衽の斜め衿丈（▲）＋キセ4mm

1 袖下を縫う

1 袖を縫う

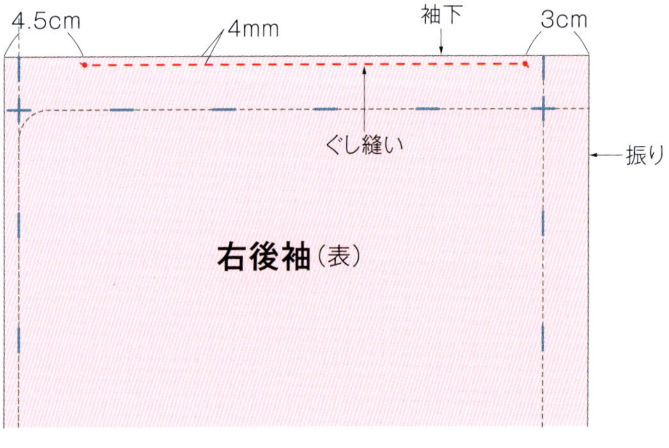

4.5cm
4mm
袖下
3cm
ぐし縫い
振り
右後袖（表）

袖の生地を外側が表になるように２つ折りにし、袖下の裁ち目をそろえて待ち針を打ち、袖の振り側３センチと袖口側の4.5センチを残し、裁ち目から４ミリ入ったところをぐし縫いします。

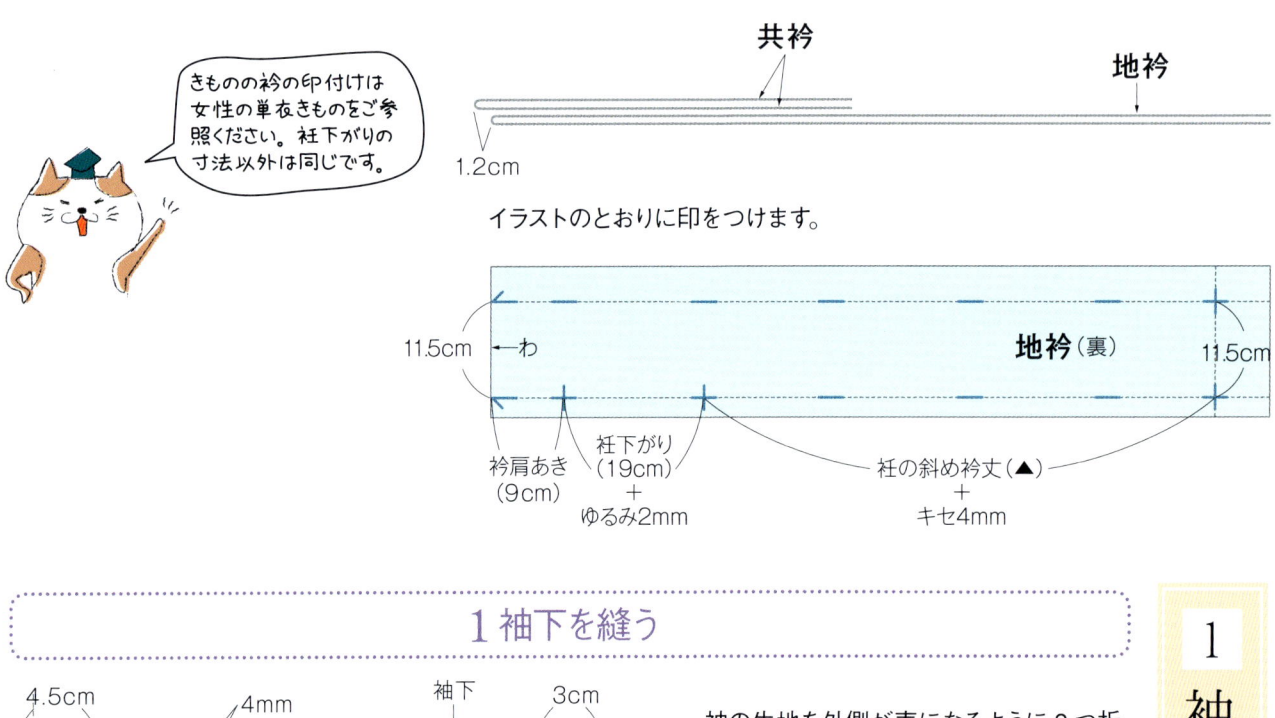

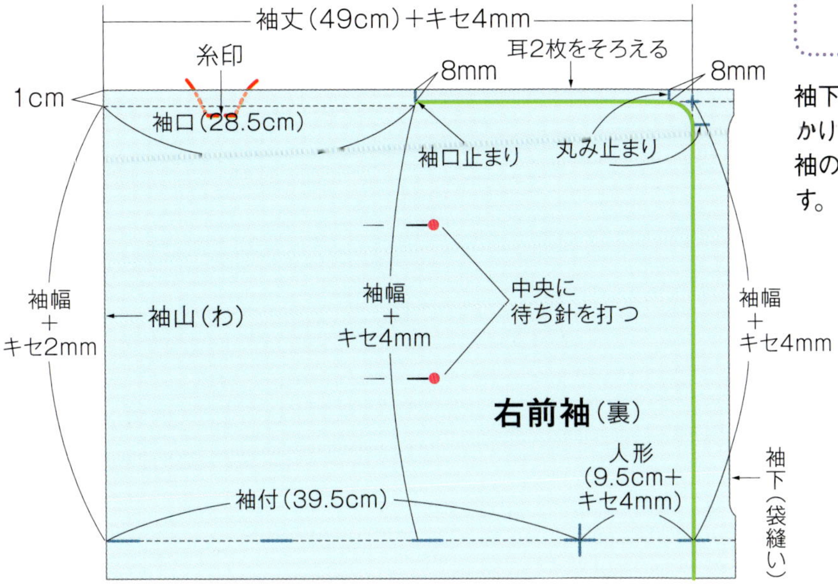

袖丈（49cm）＋キセ4mm
耳2枚をそろえる
糸印
8mm
8mm
1cm
袖口（28.5cm）
袖口止まり
丸み止まり
中央に
待ち針を打つ
袖幅
＋
キセ2mm
袖山（わ）
袖幅
＋
キセ4mm
袖幅
＋
キセ4mm
右前袖（裏）
人形
（9.5cm＋
キセ4mm）
袖付（39.5cm）
袖下（袋縫い）

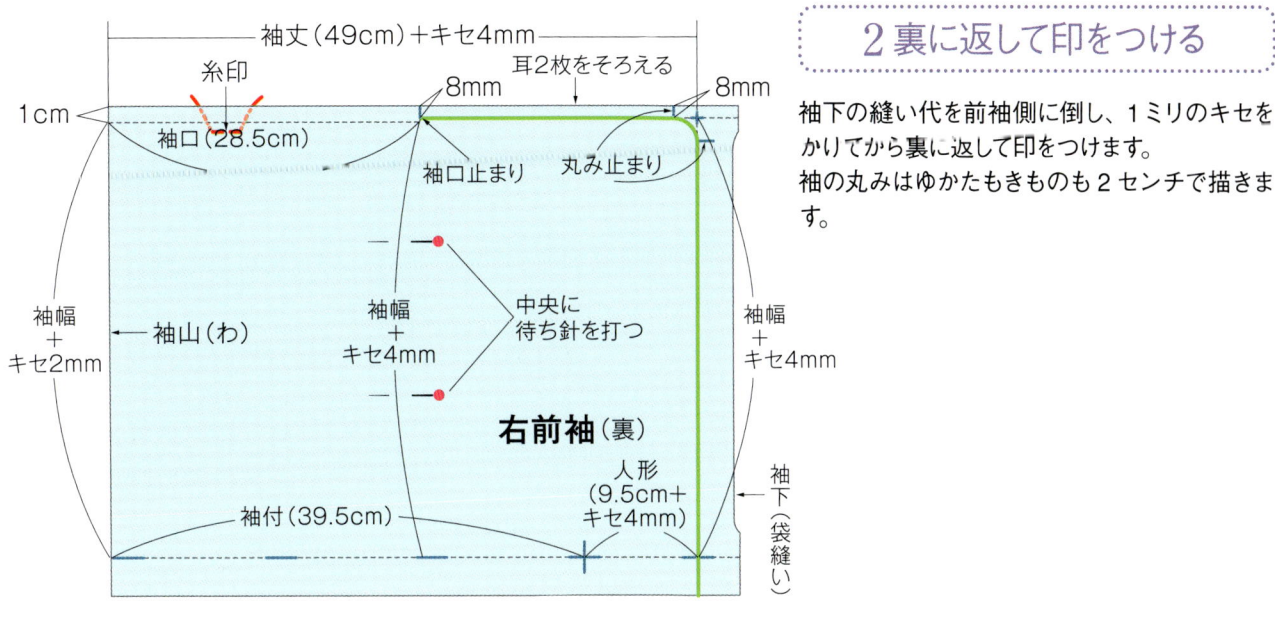

2 裏に返して印をつける

袖下の縫い代を前袖側に倒し、1ミリのキセをかけてから裏に返して印をつけます。
袖の丸みはゆかたもきものも2センチで描きます。

3 人形、袖下、袖口を縫う

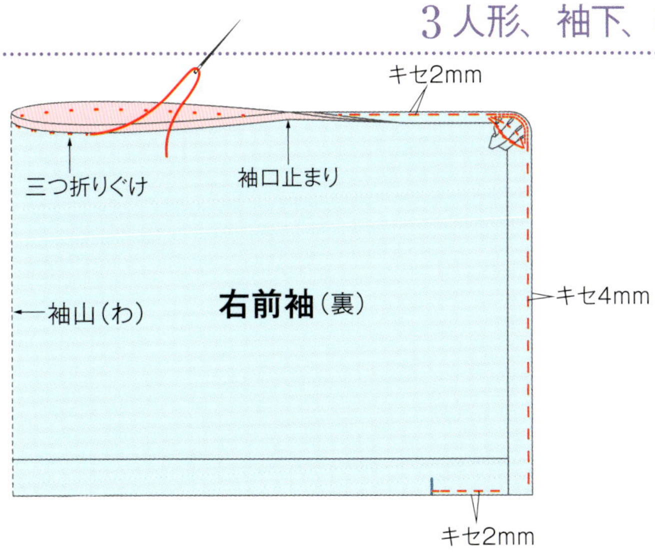

キセ2mm
三つ折りぐけ
袖口止まり
袖山（わ）
右前袖（裏）
キセ4mm
キセ2mm

❷人形のところは2ミリ、袖下は4ミリ、袖口側も2ミリのキセをかけてから、袖口を三つ折りぐけします。

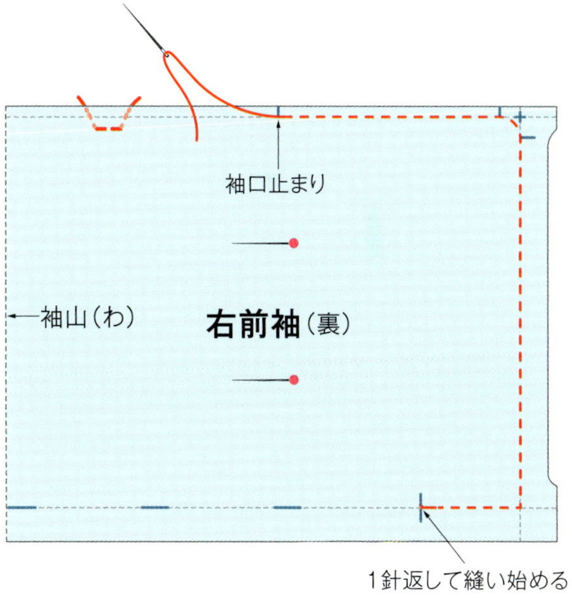

袖口止まり
袖山（わ）
右前袖（裏）
1針返して縫い始める

❶人形から1針返して縫い始め、袖の丸みのところは小針で縫います。袖口止まりですくい止めをします。

袖下の丸みのつくり方は
単衣きもの（→P70）と
同様です。

2 内揚げを縫う
ゆかた・きものともに→P72

3 背を縫う
ゆかた→P104
きもの→P74

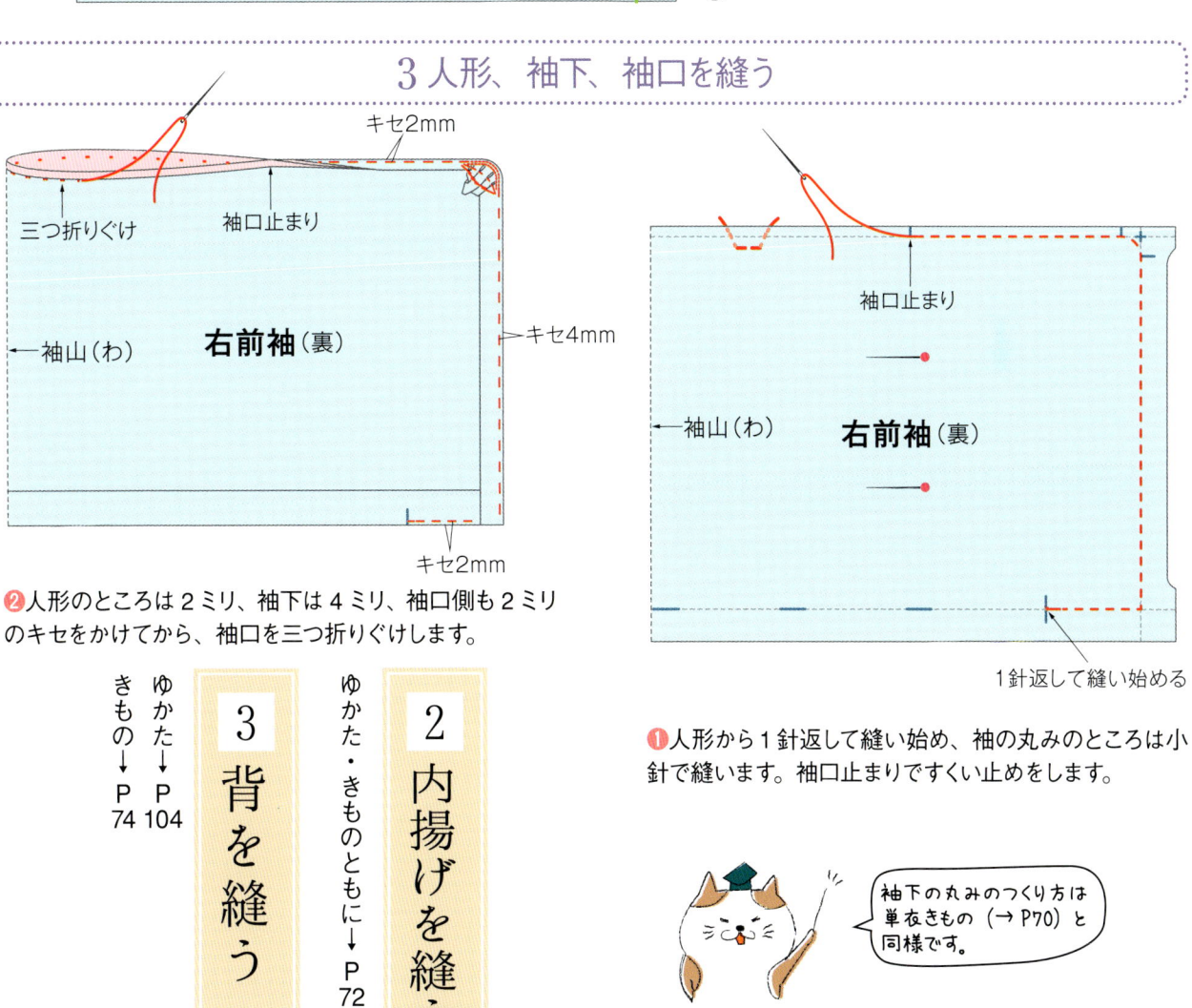

4 脇を縫う

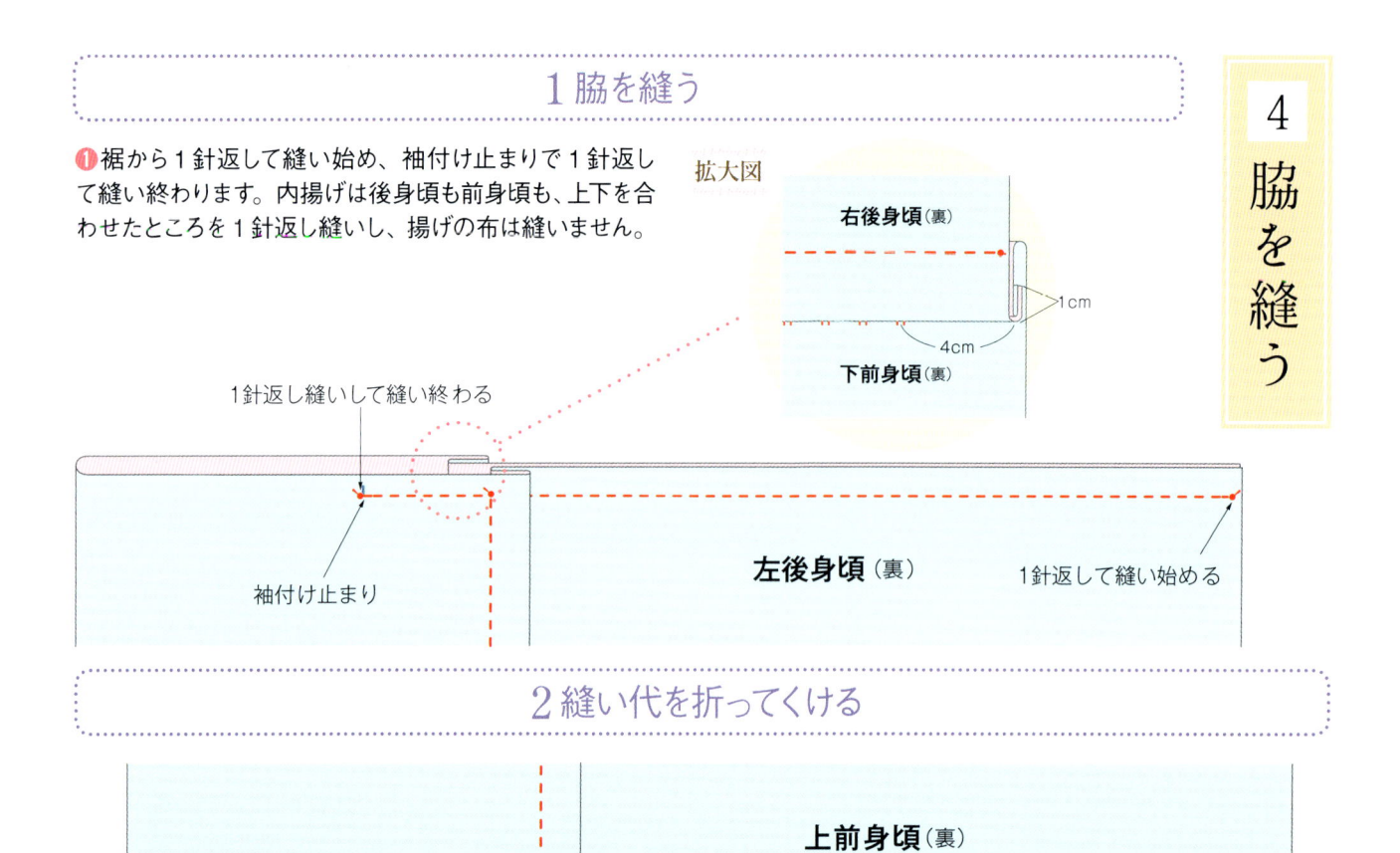

1 脇を縫う

❶裾から１針返して縫い始め、袖付け止まりで１針返して縫い終わります。内揚げは後身頃も前身頃も、上下を合わせたところを１針返し縫いし、揚げの布は縫いません。

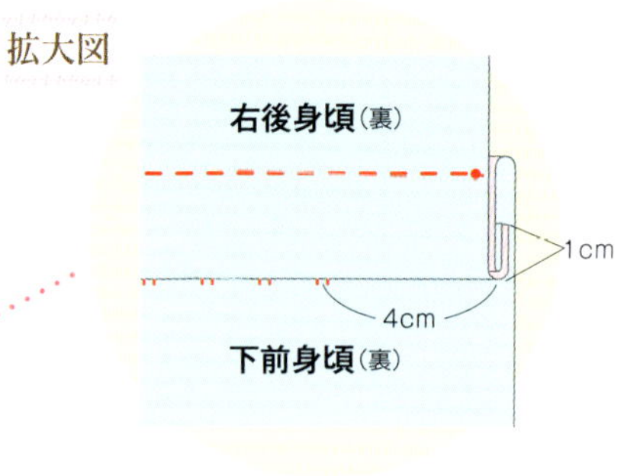

拡大図
右後身頃（裏）
1cm
4cm
下前身頃（裏）

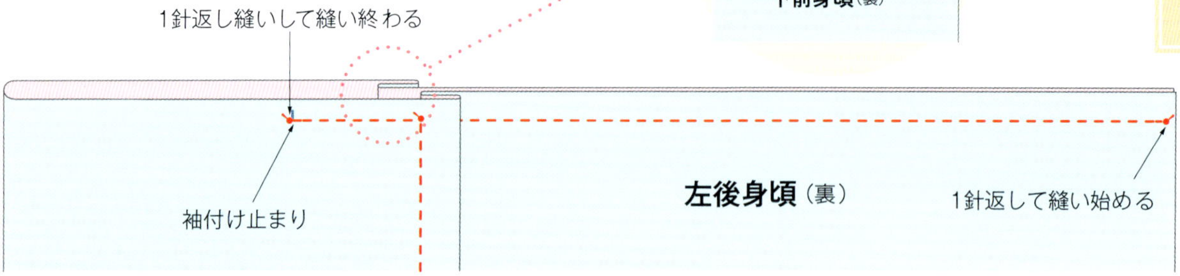

1針返し縫いして縫い終わる
袖付け止まり
左後身頃（裏）
1針返して縫い始める

2 縫い代を折ってくける

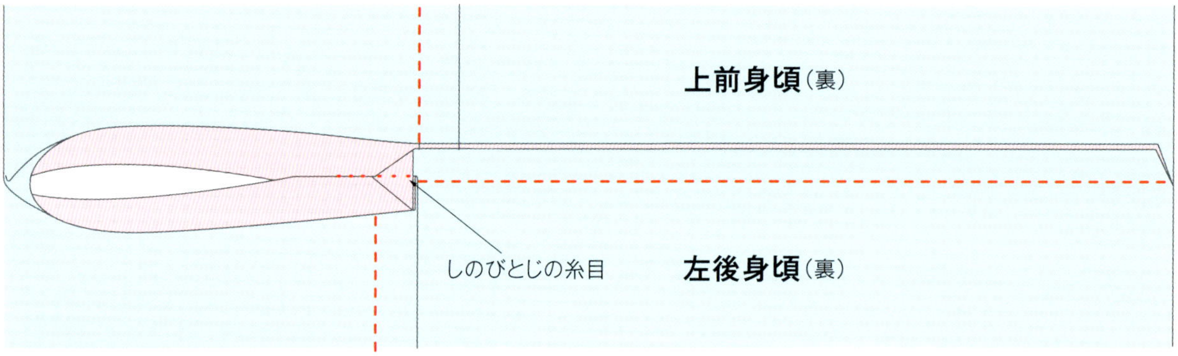

上前身頃（裏）
しのびとじの糸目
左後身頃（裏）

❶前身頃側に縫い代を倒し２ミリのキセをかけてから、内揚げのところの縫い代をイラストのように三角に折って袖の縫い代を折ります。

❷袖付けから下、三角のところまで、前身頃の縫い目から１ミリの位置でしのびとじしておきます。（→ P.77）

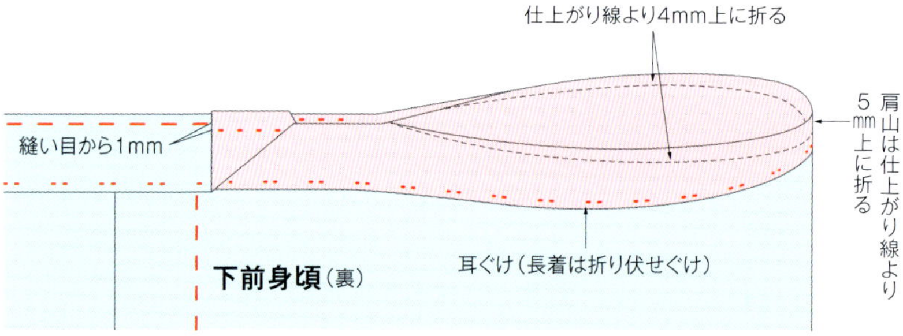

仕上がり線より4mm上に折る
縫い目から1mm
肩山は仕上がり線より5mm上に折る
下前身頃（裏）
耳ぐけ（長着は折り伏せぐけ）

❸裾から縫い代を耳ぐけ (長着は折り伏せぐけ) します。袖付けも続けてぐるりとくけます。

5 衽をつける

ゆかた・きものともに→P78

6 裾をくける

ゆかた・きものともに→P82

7 衿をつける

ゆかた→P106 きもの→P83

8 袖をつける

1 身頃と袖を袖付止まりで留める

❶身頃も袖も表にして、身頃の上に袖をのせて、袖付線を合わせます。

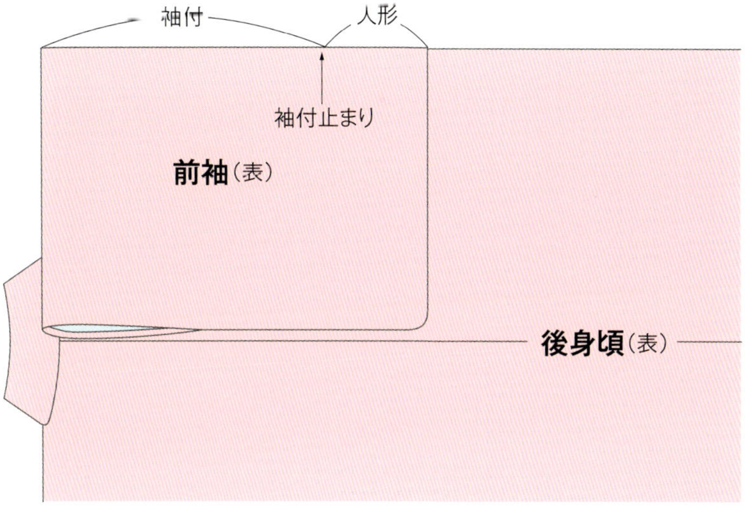
袖付
人形
袖付止まり
前袖（表）
後身頃（表）

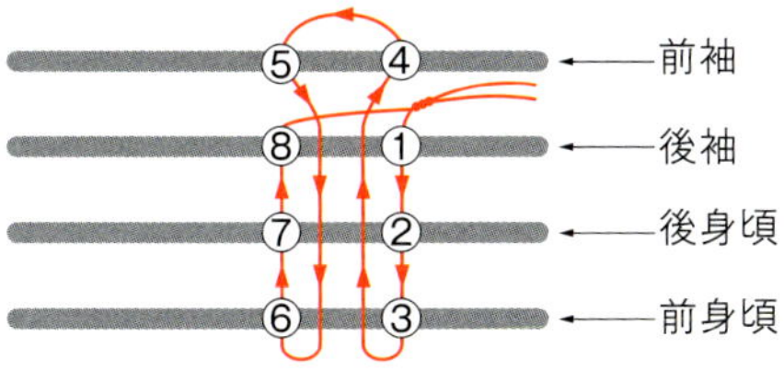
前袖
後袖
後身頃
前身頃
①②③④⑤⑥⑦⑧

❷袖付止まりのところをイラストの順で糸をとおして、３回しっかり玉結びします。

③から④は、前身頃から直接前袖に糸を通します。⑤から⑥は、前袖から直接前身頃に糸を通します。

2 袖を身頃の中に入れてから袖をつける

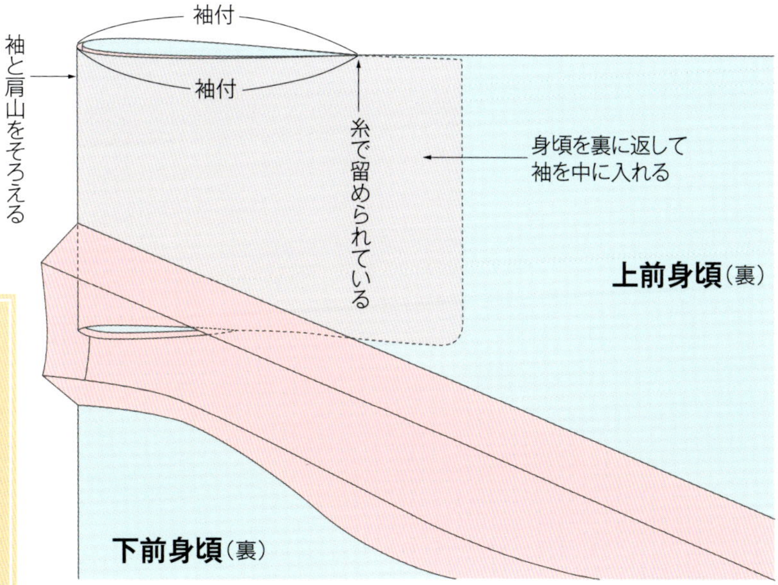
袖付
袖付
袖と肩山をそろえる
糸で留められている
身頃を裏に返して袖を中に入れる
上前身頃（裏）
下前身頃（裏）

袖付止まりの位置が糸で留まったまま身頃を裏に返して、袖を中に入れます。

あとは、女性の単衣きものと同様に袖付けをして仕上げます。

9 仕上げる

ゆかた・きものとともに↓P95

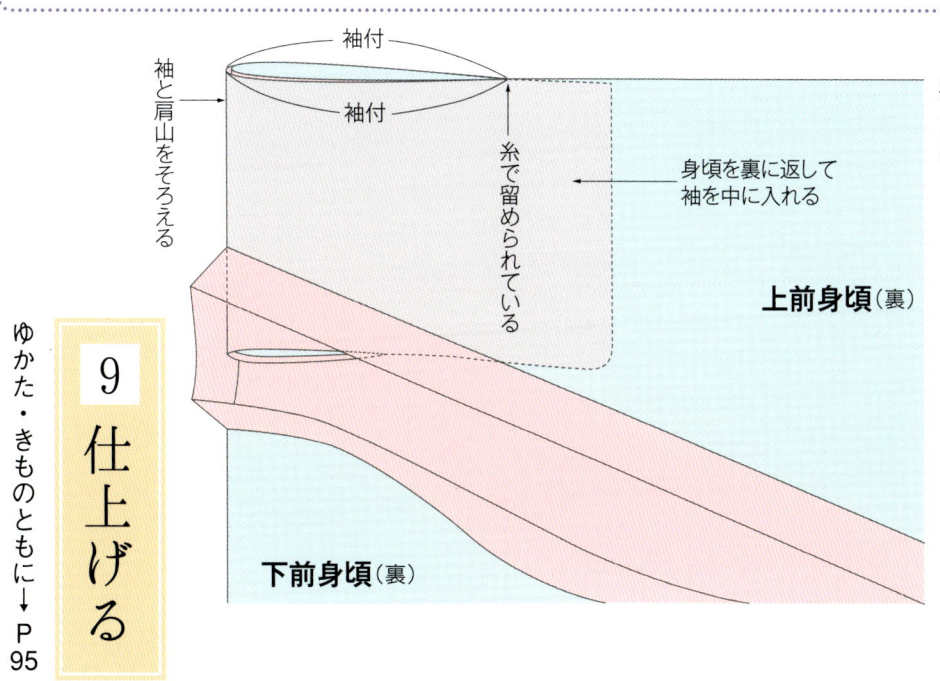

長羽織を縫う

運針ができるようになって、きものの仕組みがわかってくると、いろいろなものが縫えるようになってきます。羽織は、脇縫いの代わりにマチがつき、衽をつけずに裾までの長い衿をつけます。P6では夏の薄物でご紹介していますが、透けない単衣の布でも、ほとんど同じようにつくることができます。

✽準備するもの

◇反物　並幅（38cm）×約10m（裾の折り返し幅で、ある程度は調節可）

◇背伏せ布／3cm幅ぐらい×後ろ衿の下から裾の折り返しくけ位置の2センチ下までの長さ

※市販のものがあります。きものと共布でつくってもOKです。

◇羽織の衿芯／5.5cm×衿丈

※市販のものがあります。

女性の羽織の名称

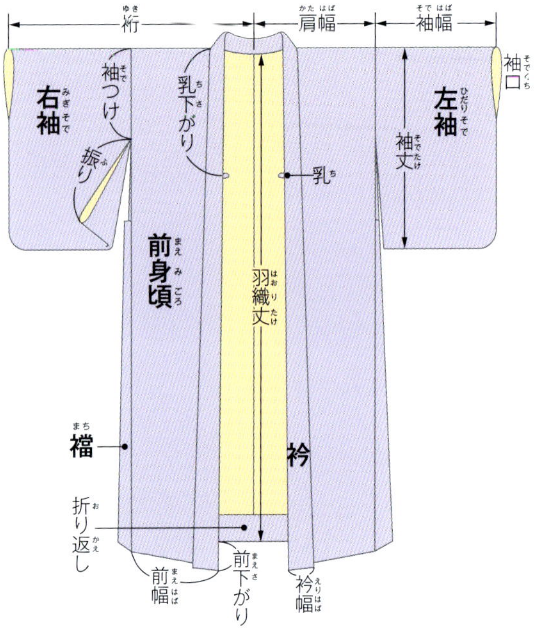

裄《ゆき》
肩幅《かたはば》
袖幅《そではば》
袖口《そでぐち》
袖《そで》つけ
右袖《みぎそで》
乳《ち》下《さ》がり
左袖《ひだりそで》
袖丈《そでたけ》
振《ふ》り
乳《ち》
前《まえ》身《み》頃《ごろ》
羽《は》織《お》丈《りたけ》
襠《まち》
衿
折《お》り返《かえ》し
前幅《まえはば》
前下《まえさ》がり
衿幅《えりはば》

縫う順番と縫い方図

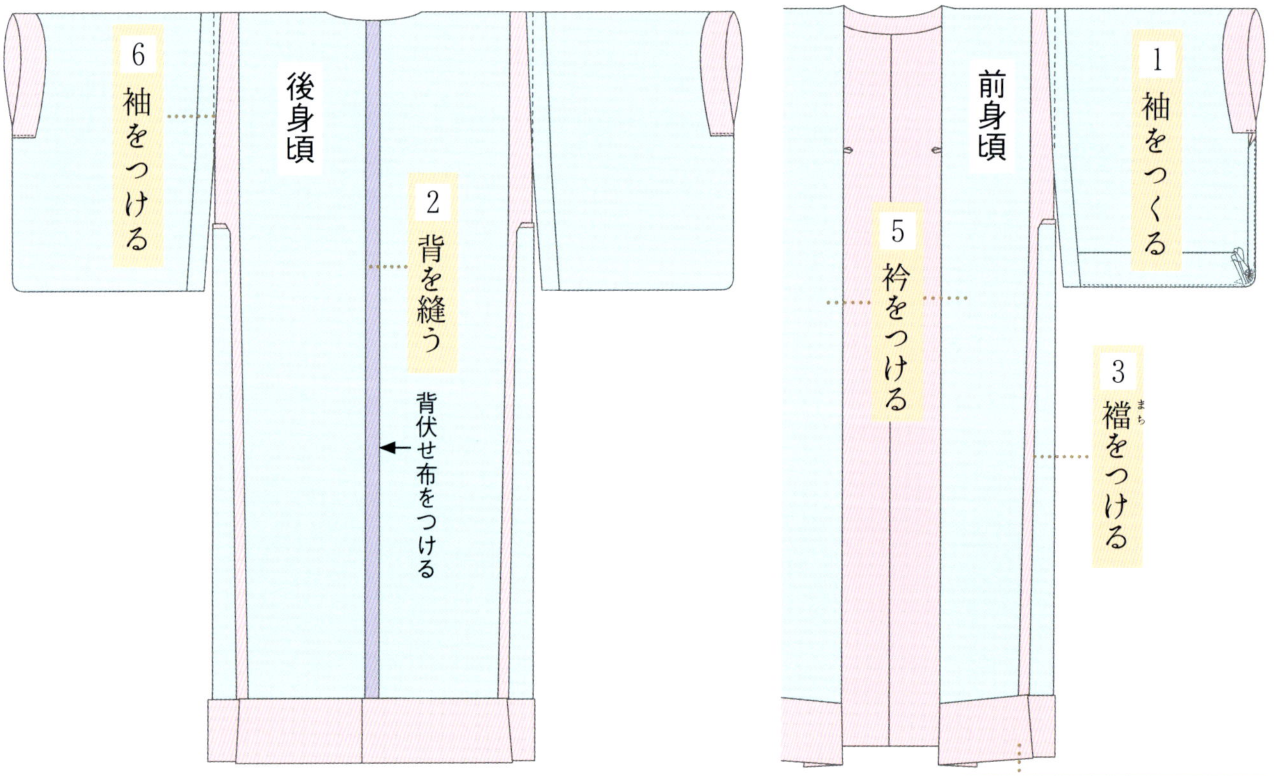

6 袖をつける
後身頃
2 背を縫う
背伏せ布をつける
前身頃
1 袖をつくる
5 衿をつける
3 襠《まち》をつける
4 裾を三つ折りにする

積もる

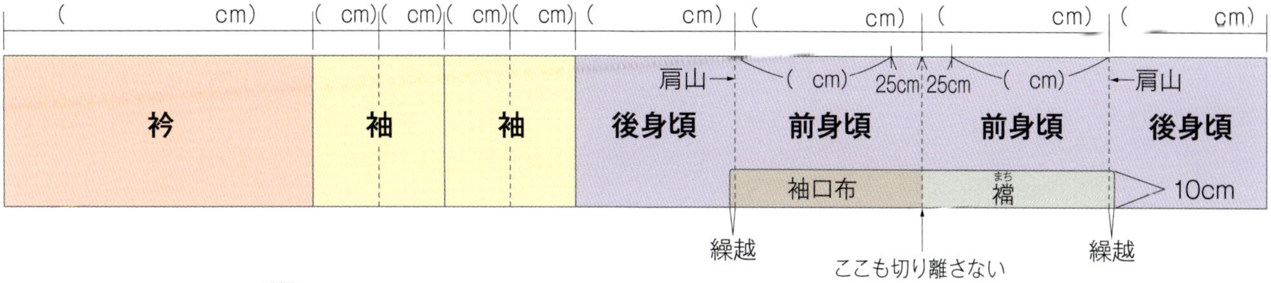
（　cm）
（　cm）（　cm）（　cm）（　cm）
（　cm）
（　cm）
（　cm）
（　cm）
衿
袖
袖
肩山
（　cm）
25cm 25cm
（　cm）
肩山
後身頃
前身頃
前身頃
後身頃
袖口布
襠《まち》
10cm
繰越
ここも切り離さない
繰越

裁ち切り袖口布丈　〈 袖口寸法（23cm） ＋ 4 〉× 2 ＝ 54cm ※左右２枚とる（108cm）

裁ち切り袖丈　〈 上がり袖丈 47cm ＋ 袖下縫い代 6cm 〉× 2 ＝ 106cm ※左右２枚とる（212cm）

裁ち切り後身丈　上がり羽織丈（100cm） ＋ 裾の折り返し（約 20cm） ＋ 繰越（5cm） ＋ 縫い代（2cm） ＝ 127cm ※左右２枚とる（254cm）

裁ち切り前身丈　裁ち切り後身丈（127cm） ＋ まち丈の補い布（25cm） ＝ 152cm ※左右２枚とる（304cm）

裁ち切り衿丈　〈 上がり羽織丈（100cm） ＋ 25cm 〉× 2 ＝ 250cm

ちょこっと覚え得

羽織の素材と丈

素材
基本的に上に着用するものは格上のものがよいので、染め物（やわらかい素材）にします。ただし、おしゃれ着として着る場合は、染めでも織りでもどちらの素材でも大丈夫です。

丈
近年は長めが人気です。目安をご紹介します。

7分丈
【きものの着丈×０.７】
膝の中心かその上あたりに裾がきます。

8分丈
【きものの着丈×０.８】
羽織の裾からきものが20～25センチぐらい見えるイメージです。

9分丈
【きものの着丈×０.９】
羽織の裾からきものが少しだけ見えるイメージです。

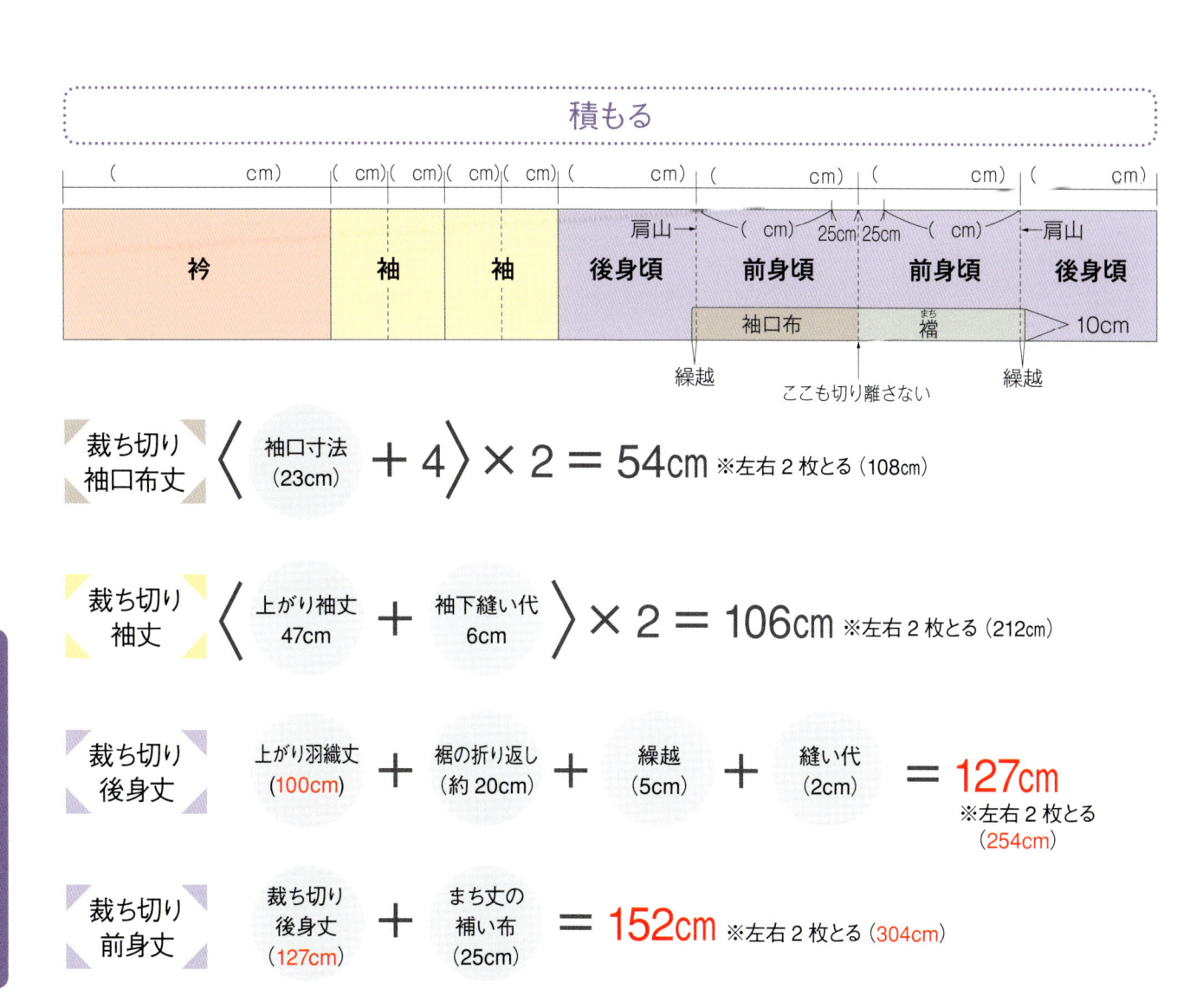

印をつける

＊基本的な印のつけ方は、女性単衣きもの、女性ゆかたと同様です。

後身頃

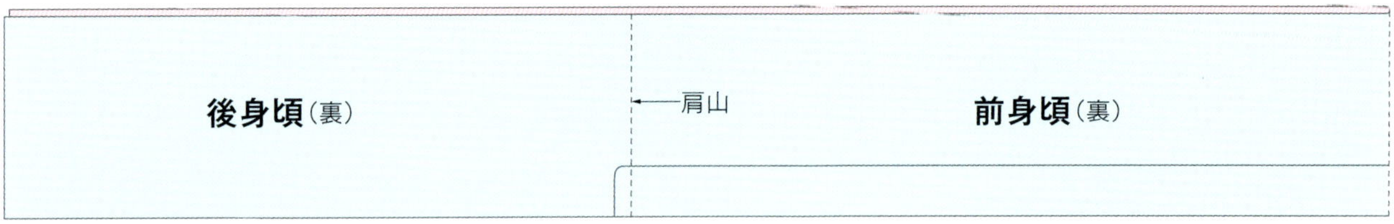

後身頃（裏）
肩山
前身頃（裏）

❶前身頃の裾線で布を中表に2つ折りにします。

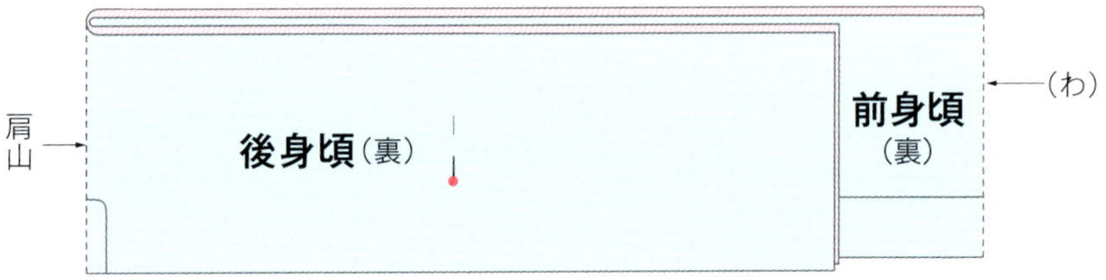

肩山
後身頃（裏）
前身頃（裏）
（わ）

後身頃（裏）
肩山
前身頃（裏）

❷肩山の線から折り返して、後身頃2枚を上に置き、真ん中に待ち針を打ちます。

羽織はきものと違い、タテの印、前後幅の印を4枚一緒につけます。

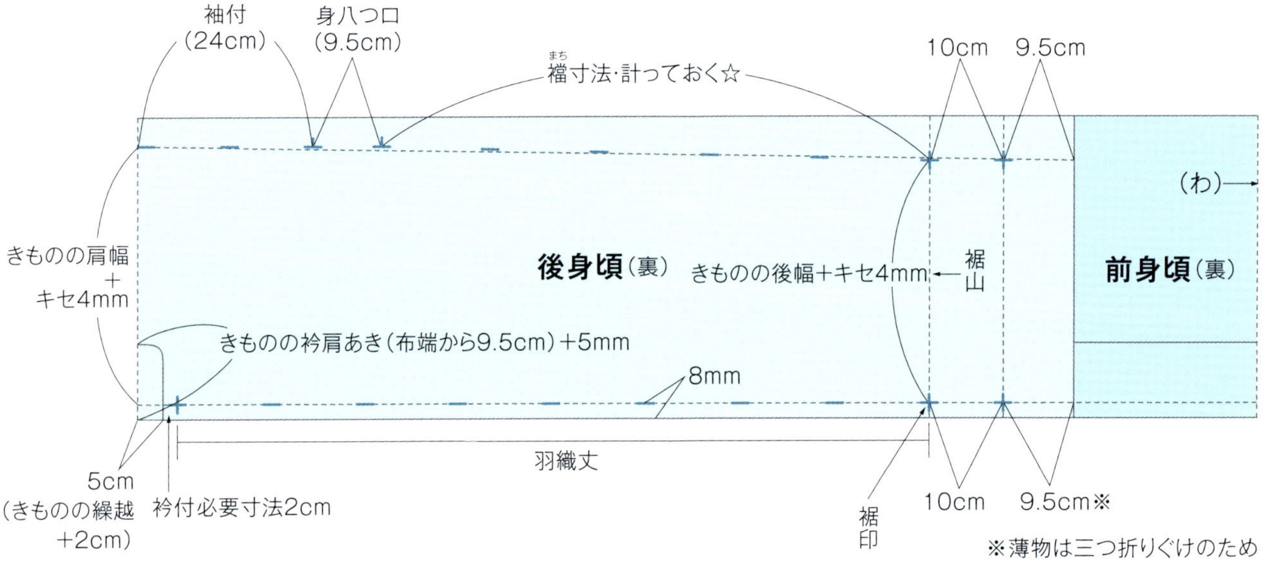

袖付（24cm）
身八つ口（9.5cm）
襠《まち》寸法・計っておく☆
10cm
9.5cm
（わ）
きものの肩幅＋キセ4mm
後身頃（裏）
きものの後幅＋キセ4mm
裾山
前身頃（裏）
きものの衿肩あき（布端から9.5cm）＋5mm
8mm
羽織丈
5cm（きものの繰越＋2cm）
衿付必要寸法2cm
裾印
10cm
9.5cm※

※薄物は三つ折りぐけのため折り返しがほぼ同寸になる。透けない布ならば2cmに。

❸袖付、身八つ口、裾など、タテの印、後幅の印を前身頃まで通して印をつけます。
❹襠《まち》寸法は計っておきます。

前身頃

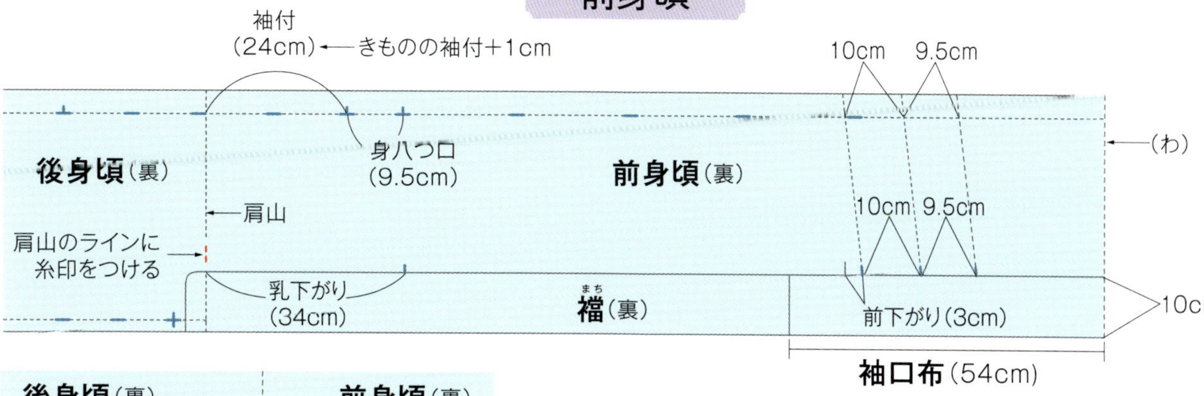

袖付
(24cm)←きものの袖付+1cm
10cm 9.5cm
後身頃(裏)
身八つ口
(9.5cm)
前身頃(裏)
←(わ)
←肩山
10cm 9.5cm
肩山のラインに
糸印をつける
乳下がり
(34cm)
襠《まち》(裏)
前下がり(3cm)
10cm
袖口布(54cm)

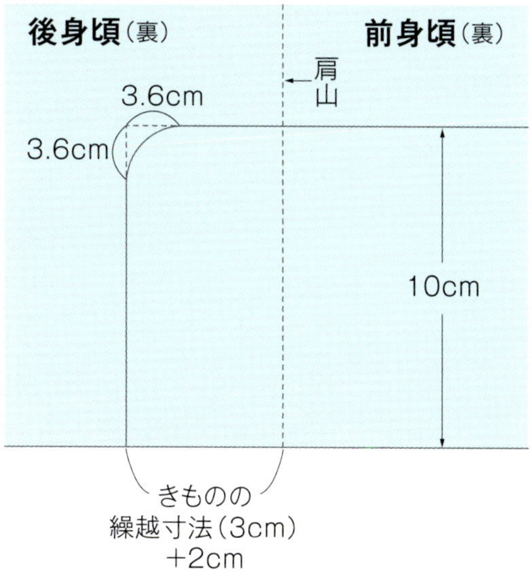

後身頃(裏)
前身頃(裏)
肩山
3.6cm
3.6cm
10cm
きものの
繰越寸法(3cm)
+2cm

❶後身頃を左側に移動させて、イラストのとおり、前身頃の印をつけます。
❷裾の三つ折りの折り返し部分は、前下がり3センチをとって斜めに印をつけておきます。
❸袖口布、衿肩あきの印をイラストのとおりにつけます。

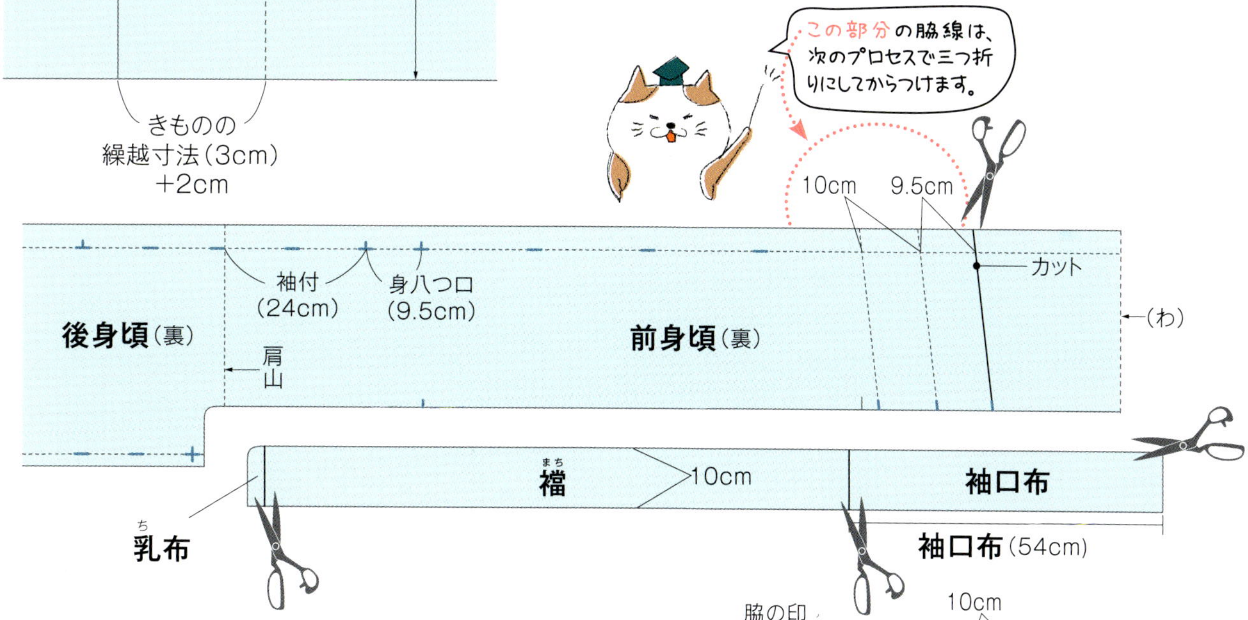

この部分の脇線は、
次のプロセスで三つ折
りにしてからつけます。
10cm 9.5cm
カット
袖付
(24cm)
身八つ口
(9.5cm)
後身頃(裏)
前身頃(裏)
(わ)
肩山
襠《まち》
10cm
袖口布
乳《ち》布
袖口布(54cm)

❹前身頃の裾線、袖口布、襠《まち》、乳《ち》布をカットします。
❺さらに前身頃の裾を、イラストのように三つ折りにして、脇の印をつけます。

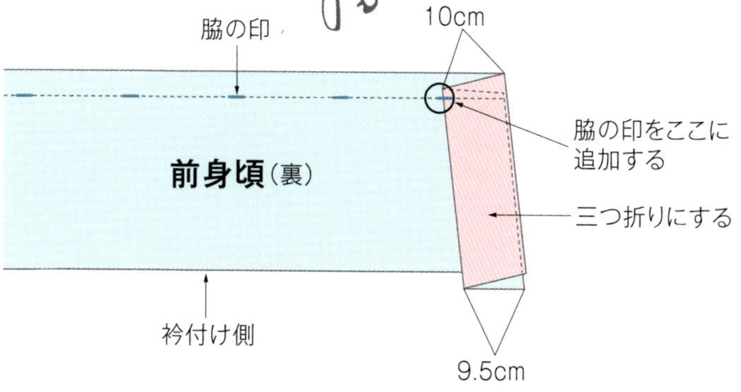

脇の印
10cm
前身頃(裏)
脇の印をここに
追加する
三つ折りにする
衿付け側
9.5cm

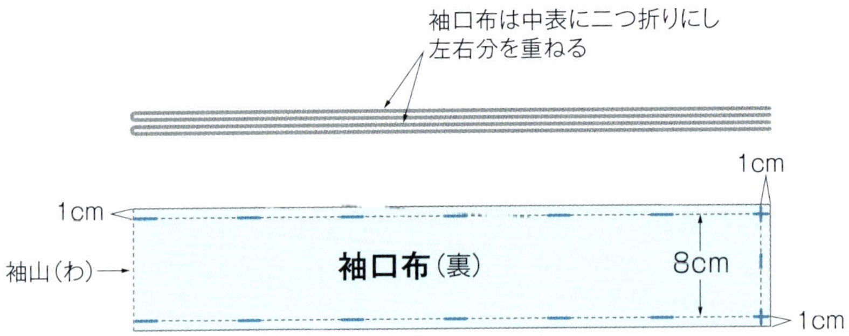

袖口布は中表に二つ折りにし
左右分を重ねる
1cm
1cm
袖山(わ)
袖口布(裏)
8cm
1cm

袖口布

イラストのように中表に二つ折りにして左右2枚を重ねて印をつけます。

襠《まち》

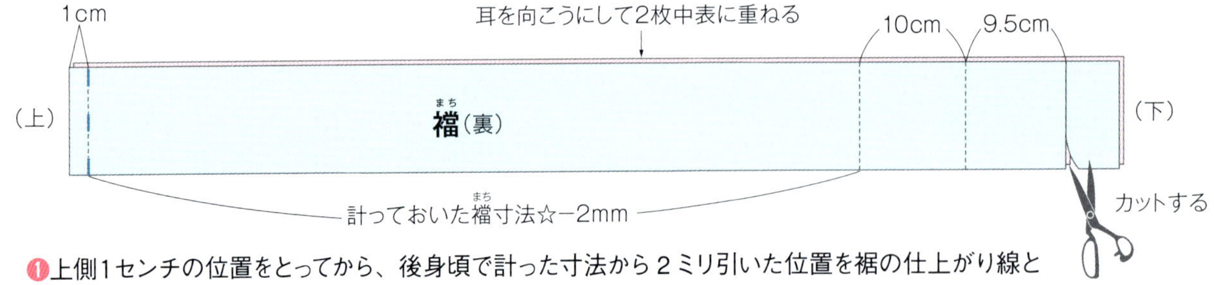

1cm
耳を向こうにして2枚中表に重ねる
10cm
9.5cm
(上)
襠《まち》(裏)
(下)
計っておいた襠《まち》寸法☆−2mm
カットする

❶上側1センチの位置をとってから、後身頃で計った寸法から2ミリ引いた位置を裾の仕上がり線としてとります。

❷次に三つ折りぐけの縫い代、10センチ、9.5センチをとって、残りはカットします。

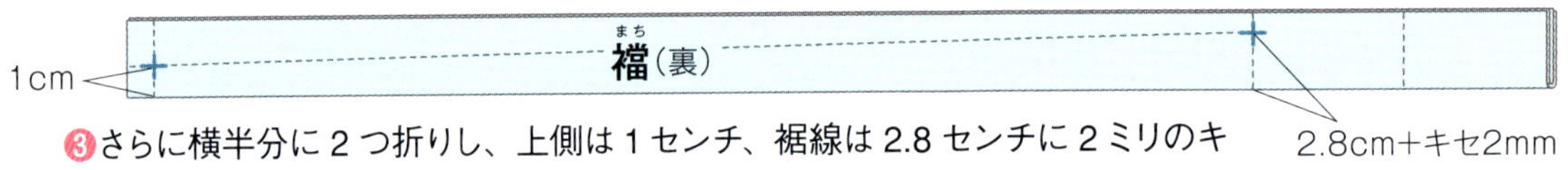

襠《まち》(裏)
1cm
2.8cm+キセ2mm

❸さらに横半分に2つ折りし、上側は1センチ、裾線は2.8センチに2ミリのキセをとった位置をとります。

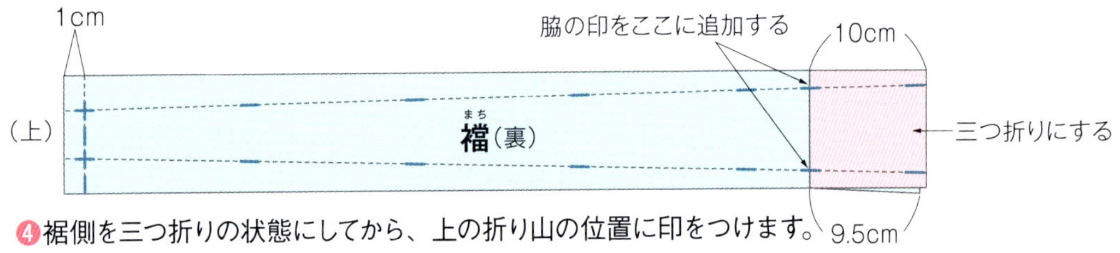

1cm
脇の印をここに追加する
10cm
(上)
襠《まち》(裏)
三つ折りにする
9.5cm

❹裾側を三つ折りの状態にしてから、上の折り山の位置に印をつけます。

1 袖下を袋縫いする

1 袖を縫う

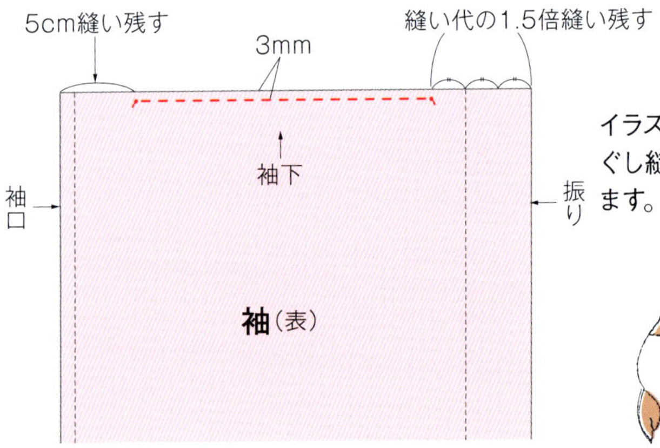

5cm縫い残す
3mm
縫い代の1.5倍縫い残す
袖下
袖口
振り
袖(表)

イラストのように裁ち端から3ミリのところをぐし縫いし、1ミリのキセをかけて、裏に返します。

手順は単衣きものや
ゆかたと同じです。

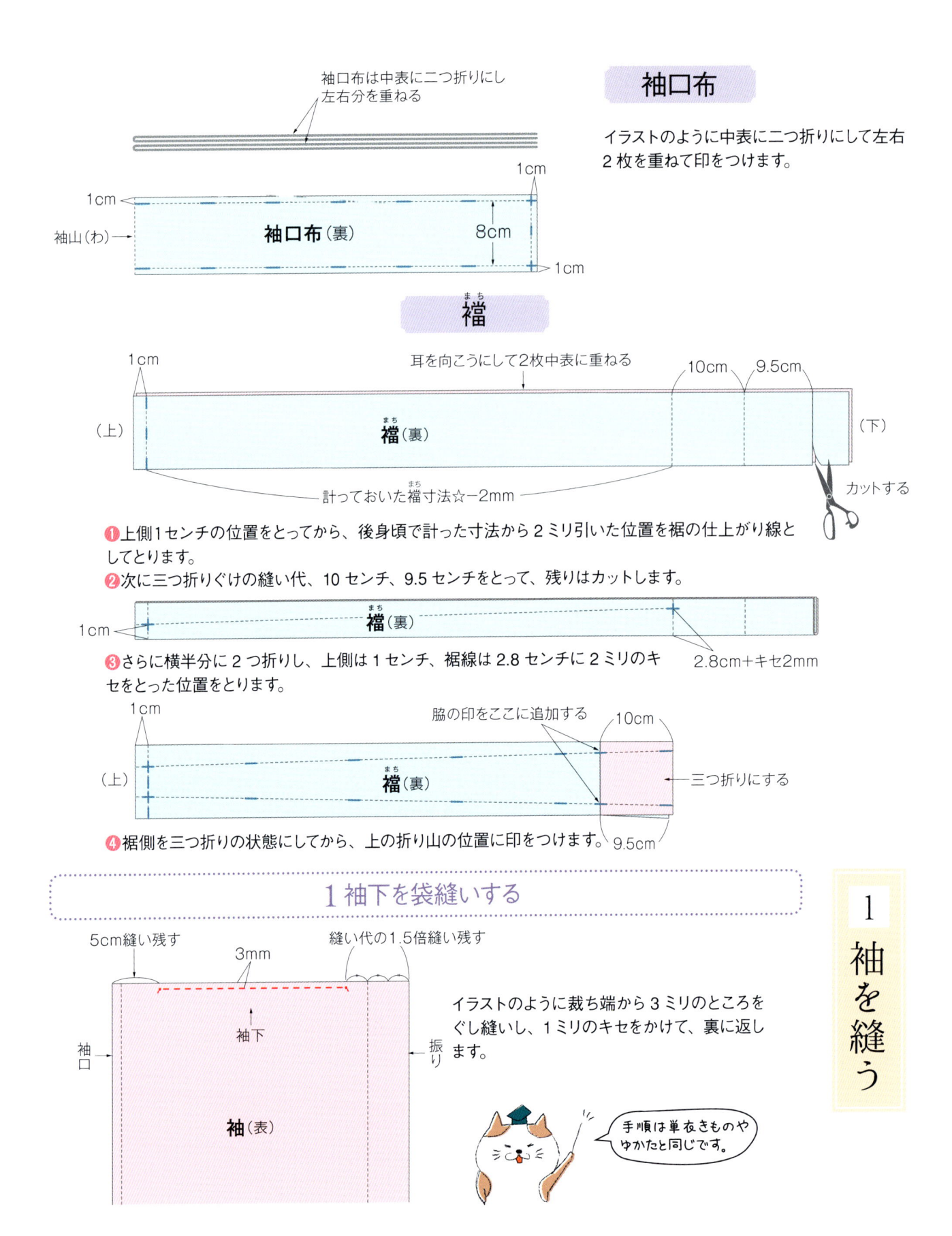

2 印をつける

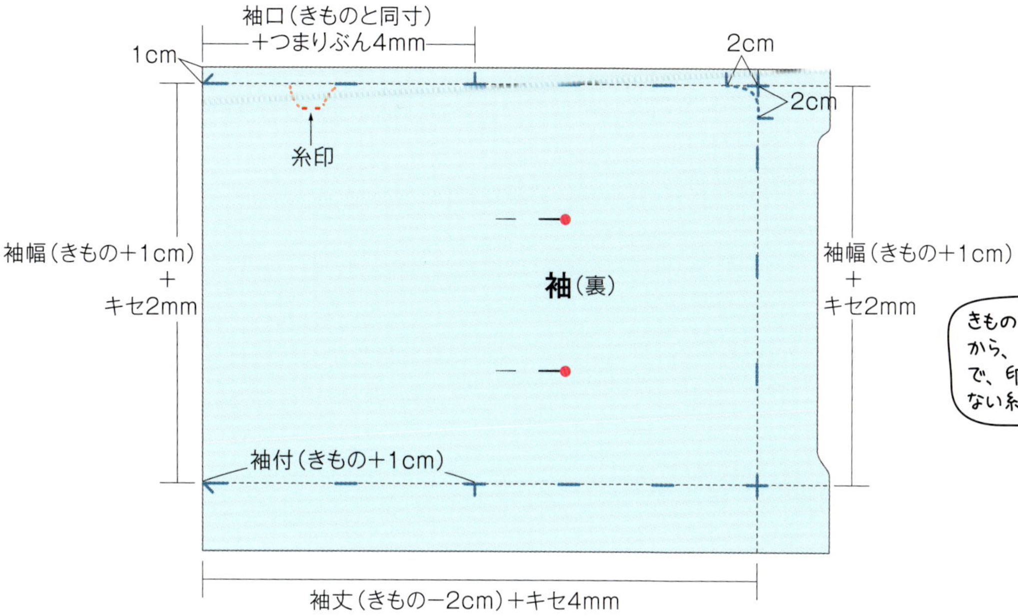
袖口（きものと同寸）
＋つまりぶん4mm
1cm
2cm
2cm
糸印
袖幅（きもの＋1cm）
＋
キセ2mm
袖（裏）
袖幅（きもの＋1cm）
＋
キセ2mm
袖付（きもの＋1cm）
袖丈（きものー2cm）＋キセ4mm

きものと違い、袖口布をつけてから、袖下から袖口を縫うので、印は時間がたっても消えない糸印がおすすめです。

3 袖口布をつける

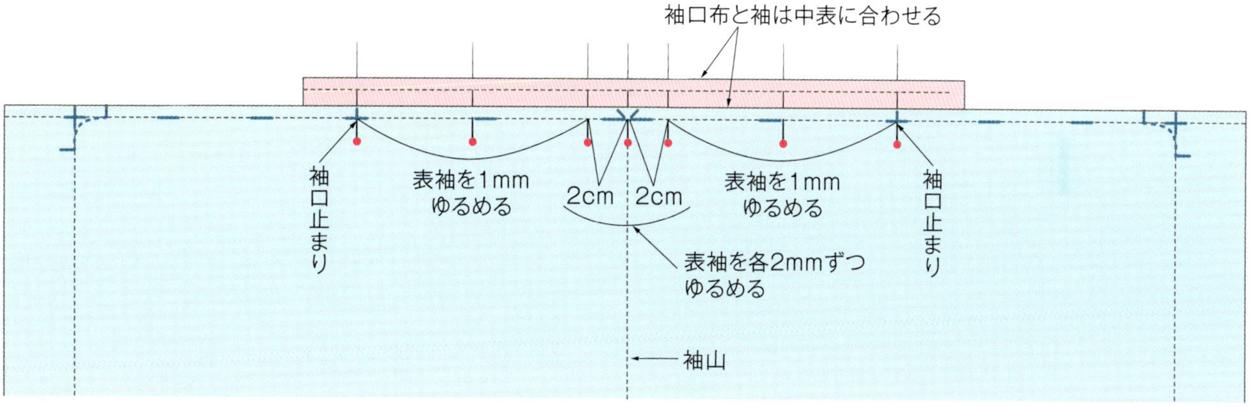
袖口布と袖は中表に合わせる
袖口止まり
表袖を1mm
ゆるめる
2cm
2cm
表袖を1mm
ゆるめる
袖口止まり
表袖を各2mmずつ
ゆるめる
袖山

❶袖を広げ、袖口布を中表にして、袖山、袖口止まりを合わせ、イラストのように待ち針を打ちます。

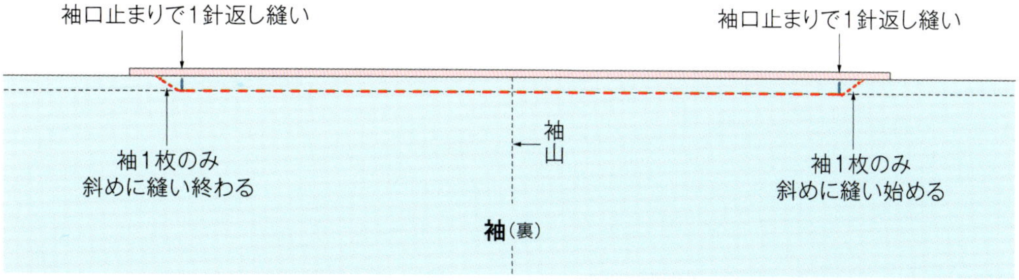
袖口止まりで1針返し縫い
袖口止まりで1針返し縫い
袖1枚のみ
斜めに縫い終わる
袖山
袖1枚のみ
斜めに縫い始める
袖（裏）

❷袖口止まりの手前、表袖の縫い代のみで斜めに縫い始め、袖口止まりまで来たら、袖口布まで通して1針返し縫いをして縫い始めます。

❸反対側の袖口止まりまで来たら、1針返し縫いをして、袖の縫い代のみ斜めに縫い上げます。

❹縫い代を袖側に倒し、2ミリのキセをかけます。

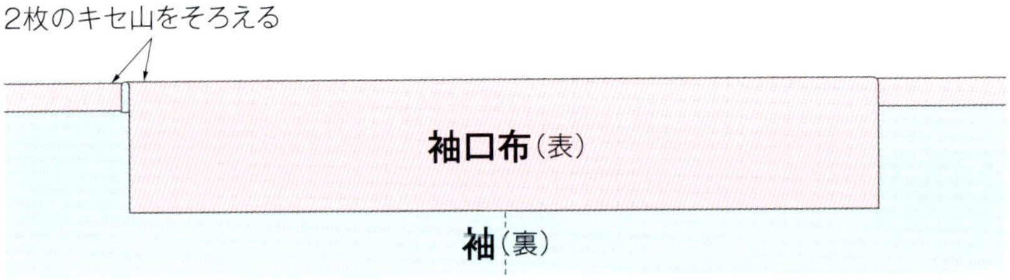
2枚のキセ山をそろえる
袖口布（表）
袖（裏）

❺袖口布を袖裏側に返して、キセ山同士を合わせます。

4 袖口止まりを留める

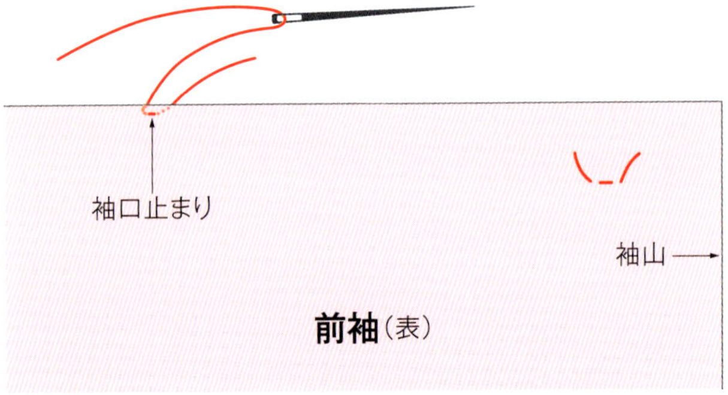
袖口止まり
袖山
前袖（表）

❶表が出るように袖山で２つ折りにし、糸印があるほうを出します。
❷袖と袖口布の袖口止まりを合わせます。
❸袖口布の裏の袖口止まりから針を出し、図の順番で糸を通し、⑤〜⑧は２ミリはなれたところに針を入れて戻します。
❹①と⑧の糸を３回結んで糸を切ります。

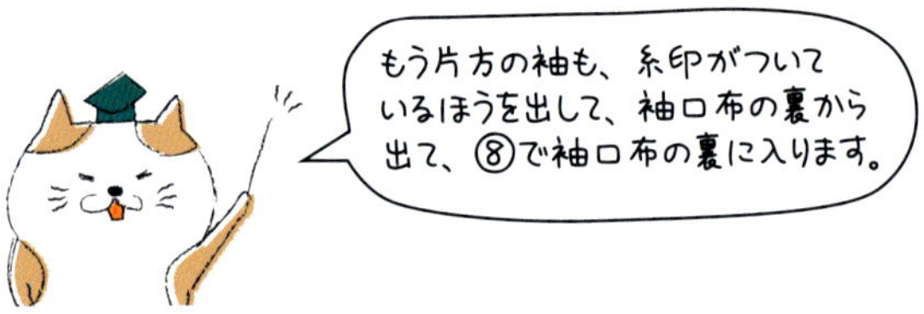
もう片方の袖も、糸印がついているほうを出して、袖口布の裏から出て、⑧で袖口布の裏に入ります。

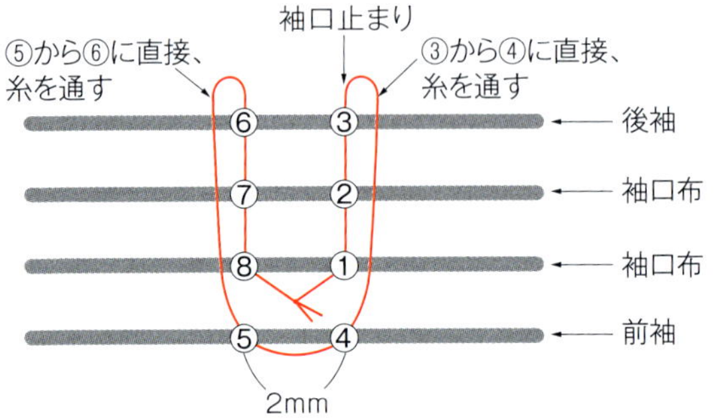
袖口止まり
⑤から⑥に直接、糸を通す
③から④に直接、糸を通す
後袖
袖口布
袖口布
前袖
2mm

5 袖下から袖口を縫う

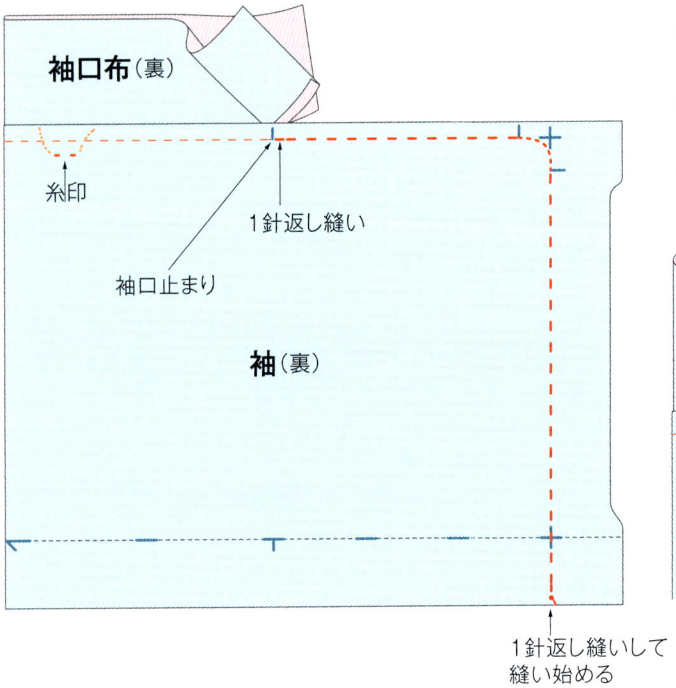
袖口布（裏）
糸印
1針返し縫い
袖口止まり
袖（裏）
1針返し縫いして縫い始める

❶袖下から１針返して縫い始め、丸みは小針に縫います。袖口止まりまで来たら、１針返し縫をします。
❷糸を切らずに、表布１枚だけで斜めに縫って、縫い終わります。
❸袖下は４ミリ、袖口側は２ミリのキセをかけて縫い代を前袖側に折ります。

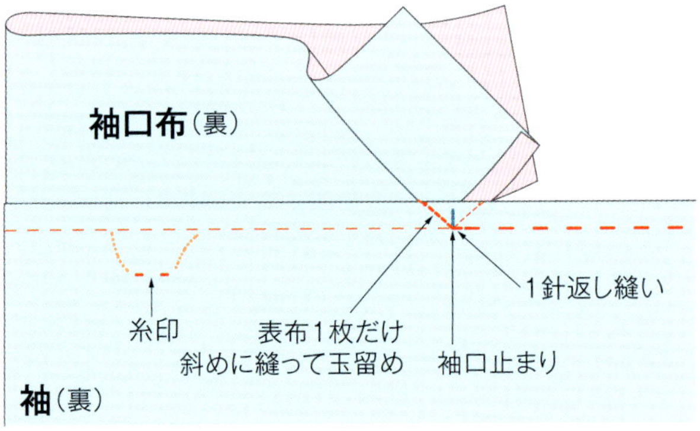
袖口布（裏）
1針返し縫い
糸印
表布1枚だけ斜めに縫って玉留め
袖口止まり
袖（裏）

6 袖口布をくけつける

❶袖口止まりから下の袖口布は、2枚合わせて小針に縫ってから縫い代をわります。
❷袖口布の布端を折り、1.5センチ間隔のしのびとじをします。

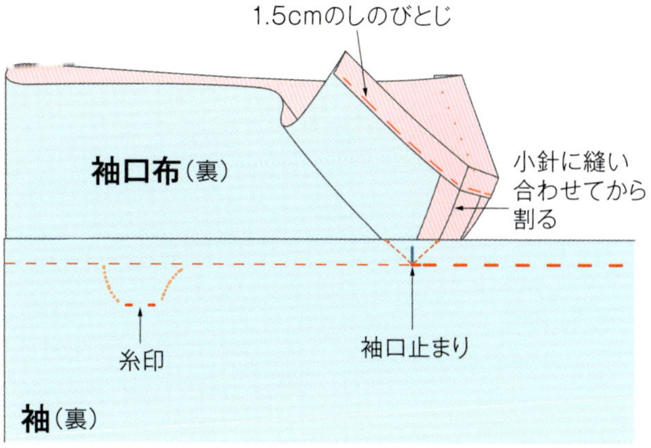
1.5cmのしのびとじ
袖口布（裏）
小針に縫い合わせてから割る
糸印
袖口止まり
袖（裏）

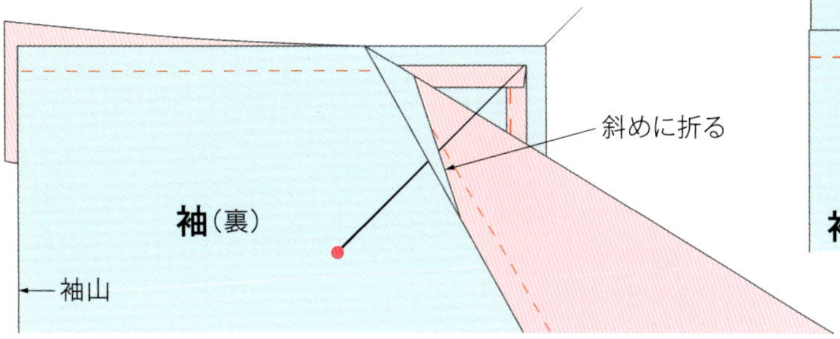
斜めに折る
袖（裏）
袖山

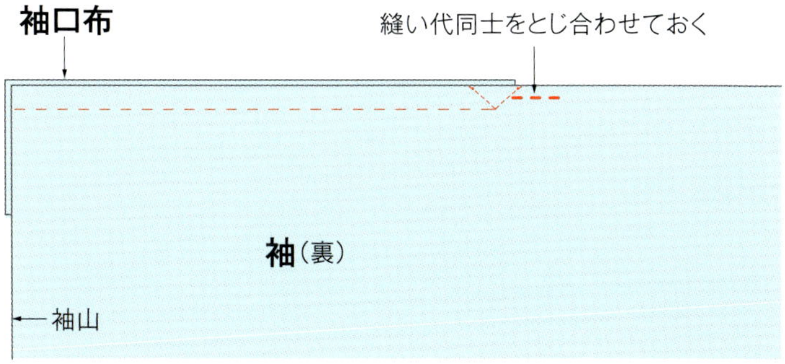
袖口布
縫い代同士をとじ合わせておく
袖（裏）
袖山

❸後袖の縫い代を斜めに折って、小針に縫ったところの縫い代と袖の縫い代をとじ合わせます。

❹袖口布を表に返して広げ、1センチに折って2センチ間隔の折り伏せぐけで袖口まわりにくけつけます。

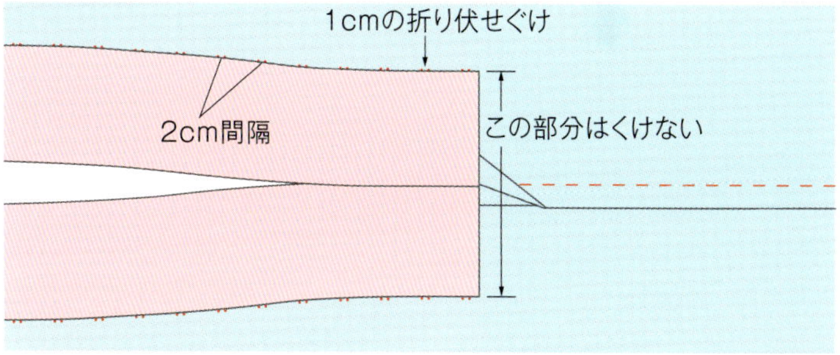
1cmの折り伏せぐけ
2cm間隔
この部分はくけない

❺袖付振り側の出来上がり線で折ります。反対側の袖も、同様につくります。

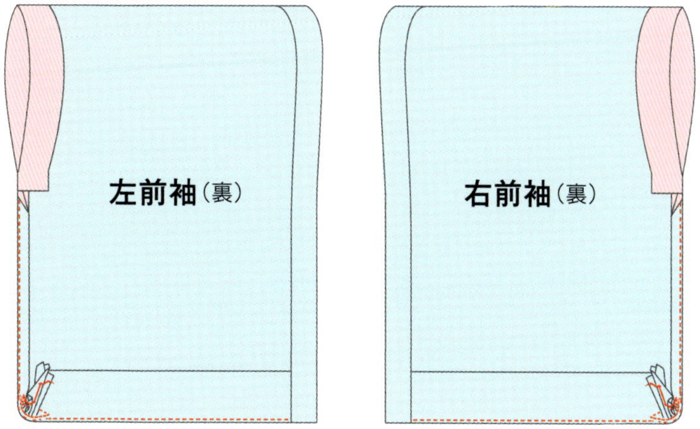
左前袖（裏）
右前袖（裏）

背伏せ布をつける

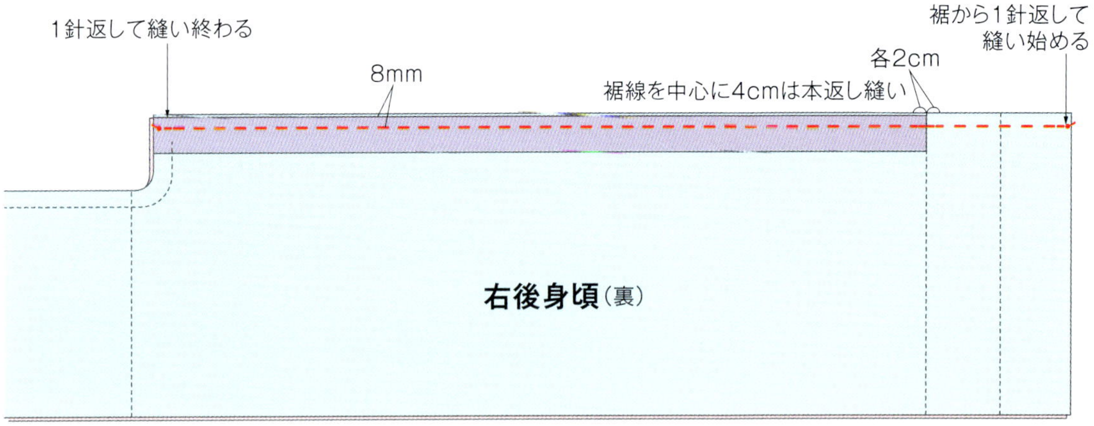
1針返して縫い終わる
8mm
裾から1針返して
縫い始める
各2cm
裾線を中心に4cmは本返し縫い
右後身頃（裏）

❶背中心を合わせ、裾の仕上がり線から衿まで背伏せ布を待ち針でつけます。
❷裾端から衿の端まで縫います。

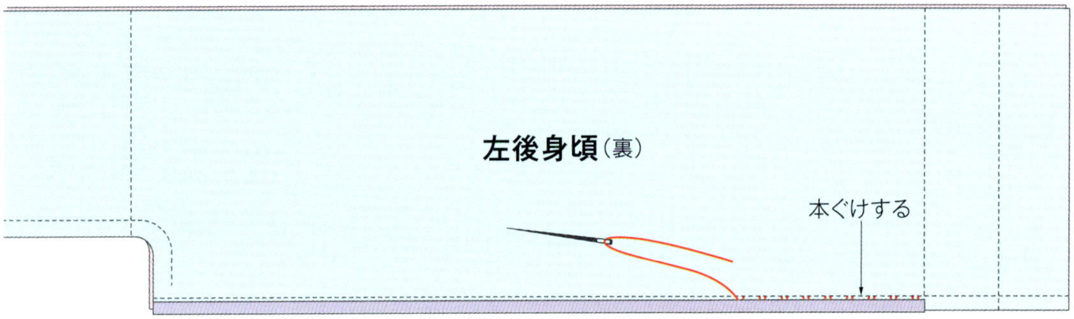
左後身頃（裏）
本ぐけする

❸背伏せ布を縫い代にかぶせて、背縫いの手前で折り込んで本ぐけします。

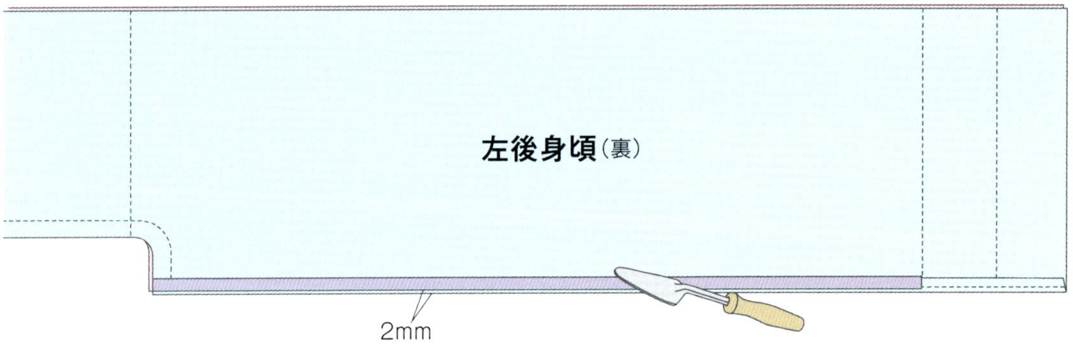
左後身頃（裏）
2mm

❹左後身頃側に倒し、２ミリのキセをかけます。

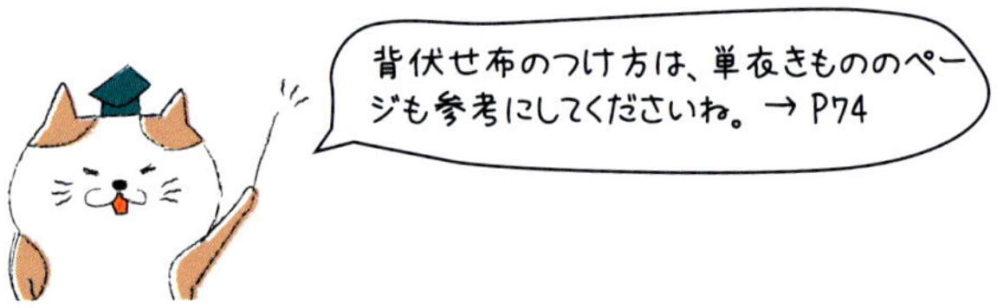
背伏せ布のつけ方は、単衣きもののページも参考にしてくださいね。→ P74

3 襠《まち》をつける

1 後身頃に襠《まち》をつける

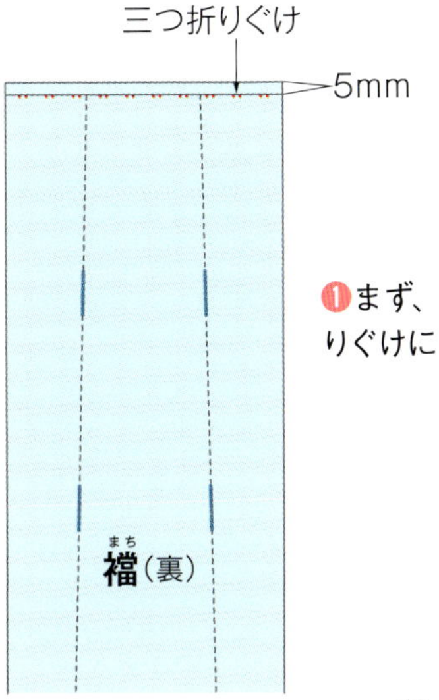
三つ折りぐけ
5mm
襠《まち》（裏）

❶まず、襠《まち》の上側を５ミリの三つ折りぐけにします。

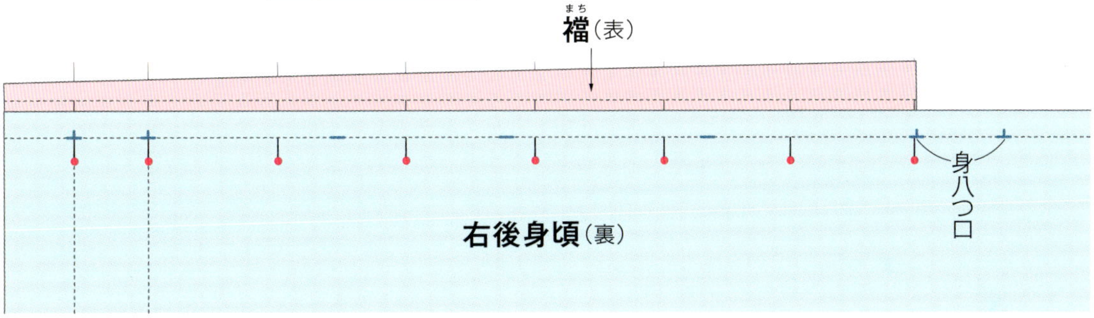
襠《まち》（表）
身八つ口
右後身頃（裏）

❷後身頃を手前にして、襠《まち》を中表に合わせます。身八つ口止まりと、裾線に待ち針を打ってから間にも打ちます。

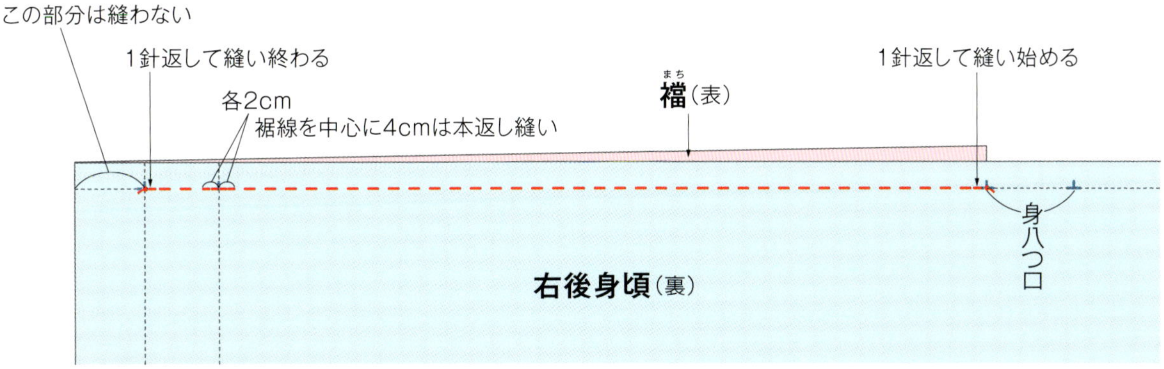
この部分は縫わない
1針返して縫い終わる
各2cm
裾線を中心に4cmは本返し縫い
襠《まち》（表）
1針返して縫い始める
身八つ口
右後身頃（裏）

❸身八つ口止まりから１針返して縫い始め、裾の仕上がり線の前後４センチは本返し縫いに、折り返し線の手前で１針返して縫い止まります。

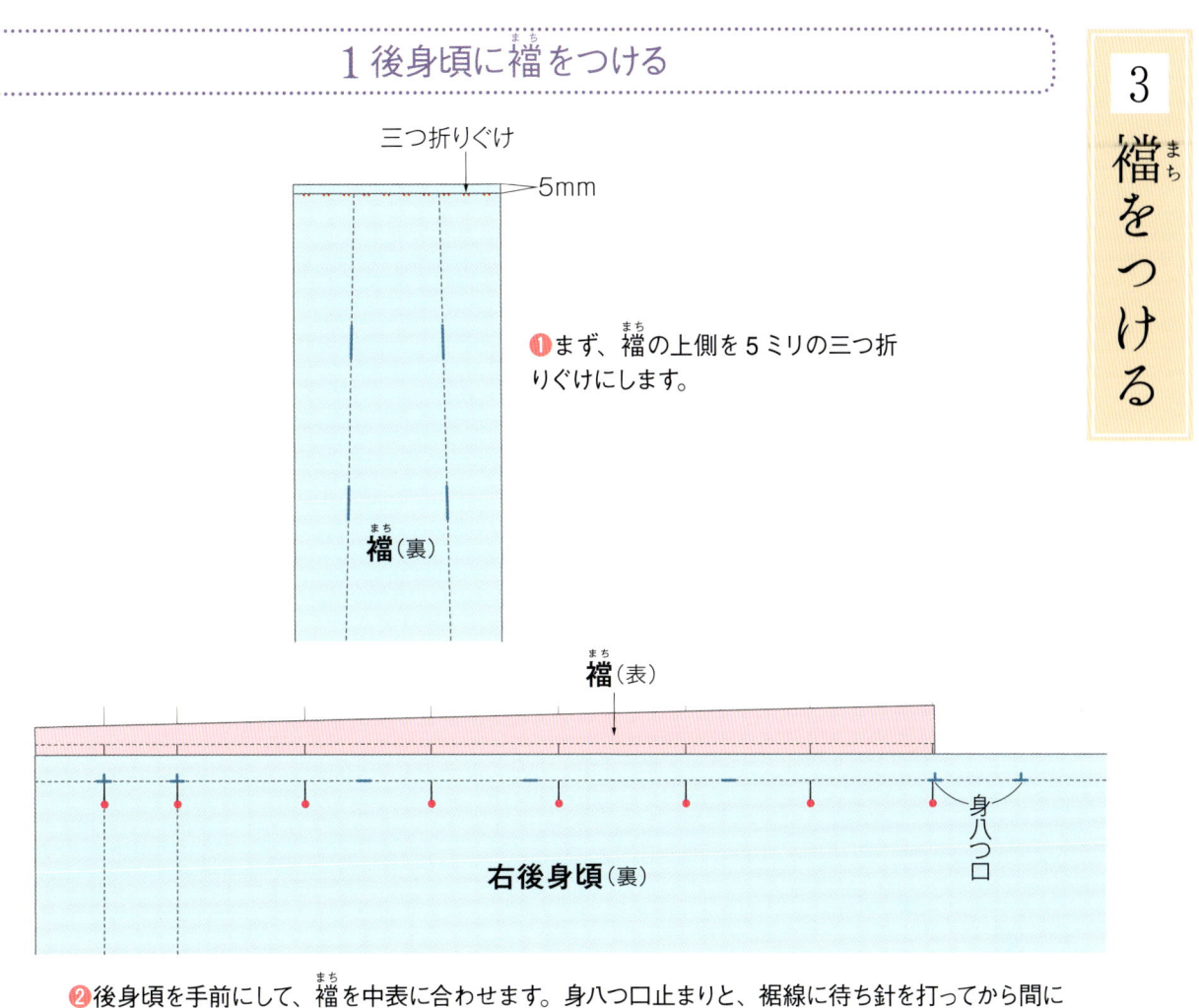

2 前身頃に襠《まち》をつける

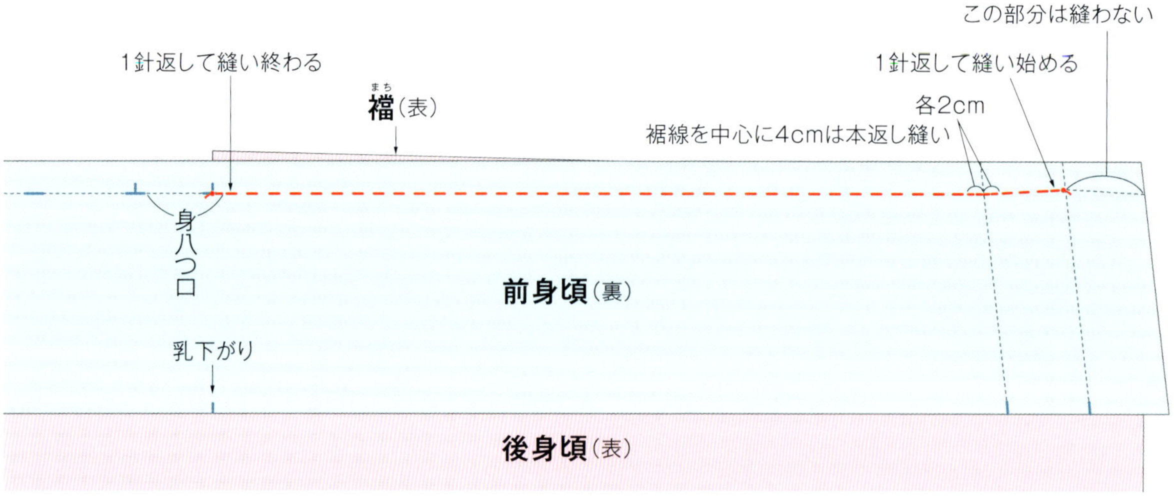
この部分は縫わない
1針返して縫い終わる
1針返して縫い始める
襠《まち》(表)
各2cm
裾線を中心に4cmは本返し縫い
身八つ口
前身頃(裏)
乳下がり
後身頃(表)

❶前身頃を手前にして、まちを中表に合わせます。折り返し線の位置から身八つ口止まりまで、後身頃と同様に縫います。

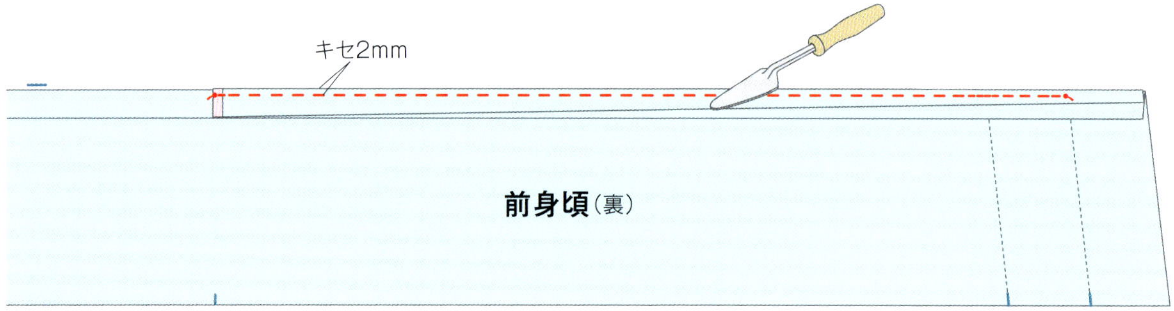
キセ2mm
前身頃(裏)

❷縫い代は身頃側に倒し２ミリのキセをかけます。後身頃側も同様です。

片側の襠《まち》がついたら、反対側も同じようにつけましょう。

3 縫い代を始末する

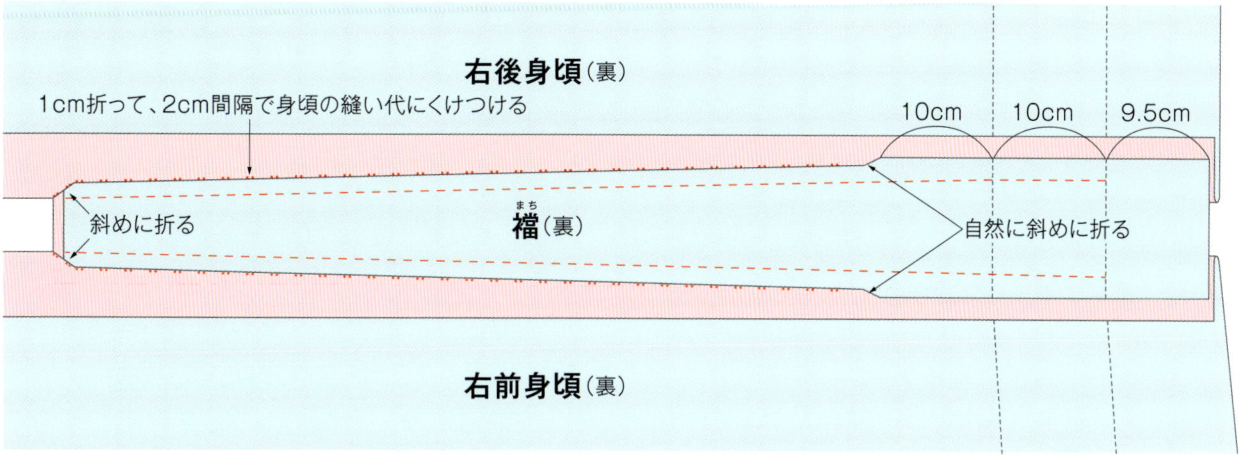

右後身頃（裏）
1cm折って、2cm間隔で身頃の縫い代にくけつける
10cm
10cm
9.5cm
斜めに折る
襠《まち》（裏）
自然に斜めに折る
右前身頃（裏）

❶裾の三つ折りの中に入る部分をのぞいて、襠《まち》の縫い代の端を１センチ折りこんで、２センチ間隔で脇の縫い代にくけます。

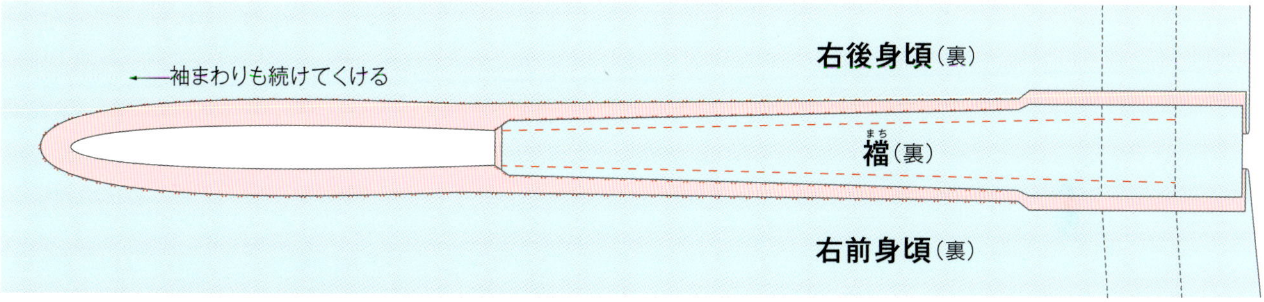

右後身頃（裏）
袖まわりも続けてくける
襠《まち》（裏）
右前身頃（裏）

❷裾の三つ折りの中に入る部分をのぞいて、脇の縫い代を三つ折りして、袖まわりから前身頃までぐるりと２センチ間隔でくけます。

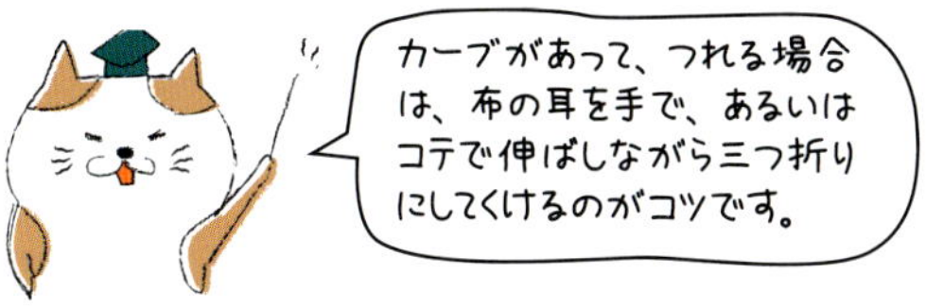

カーブがあって、つれる場合は、布の耳を手で、あるいはコテで伸ばしながら三つ折りにしてくけるのがコツです。

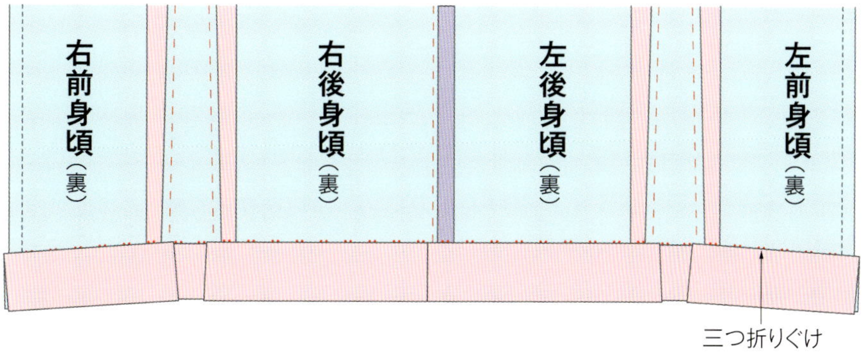

右前身頃（裏）
右後身頃（裏）
左後身頃（裏）
左前身頃（裏）
三つ折りぐけ

❸反対側も同様に縫い代を始末しましょう。
❹裾を印どおりに折って２センチ間隔の三つ折りぐけをします。

4 衿をつける

1 衿を折る

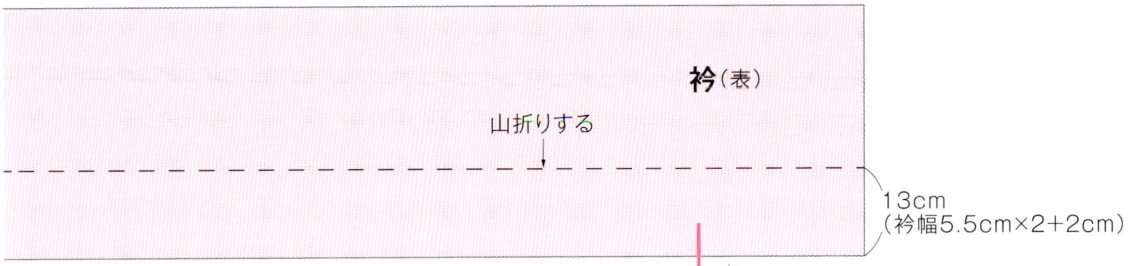
衿（表）
山折りする
13cm
（衿幅5.5cm×2+2cm）

❶衿布を表にして、下から 13 センチのところを裏側に山折りにして折り上げます。折り上げた耳端は 1 センチ折り返します。

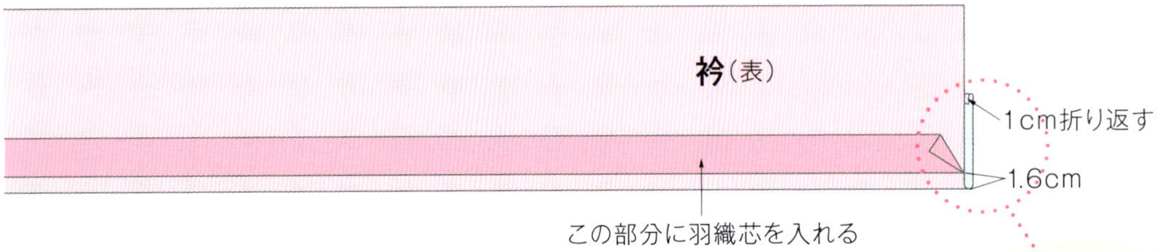
衿（表）
1cm折り返す
1.6cm
この部分に羽織芯を入れる

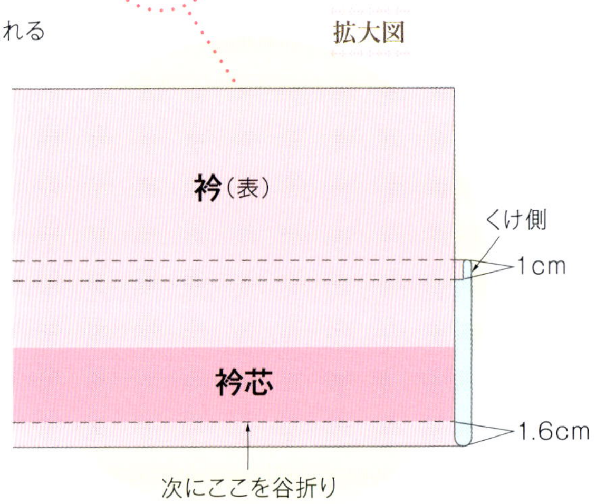
拡大図
衿（表）
くけ側
1cm
衿芯
1.6cm
次にここを谷折り

❷折ったところから 1.6 センチの位置の内側に衿芯を入れます。

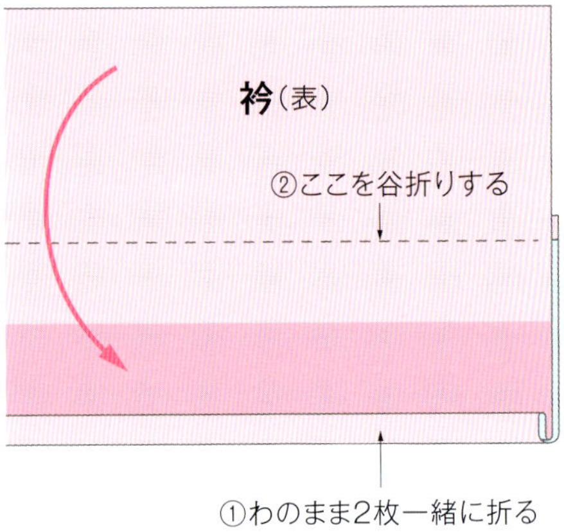
衿（表）
②ここを谷折りする
①わのまま2枚一緒に折る

❸下から 1.6 センチのところを表側に谷折りにします。

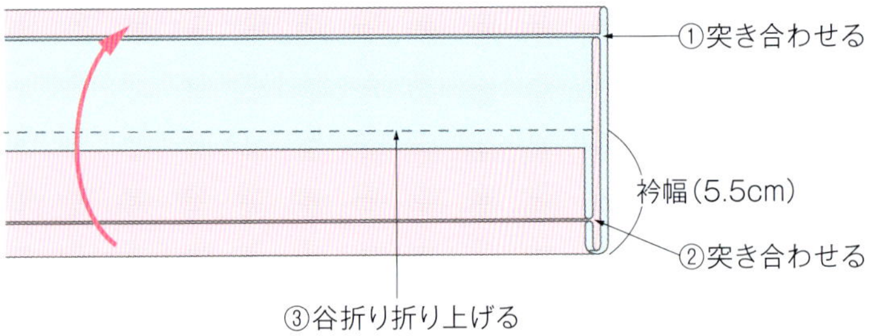
①突き合わせる
衿幅（5.5cm）
②突き合わせる
③谷折り折り上げる

❹上の布を❶で 1 センチ折り返した位置で折り下げます。さらに❸で 1.6 センチ折り上げた位置で上に折り上げます。最後に中心で 2 つ折りします。

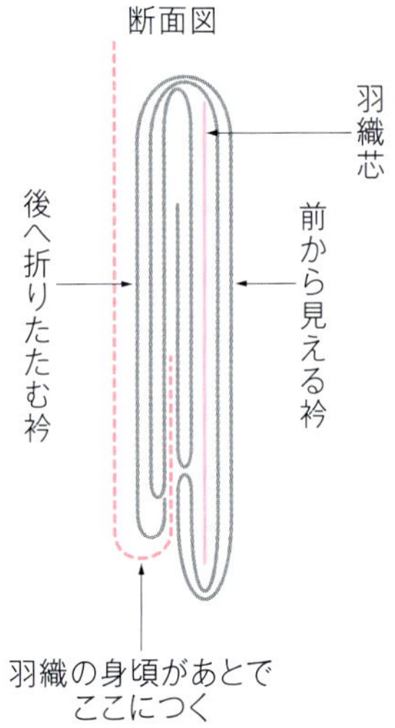
断面図
羽織芯
後へ折りたたむ衿
前から見える衿
羽織の身頃があとで
ここにつく

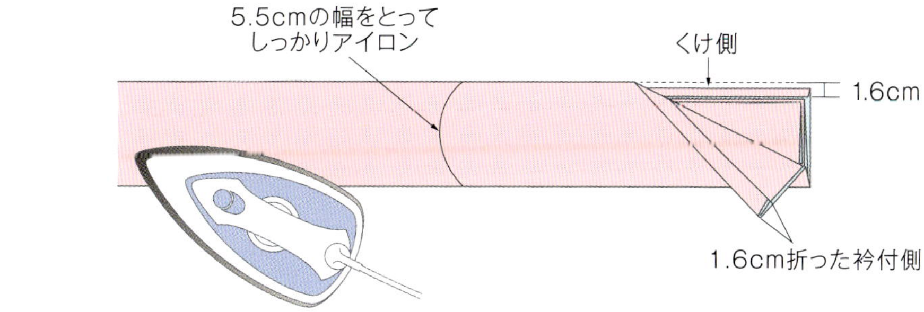
5.5cmの幅をとって
しっかりアイロン
くけ側
1.6cm
1.6cm折った衿付側

❺下から衿幅5.5センチの位置で折り上げます。ここで、しっかりアイロンをかけます。

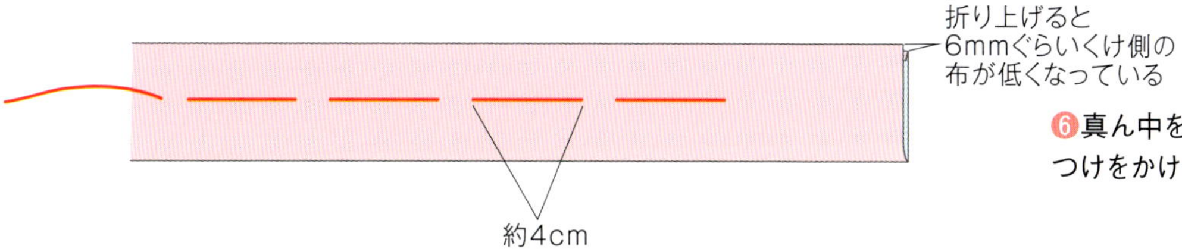
折り上げると
6mmぐらいくけ側の
布が低くなっている
約4cm

❻真ん中を4センチぐらいの長さでしつけをかけておきます。

2 乳《ち》布をつくる

4mm
丸みのところは切る
16mm
乳布（表）
4mm

❶衿肩あきをカットした布を使います。まず、丸みの部分はカットし、イラストのように印をつけます。

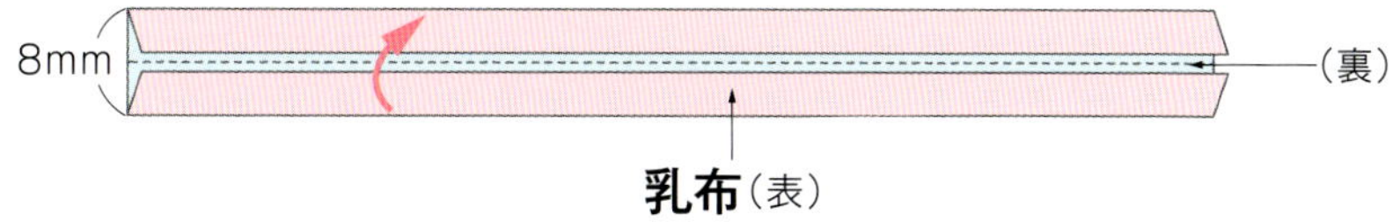
8mm
（裏）
乳布（表）

❷印どおりに上下の布端を折って、さらに真ん中で半分に折ります。

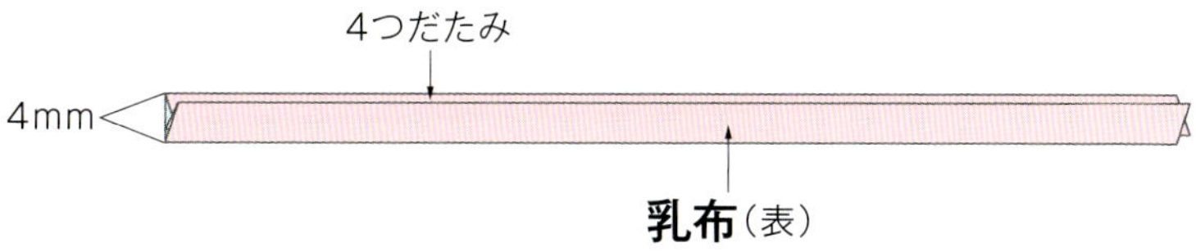
4つだたみ
4mm
乳布（表）

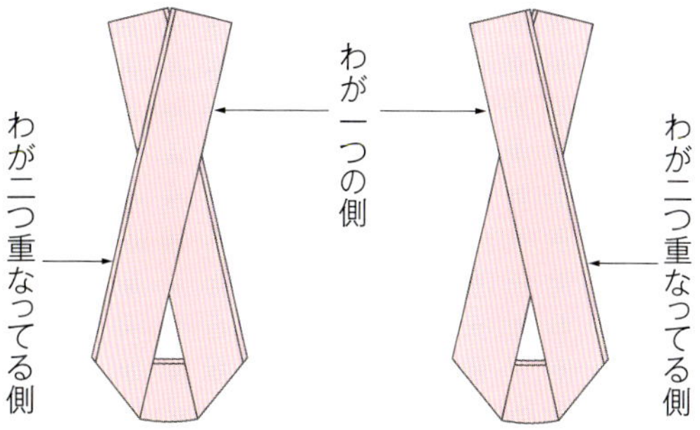
わが二つ重なってる側
わが一つの側
わが二つ重なってる側

❸ 2本同様につくり、重なりが対になるように布を交差させます。

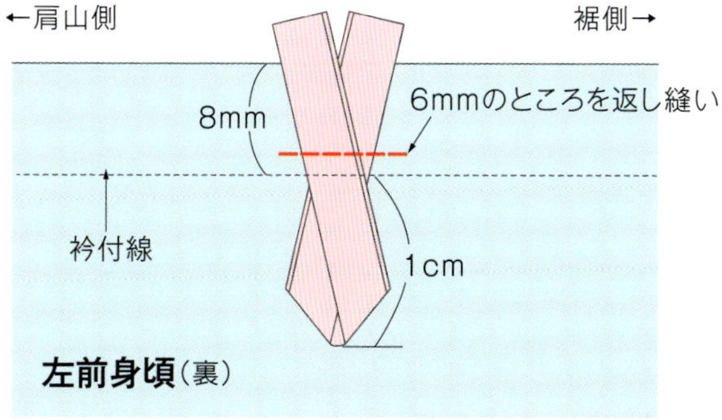
←肩山側
裾側→
8mm
6mmのところを返し縫い
衿付線
1cm
左前身頃（裏）

❹前身頃の乳《ち》下《さ》がりの位置に返し縫いでつけておきます。

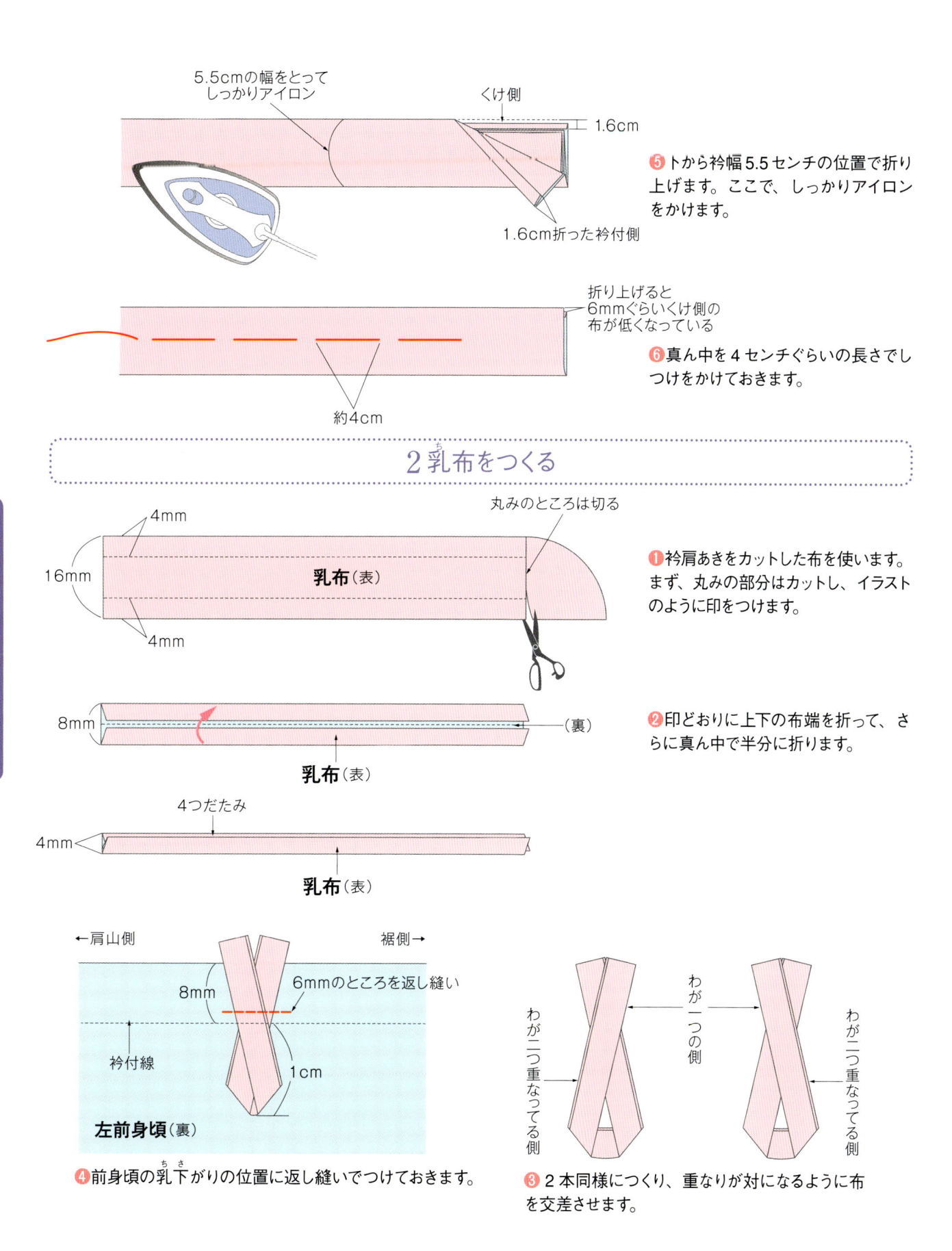

3 衿を縫う

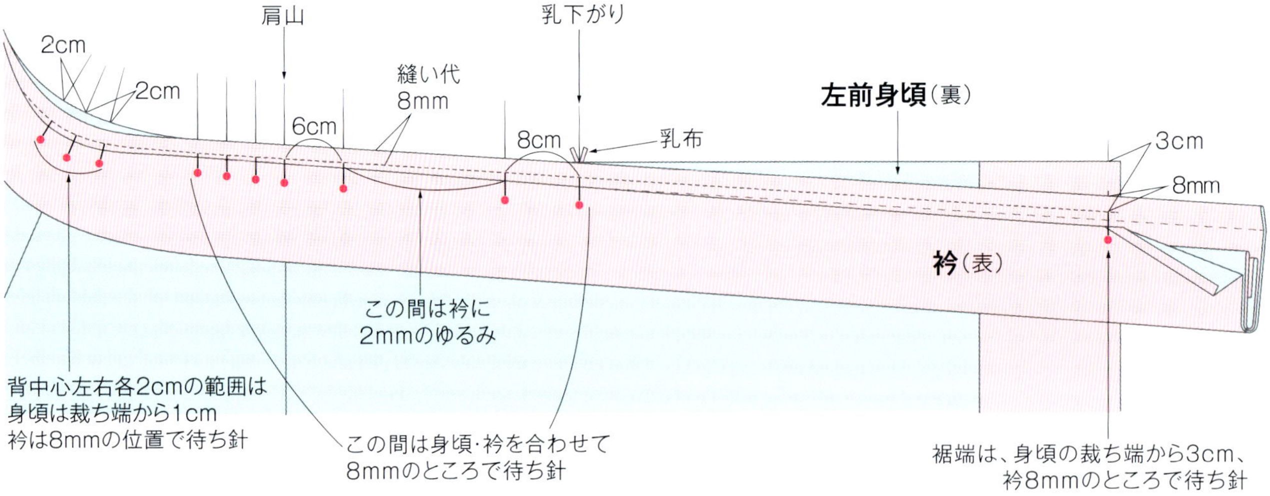

肩山
乳下がり
2cm
2cm
縫い代
8mm
6cm
8cm
乳布
左前身頃（裏）
3cm
8mm
衿（表）
この間は衿に
2mmのゆるみ
背中心左右各2cmの範囲は
身頃は裁ち端から1cm
衿は8mmの位置で待ち針
この間は身頃・衿を合わせて
8mmのところで待ち針
裾端は、身頃の裁ち端から3cm、
衿8mmのところで待ち針

❶イラストのように身頃の衿付側と衿の 1.6 センチの折り返しがあるほうを重ね、背中心から裾まで衿にゆるみを入れながら待ち針を打っていきます。

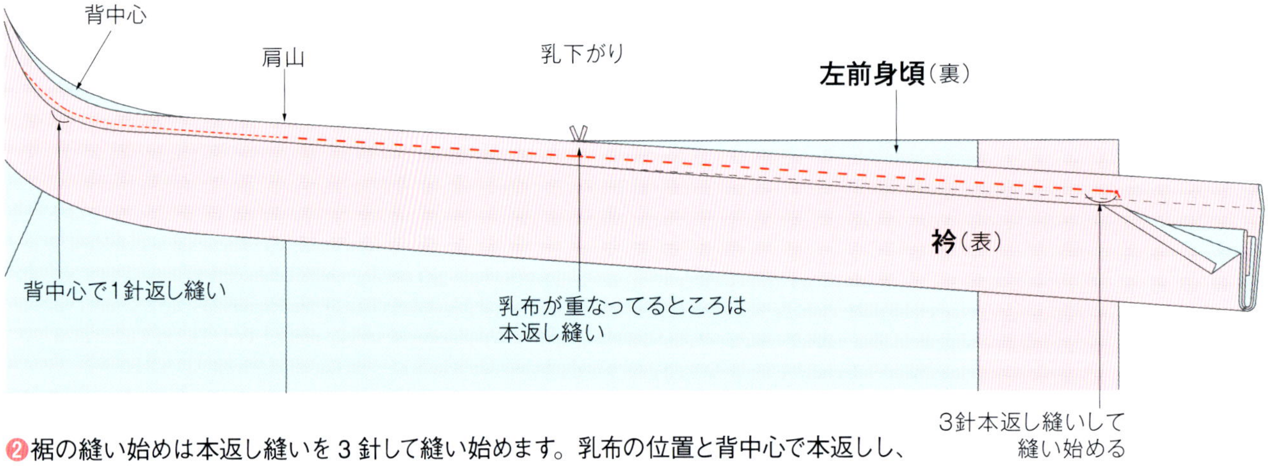

背中心
肩山
乳下がり
左前身頃（裏）
衿（表）
背中心で1針返し縫い
乳布が重なってるところは
本返し縫い
3針本返し縫いして
縫い始める

❷裾の縫い始めは本返し縫いを 3 針して縫い始めます。乳布の位置と背中心で本返しし、肩山からもう一方の肩山までは小針で縫います。

4 衿先を折る

❶折りたたんだ衿がずれないように待ち針を打ち、身頃を裏返して衿を開きます。
❷裾から6ミリ下がった位置の衿の裏から折山線に針を入れて出します。

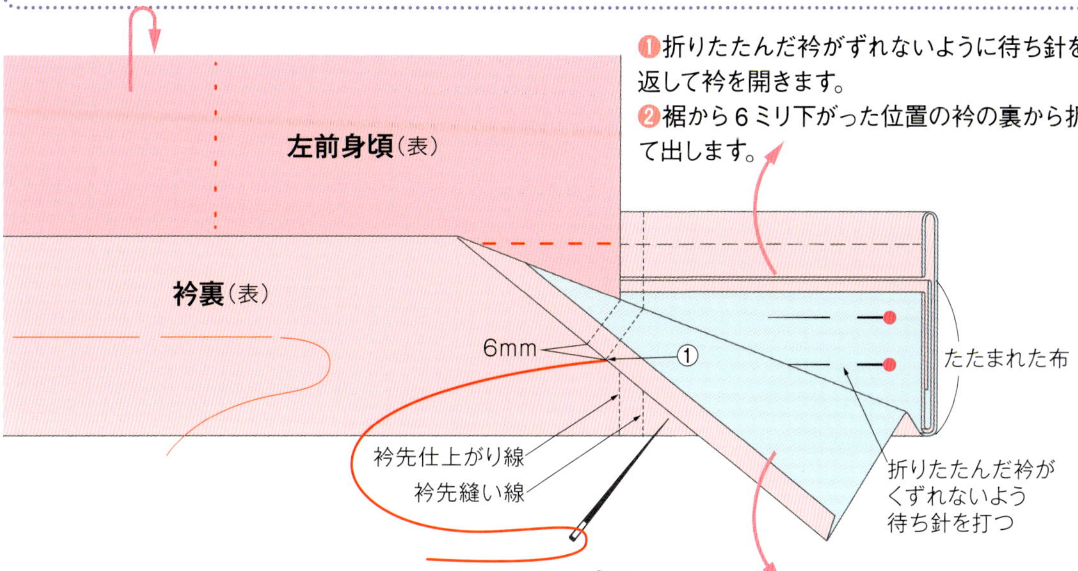
左前身頃（表）
衿裏（表）
6mm
①
衿先仕上がり線
衿先縫い線
たたまれた布
折りたたんだ衿が
くずれないよう
待ち針を打つ

❸裾線より6ミリ下、衿付け側の折り山線から8ミリのところに針先を出して引き抜きますが、このとき、たたまれた衿布は裏側が出るようにひっくり返します。

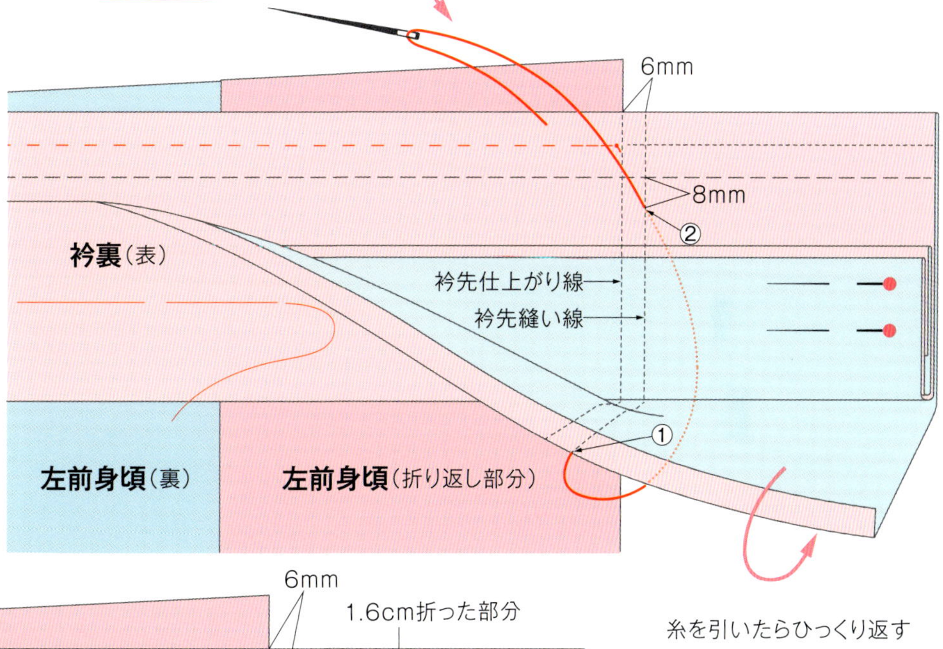
6mm
8mm
②
衿裏（表）
衿先仕上がり線
衿先縫い線
①
左前身頃（裏）
左前身頃（折り返し部分）
糸を引いたらひっくり返す

しつけ糸でとめている部分がつれるようだったら、しつけ糸を少しほどいてもいいですよ。

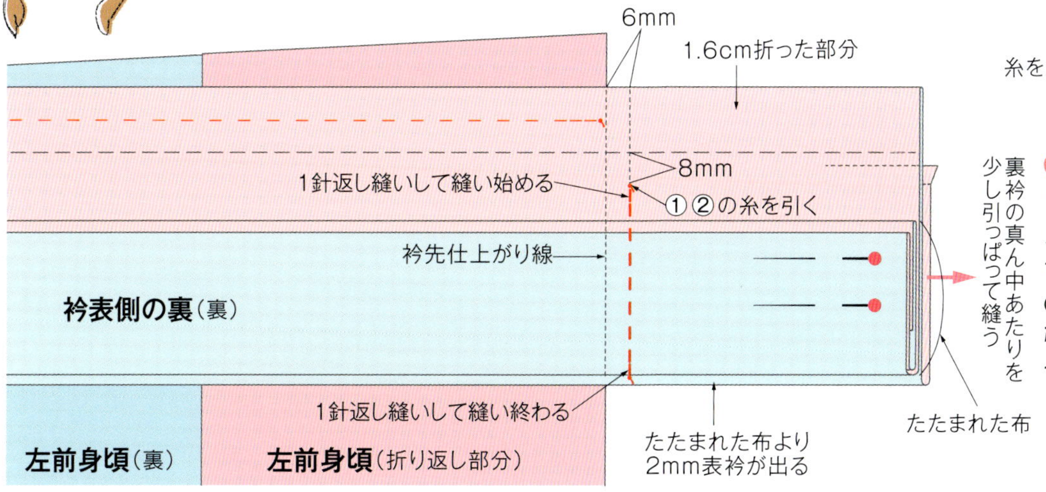
6mm
1.6cm折った部分
8mm
1針返し縫いして縫い始める
①②の糸を引く
衿先仕上がり線
衿表側の裏（裏）
1針返し縫いして縫い終わる
左前身頃（裏）
左前身頃（折り返し部分）
たたまれた布より
2mm表衿が出る
たたまれた布
裏衿の真ん中あたりを
少し引っぱって縫う

❹8ミリのところに出した糸で、1針返してたたまれた衿を縫いますが、このとき、裏衿の真ん中あたりを少し引っぱりながら縫います。

❺身頃の裾線ギリギリで、衿表側の裏のほうに倒します。山が何枚も重なっているところは、山を少しずつずらし、湿り気を与えコテでしっかり押さえておきます。

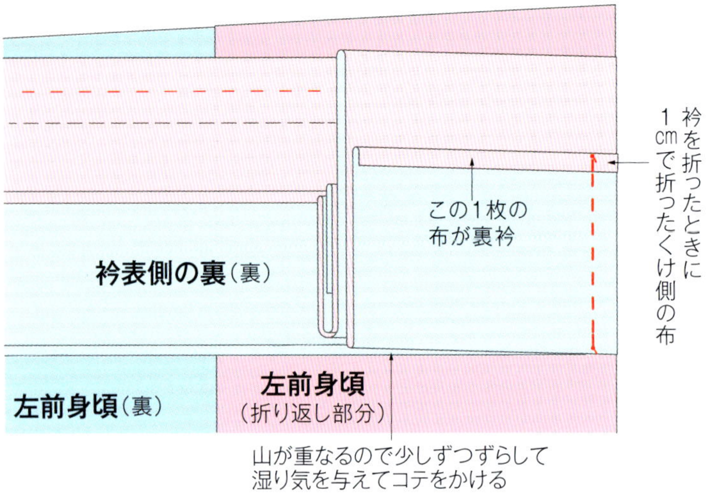
衿を折ったときに
1cmで折ったくけ側の布
この1枚の
布が裏衿
衿表側の裏（裏）
左前身頃（裏）
左前身頃
（折り返し部分）
山が重なるので少しずつずらして
湿り気を与えてコテをかける

❻下のイラストの順で、裏返した布を表に返します。

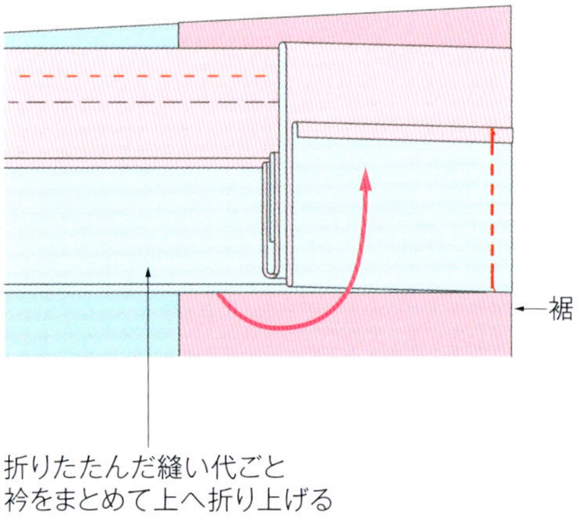
裾
折りたたんだ縫い代ごと
衿をまとめて上へ折り上げる

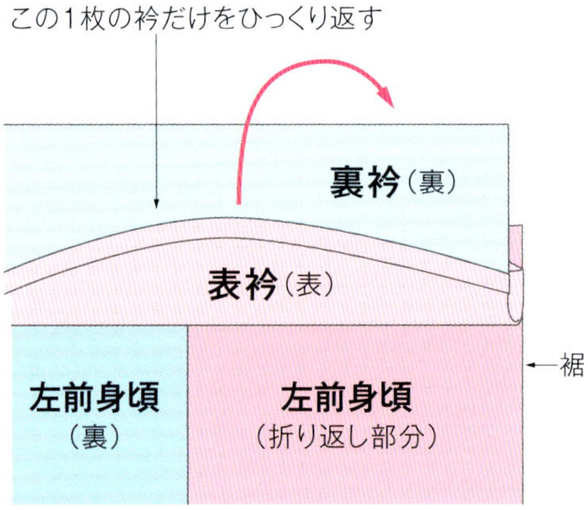
この1枚の衿だけをひっくり返す
裏衿（裏）
表衿（表）
裾
左前身頃
（裏）
左前身頃
（折り返し部分）

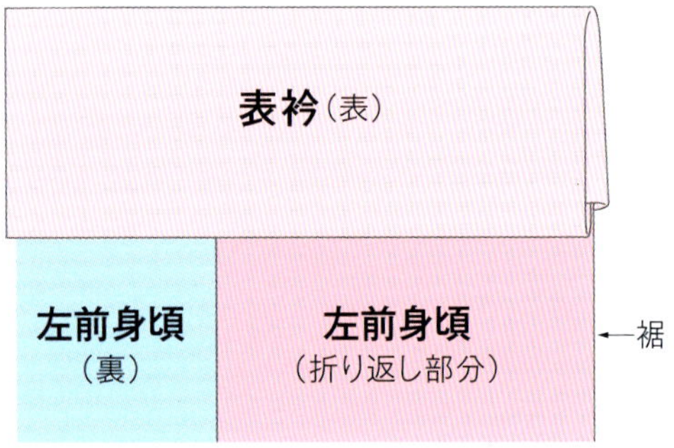
表衿（表）
左前身頃
（裏）
左前身頃
（折り返し部分）
裾

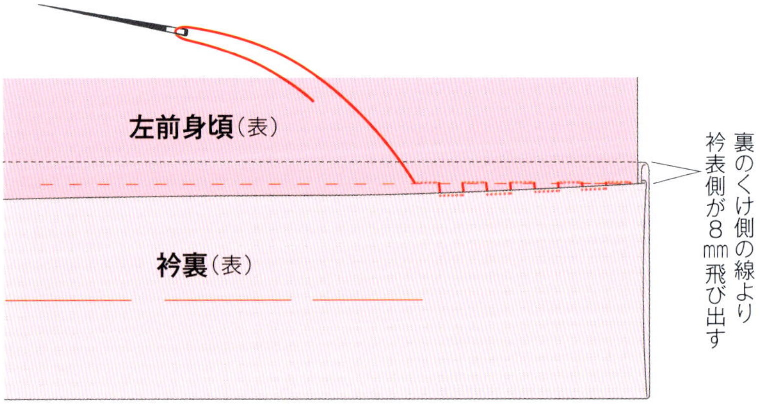
左前身頃（表）
衿裏（表）
裏のくけ側の線より
衿表側が8mm飛び出す

❼縫い目と衿裏の折山を本ぐけします。衿表側は、本ぐけのラインよりも8ミリ飛び出していることで、羽織ったときに衿がきれいに表側に折れます。

5 衿の裏に千鳥がけする

❶羽織は衿を半分に折って着るので、折りやすくするために、背中心の衿幅の真ん中に千鳥がけをします。

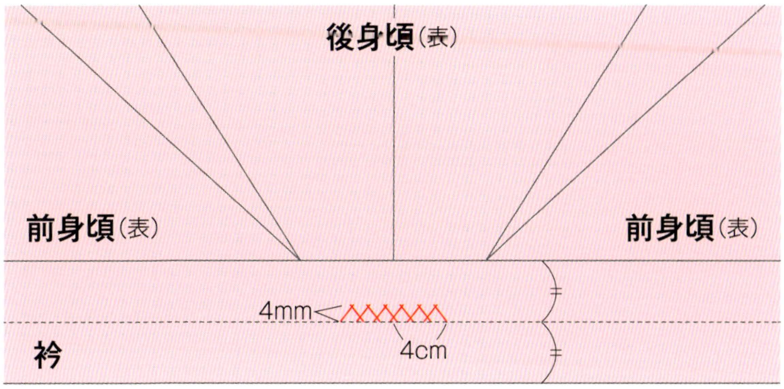
後身頃(表)
前身頃(表)
前身頃(表)
4mm
4cm
衿

❷くけた縫い目で折ってアイロンをかけます。衿表よりも、衿裏が控えられているので、ぴったりと収まります。

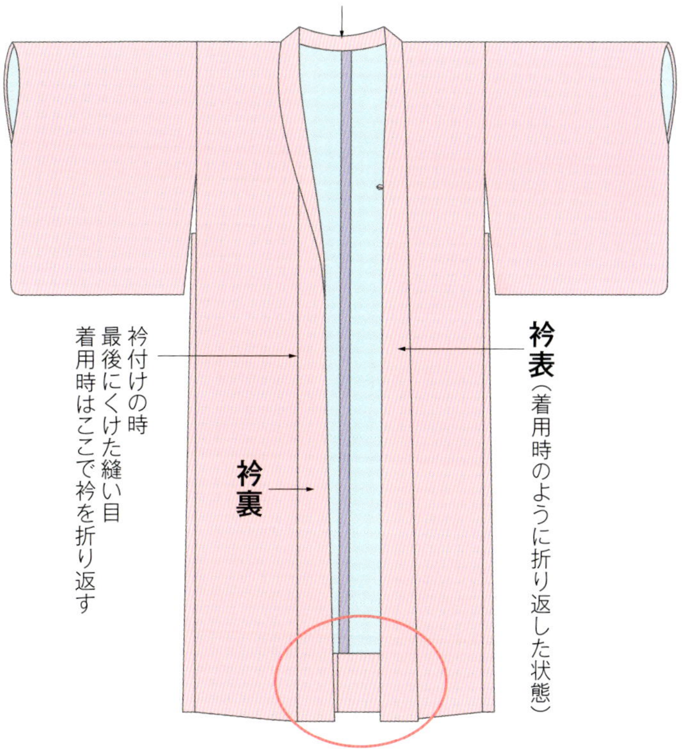
着用時は衣紋の部分を衿幅半分に折る
衿付けの時最後にくけた縫い目
着用時はここで衿を折り返す
衿裏
衿表(着用時のように折り返した状態)

衿を表に返したときに○で囲んでいる辺りがピタリときれいに収まっていれば、成功です。

5 袖をつける

単衣きものと同様です。↓P93。薄物の場合は、縫い代は三つ折りぐけにします。

6 仕上げる

単衣きものと同様です。↓P95。羽織のたたみ方はP201を参照してください。

きものの装い方

目的や行き先によっては、きものの格や帯、小物合わせなど、装い方に気をつかうこともあります。きものだからといって特別に難しいことはなく、洋服と同様に、相手の方に失礼にならない装いが基本です。

季節	用途	きもの・羽織	帯	帯締	帯揚	長襦袢	履物
春秋冬	礼装	黒留袖五ツ紋付比翼付　※親族でなければ訪問着、色留袖一ツ紋～五ツ紋付	織の帯（丸帯、袋帯）	白羽二重丸ぐけ、金銀の平打ち組紐	白紋綸子、羽二重	白	金無地、銀無地
春秋冬	正装	色留袖一ツ紋付、訪問着または色留袖三ツ紋付	織の帯（袋帯）	金銀、または色物の組紐	色縮緬、白縮緬		色無地、金銀の入ったもの
春秋冬	正装	色無地一ツ紋付、江戸小紋一ツ紋付、付下げ	織の帯、全通、あるいは六通のなごや帯、袋帯	太めのもの	紋綸子のドレッシーなもの		低めの色無地・金銀の入ったもの
春秋冬	正装	羽織／黒色一ツ紋付または三ツ紋付＋きもの（小紋、お召、色無地）	織の帯、なごや帯	太めのもの	縮緬、綸子		低めの色無地・金銀の入ったもの
春秋冬	外出着	紋お召、色無地、染め小紋、付下げ	なごや帯、袋帯、染帯、博多帯	何でもよい	何でもよい		低めの色無地・柄物
春秋冬	趣味	大島紬、結城紬、そのほかの紬、塩沢絣、十日町絣、絞り、染め小紋	なごや帯、袋帯、染帯、細帯	何でもよい	何でもよい		低めの色無地・柄物、革、塗り下駄
春秋冬	喪服	黒清華、縮緬五ツ紋付	黒羽二重または、縮緬の黒共帯か黒織帯	黒羽二重、縮緬丸ぐけ	黒縮緬、黒綸子	白	黒無地
夏	礼装	絽縮緬、絽羽二重	絽長絹、絽綴袋帯または金糸銀糸が入った紗の袋帯	金銀の丸組、平打ち幅広	絽	絽	布張り、銀無地の腰高
夏	正装	絽	絽綴、絽羽二重	丸組、平打ち	紗、絽	絽	低めの色無地
夏	外出着	紋紗、翠紗、絽小紋、紗小紋、絽無地	綴帯、紗、紋紗、絹、麻、羅	やや細めの組紐	紗、絽	麻、絽	低めの色無地・柄物
夏	趣味	越後上布、宮古上布、八重垣上布、縮、薩摩上布、能登上布、絽縮緬、翠紗絣	絽綴、羅、絹、麻、荒紗	細めの変わり組紐	色物の縮緬	麻	低めの色無地・柄物、革、塗り下駄
夏	喪服	絽縮緬、絽羽二重	絽縮緬、絽の黒共袋帯	黒無地の組紐	黒の絽	絽の白	黒無地

第四章
きもの周りのいろいろ

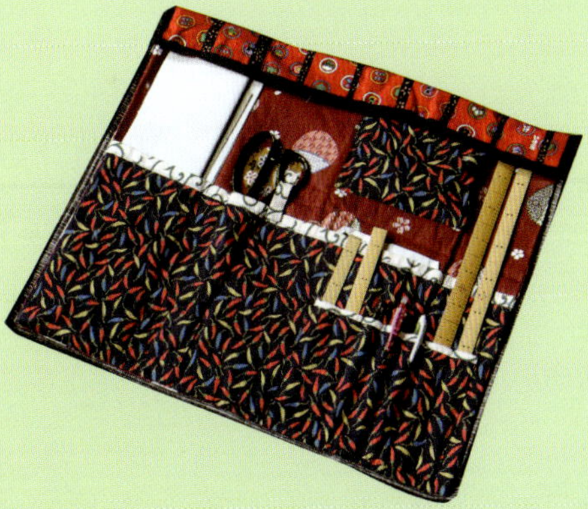

嘘つき襦袢の単衣替え袖

見えない身頃の部分は吸水性のよい綿素材、袖口や裾から見える部分は襦袢地でできた二部式襦袢を「嘘つき襦袢」と呼びます。上半身は、市販の広衿筒袖の肌襦袢を利用し、替え袖は洗える襦袢地にすると自分で洗濯もできます。

＊準備するもの

◇反物（洗える襦袢地）
幅（38㎝）×約220㎝
◇肌襦袢（市販）

印付けと縫う順番

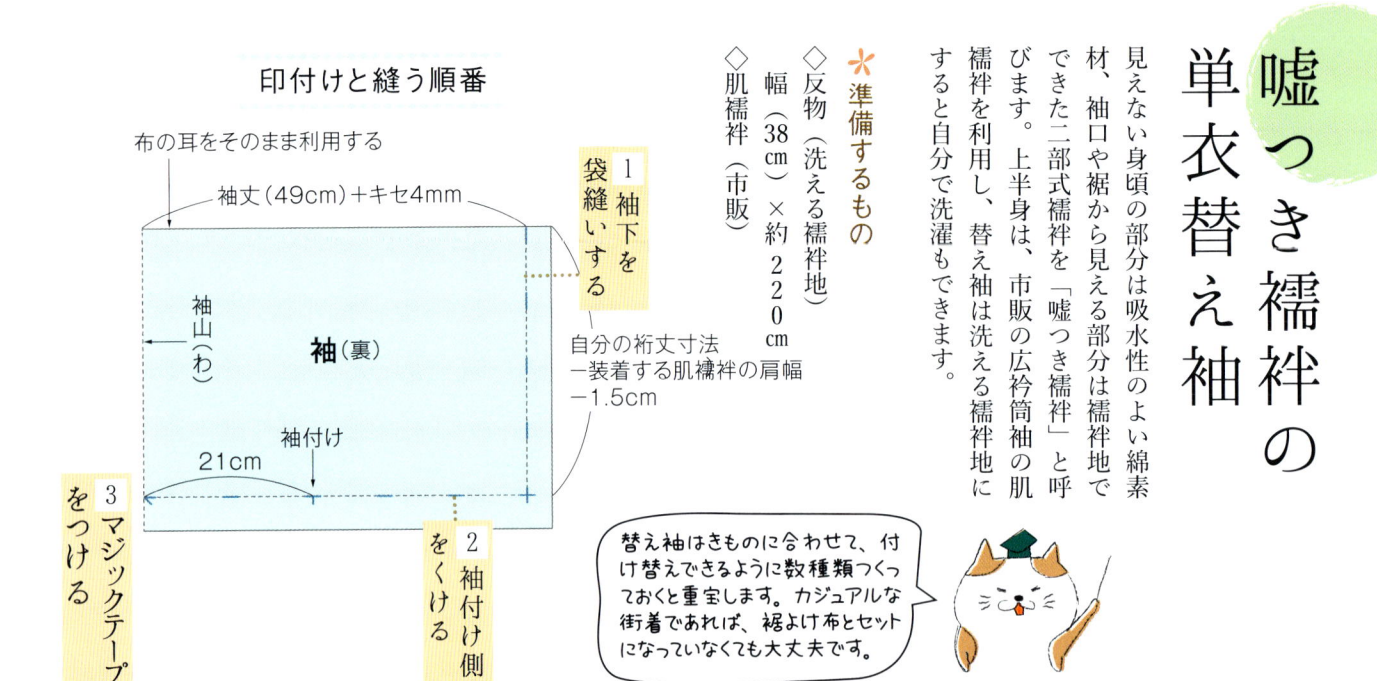

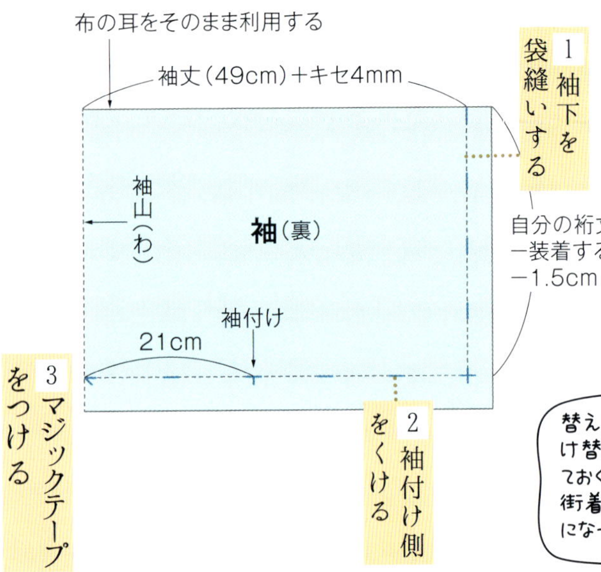

布の耳をそのまま利用する
袖丈（49cm）＋キセ4mm
1 袖下を袋縫いする
袖山（わ）
袖（裏）
自分の裄丈寸法
－装着する肌襦袢の肩幅
－1.5cm
袖付け
21cm
3 マジックテープをつける
2 袖付け側をくける

替え袖はきものに合わせて、付け替えできるように数種類つくっておくと重宝します。カジュアルな街着であれば、裾よけ布とセットになっていなくても大丈夫です。

1 袖下を袋縫いする

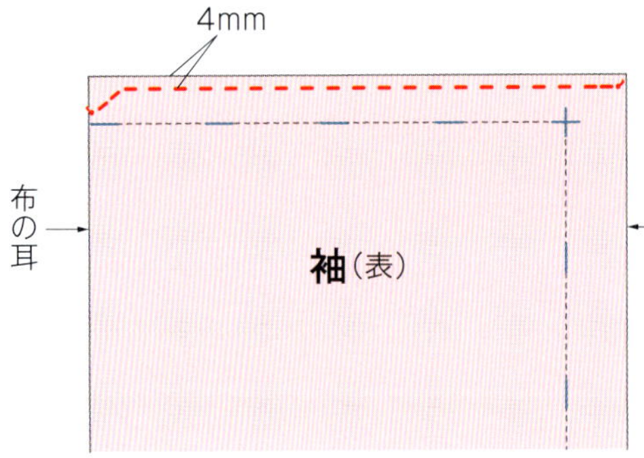

4mm
布の耳
袖（表）
振り

❶袖２枚を外表にして袖下の布端から４ミリ入ったところをぐし縫いし、耳側は斜めに縫います。

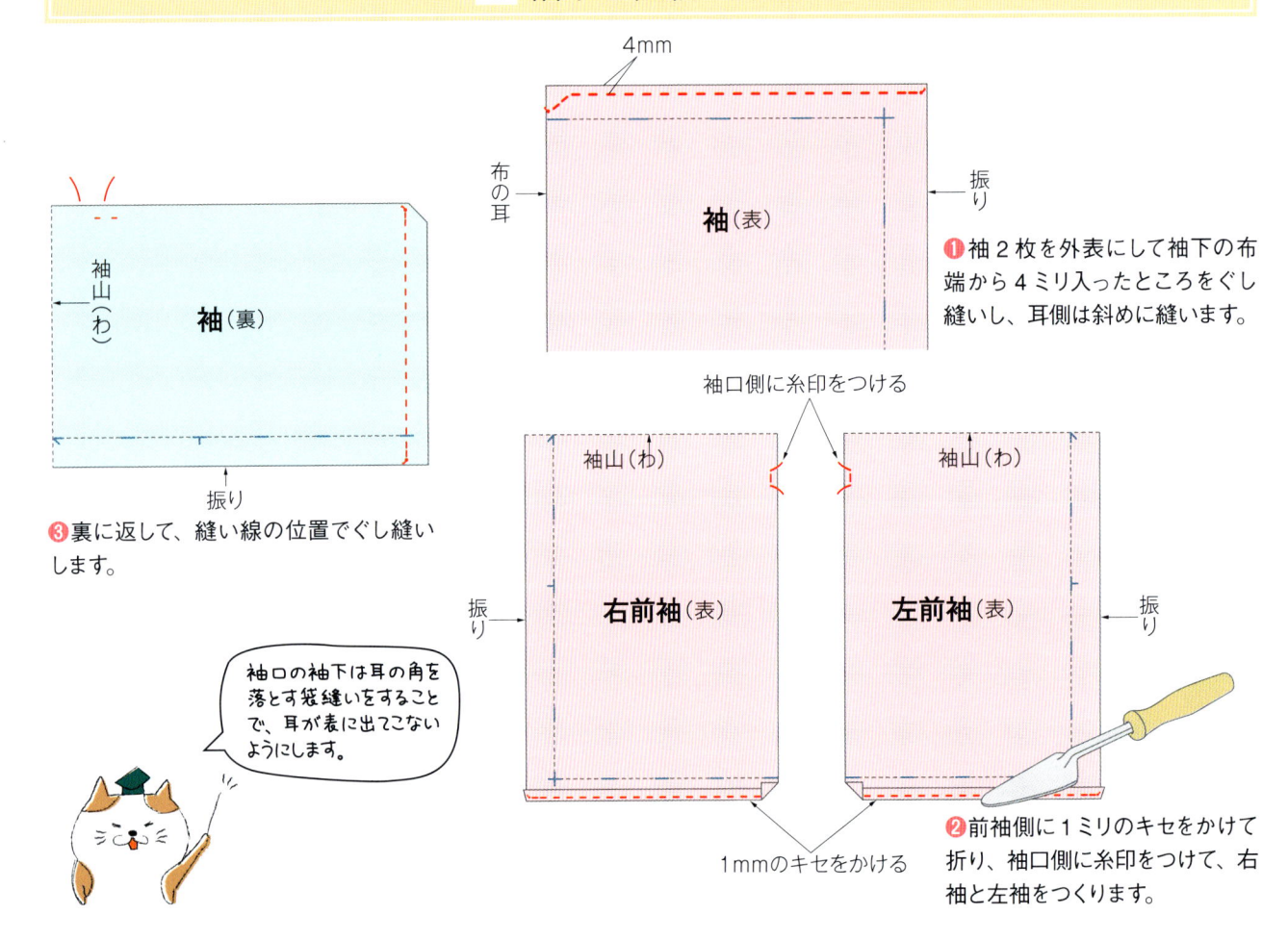

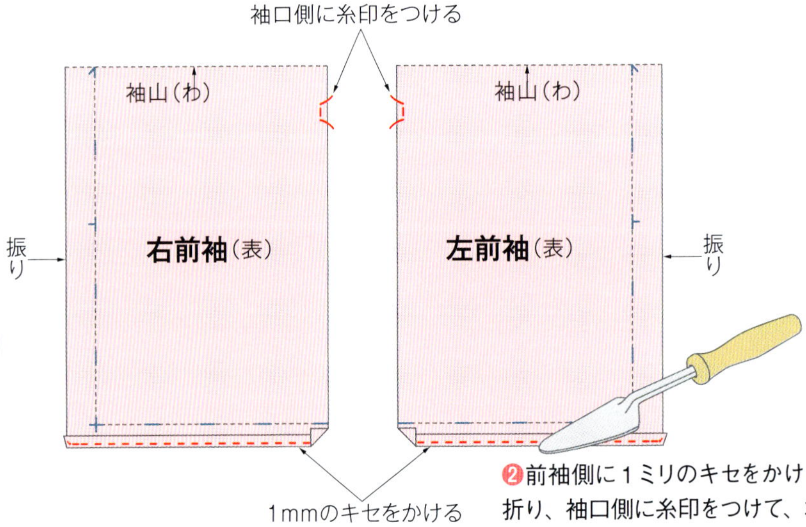

袖口側に糸印をつける
袖山（わ）
振り
右前袖（表）
左前袖（表）
袖山（わ）
振り
1mmのキセをかける

❷前袖側に１ミリのキセをかけて折り、袖口側に糸印をつけて、右袖と左袖をつくります。

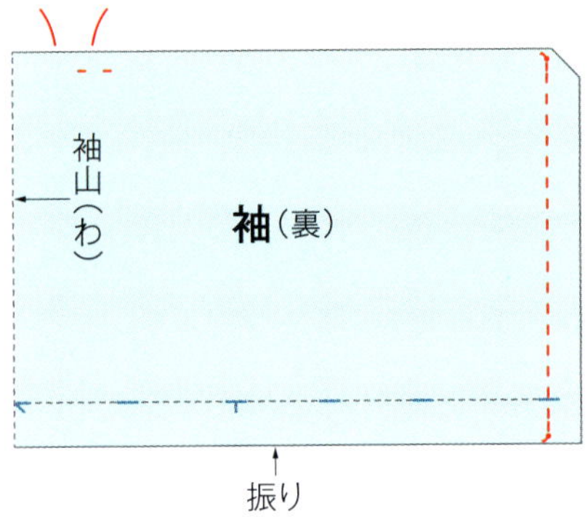

袖山（わ）
袖（裏）
振り

❸裏に返して、縫い線の位置でぐし縫いします。

袖口の袖下は耳の角を落とす袋縫いをすることで、耳が表に出てこないようにします。

2 袖付け側（振り側）をくける

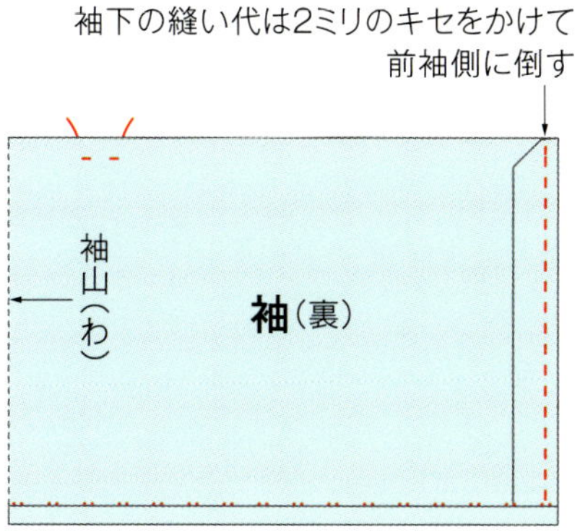
袖下の縫い代は2ミリのキセをかけて
前袖側に倒す
袖山（わ）
袖（裏）

❶袖下の縫い代は２ミリのキセをかけて前袖側に倒します。

❷袖付け側の布端を１センチ折ってから、さらに仕上がり線で折って、折り伏せぐけをします。薄物の場合は、三つ折りに折ってくけます。

3 マジックテープをつける

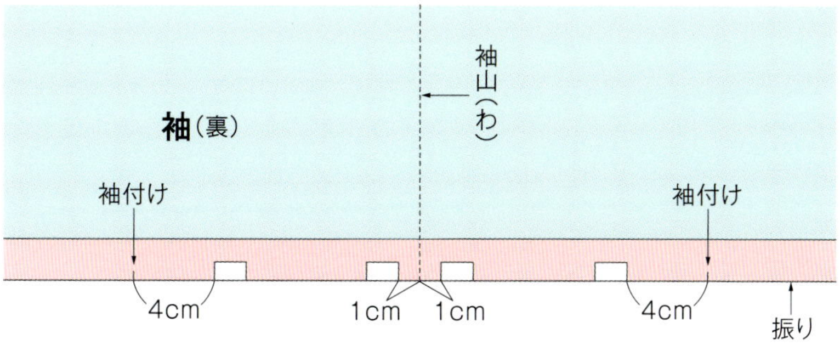
袖（裏）
袖山（わ）
袖付け
袖付け
4cm
1cm
1cm
4cm
振り

イラストの位置にマジックテープをつけます。

4 肌襦袢にマジックテープの受け側をつける

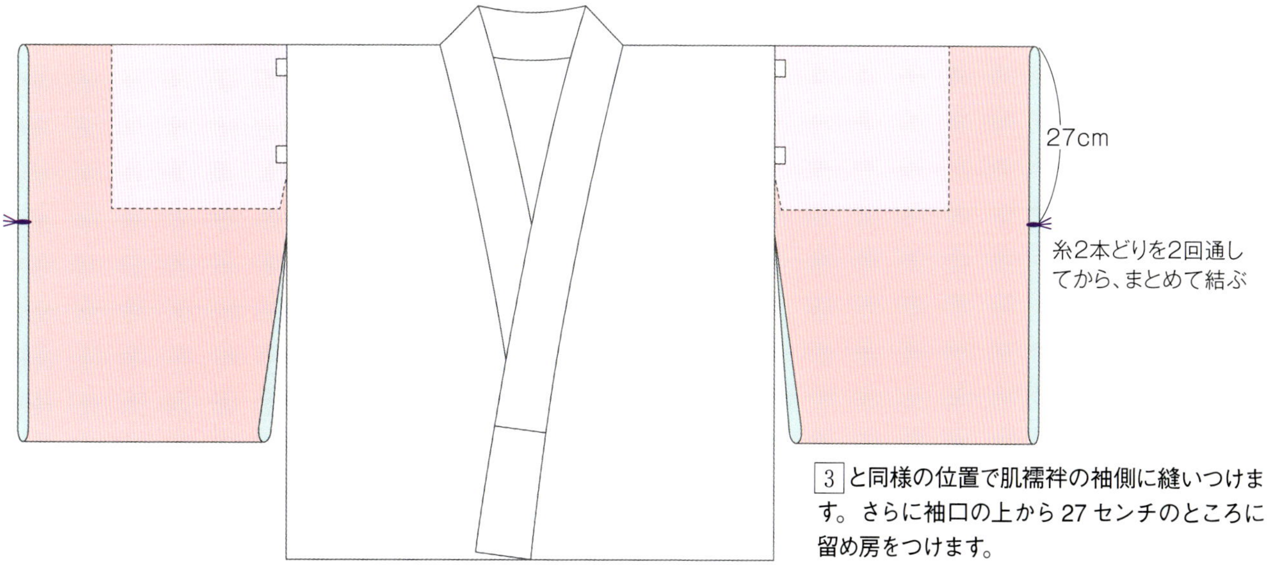
27cm
糸2本どりを2回通してから、まとめて結ぶ

3 と同様の位置で肌襦袢の袖側に縫いつけます。さらに袖口の上から 27 センチのところに留め房をつけます。

嘘つき襦袢の裾よけ

嘘つき襦袢用の裾よけをつくりましょう。腰に当たる部分に新モスを使うと、着け心地もよく、丈夫になります。替え袖と同じように洗える襦袢地でつくっておくと、洗濯機で洗うことができます。

準備するもの

◇長襦袢地（洗える襦袢地）並幅（38cm）×約5m ※生地が足りない場合は、腰布部分を増やして補います。

◇白の新モス　並幅（38cm）×約1m40cm
（※〈衿衽幅×2〉+〈後幅×2〉+〈前幅×2〉+10cm）

縫う順番と縫い方図

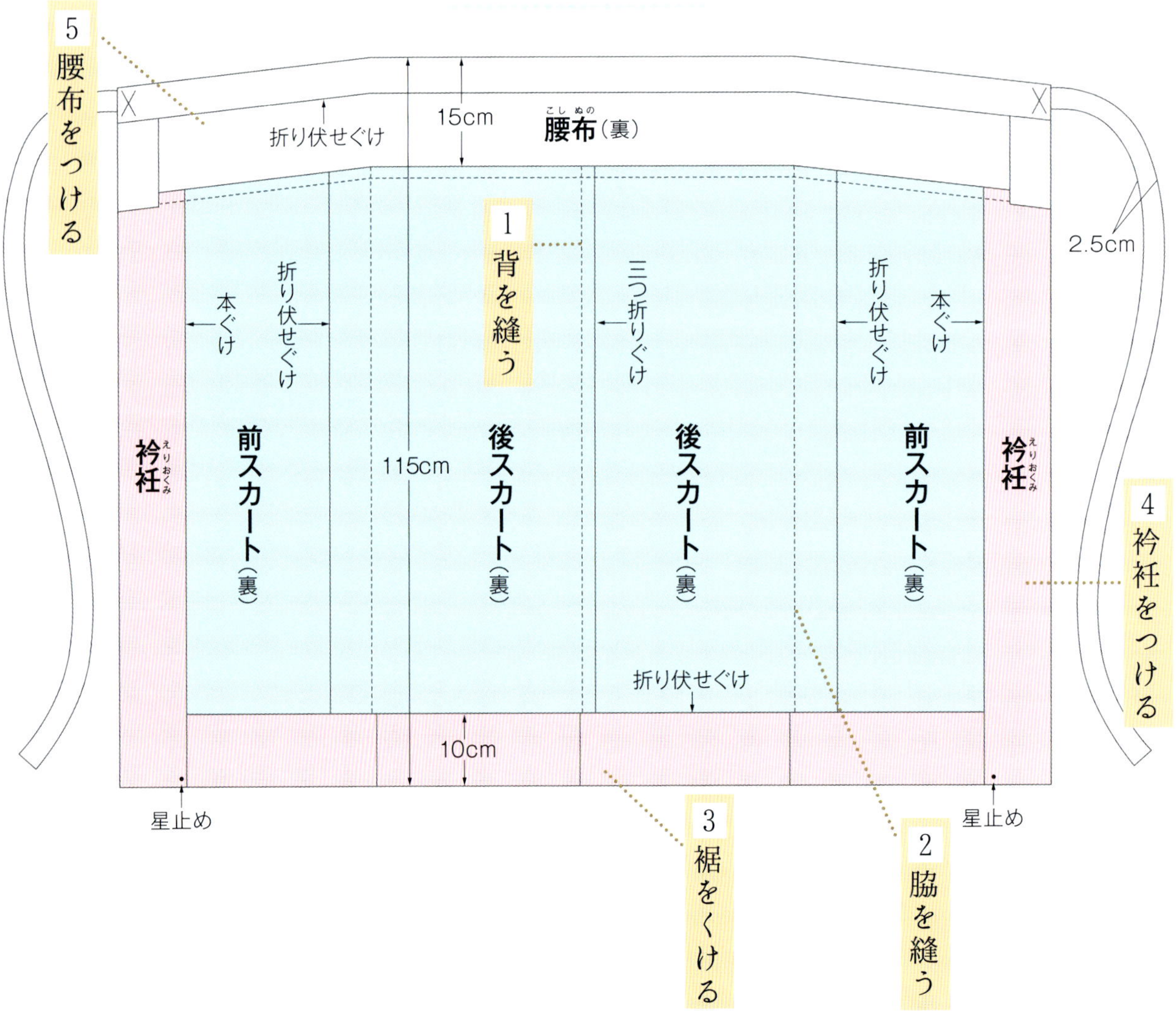

5 腰布をつける
折り伏せぐけ
15cm
腰布《こしぬの》（裏）
1 背を縫う
本ぐけ
折り伏せぐけ
三つ折りぐけ
折り伏せぐけ
本ぐけ
2.5cm
衿衽《えりおくみ》
前スカート（裏）
115cm
後スカート（裏）
後スカート（裏）
前スカート（裏）
衿衽《えりおくみ》
4 衿衽をつける
折り伏せぐけ
10cm
星止め
星止め
3 裾をくける
2 脇を縫う

積もる

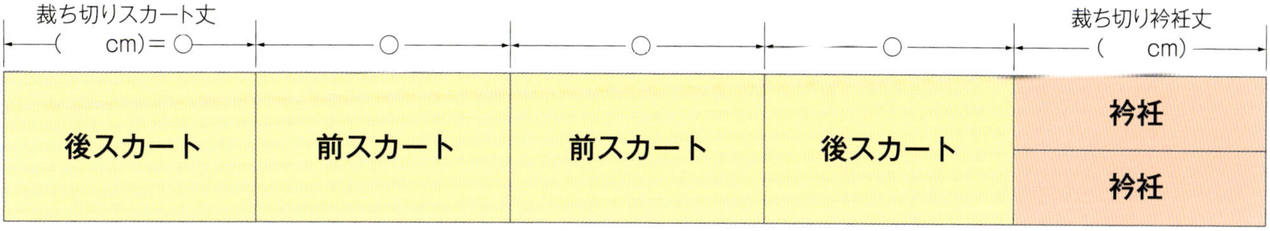

裁ち切りスカート丈
(cm)＝○
○
○
○
裁ち切り衿衽丈
(cm)
後スカート
前スカート
前スカート
後スカート
衿衽
衿衽

出来上がりスカート丈の出し方

ウエストからくるぶしまでの寸法 ＋ 5cm ＝ **100cm**（基準）

裁ち切りスカート丈 〈 出来上がりスカート丈 － 15cm 〉＋ 上下縫い代14cm ＝ **99cm**（基準）
※前後左右４枚とる

裁ち切り衿衽丈 〈 出来上がりスカート丈 － 15cm 〉＋ 上下縫い代6cm ＝ **91cm**（基準）
※１枚を縦半分に切る

印付け

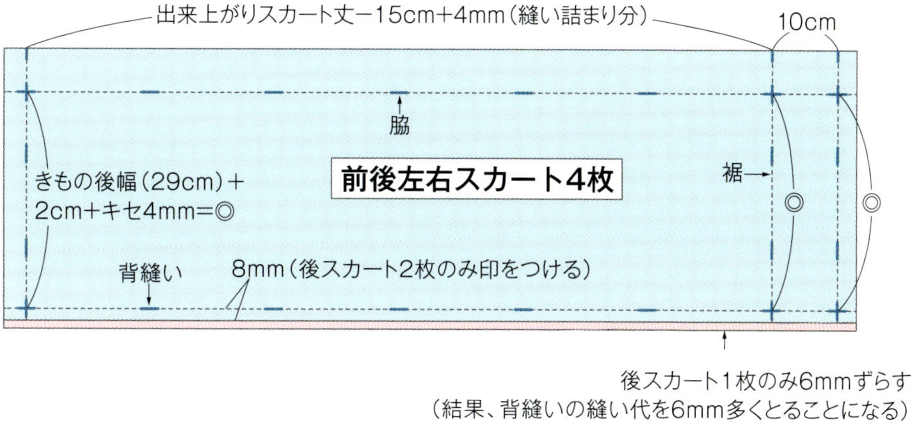

出来上がりスカート丈－15cm+4mm（縫い詰まり分）
10cm
脇
前後左右スカート4枚
裾
◎
◎
きもの後幅（29cm）＋
2cm+キセ4mm=◎
背縫い
8mm（後スカート2枚のみ印をつける）
後スカート1枚のみ6mmずらす
（結果、背縫いの縫い代を6mm多くとることになる）

❶前後左右のスカート４枚を重ね、幅とスカート丈をとります。
背縫いは後ろスカートのみ印をつけますが、１枚は6ミリ手前にずらしてつけます。

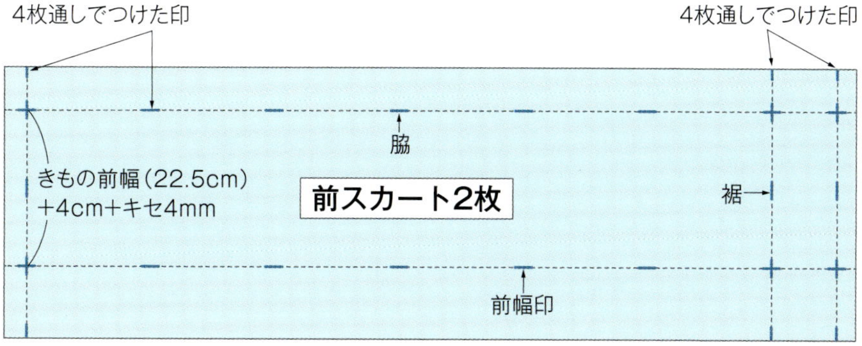

4枚通しでつけた印
4枚通しでつけた印
脇
きもの前幅（22.5cm）
+4cm+キセ4mm
前スカート2枚
裾
前幅印

❷前スカートだけにして前幅をとります。

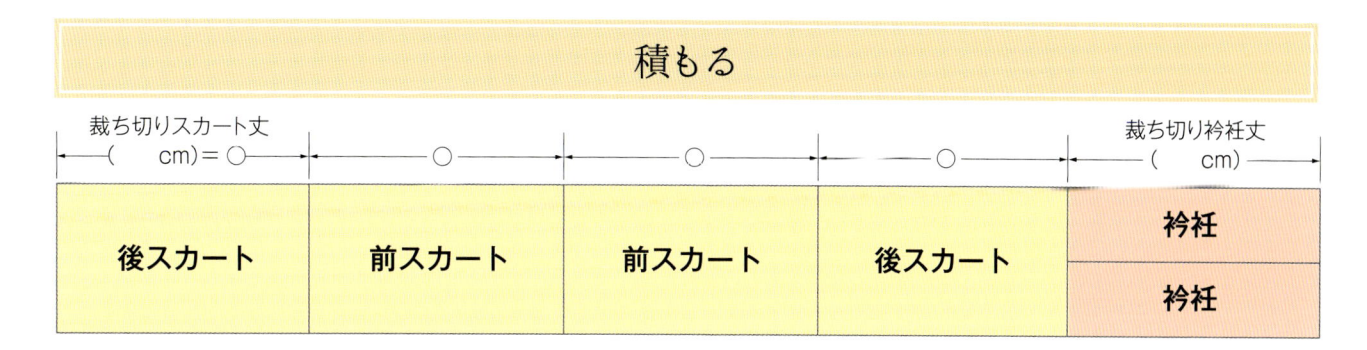

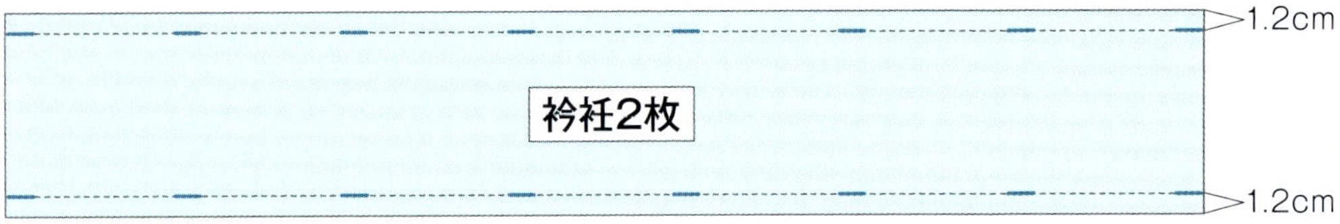
1.2cm
衿衽2枚
1.2cm

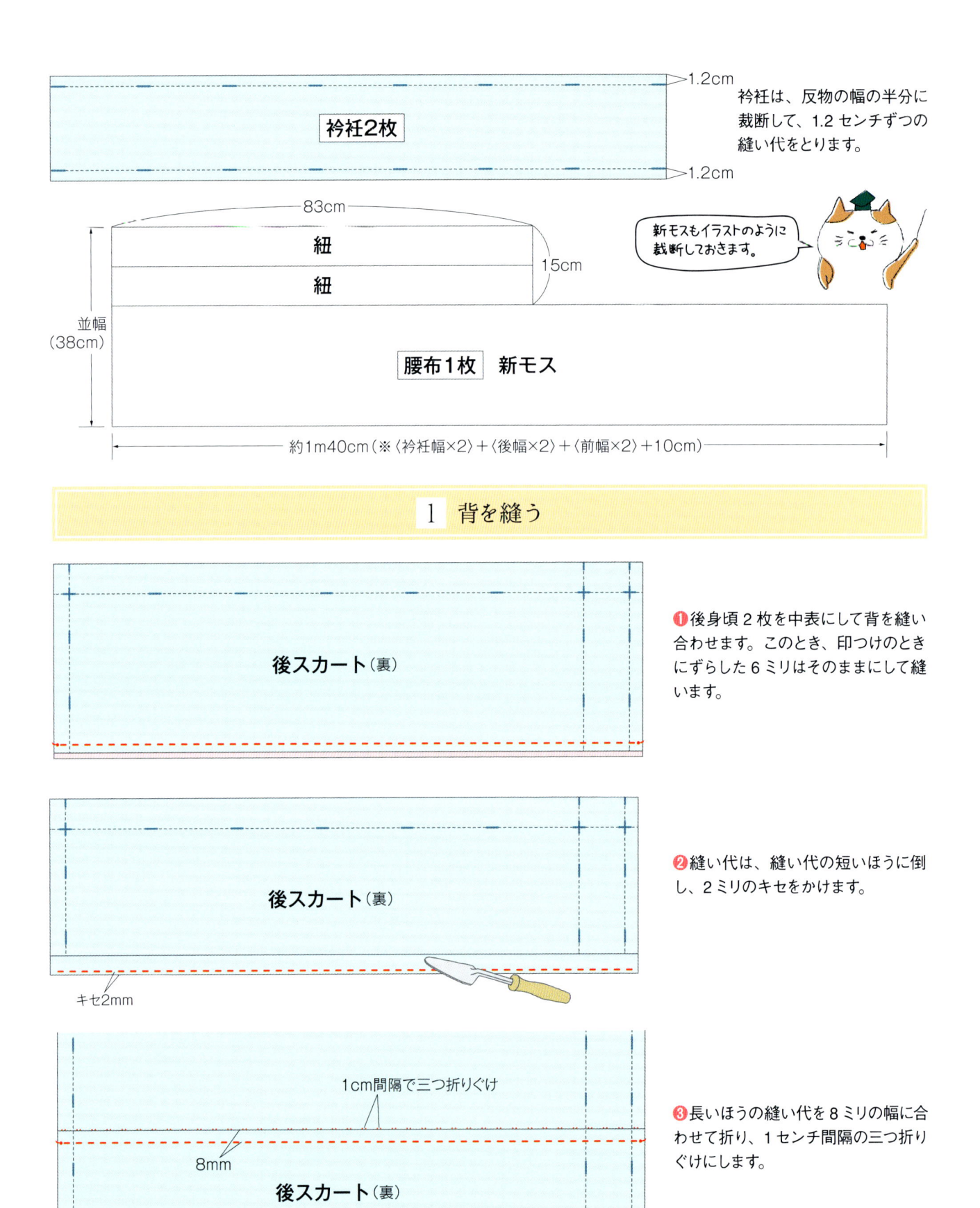

衿衽は、反物の幅の半分に裁断して、1.2センチずつの縫い代をとります。

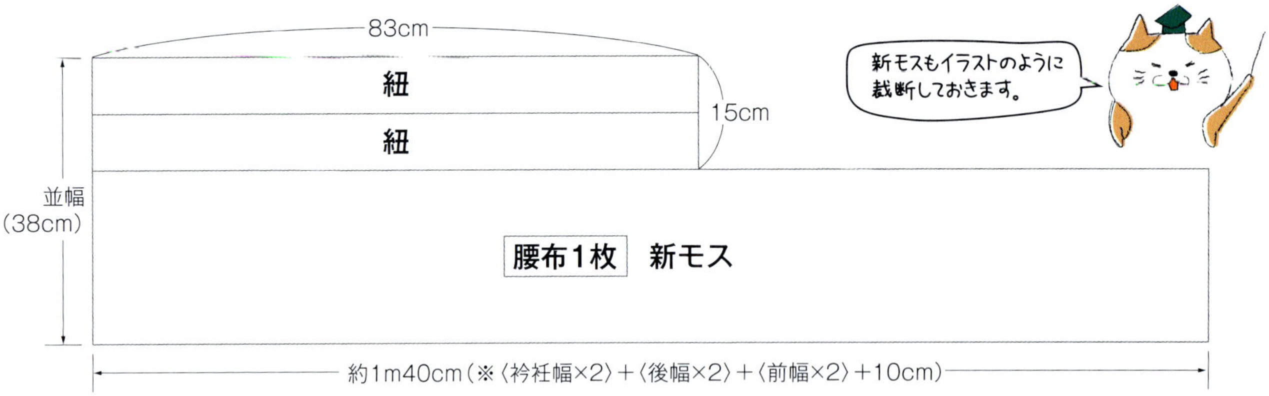
83cm
紐
紐
15cm
並幅
（38cm）
腰布1枚
新モス
約1m40cm（※〈衿衽幅×2〉＋〈後幅×2〉＋〈前幅×2〉＋10cm）
新モスもイラストのように裁断しておきます。

1　背を縫う

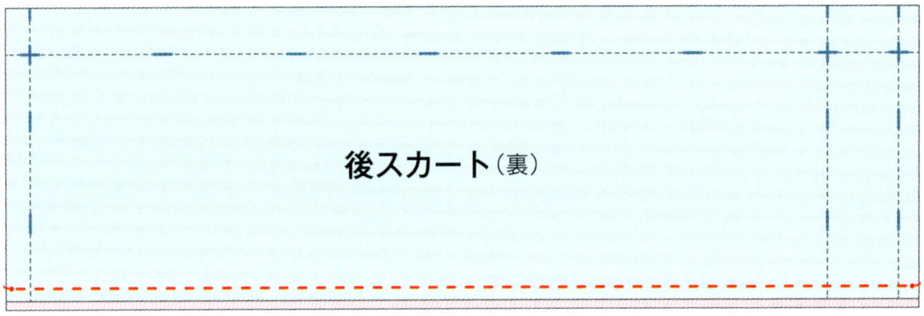
後スカート（裏）

❶後身頃２枚を中表にして背を縫い合わせます。このとき、印つけのときにずらした６ミリはそのままにして縫います。

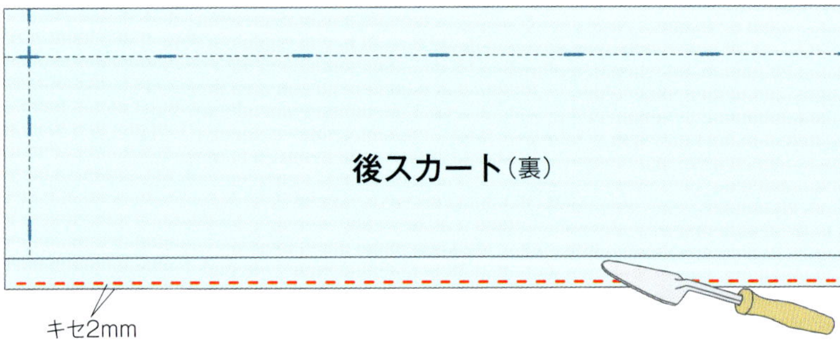
後スカート（裏）
キセ2mm

❷縫い代は、縫い代の短いほうに倒し、２ミリのキセをかけます。

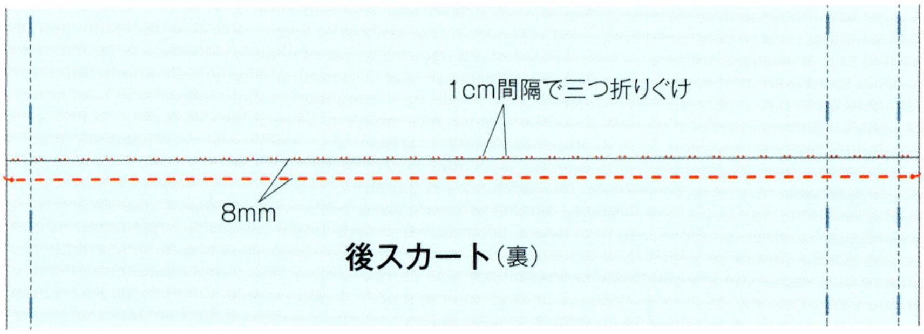
1cm間隔で三つ折りぐけ
8mm
後スカート（裏）

❸長いほうの縫い代を８ミリの幅に合わせて折り、１センチ間隔の三つ折りぐけにします。

2 脇を縫う

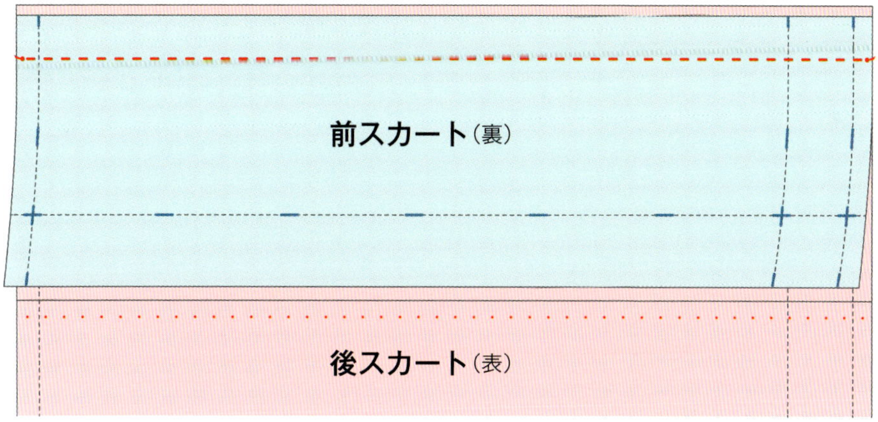
前スカート（裏）
後スカート（表）

❶後スカートと前スカートを中表に合わせ、縫います。

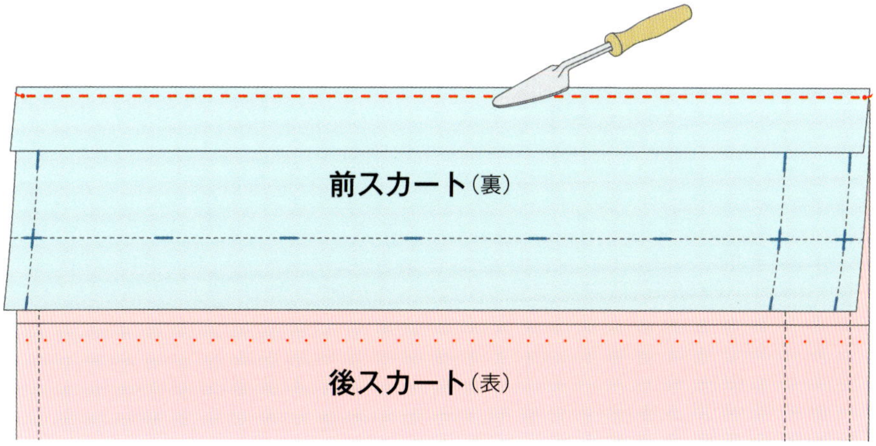
前スカート（裏）
後スカート（表）

❷２ミリのキセをかけて前スカート側に折ります。反対側も同様に。

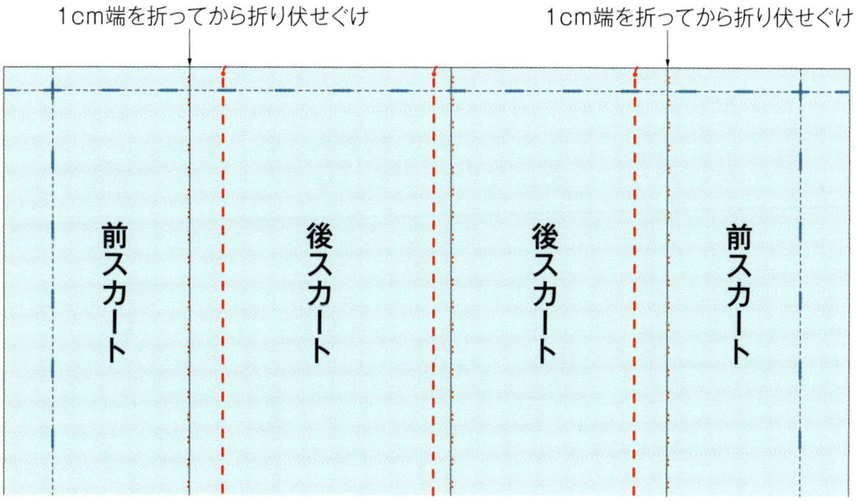
1cm端を折ってから折り伏せぐけ
1cm端を折ってから折り伏せぐけ
前スカート
後スカート
後スカート
前スカート

❸縫い代の端を合わせて１センチ折り、前スカート側に倒して、折り伏せぐけをします。

3 裾を折ってくける

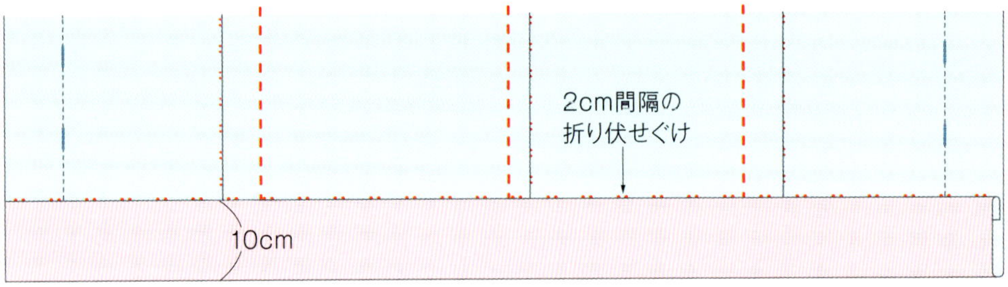
2cm間隔の
折り伏せぐけ
10cm

裾は折り幅が10センチになるように三つ折りにしてから、2センチ間隔の折り伏せぐけにします。

4 衿衽をつける

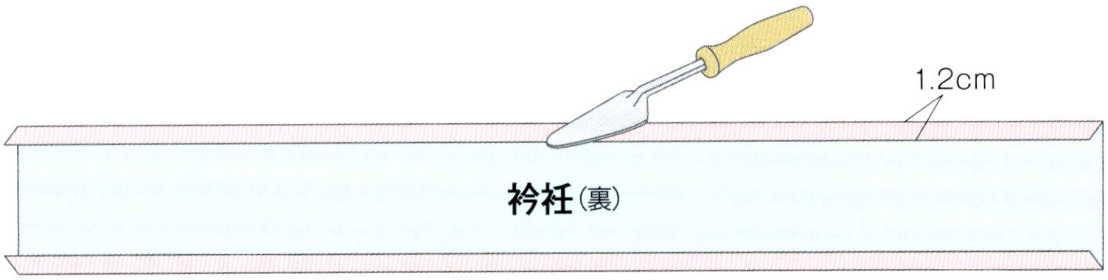
1.2cm
衿衽(裏)

❶衿衽は、裏側に向かって1.2センチずつ折ってコテを当てて線をつけておきます。

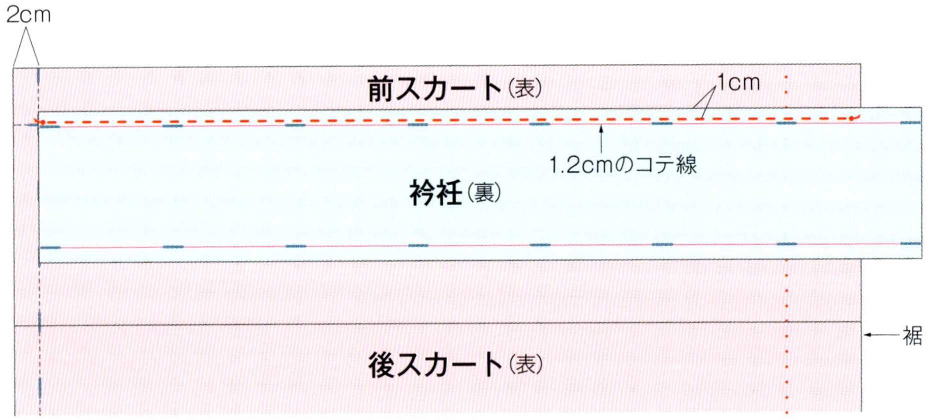
2cm
前スカート(表)
1cm
1.2cmのコテ線
衿衽(裏)
裾
後スカート(表)

❷前スカートと衿衽を中表にして、スカートの前幅印と、衿衽のコテ線を合わせて縫います。このとき、衿衽はスカートの上線から2センチ下げておきます。

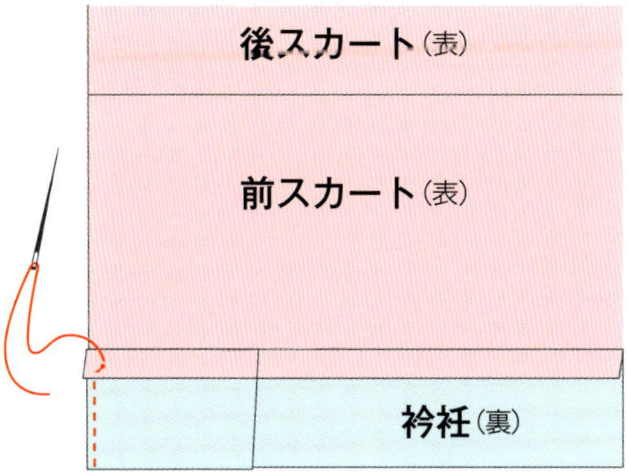

後スカート(表)
前スカート(表)
衿衽(裏)

❸裾線で表側に折り返し、衿衽の縫い代のみをそろえて星留めしておきます。

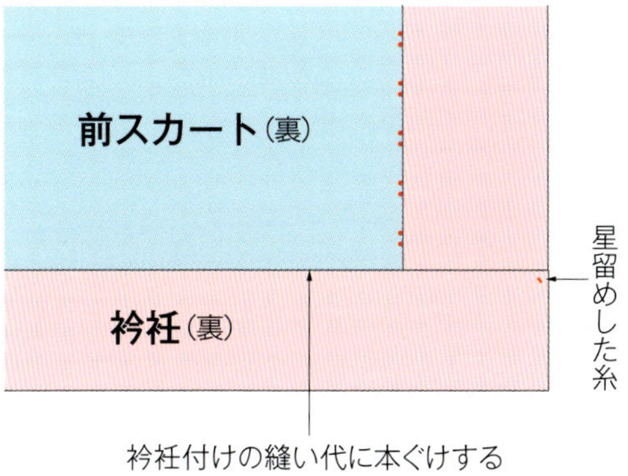

前スカート(裏)
衿衽(裏)
星留めした糸
衿衽付けの縫い代に本ぐけする

❹衿衽を表に返し、衿衽付けの縫い代と本ぐけします。

プロの世界では、星留めした糸が角にちょこっと見えることが、ちゃんと仕立てていることの証明になります。

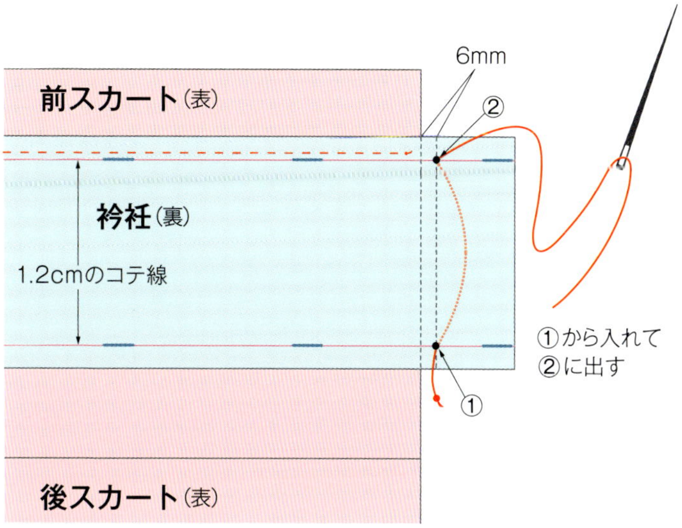

6mm
②
前スカート(表)
衿衽(裏)
1.2cmのコテ線
①から入れて
②に出す
①
後スカート(表)

❶衿衽の先は、裾線から6ミリのところに糸を通して縫い合わせたスカートとともに中表に2つ折りします。

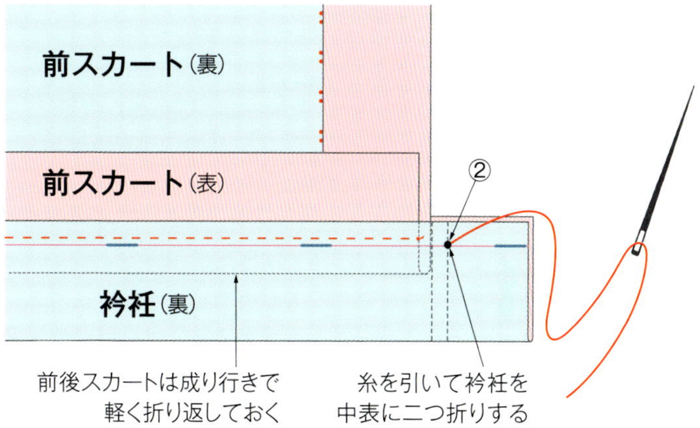

前スカート(裏)
前スカート(表)
②
衿衽(裏)
前後スカートは成り行きで
軽く折り返しておく
糸を引いて衿衽を
中表に二つ折りする

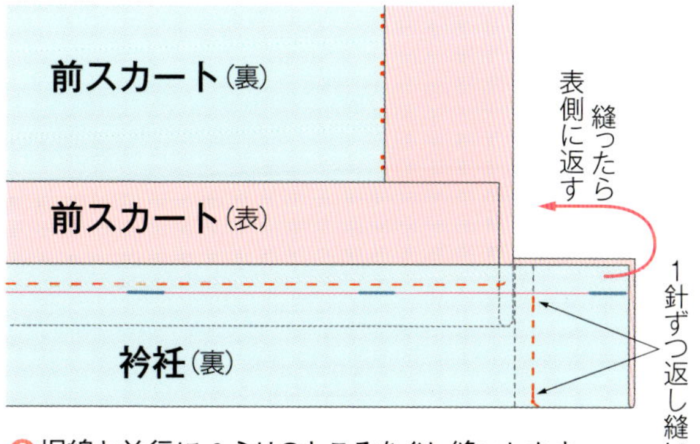

前スカート(裏)
縫ったら表側に返す
前スカート(表)
衿衽(裏)
1針ずつ返し縫い

❷裾線と並行に6ミリのところをぐし縫いします。縫い始めと縫い終わりは一針返します。

5 腰布をつける

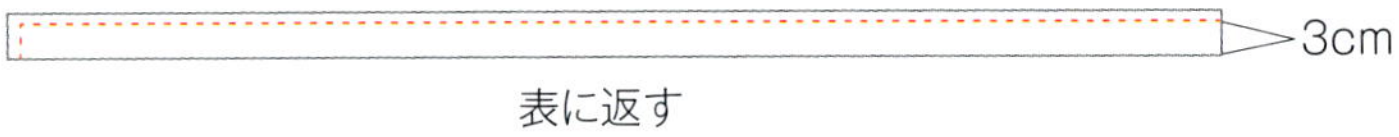
3cm
表に返す

❶腰紐は、それぞれ中表に２つ折りにし、３センチの幅になるように縫います。

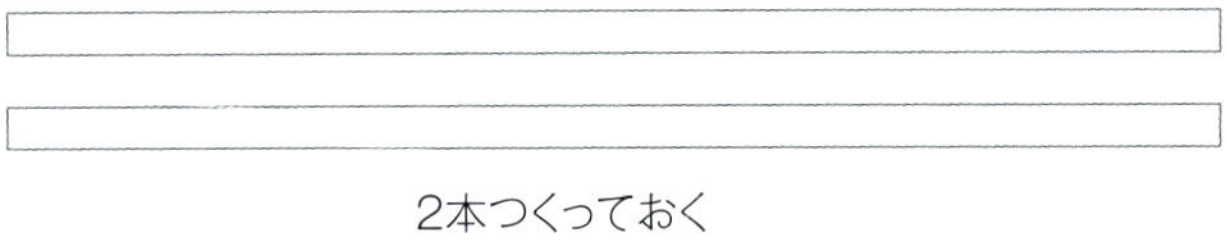
2本つくっておく

❷２ミリのキセをかけてから、縫わないであけておいた口から表に返します。角は針先などできれいに出してコテで形を整えます。これを２本つくっておきます。

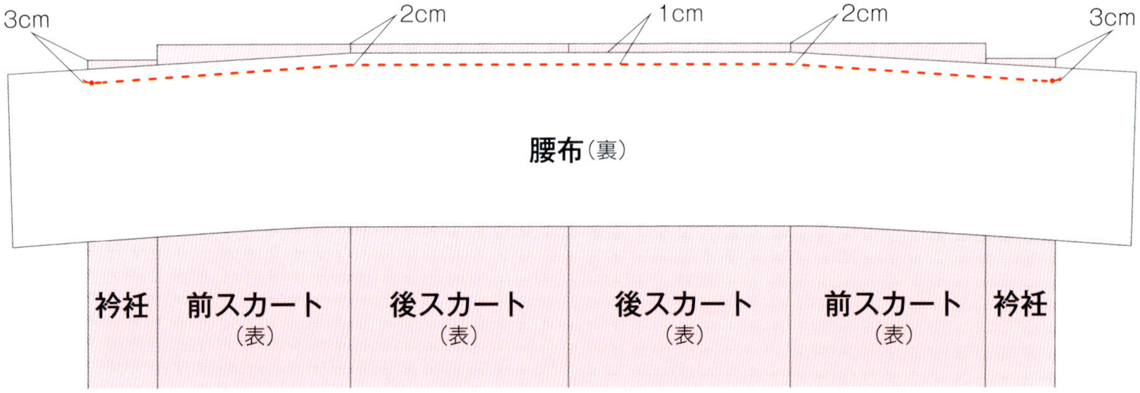
3cm
2cm
1cm
2cm
3cm
腰布（裏）
衿衽
前スカート
（表）
後スカート
（表）
後スカート
（表）
前スカート
（表）
衿衽

❸スカートと腰布を中表に合わせ、スカートは２センチ、腰布は１センチの縫い代をとりますが、脇からは、衿衽端を３センチ下がったところに向かって斜めに針を打ち、縫い合わせます。

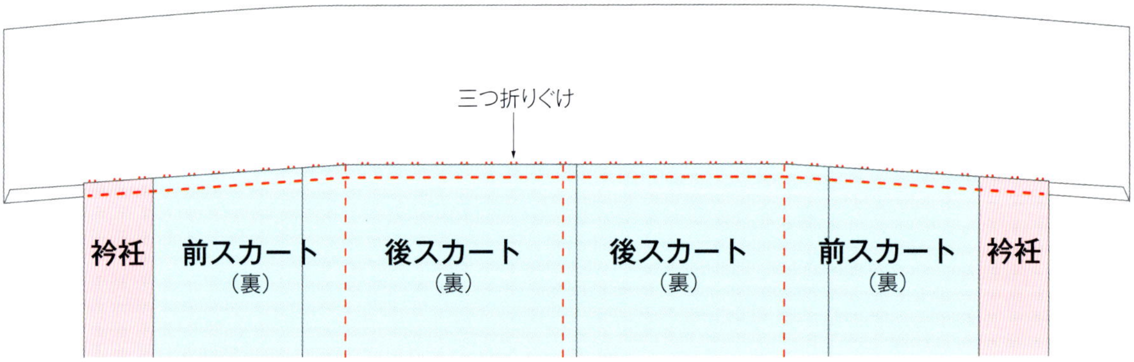
三つ折りぐけ
衿衽
前スカート
（裏）
後スカート
（裏）
後スカート
（裏）
前スカート
（裏）
衿衽

❹縫い代は腰布側に倒し、スカートの縫い代で腰布の縫い代をくるむようにして三つ折りにしてくけます。

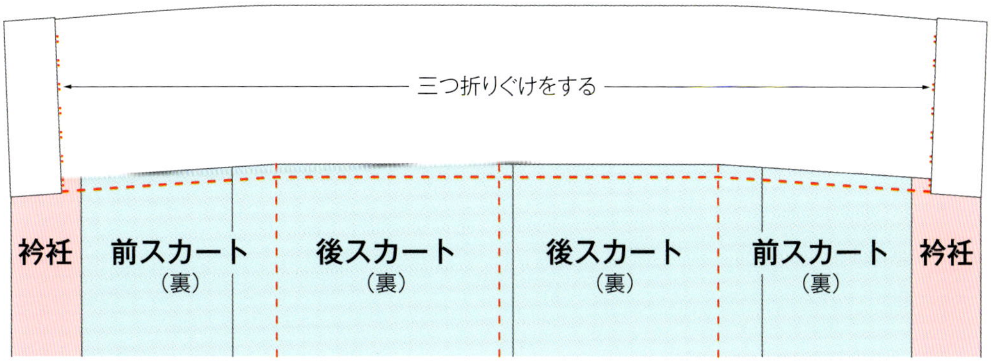
三つ折りぐけをする
衿袵
前スカート
（裏）
後スカート
（裏）
後スカート
（裏）
前スカート
（裏）
衿袵

❺腰布の両端も三つ折りにしてくけます。

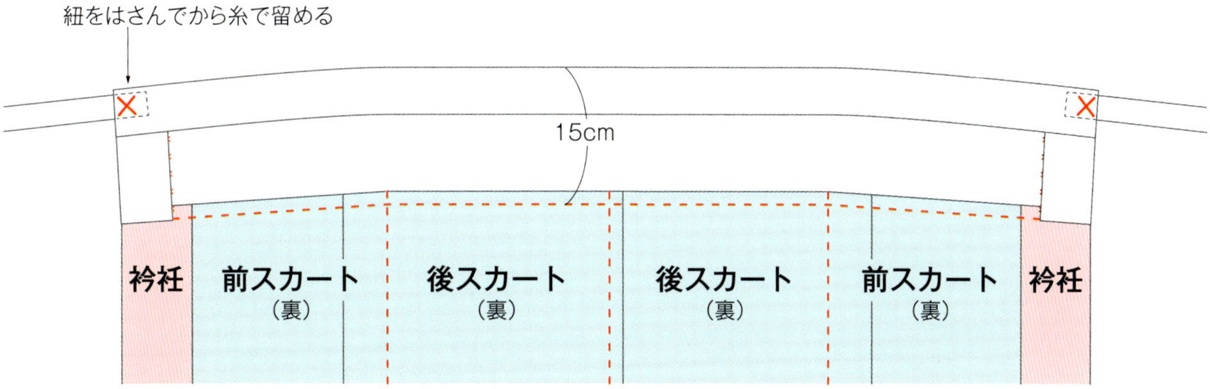
紐をはさんでから糸で留める
15cm
衿袵
前スカート
（裏）
後スカート
（裏）
後スカート
（裏）
前スカート
（裏）
衿袵

❻上端は、腰布が 15 センチの幅になるように三つ折りにし、腰紐をはさんで糸で留めます。

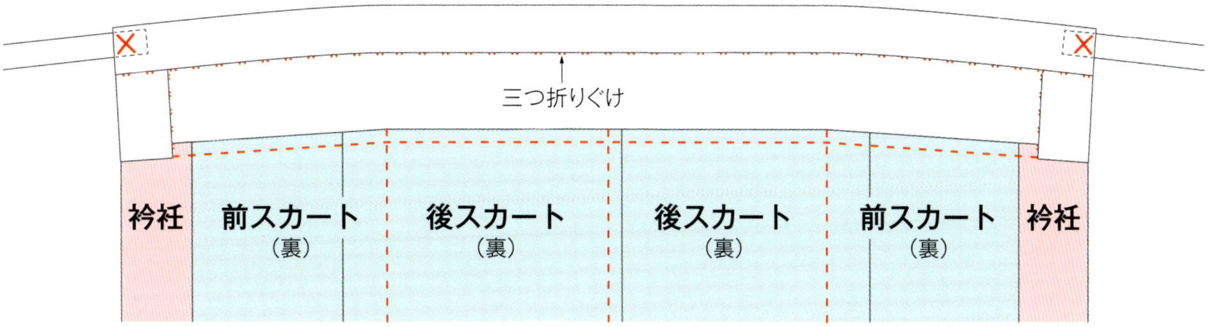
三つ折りぐけ
衿袵
前スカート
（裏）
後スカート
（裏）
後スカート
（裏）
前スカート
（裏）
衿袵

❼三つ折りぐけにして出来上がりです。

ステテコ

洋服のパンツをつくる要領で縫います。縫い目が丈夫なほうがいいので、ミシンを使って縫うのがおすすめですが、せっかく覚えた運針でちくちくとがんばってみましょう。長さはお好みで調節してください。普通の洋服生地で縫えば、リラックスパンツとしてアウターにもなりますよ。

＊準備するもの

◇布／140〜150cm幅×85cm（110cm幅・90cmの場合は1m70cm。）

※丈を長くする場合は、その分、長く用意してください。

◇レース／お好みの幅×120cm

◇ウエストゴム／1.8cm幅×ご自身のウエストサイズ

製図

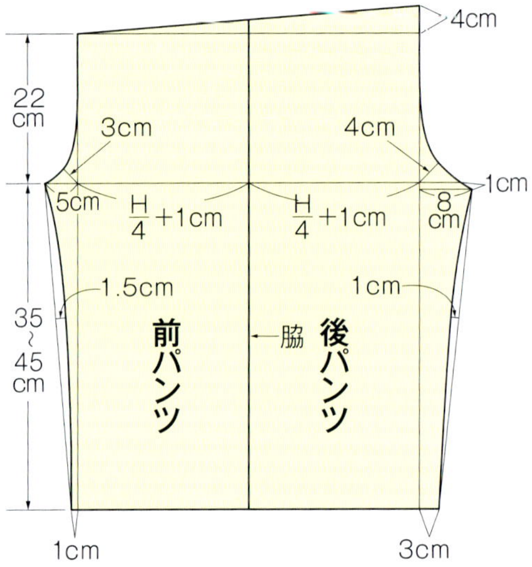

4cm
22cm
3cm
4cm
1cm
5cm
H/4+1cm
H/4+1cm
8cm
1.5cm
1cm
35〜45cm
前パンツ
脇
後パンツ
1cm
3cm

印つけと裁断図

それぞれの布幅に合わせて、型紙を置き、仕上がり線をあとで消せるペンで引きます。縫い代をとって裁断します。

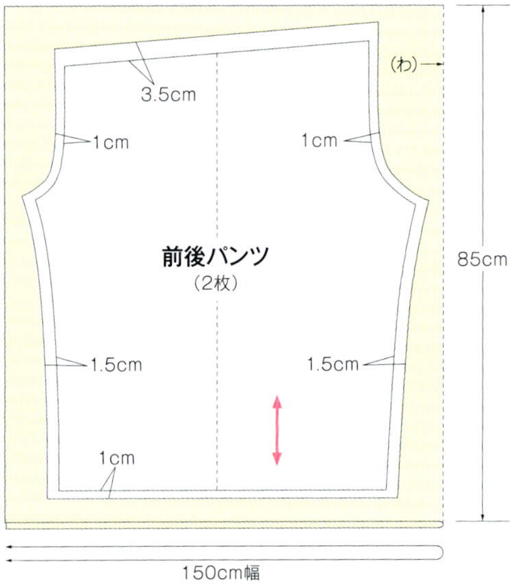

3.5cm
(わ)
1cm
1cm
前後パンツ
(2枚)
85cm
1.5cm
1.5cm
1cm
150cm幅

縫う順番と縫い方図

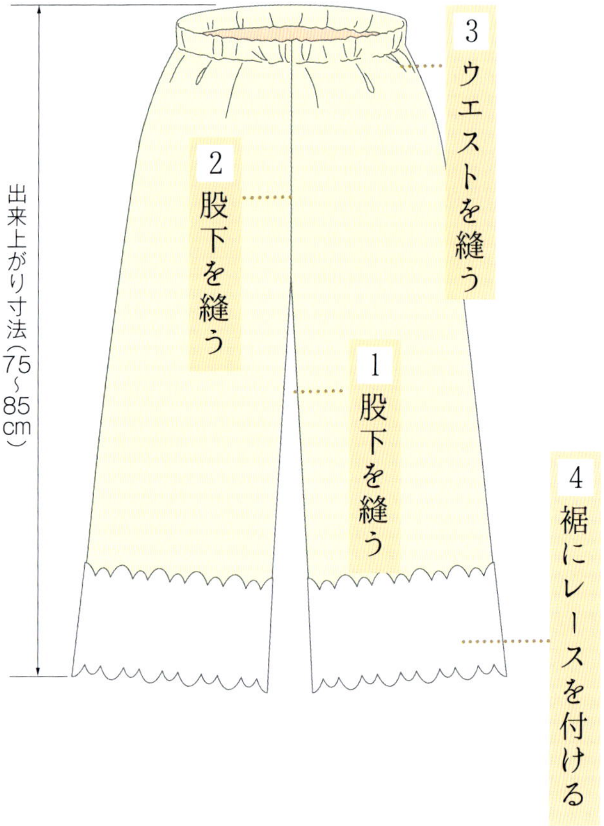

出来上がり寸法(75〜85cm)
3 ウエストを縫う
2 股下を縫う
1 股下を縫う
4 裾にレースを付ける

※110cm 幅、90cm 幅の場合は、タテに2つ折りにして型紙を置きます。

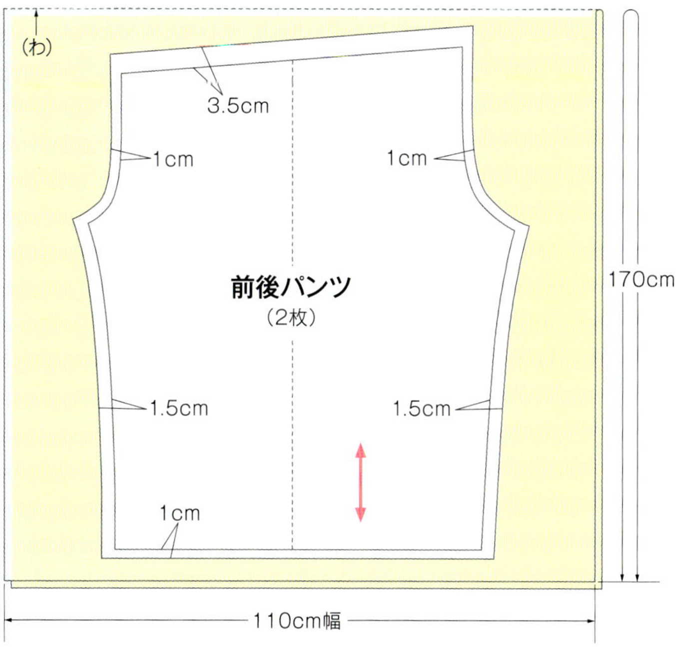

1 股下を縫う

❶前後パンツを中表にして筒状にし、股下を縫います。縫い代を後ろ側に倒します。
❷左右とも同様につくり、1つは表に返します。

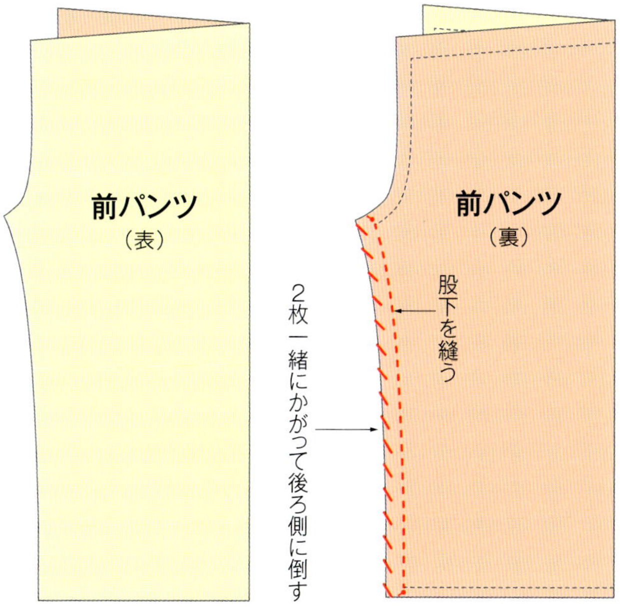

2 股上を二度縫いする

❶表側に返したほうを、もう一方の中にすっぽりと入れて股上を中表に合わせます。
❷小針に縫い合わせ、布端をかがってから縫い代を左側に倒します。

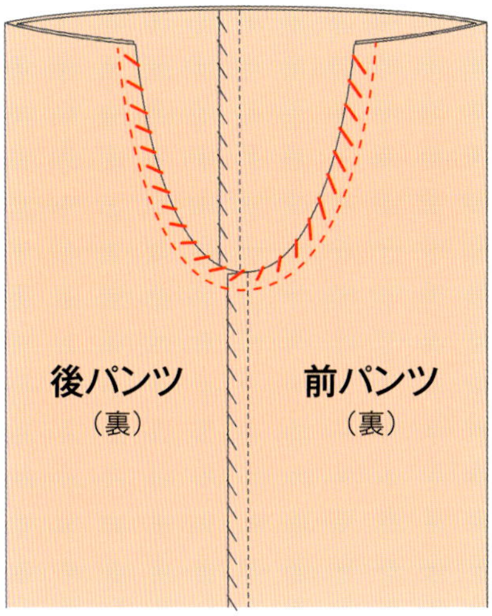

❸パンツを表に返し、縫い線から2ミリのところを前後続けて縫います。

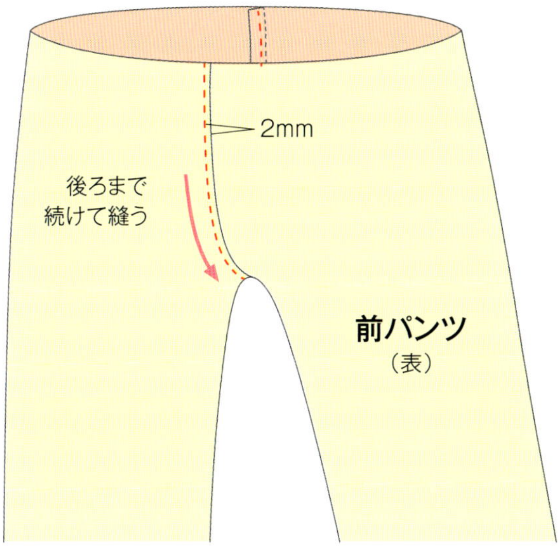

3 ウエストを縫う

❶ウエストを布端から１センチ折り、さらに2.5センチ折り、それぞれの折り端から２ミリのところをぐし縫いしますが、下側はゴムの入り口のみ２センチあけておきます。

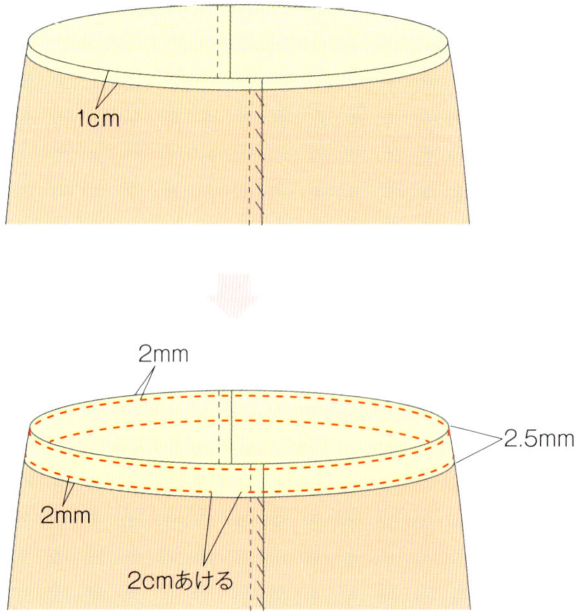

1cm
2mm
2.5mm
2mm
2cmあける

❷２センチあけたところからゴムを通し、ゴム端は１センチ重ねて２度縫いして布の中に入れます。

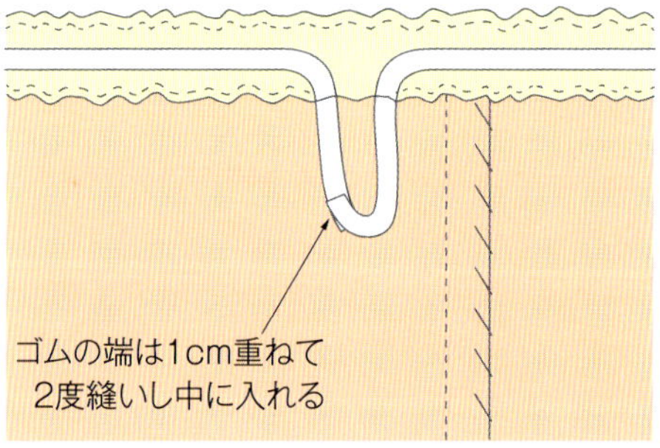

ゴムの端は1cm重ねて
2度縫いし中に入れる

4 裾にレースをつける

❶レースは一度ステテコの裾に待ち針で仮止めして長さを計り、２センチずつの縫い代をとって裁断します。

❷❶を中表にして、端から２センチのところをぐし縫いし、布端はかがります。

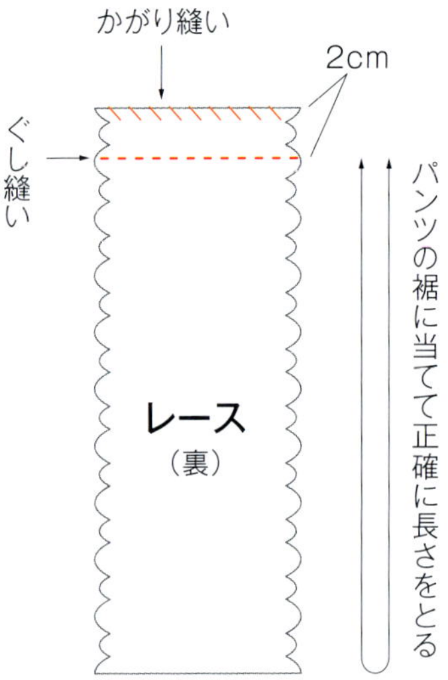

かがり縫い
2cm
ぐし縫い
レース
（裏）
パンツの裾に当てて正確に長さをとる

❸ 縫い代を片側に倒し、❷の縫い線から１センチのところを表まで通してぐし縫いします。

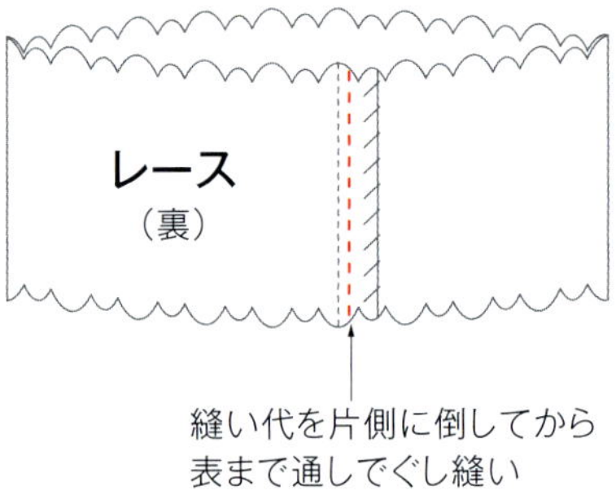

レース
（裏）
縫い代を片側に倒してから
表まで通してぐし縫い

❹パンツの裾は端から１センチ表側に折り、❸のレースを約２センチ重ねて、待ち針を打ちます。

パンツ（表）
1cm表に折る

❺パンツの裾の折り返しから２ミリのところと、６ミリのところを２度縫いします。

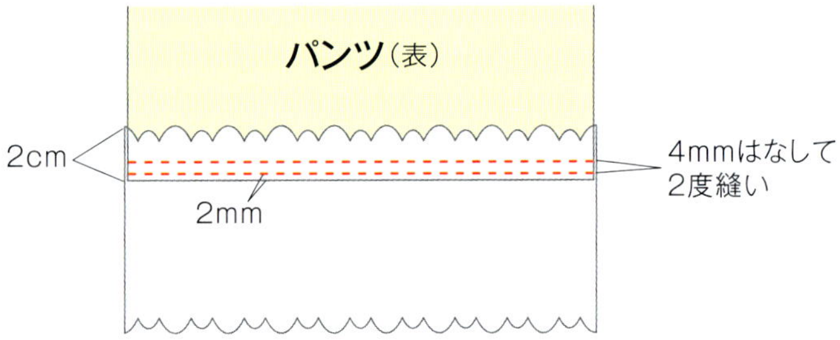

パンツ（表）
2cm
4mmはなして
2度縫い
2mm

半幅帯

幅、長さ、素材、厚みなどはお好みで調節してください。ここでは、変わり結びを楽しめる長めのリバーシブルのつくり方を紹介しています。布地は張りがあって目が詰まっている帯地がおすすめですが、きもの地や洋服地を使う場合も、しっかりした素材を選びましょう。

準備するもの

◇表布(A)20・6cm×約4m9cm
◇表布(B)20・6cm×約4m9cm
◇帯芯(三河芯)16cm×4m
※厚みは3種類あるので、お好みのものを選んでください。
◇ボール紙(布の中に入るサイズ) 1枚

できあがり寸法/幅約16cm 長さ約4m

帯芯は2枚とれる幅があります。表布が薄い場合は2枚とって入れます。

縫う順番

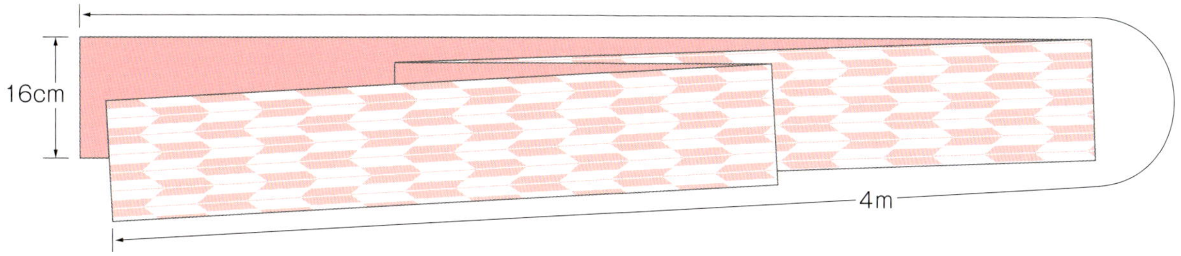
16cm
4m

1 2枚の布を縫い合わせる
2 帯芯を縫い代にとじつける
3 表に返して、返し口を縫い合わせる

印つけと裁断図

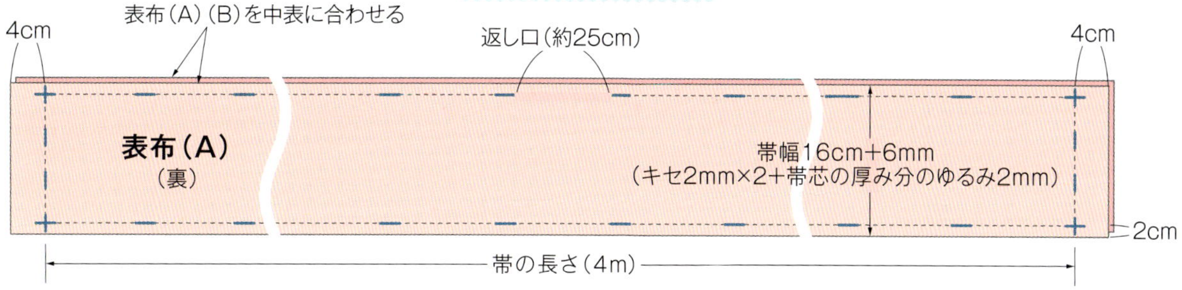
4cm
表布(A)(B)を中表に合わせる
返し口(約25cm)
4cm
表布(A)
(裏)
帯幅16cm+6mm
(キセ2mm×2+帯芯の厚み分のゆるみ2mm)
2cm
帯の長さ(4m)

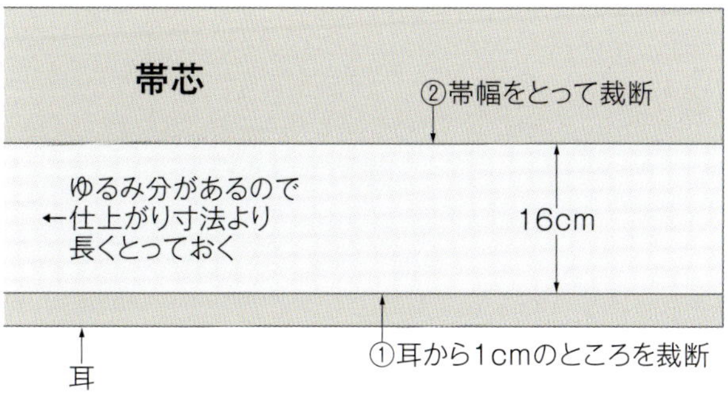
帯芯
②帯幅をとって裁断
ゆるみ分があるので
←仕上がり寸法より
長くとっておく
16cm
耳
①耳から1cmのところを裁断

❶表布は中表に2枚を合わせて、帯幅(上下)は各2センチ、長さ(左右)各4センチずつの縫い代をとって印をつけます。帯幅には、キセ分と帯芯のゆるみ6ミリを入れてあります。

❷ 帯芯は、耳から1センチのところから帯幅をとって裁断します。長さは、布に縫いつけてから切るので、仕上がり寸法よりも5センチぐらい余分にとっておきます。表布が薄い場合は、縫い代をはさんで2枚とります。

1　2枚の布を縫い合わせる

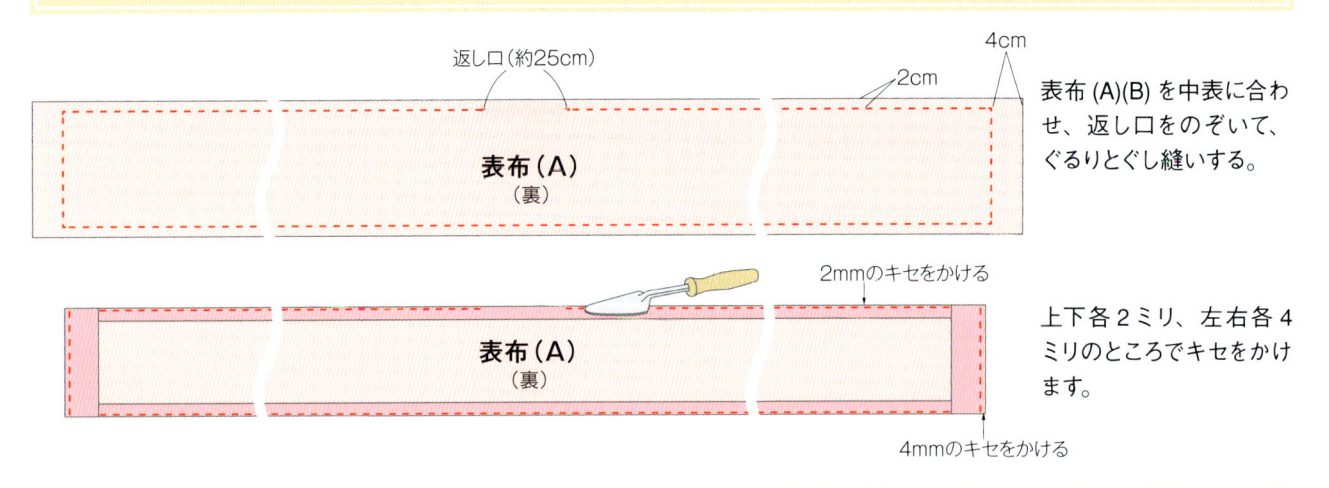

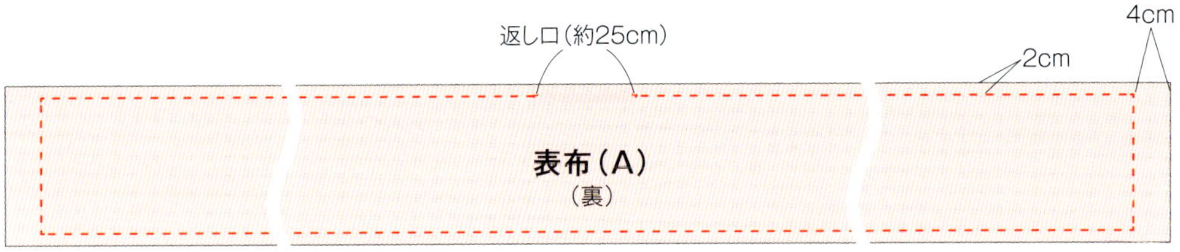

返し口（約25cm）
4cm
2cm
表布（A）
（裏）

表布(A)(B)を中表に合わせ、返し口をのぞいて、ぐるりとぐし縫いする。

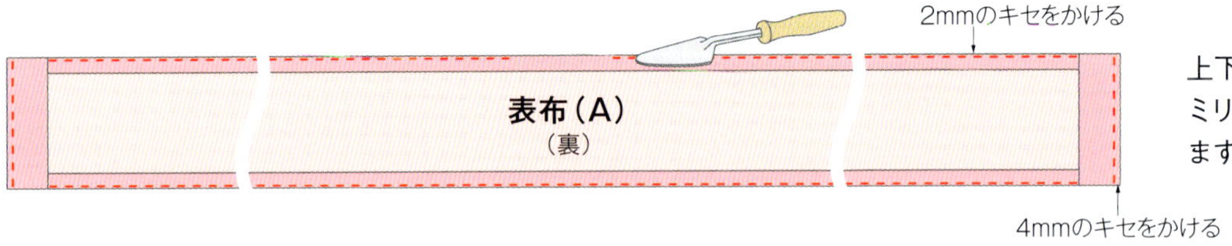

2mmのキセをかける
表布（A）
（裏）
4mmのキセをかける

上下各2ミリ、左右各4ミリのところでキセをかけます。

2　帯芯を縫い代にとじつける

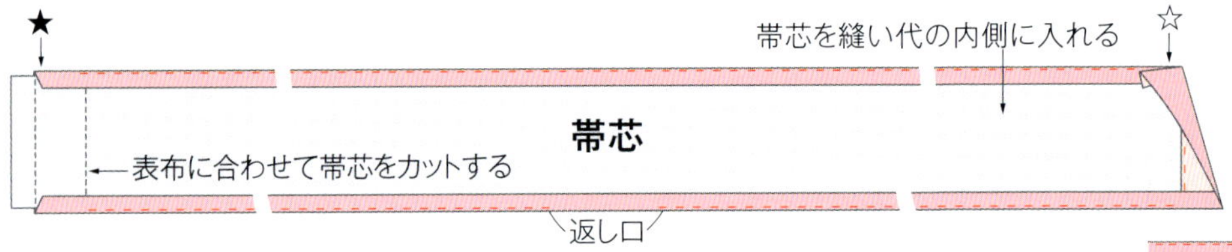

★
☆
帯芯を縫い代の内側に入れる
帯芯
表布に合わせて帯芯をカットする
返し口

❶2の返し口を手前に置いて、縫い代の下に帯芯を入れます。2枚入れるときは縫い代をはさんで重ね、帯芯がずれないように待ち針を打ちます。

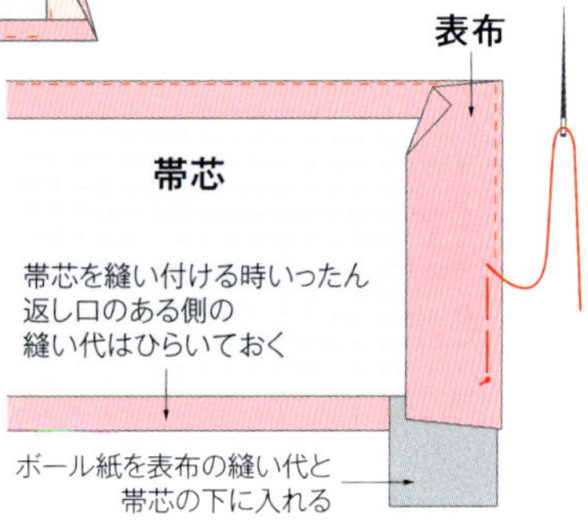

表布
帯芯
帯芯を縫い付ける時いったん
返し口のある側の
縫い代はひらいておく
ボール紙を表布の縫い代と
帯芯の下に入れる

❷帯芯と表布の縫い代を4センチぐらいのしのびとじで縫いつけていきます。このとき表布まで突き抜けて縫わないようにしたいので、ボール紙などを縫い代の下に入れて縫います。

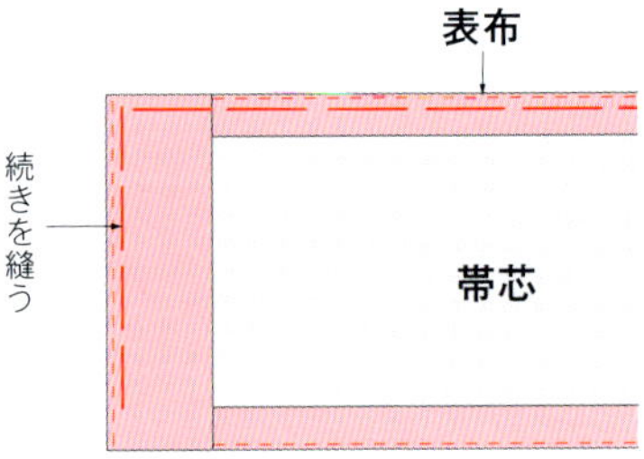

表布
続きを縫う
帯芯

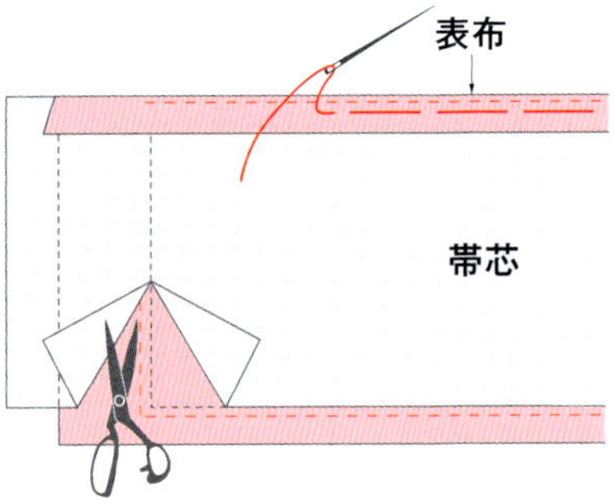

表布
帯芯

❸☆から★を縫い合わせるときは、40センチずつの間に4ミリずつ、帯芯にゆるみを入れていきます。

❹★まで縫ったら、針と糸はそのままにし、帯芯の余分を、表布に合わせてまっすぐに切ります。

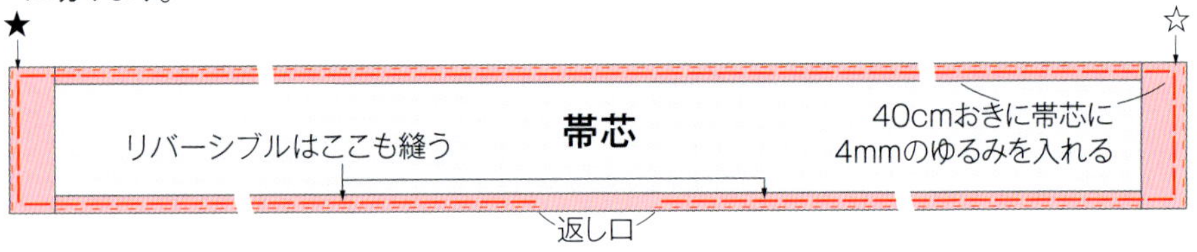

★
☆
帯芯
リバーシブルはここも縫う
40cmおきに帯芯に
4mmのゆるみを入れる
返し口

❺リバーシブル帯の場合は、返し口をのぞいて手前の辺も上と同じようにゆるみを入れながら、とじつけます。

2枚帯芯を入れる場合

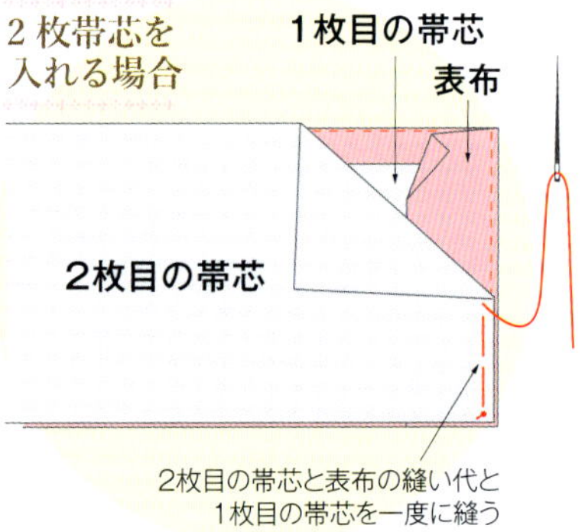

1枚目の帯芯
表布
2枚目の帯芯
2枚目の帯芯と表布の縫い代と
1枚目の帯芯を一度に縫う

3 表に返して、返し口をとじ合わせる

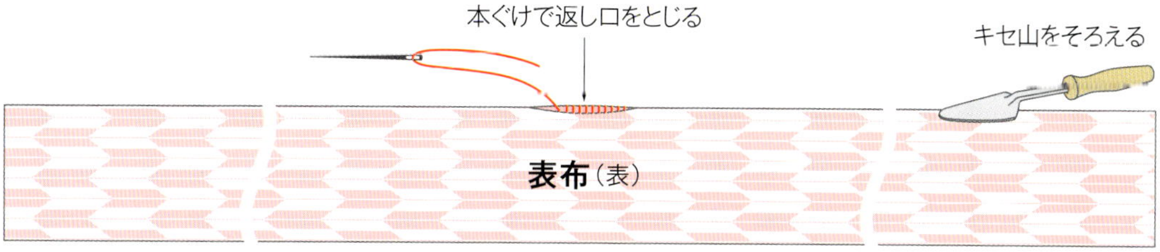
本ぐけで返し口をとじる
キセ山をそろえる
表布（表）

❶返し口から布を表に返し、角を目打ちや針などを使ってきれいに出してから、キセ山をそろえて、コテ、またはアイロンをかけます。
❷返し口を本ぐけでとじ合わせます。

スカーフでかぶせ帯

お太鼓結びをしたあとに、帯だけを気軽にイメージチェンジさせることができます。本書ではスカーフでつくりましたが、きもの地、洋服地など、透けない布ならば何でも大丈夫です。また、胴まわりだけかぶせて前帯を変え、羽織を羽織ってしまってもいいでしょう。

＊準備するもの

◇大判スカーフ／1枚（約87×87㎝）
◇接着芯／32㎝×62㎝（中厚程度。帯の上にかぶせるので厚すぎないものを）
◇マジックテープ／2.5㎝幅×30㎝
◇紐／1～3㎝幅×120㎝
※締まりのよい紐ならば何でもよいです。

縫う順番と縫い方図

約62cm
①たれ先をくける
約32cm

1 お太鼓をつくる

2 胴まわりをつくる

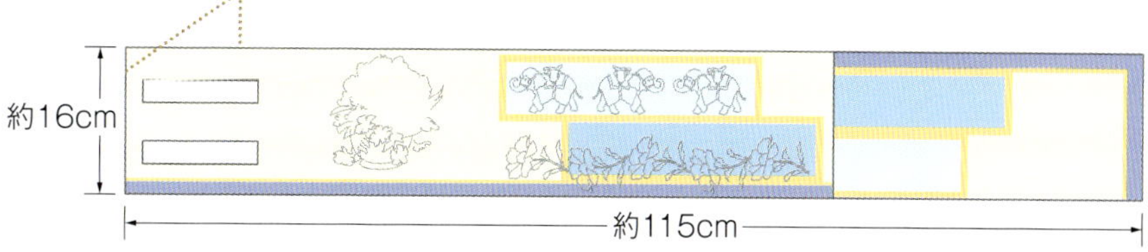
約16cm
約115cm

製図・印つけ・裁断図

図面には縫い代が含まれています。裁断後、胴まわりは布を接ぎます。その後、前帯の位置を決めて必要寸法にカットします。
お太鼓、胴まわり、それぞれに接着芯を貼ります。

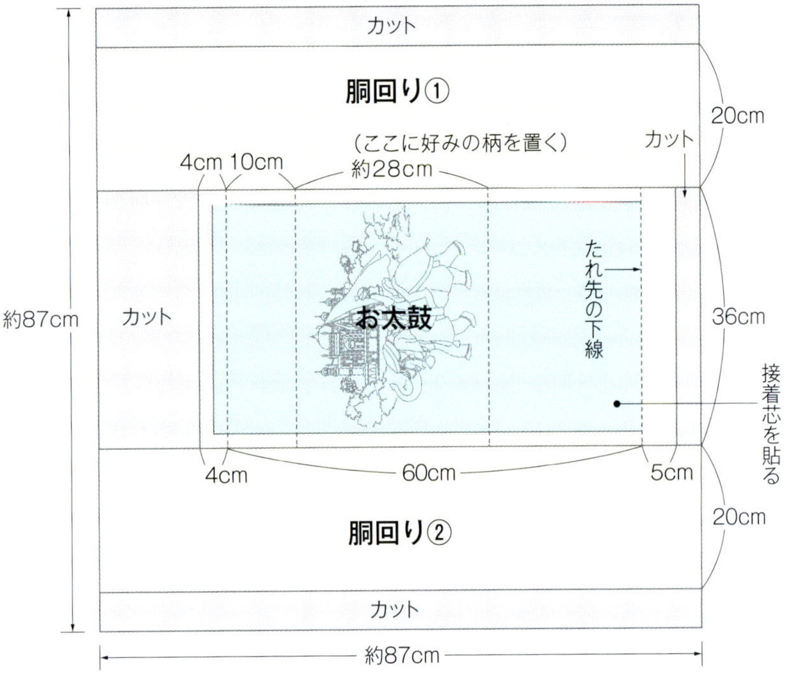

カット
胴回り①
(ここに好みの柄を置く)
約28cm
4cm 10cm
20cm
カット
約87cm
カット
お太鼓
たれ先の下線
36cm
接着芯を貼る
4cm
60cm
5cm
20cm
胴回り②
カット
約87cm

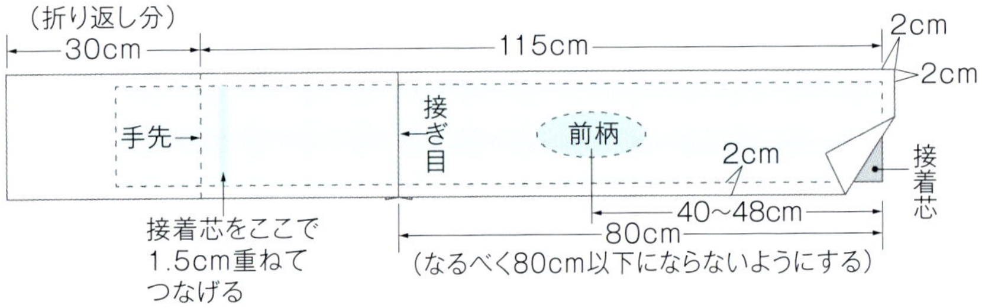

(折り返し分)
30cm
115cm
2cm
2cm
手先
接ぎ目
前柄
2cm
接着芯
40~48cm
80cm
(なるべく80cm以下にならないようにする)
接着芯をここで
1.5cm重ねて
つなげる

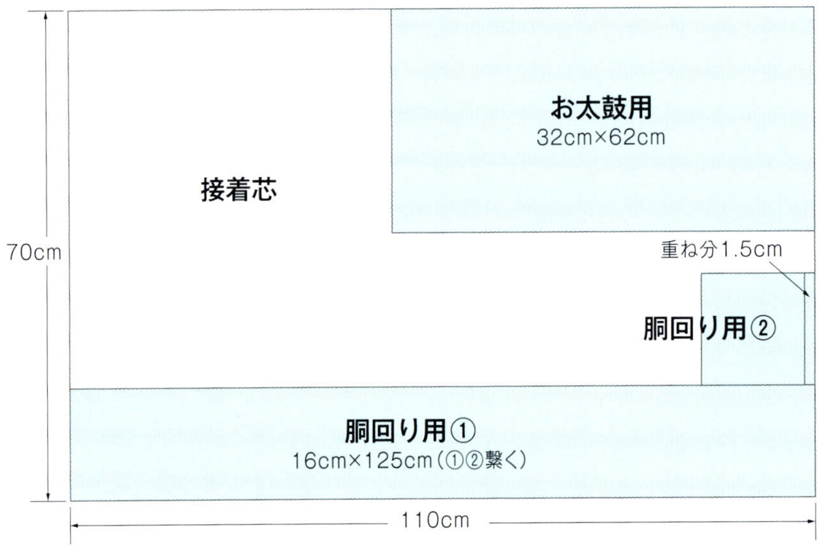

お太鼓用
32cm×62cm
接着芯
70cm
重ね分1.5cm
胴回り用②
胴回り用①
16cm×125cm(①②繋く)
110cm

1　お太鼓をつくる

❶ P162 の製図を参照し、お太鼓の生地に接着芯を貼ります。
❷たれの端は１センチ折ってから仕上がり線で折って１センチ間隔の折り伏せぐけにします。
❸両端は１センチを２回折って、１センチ間隔の三つ折りぐけをします。

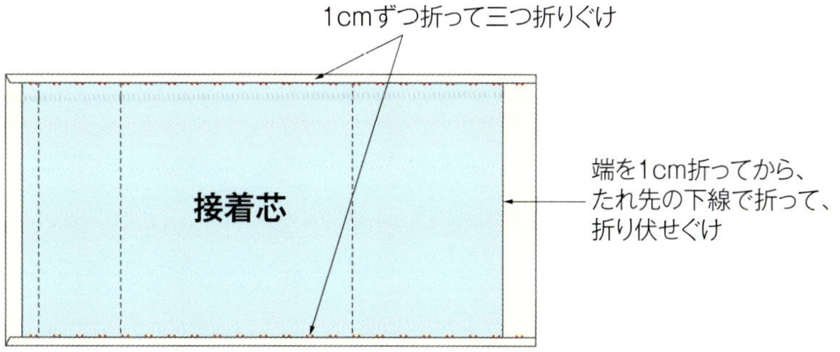
1cmずつ折って三つ折りぐけ
接着芯
端を1cm折ってから、
たれ先の下線で折って、
折り伏せぐけ

❹紐付け位置は、端から１センチ折り、さらに３センチのところで折って、折り端から２ミリのところをぐし縫いします。

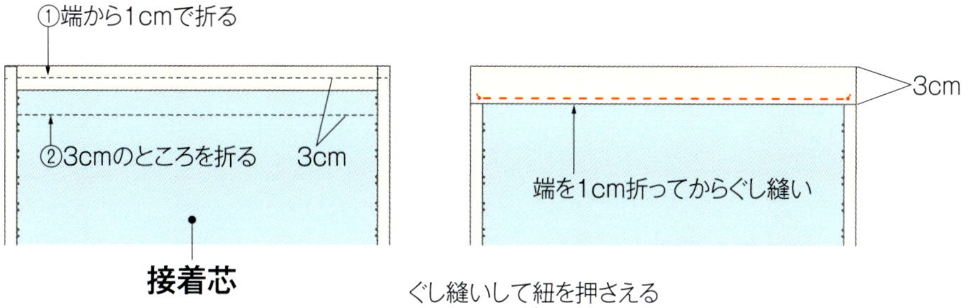
①端から1cmで折る
②3cmのところを折る
3cm
接着芯
3cm
端を1cm折ってからぐし縫い

❺❸の中に紐を通し、紐の中心と帯の中心を縫い押さえます。

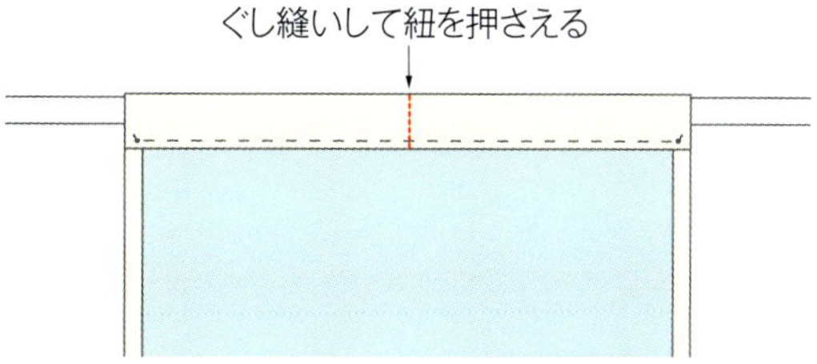
ぐし縫いして紐を押さえる

2　胴まわりをつくる

❶ P162 の製図を参照し、胴まわりの生地に接着芯を貼ります。
❷て先の反対側と前後の端を１センチずつ折って三つ折りぐけします。
❸て先は２センチ折って、さらに 28 センチ折ります。

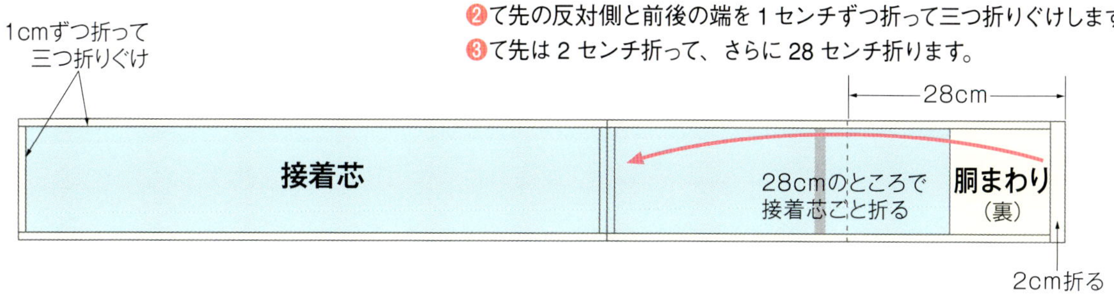
1cmずつ折って
三つ折りぐけ
28cm
接着芯
28cmのところで
接着芯ごと折る
胴まわり
（裏）
2cm折る

❺マジックテープの凸側をて先の裏に、胴まわりの端の表に凹側を縫いつけます。

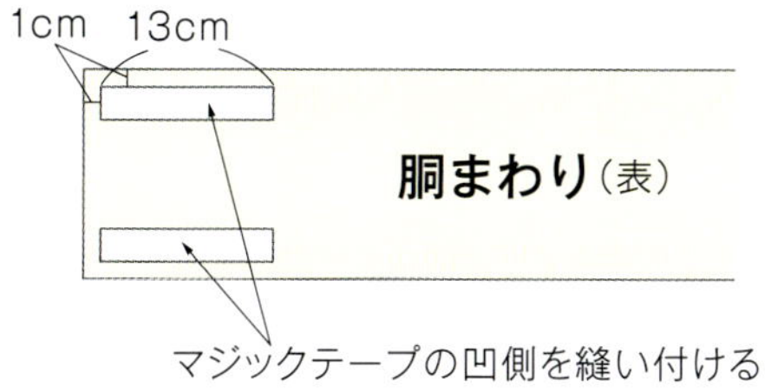
1cm
13cm
胴まわり（表）
マジックテープの凹側を縫い付ける

❹て先側の折り端を１センチ間隔の伏せぐけにし、前後は折り山同士を合わせて本ぐけします。

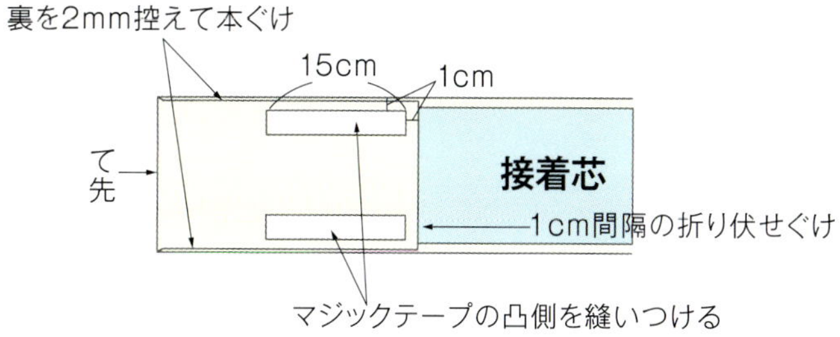
裏を2mm控えて本ぐけ
15cm
1cm
て
先
接着芯
1cm間隔の折り伏せぐけ
マジックテープの凸側を縫いつける

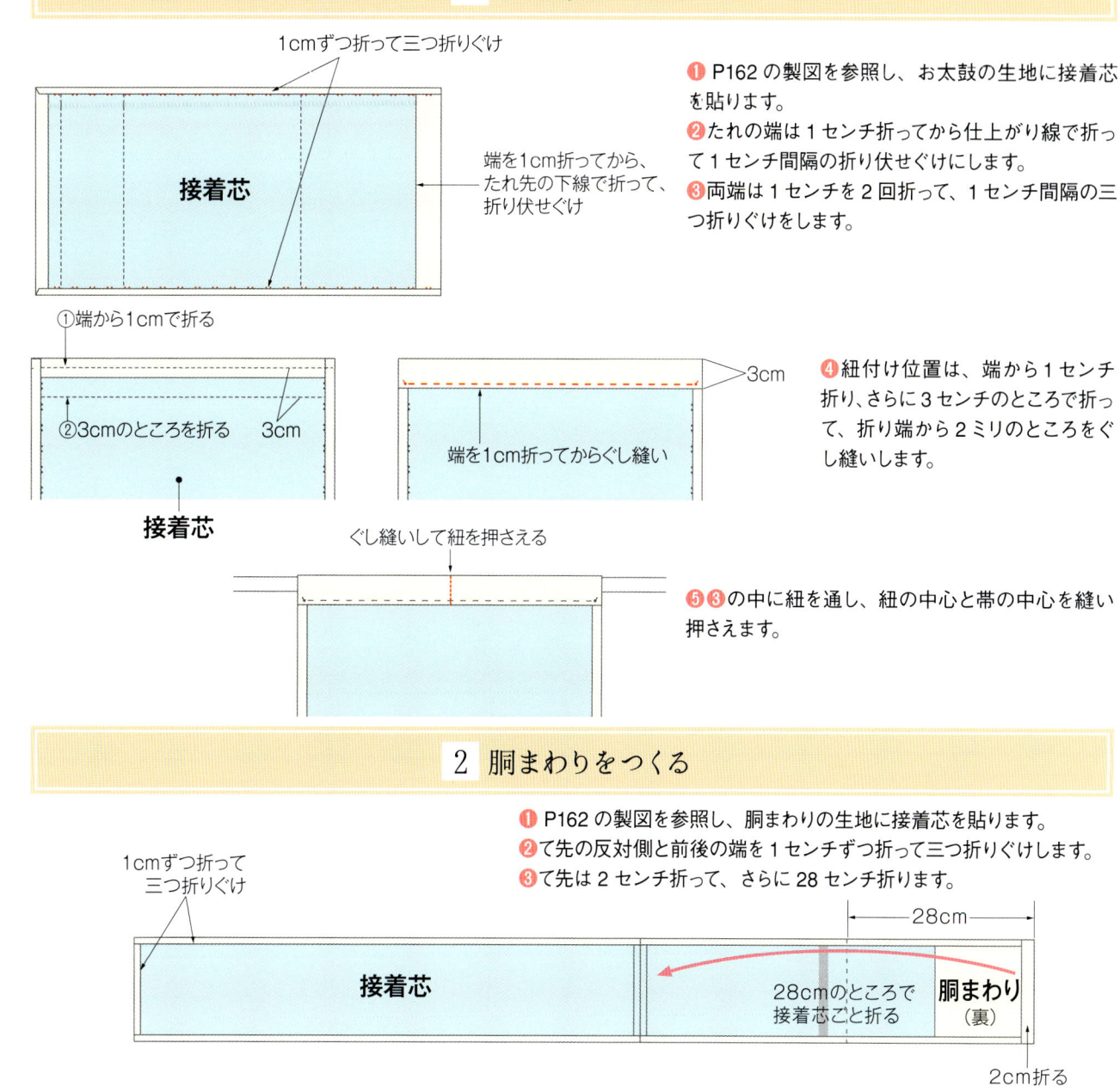

かぶせ帯の装着の仕方

❶帯締をはずし、て先は前帯の中に入れて預けます。

❷かぶせ帯のお太鼓をお太鼓の山を包むようにしてかぶせます。

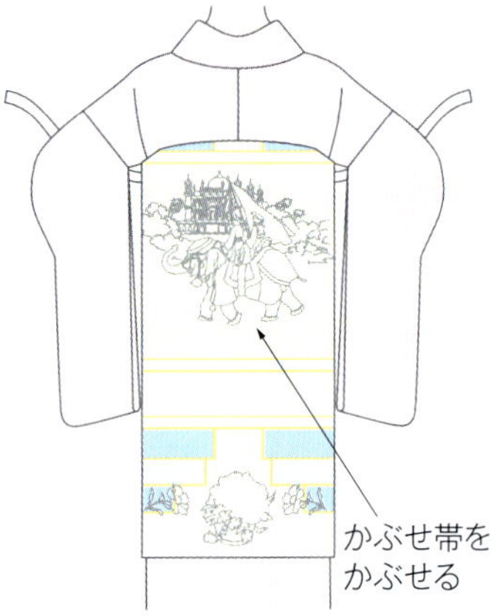
かぶせ帯を
かぶせる

❸紐を前で結んで前帯の中に入れます。紐は見えないように帯揚で隠します。

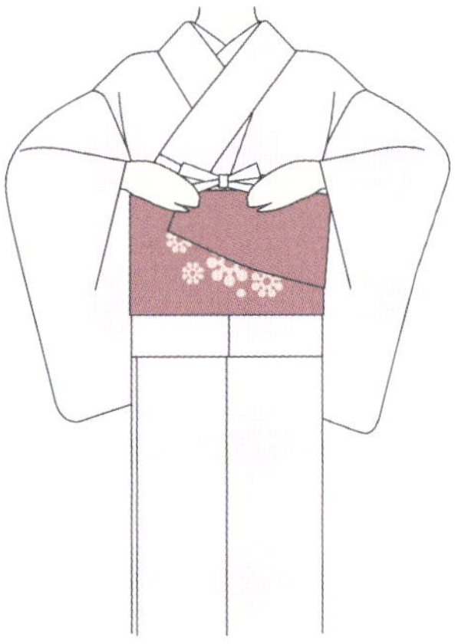

❹既存の帯と２枚重ねてお太鼓をつくり直します。

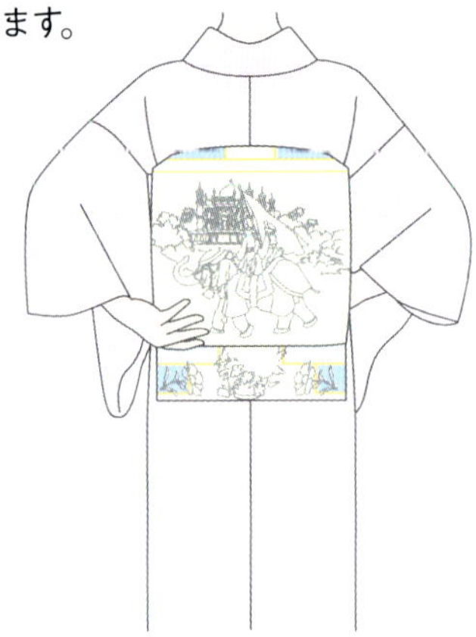

❺前に預けてあったて先を戻し、仮紐で押さえます。

❻かぶせ帯の胴まわりをて先側からお太鼓の中に入れて､ぐるりと回し､前柄を出します。

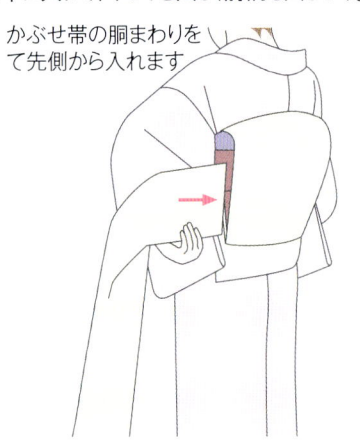

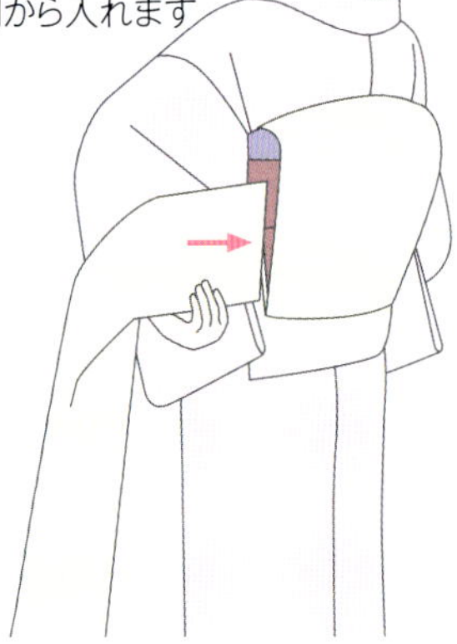
かぶせ帯の胴まわりを
て先側から入れます

❼前柄を合わせて、お太鼓の中でマジックテープでとめます。

前柄を出す

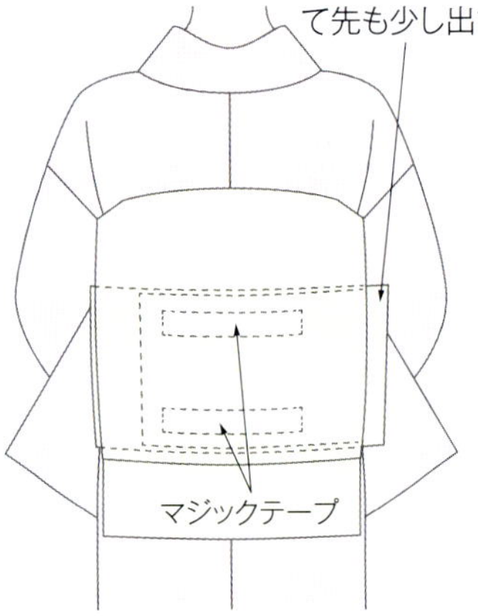
て先も少し出す
マジックテープ

❽仮紐を抜いて、帯締を締め直します。

きものバッグ

きちんと本だたみしたきものを掛けられる、きもの掛け棒を付属したバッグです。掛け棒は反物を巻きつけてあった芯を再利用しています。布のバックなので、小さく折りたたむこともでき、外出先できものを着るとき、外出先できものから洋服に着替えるときなどに重宝します。

＊準備するもの

◇布／110㎝幅×1m
◇掛け棒（反物を巻きつけてある芯）

裏地をつけていないので、なるべく張りがあって、しっかりした布を選びましょう。

製図と印付け

余った布で、掛け棒のサイズに合わせて布をとります。
掛け棒を置いて、1周半巻ければ大丈夫です。

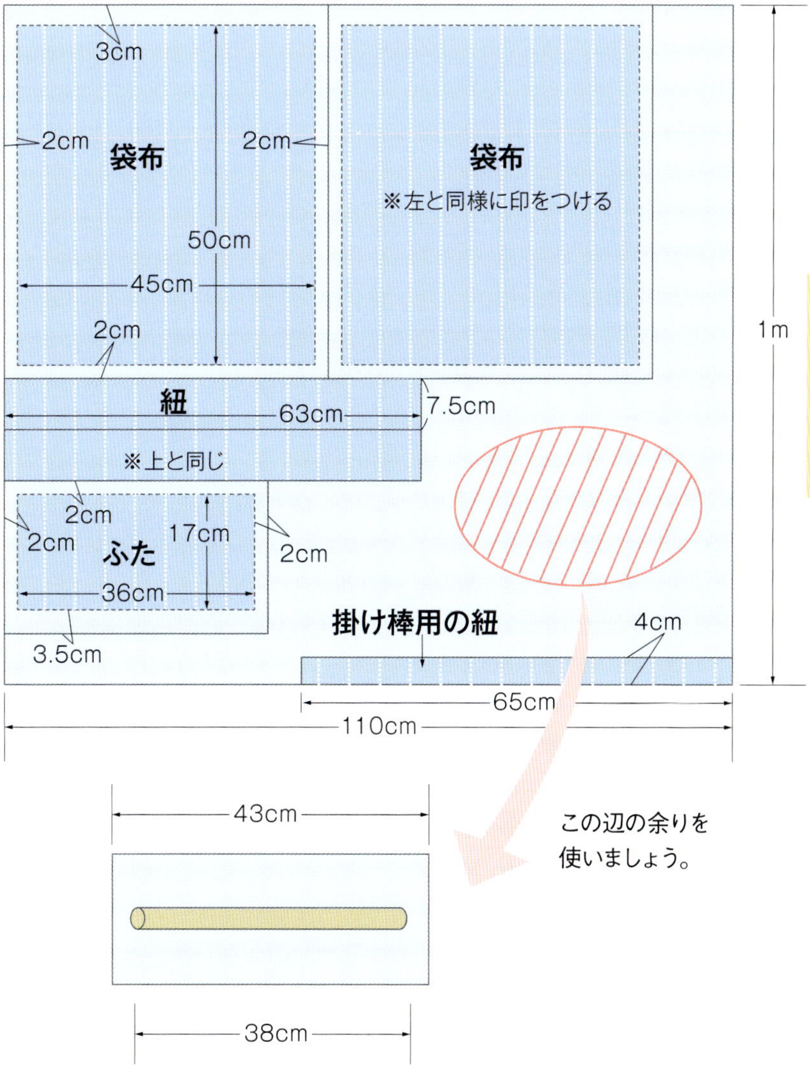
3cm
2cm
袋布
2cm
50cm
45cm
2cm
袋布
※左と同様に印をつける
1m
紐
63cm
7.5cm
※上と同じ
2cm
2cm
ふた
17cm
2cm
36cm
3.5cm
掛け棒用の紐
4cm
65cm
110cm
43cm
この辺の余りを使いましょう。
38cm

縫う順番と縫い方図

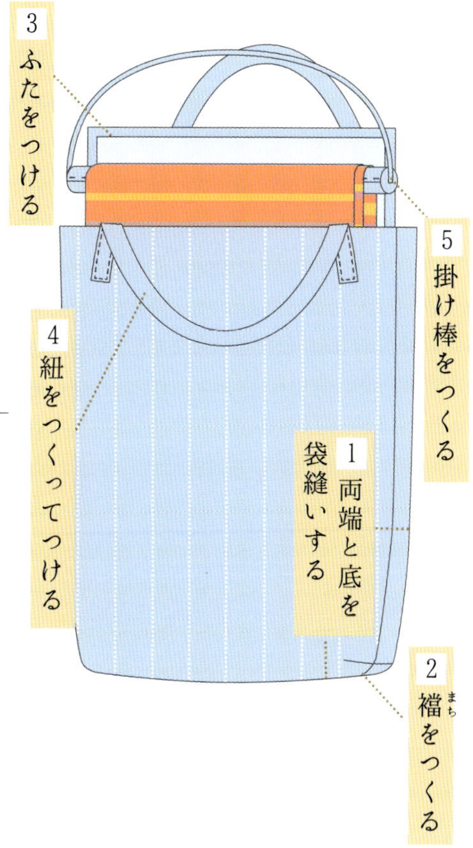
3 ふたをつける
5 掛け棒をつくる
4 紐をつくってつける
1 両端と底を袋縫いする
2 襠《まち》をつくる

1 両端と底を袋縫いする

❶本体の表布2枚を外表に合わせ、両端と底の端から5ミリのところを縫います。

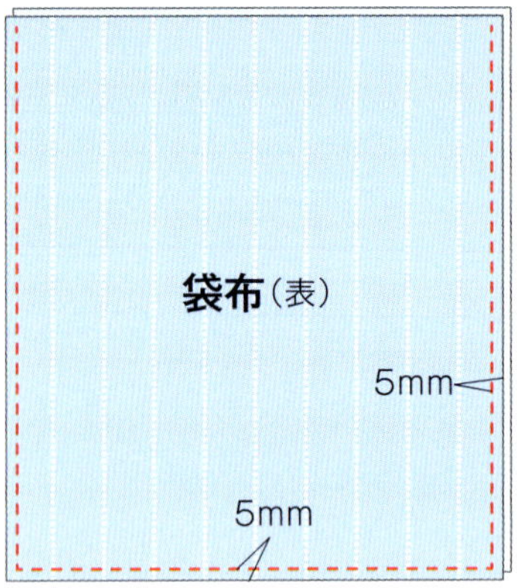

袋布(表)
5mm
5mm

❷❶を裏に返し、両端と底の印をつけたところを縫います。

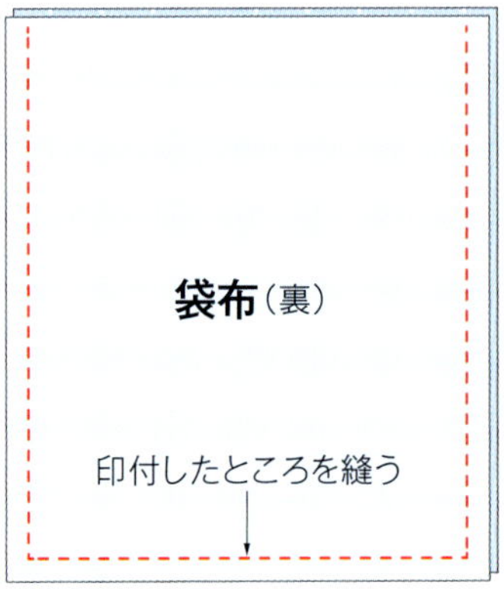

袋布(裏)
印付したところを縫う

2 襠《まち》をつくる

底の縫い線から6センチずつ12センチの襠をとって縫います。

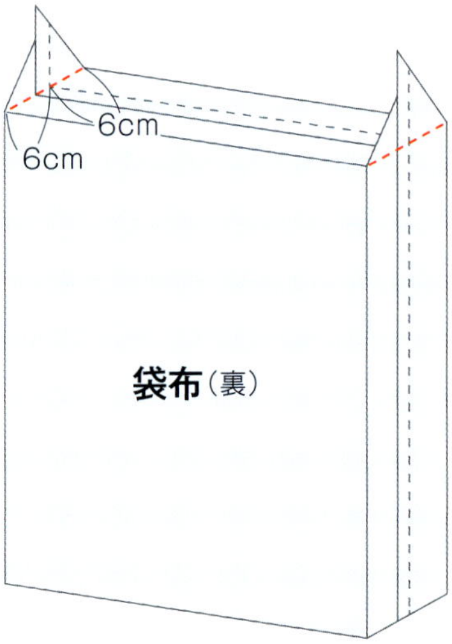

6cm
6cm
袋布(裏)
3 ふたをつける

❶本体の袋の口と縫いつける一辺を残し、残り3辺をすべて三つ折りにしてくけます。

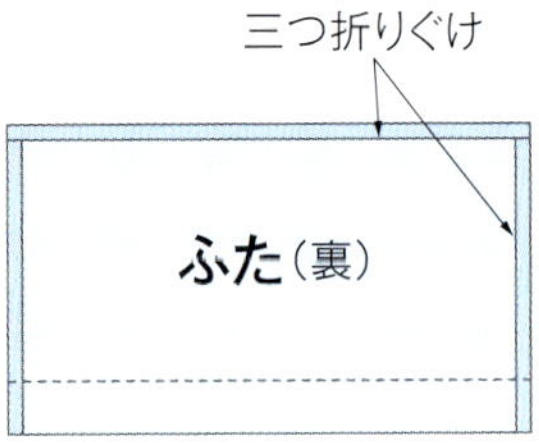

三つ折りぐけ
ふた(裏)

❷袋の口と❶の左右中心を合わせて重ね、1.5センチずつ一緒に三つ折りにしてくけます。そのまま口の周囲もぐるりとくけます。

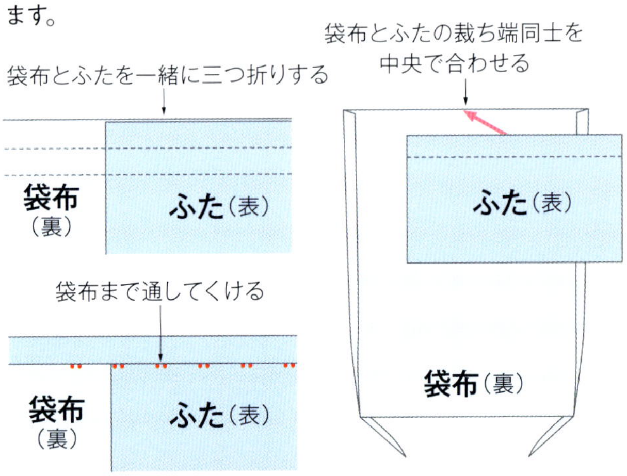

袋布とふたを一緒に三つ折りする
袋布(裏)
ふた(表)
袋布まで通してくける
袋布(裏)
ふた(表)
袋布とふたの裁ち端同士を中央で合わせる
ふた(表)
袋布(裏)

4 持ち紐をつくってつける

❶持ち紐をイラストのように2本つくります。

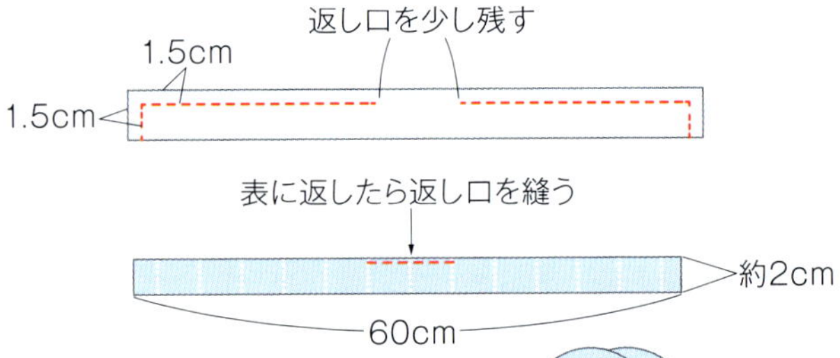

1.5cm
返し口を少し残す
1.5cm
表に返したら返し口を縫う
約2cm
60cm

❷本体に縫いつけます。

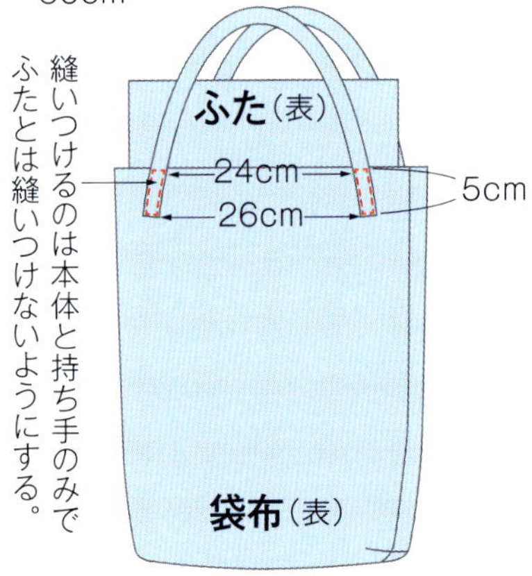

縫いつけるのは本体と持ち手のみで
ふたとは縫いつけないようにする。
ふた(表)
24cm
26cm
5cm
袋布(表)

5 掛け棒をつくる

❶掛け棒に布を巻きつけ、端を１センチ折って押さえ縫いします。棒の両端も余った布でおおい、とれないように縫います。

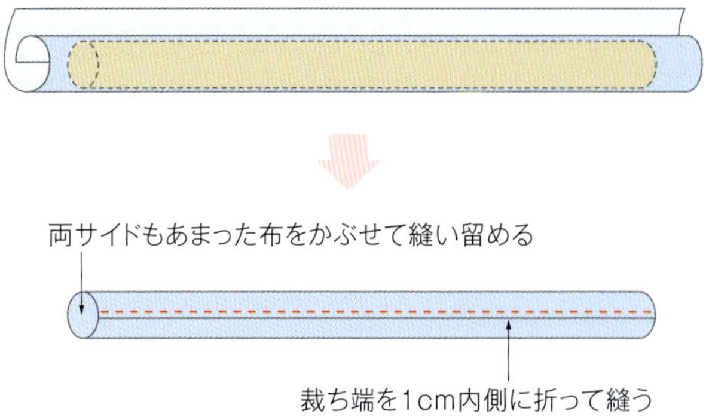
両サイドもあまった布をかぶせて縫い留める
裁ち端を1cm内側に折って縫う

❷掛け棒用の紐をつくって、掛け棒の両端の中の紙まで糸を通してしっかりと縫いつけます。

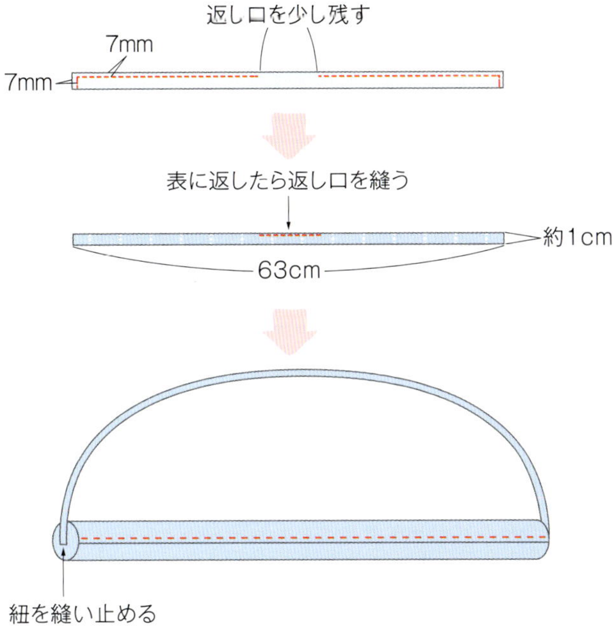
返し口を少し残す
7mm
7mm
表に返したら返し口を縫う
約1cm
63cm
紐を縫い止める

持ち運ぶときは

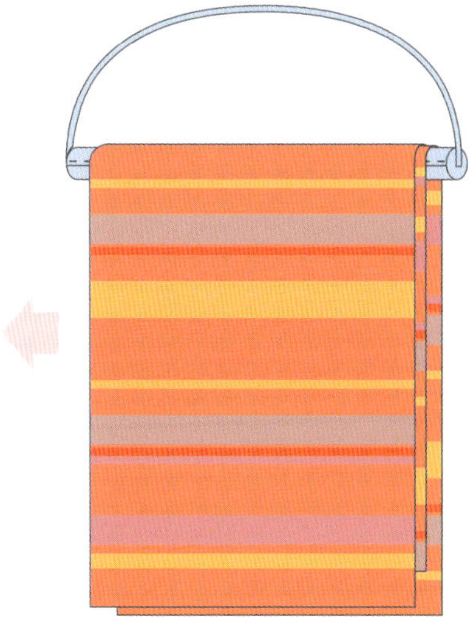

掛け棒に本だたみしたきものを掛けます。

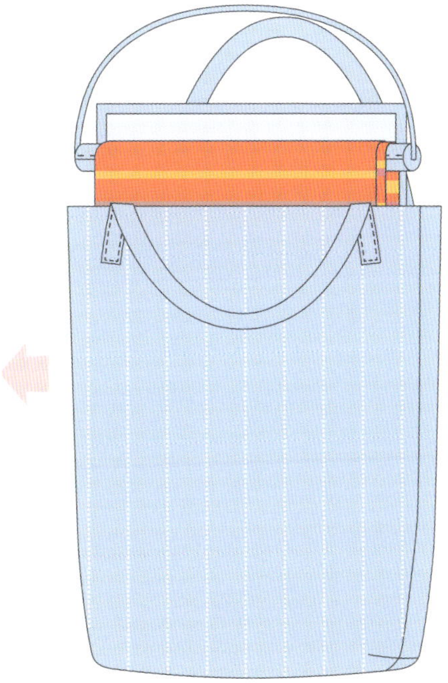

バッグの中に入れて、掛け棒の両サイドはバッグの口に掛けます。

3つの紐を一緒に持つ
きものが汚れないように
ふたをする

ふたをして、持ち紐と掛け棒の紐を持って運びます。

和裁道具入れ

はさみやへら、ペン、ものさしなどの収納ができて、持ち運びにも便利な和裁道具入れです。大判ハンカチサイズでつくっていますが、端切れを利用して、お好みのサイズでつくってもいいでしょう。ご自身の道具に合わせて、ポケットの大きさなども調節してください。

＊準備するもの

◇本体布（または大判ハンカチ）／2枚（各約45×45cm）
◇ポケット用布（または大判ハンカチ）／1枚（約45×45cm）
◇ポケット用縁飾り布／幅5cm×約95cm
◇綿テープまたは薄い革テープ（市販）／幅2cm×約185cm
◇接着芯／45cm×45cm（中厚程度）
◇マジックテープ／2.5cm幅×4cm
◇スナップボタン（直径8mm）／1個
◇ボタン／1個
◇ループ／約6cm（ボタンの大きさに合わせる）

ポケット用布の裁断図

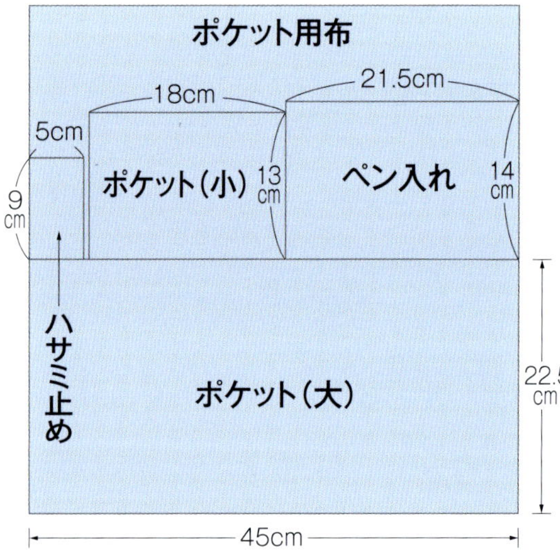
ポケット用布
21.5cm
18cm
5cm
ポケット(小)
13cm
ペン入れ
14cm
9cm
ハサミ止め
ポケット(大)
22.5cm
45cm

イラストを参照して、ポケット大・小、ペン入れ、はさみ留め用布を裁断します。

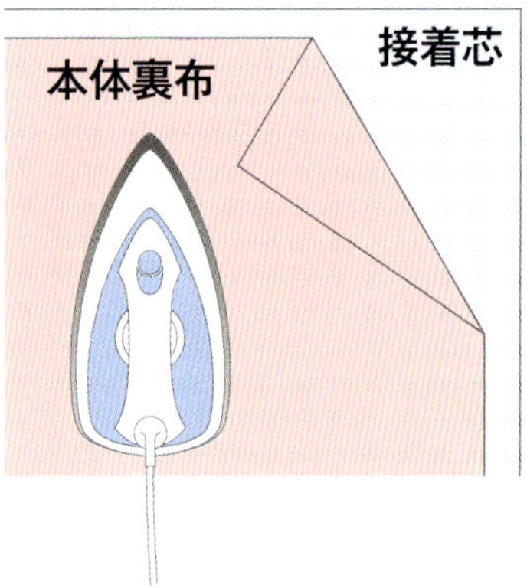
接着芯
本体裏布

本体の裏布（ポケットをつける側の布）の裏に接着芯を貼っておきます。

縫う順番と縫い方図

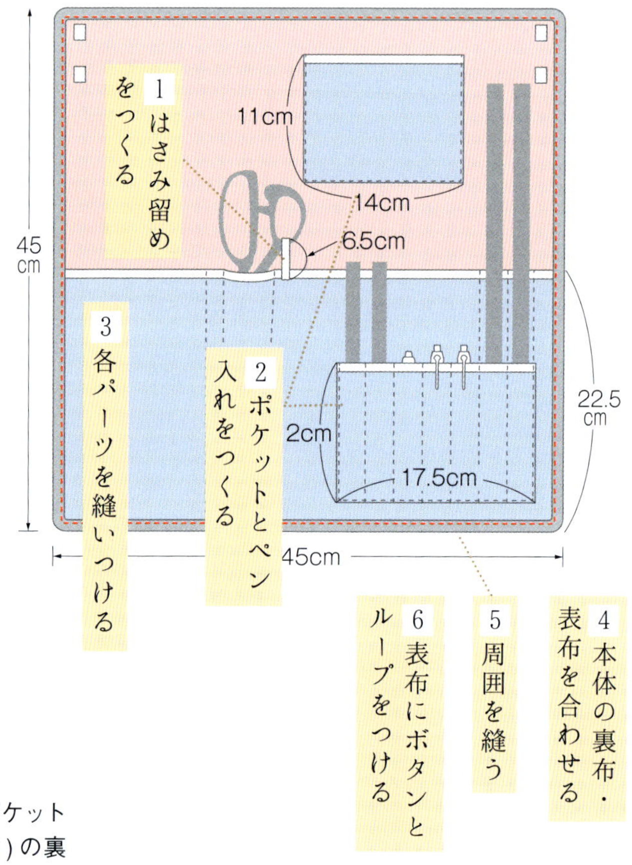
45cm
11cm
14cm
6.5cm
22.5cm
2cm
17.5cm
45cm
1 はさみ留めをつくる
2 ポケットとペン入れをつくる
3 各パーツを縫いつける
4 本体の裏布・表布を合わせる
5 周囲を縫う
6 表布にボタンとループをつける

1 はさみ留めをつくる

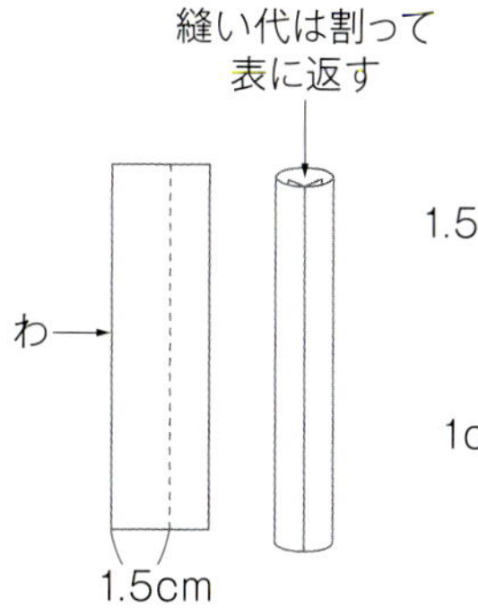
縫い代は割って
表に返す
わ
1.5cm

はさみ留め布は筒状に縫って、スナップボタンの凸を縫いつけます。

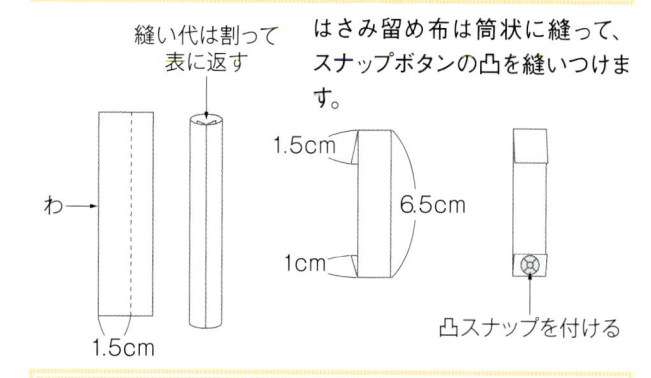

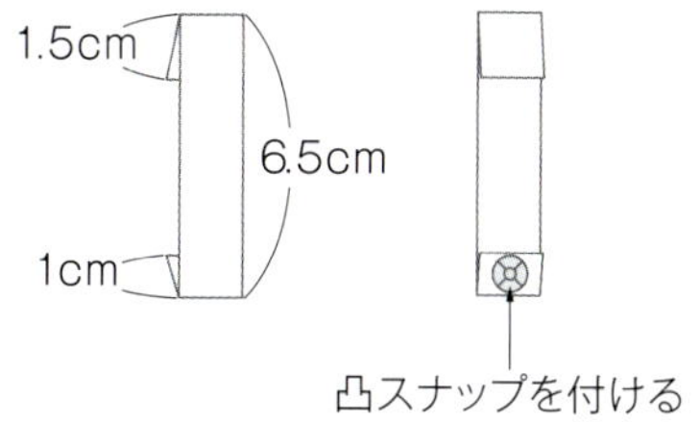
1.5cm
6.5cm
1cm
凸スナップを付ける

2 ポケットとペン入れをつくる

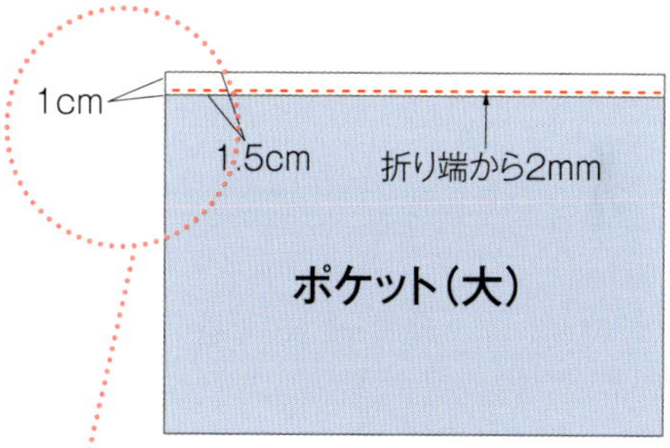
1cm
1.5cm
折り端から2mm
ポケット（大）

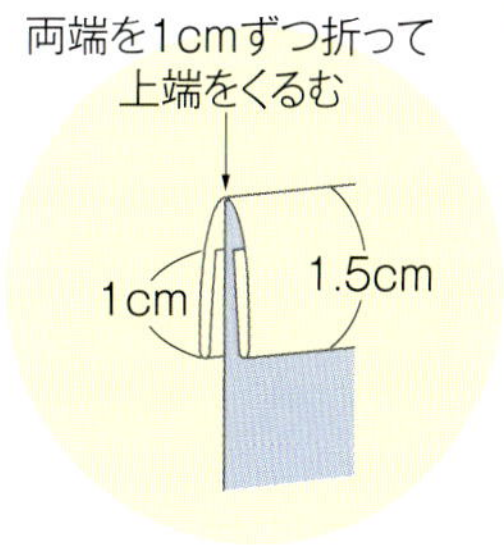
両端を1cmずつ折って
上端をくるむ
1cm
1.5cm

❶ポケット大は、上端に縁飾り布をかぶせて縫います。

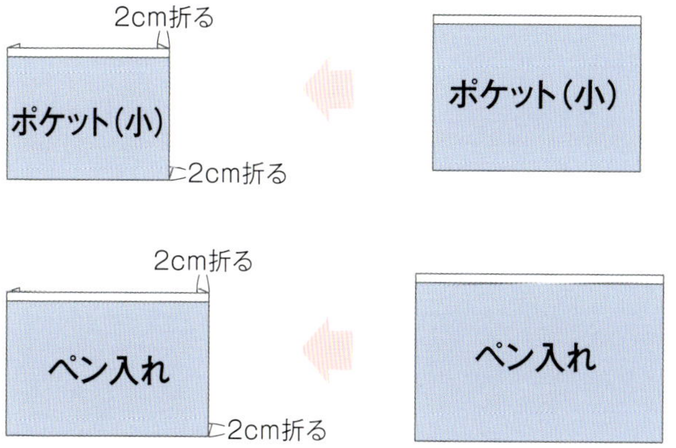
2cm折る
ポケット（小）
2cm折る
ポケット（小）
2cm折る
ペン入れ
2cm折る
ペン入れ

❷ポケット小、ペン入れは上端に縁飾り布をかぶせて縫ってから、左右と下端を仕上がり寸法に折ります。

3 各パーツを縫いつける

❶イラストを参照しながら、ポケット大、小、ペン入れを本体裏の表側に縫いつけます。はさみ入れの位置は、8ミリのゆるみを入れます。

❷はさみ入れにご自身のはさみを入れて、はさみ留め布をつける位置を決めて、縫いつけ、スナップ凹つけます。

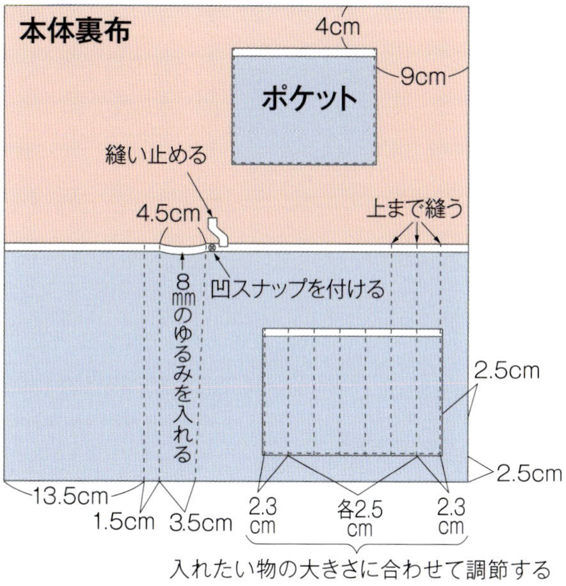
本体裏布
4cm
9cm
ポケット
縫い止める
4.5cm
上まで縫う
8mmのゆるみを入れる
凹スナップを付ける
2.5cm
2.5cm
13.5cm
1.5cm
3.5cm
2.3cm
各2.5cm
2.3cm
入れたい物の大きさに合わせて調節する

4 本体の裏布・表布を合わせる

本体裏布と本体表布を外表に重ね、待ち針などで留めます。

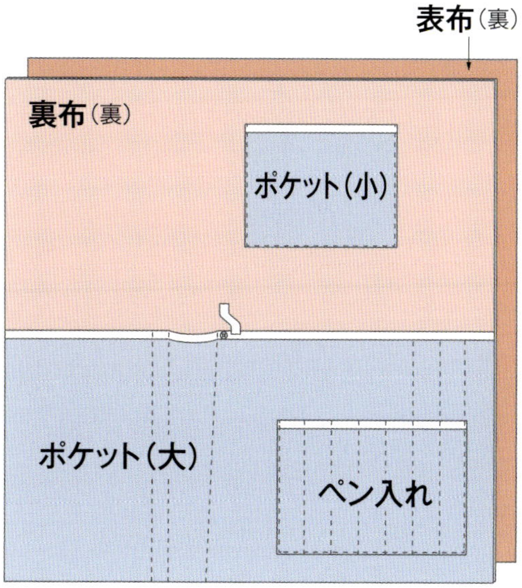
表布（裏）
裏布（裏）
ポケット（小）
ポケット（大）
ペン入れ

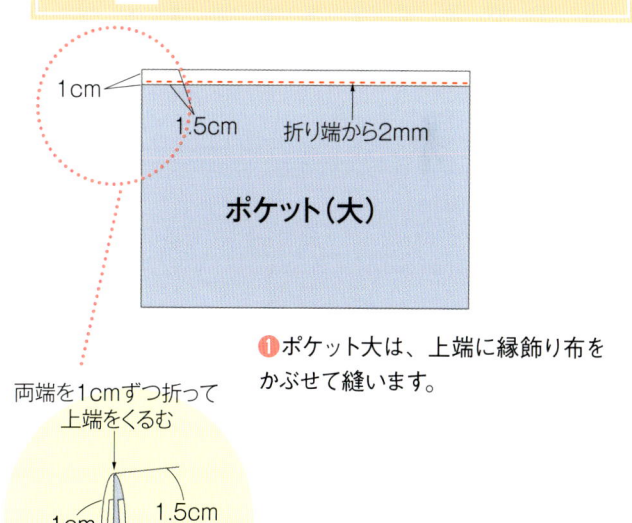

5 周囲を縫う

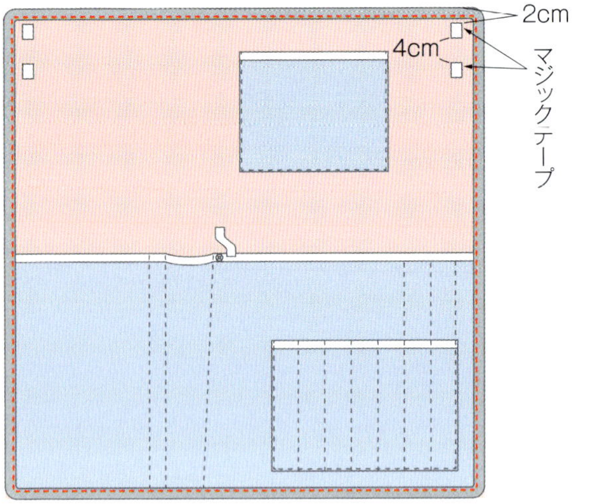

2cm
4cm
マジックテープ

❶周囲にテープをかぶせながら、本体を縫い合わせます。

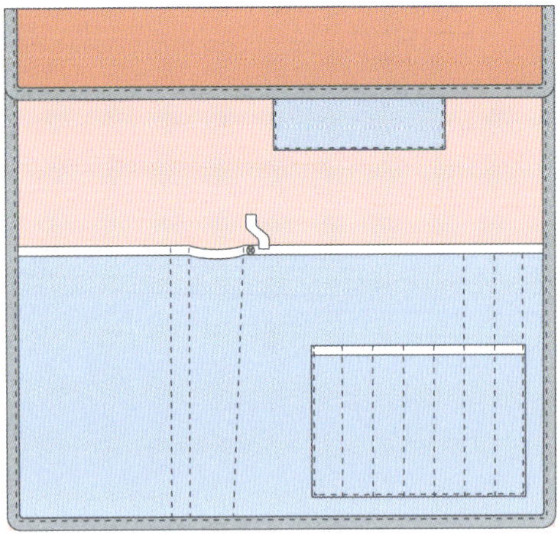

❷ふたの位置を確認してマジックテープの凹凸をそれぞれつけます。

6 表布にボタンとループをつける

本体表側の中心にボタンとループをつけます。

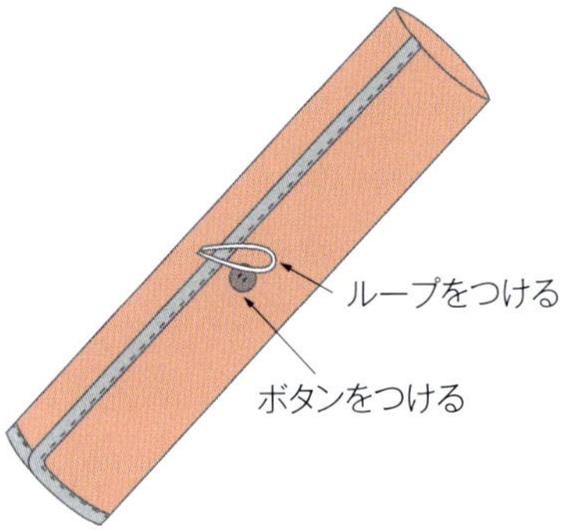

ループをつける
ボタンをつける

プチバッグ

帯地など張りがある余り布を利用した便利なプチバッグです。ふくさ入れ、替え足袋入れ、アクセサリーポーチなどにもなります。正方形の布を折ってつくるかんたんなものなので、いろいろなサイズでつくってプレゼントにしても喜ばれます。

準備するもの

◇本体表布／1枚（約30×30cm）
◇本体裏布／1枚（約30×30cm）
◇接着芯（厚手）／約20cm×20cm
◇スナップボタン（直径12mm）／1個

縫う順番と縫い方図

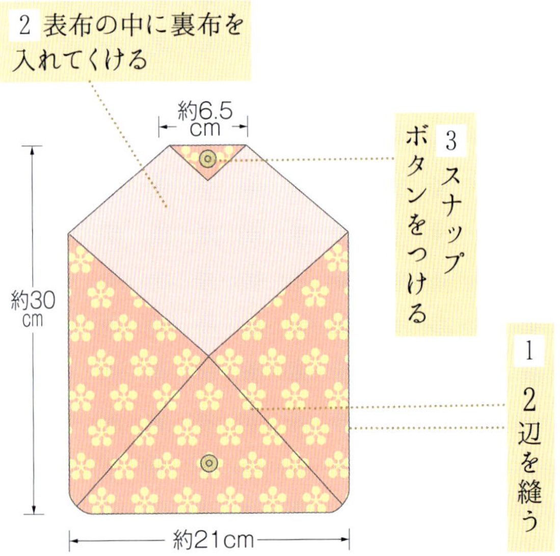

2 表布の中に裏布を入れてくける
約6.5cm
3 スナップボタンをつける
1 2辺を縫う
約30cm
約21cm

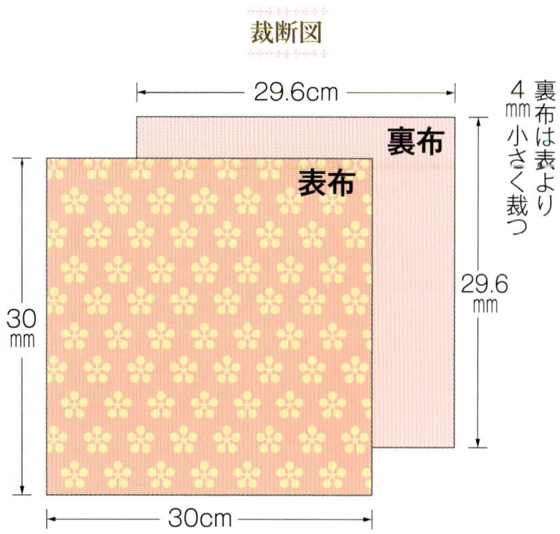
裁断図
29.6cm
裏布
表布
裏布は表より
4mm小さく裁つ
30mm
29.6mm
30cm

1　2辺を縫う

❶㋑と㋺の角を合わせて、8ミリの縫い代で2辺を縫い合わせます。さらに、角も8ミリ縫って襠《まち》をつけます。

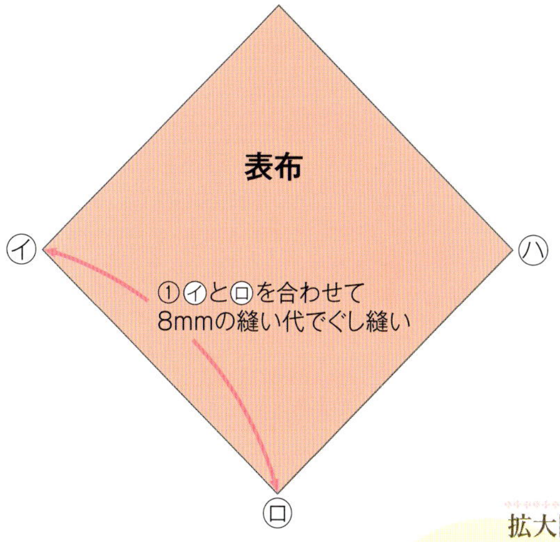
表布
㋑
㋩
①㋑と㋺を合わせて
8mmの縫い代でぐし縫い
㋺

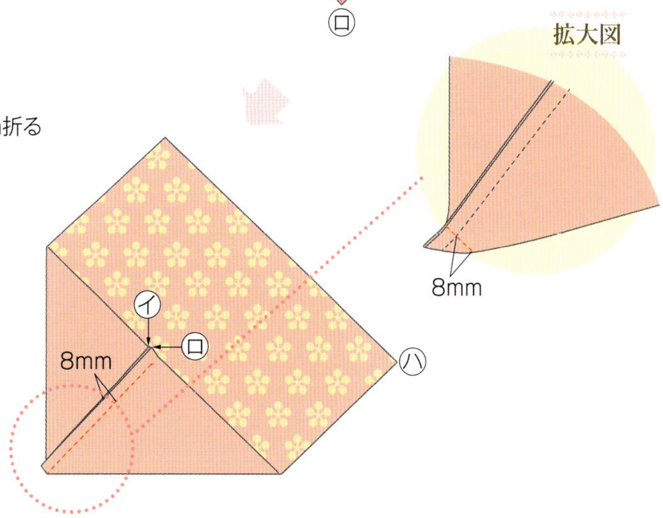
拡大図
8mm
㋑
㋺
8mm
㋩

❷㋺と㋩の角も①と同様に縫い合わせます。

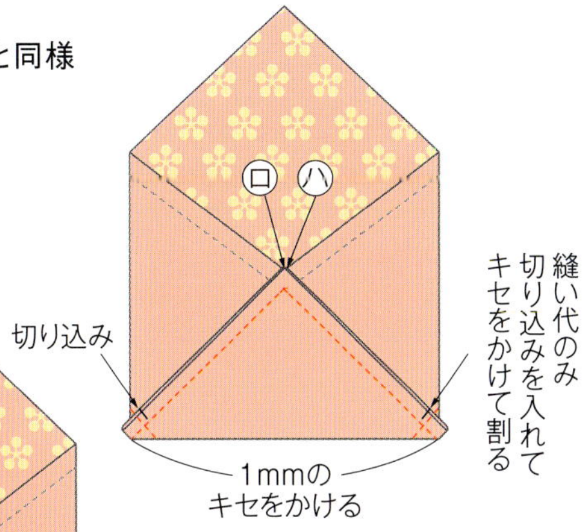
㋺
㋩
切り込み
縫い代のみ
切り込みを入れて
キセをかけて割る
1mmの
キセをかける

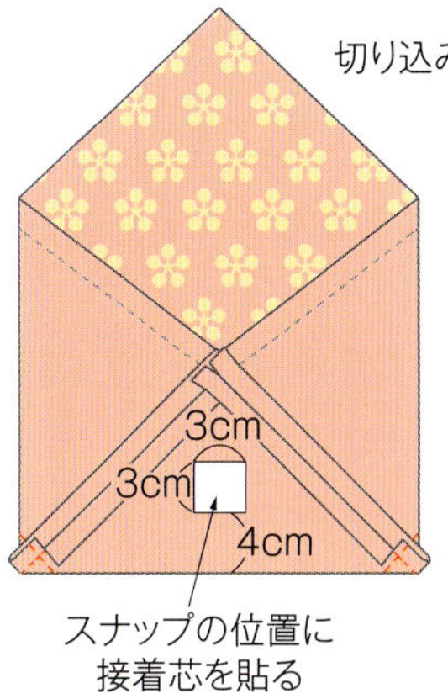
3cm
3cm
4cm
スナップの位置に
接着芯を貼る

❸襠《まち》の縫い代に切り込みを入れ、縫い代を割ります。

2　表布の中に裏布を入れてくける

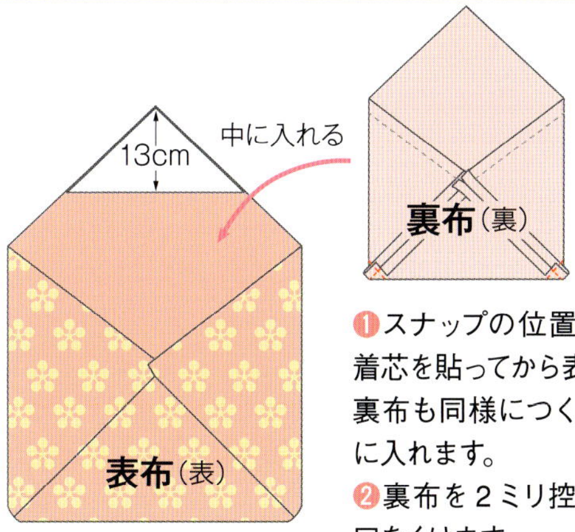
13cm
中に入れる
裏布（裏）
表布（表）

❶スナップの位置にそれぞれ接着芯を貼ってから表に返します。裏布も同様につくり、表布の中に入れます。

❷裏布を2ミリ控えながら袋の口をくけます。

3　スナップボタンをつける

スナップボタンをつけます。

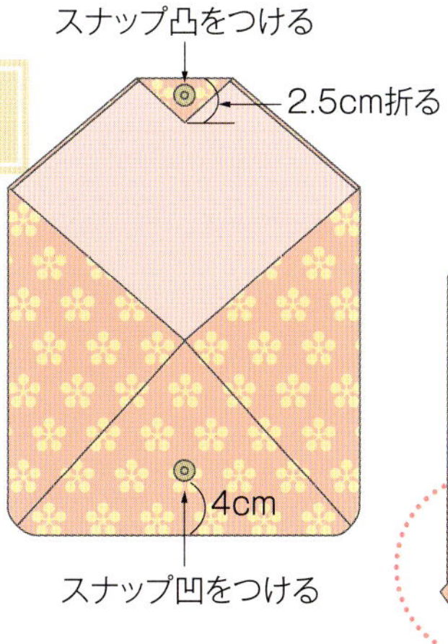
スナップ凸をつける
2.5cm折る
4cm
スナップ凹をつける

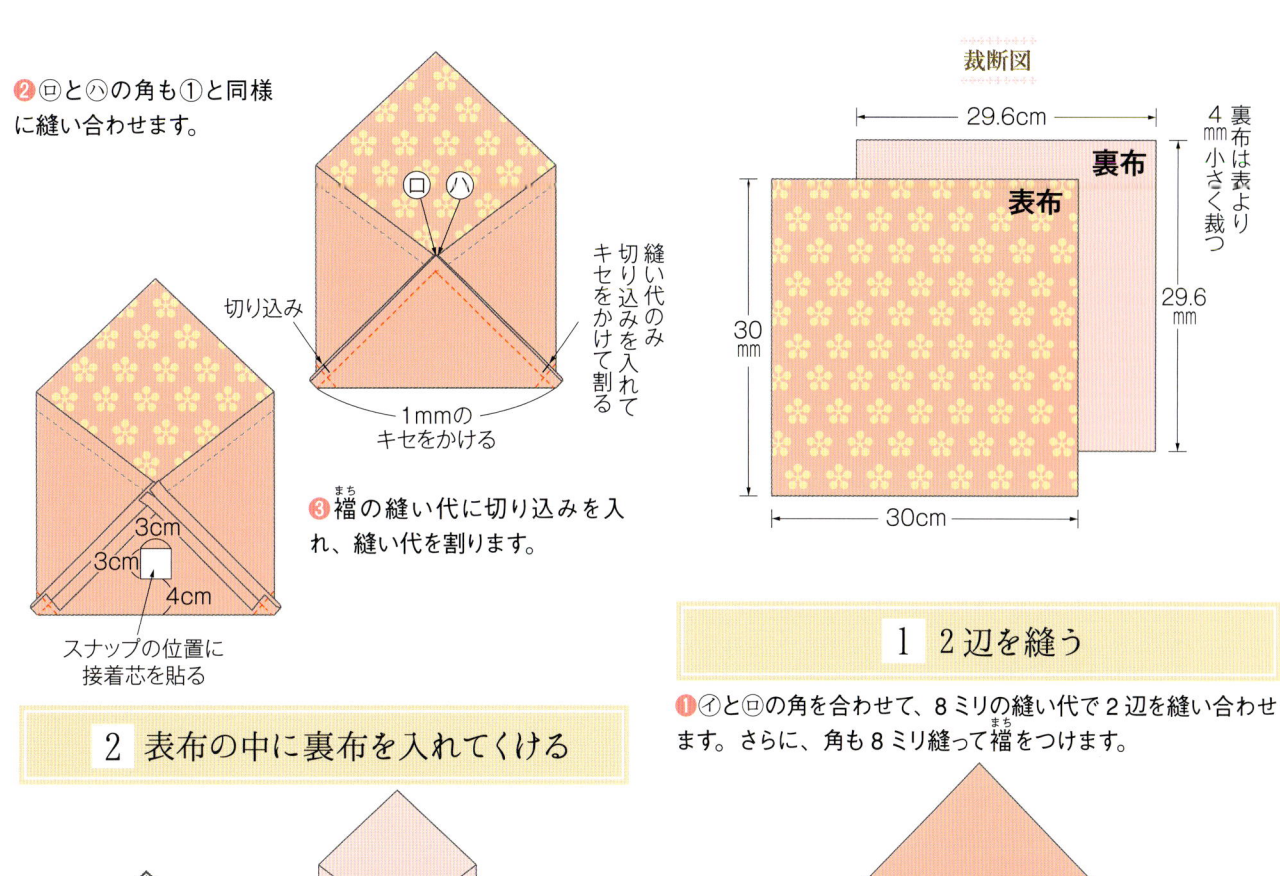

八寸帯のかがり方

八寸帯とは、帯の仕立てあがり幅の八寸（約30㎝）で織られ、芯を入れずに、たれとて先の折ったところをかがって仕立てる帯です。主に絹ものの小紋や紬、木綿のきものなどに合わせるおしゃれ帯として活躍します。関東と関西では仕立て方が異なったり、二重太鼓に見えるようなかがり方があったりしますが、ここでは一般的な関東仕立てをご紹介します。

準備するもの

◇八寸帯（未仕立て品）／1反

縫う順番と縫い方図

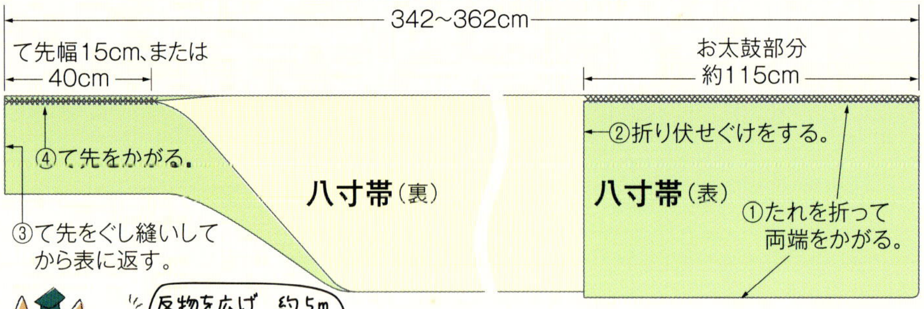

342〜362cm
て先幅15cm、または
40cm
お太鼓部分
約115cm
④て先をかがる。
③て先をぐし縫いして
から表に返す。
八寸帯（裏）
八寸帯（表）
②折り伏せぐけをする。
①たれを折って
両端をかがる。

反物を広げ、約5m
（1丈2尺十縫い代）
あるかどうか確認して
おきましょう。

1 たれの両端をかがる

❶反物を広げ、好みの長さがあるかどうか寸法を確認してから、証紙が貼られている部分を裁断します。

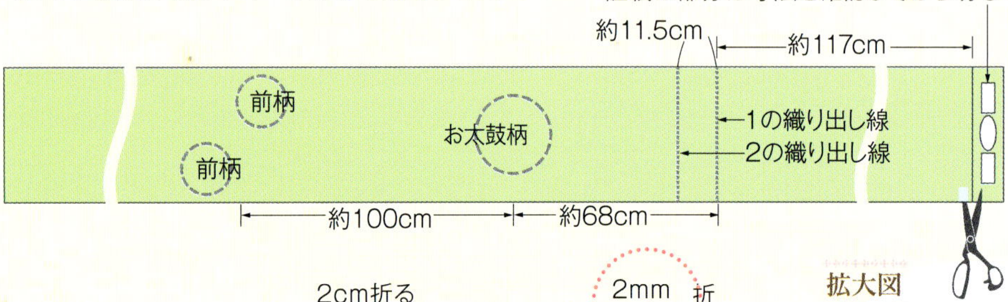

証紙の部分は寸法を確認してから切る
約11.5cm
約117cm
前柄
お太鼓柄
前柄
1の織り出し線
2の織り出し線
約100cm
約68cm

織り出し線があるものとないものがあります。

❷たれ先を折り、折山に糸印をつけます。

❸ⓐ〜ⓑを繰り返して、両端をかがります。

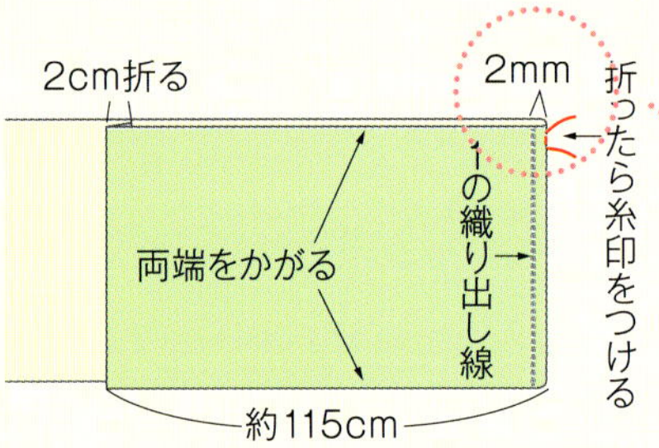

2cm折る
2mm
折ったら糸印をつける
両端をかがる
1の織り出し線
約115cm

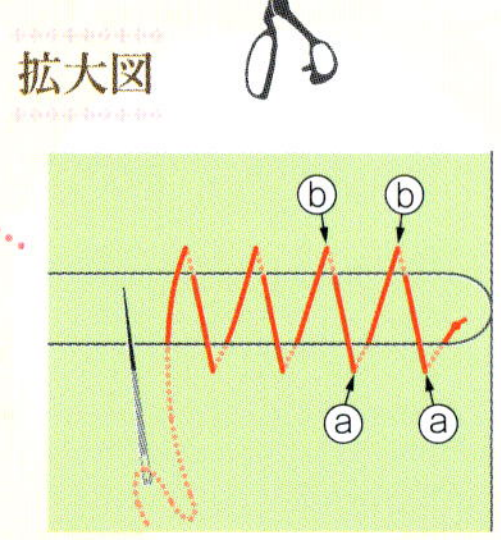

拡大図
ⓑ
ⓑ
ⓐ
ⓐ

2 折り伏せぐけをする

2センチ折ったところを折り伏せぐけします。

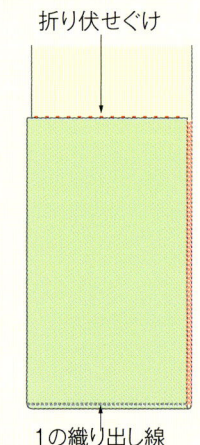

折り伏せぐけ
1の織り出し線

3 て先をぐし縫いして表に返す

❶て先を中表にして2センチのところをぐし縫いし、4ミリのキセをかけます。

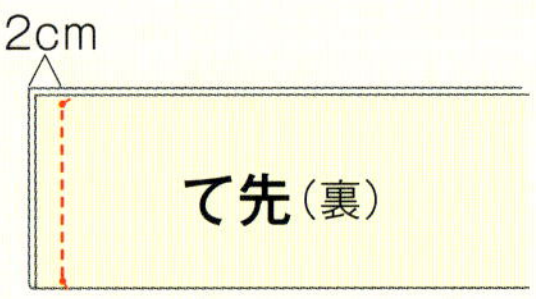

2cm
て先（裏）

❷表に返してかがります。かがる範囲は15センチ（て先幅）が一般的ですが、40センチぐらいかがったほうが結びやすいです。

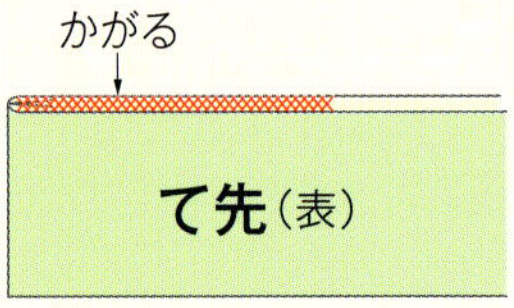

かがる
て先（表）

第五章

お直しとリメイク

袖丈直し

きものによって袖丈はさまざまにあり、1センチの長短でも印象が変わります。長襦袢や羽織の袖丈直しもほぼ同様ですので覚えておくと便利です。

たんすに眠っている、サイズ違いのきものを復活させましょう！

1 袖下をほどく

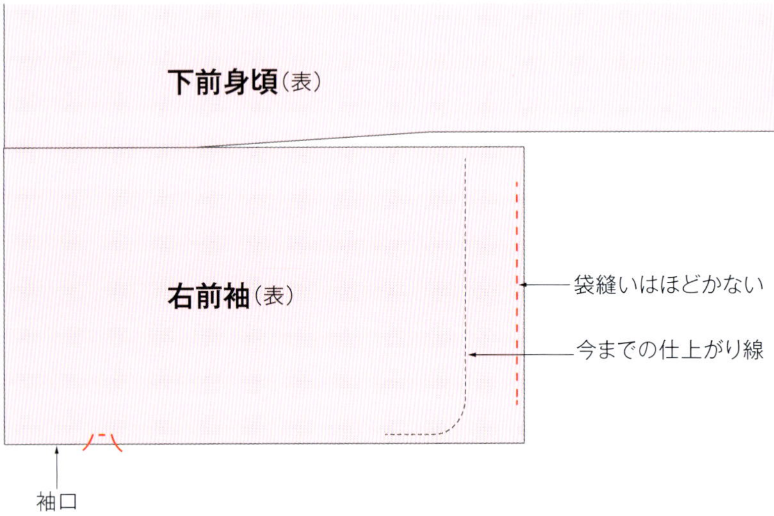
下前身頃（表）
右前袖（表）
袋縫いはほどかない
今までの仕上がり線
袖口

❶身頃から袖をはずさず、袖下だけほどきますが、袋縫いは残しておきます。
❷前袖口に糸印をつけます。

2 折線はコテ、アイロンで伸ばす

ちょこっと覚え得

袖下の縫い代

袖丈を短くする場合で縫い代が6センチ以上余るときは、袋縫いごと切って縫い代を6センチにします。切りたくない場合は12センチぐらいまで残しても大丈夫です。ただし縫いづらくなります。逆に袖丈を長くする場合は、縫い代が最低でも2センチは必要です。

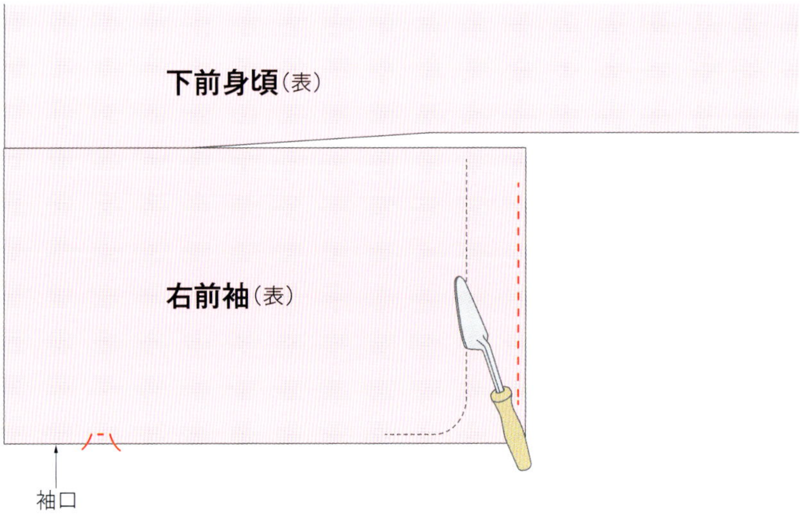
下前身頃（表）
右前袖（表）
袖口

3 新しい袖丈寸法をとる

表を出したまま直したい袖丈寸法を袖山からとり糸印をつけます。

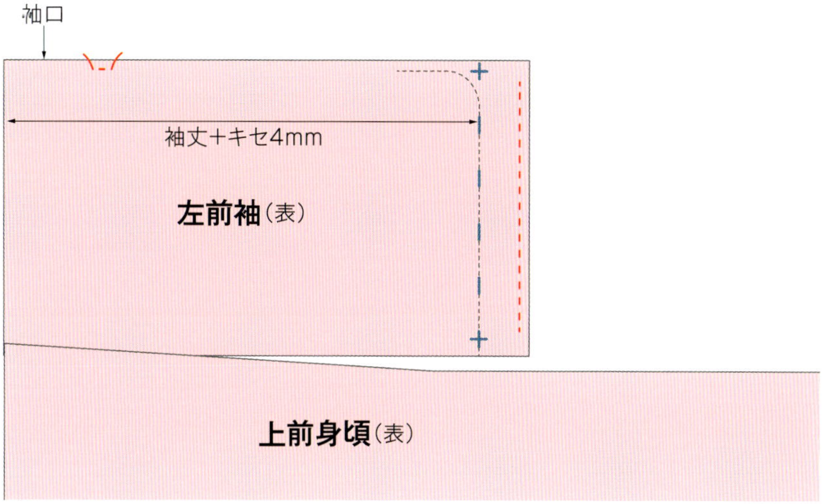

袖口
袖丈＋キセ4mm
左前袖（表）
上前身頃（表）

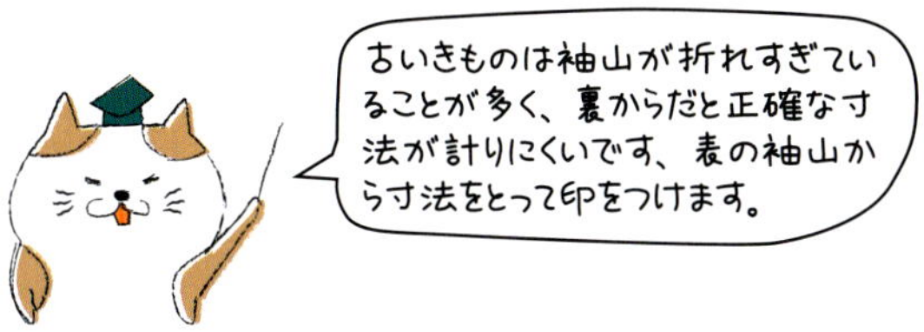

古いきものは袖山が折れすぎていることが多く、裏からだと正確な寸法が計りにくいです、表の袖山から寸法をとって印をつけます。

4 袖下、丸み、袖口を縫い直す

3の印の位置に待ち針を打ち、袖下から丸みなど、単衣の袖の縫い方（→ P68）を参照して縫い上げます。

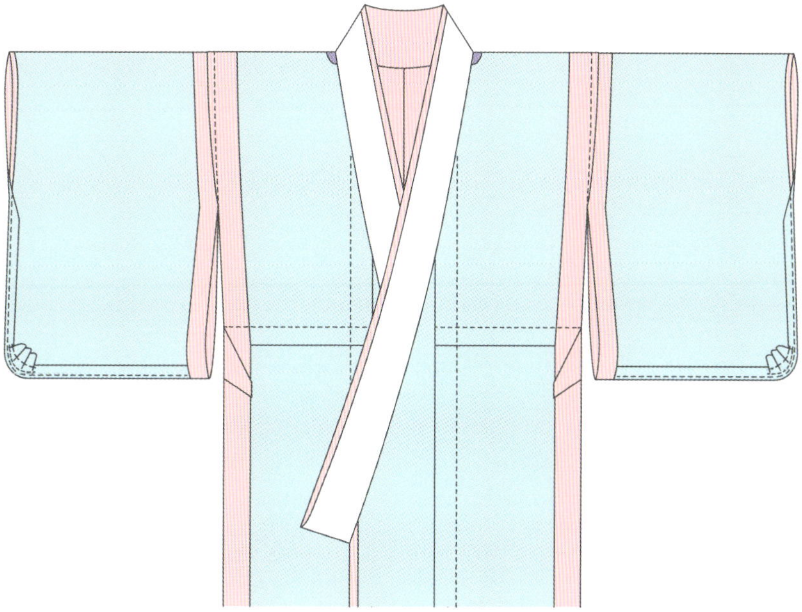

裄丈出し

サイズ違いのきものをいただいたときに、いちばんに直したくなる場所です。袖付けの縫い代で調節しますので、裄を出したい寸法分の縫い代が袖側、身頃側にあるかどうか確認をしてから行います。裄を狭くしたい場合はこれの逆を行います。

1 裄丈を計る

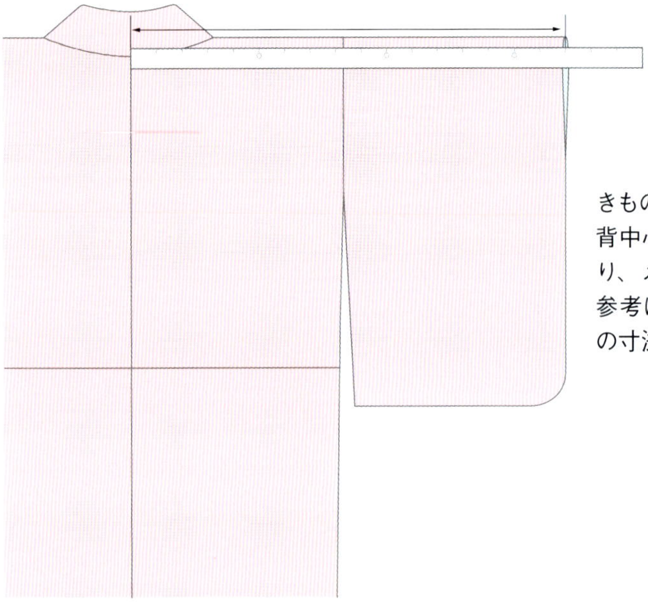

きものをイラストのように置き、背中心から袖口までの寸法を計り、メモします。さらにP39を参考にご自身の裄丈を計り、差の寸法をしっかり出します。

2 袖付けをほどく

袖付けをほどき、縫い代が折れているところをコテ、アイロンで伸ばし、袖付け側の印をつけ直します。

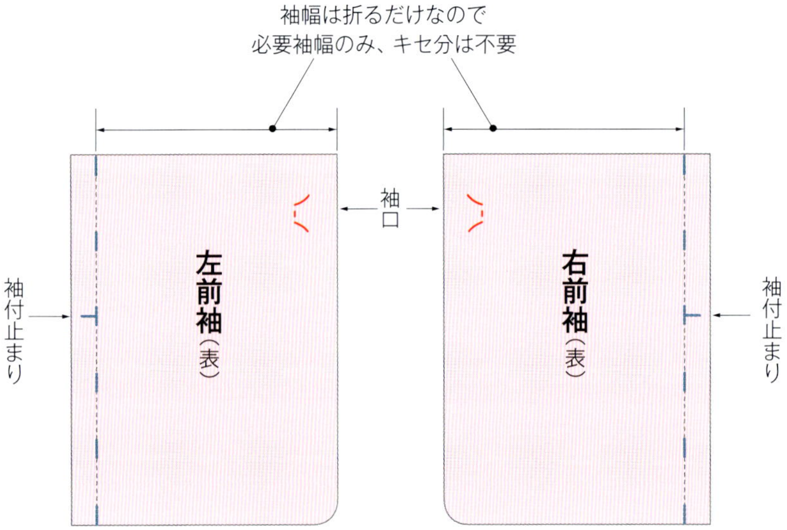
袖幅は折るだけなので
必要袖幅のみ、キセ分は不要
袖口
左前袖（表）
右前袖（表）
袖付止まり
袖付止まり

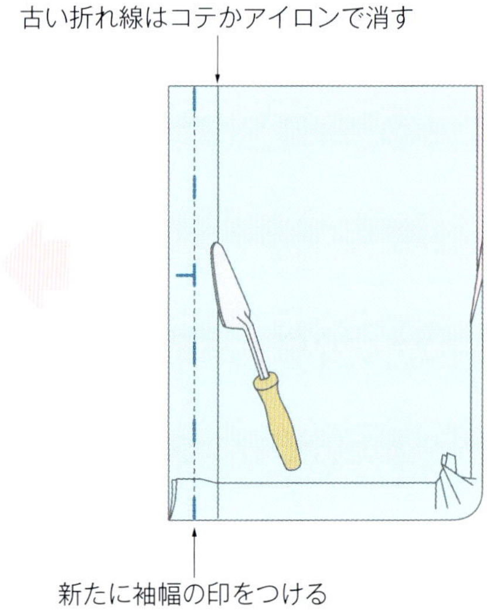
古い折れ線はコテかアイロンで消す
新たに袖幅の印をつける

最低1.5センチは縫い代を残します。袖の縫い代分で足りてしまえば、3番の作業は必要ありません。

身幅出し

身幅の狭いきものは、ある程度は着付けでごまかすことができますが、美しく着こなすには、体のサイズに合っているのがいちばんです。脇縫いの縫い代の範囲内で直すことができれば、挑戦してみてください。

1 脇縫いをほどく

身八つ口から下の脇縫いをすべてほどき、折れ線をコテやアイロンで消します。

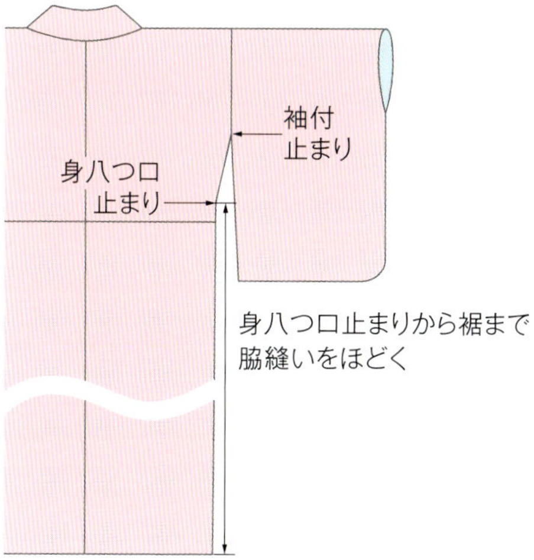

袖付
止まり
身八つ口
止まり
身八つ口止まりから裾まで
脇縫いをほどく

2 好みの幅を出す

肩山から70センチのところで、後幅と前幅をとりなおして線を引き、単衣きものと同様に縫い直します。

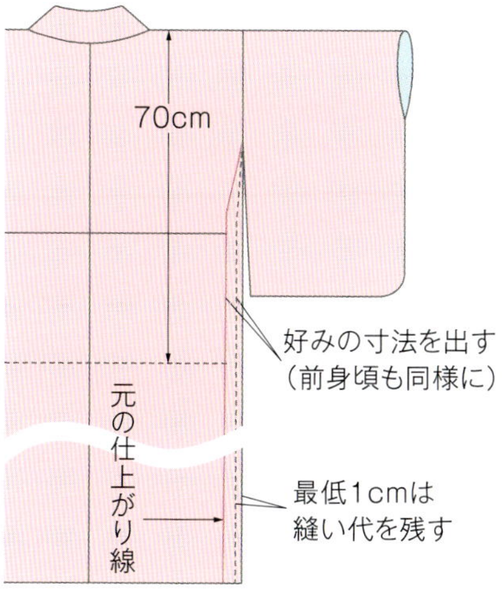

70cm
好みの寸法を出す
（前身頃も同様に）
元の仕上がり線
最低1cmは
縫い代を残す

3 肩幅を出して袖をつける

出したい寸法が2センチ以上の場合

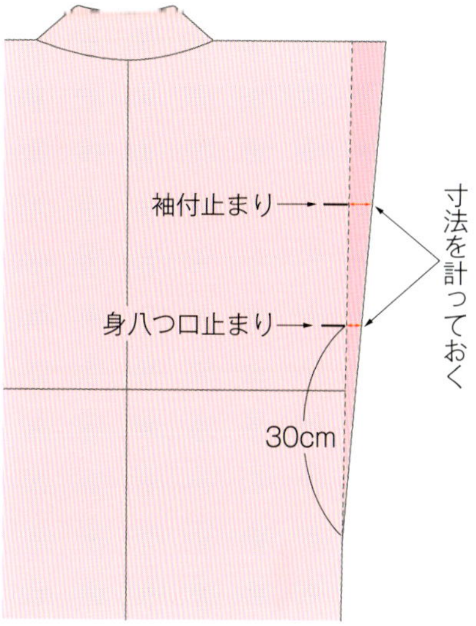

袖付止まり
身八つ口止まり
寸法を計っておく
30cm

❶身八つ口の下30センチまで脇縫いをほどきます。
❷30センチの位置から肩山の新しい裄丈位置までを斜めに印をつけます。身八つ口止まり、袖付止まりの位置の出し幅を計ってメモに控えておきます。
❸30センチの位置から、身八つ口止まり（計っておいた位置）までを改めて待ち針を打ち直し、脇を縫い直します。
❹袖付止まり（計っておいた位置）から肩山（新しい裄丈）の位置まで印をつけて、袖をつけ直します。

出したい寸法が2センチ以内の場合

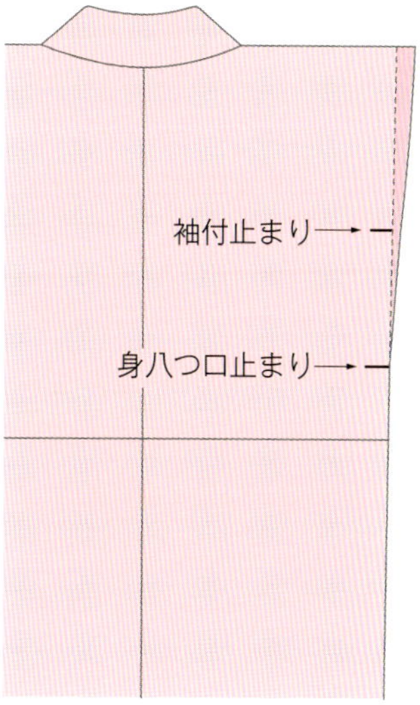

袖付止まり
身八つ口止まり

身八つ口から、肩山に向かって斜めに2センチ出して印をつけて袖をつけ直します。

身丈出し

帯とおはしょりでかくれる部分に別布を足します。足し布の寸法は20センチまでです。内揚げの範囲内、衽の上部の縫い込みの範囲内であれば、足し布は必要ありません。きものがどのように縫われているか、内揚げがどのくらいあるかをまず確認しましょう。

内揚げをほどいても身丈が足りない場合

1 身丈出し寸法をとる

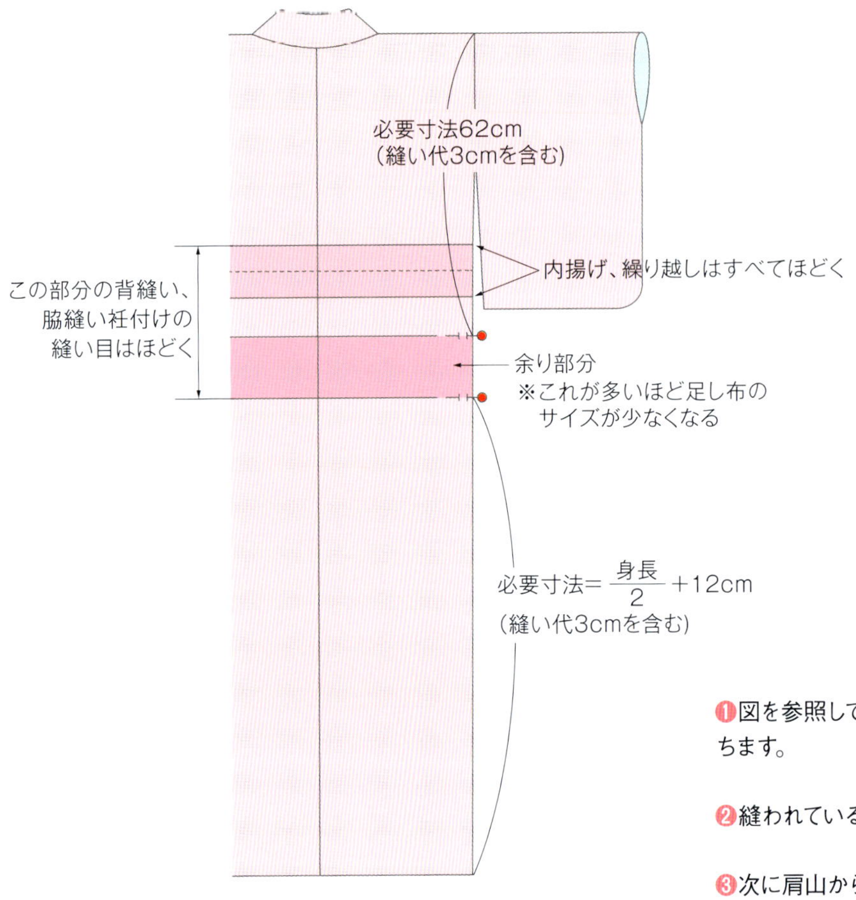

必要寸法62cm
(縫い代3cmを含む)
内揚げ、繰り越しはすべてほどく
この部分の背縫い、
脇縫い衽付けの
縫い目はほどく
余り部分
※これが多いほど足し布の
サイズが少なくなる
必要寸法＝身長/2＋12cm
(縫い代3cmを含む)

❶図を参照して、裾からの必要寸法をとって待ち針を打ちます。

❷縫われている内揚げをほどきます。

❸次に肩山からの必要寸法 62 センチをとって待ち針を打ちます。残った布のサイズにどのくらい足さなければならないかを出します。

❹内揚げから❶の待ち針の位置まで背縫い、脇縫い、衽付けの縫い目はすべてほどきます。

昔のきもので多いのは、後身頃に繰越分の内揚げ（約 4 センチ）があって前身頃には揚げがないパターンです。前身頃はその分、後身頃よりも足し布が多く必要となります。本書では、その例での身丈出しを紹介します。

2 衽の寸法をとる

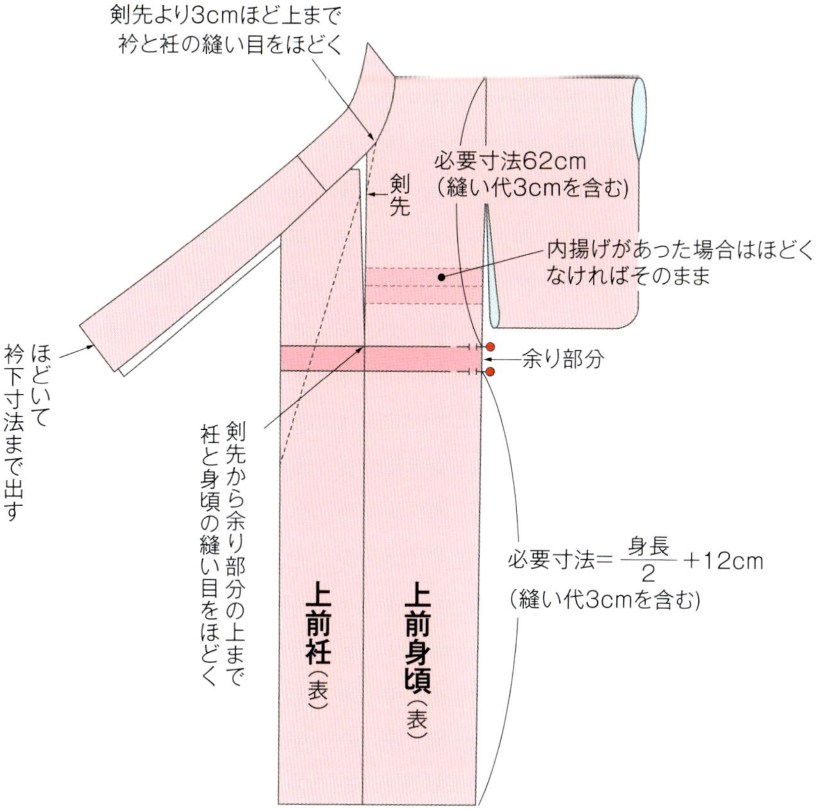
剣先より3cmほど上まで
衿と衽の縫い目をほどく
剣先
必要寸法62cm
（縫い代3cmを含む）
内揚げがあった場合はほどく
なければそのまま
余り部分
ほどいて衿下寸法まで出す
剣先から余り部分の上まで衽と身頃の縫い目をほどく
上前衽（表）
上前身頃（表）
必要寸法＝身長/2＋12cm
（縫い代3cmを含む）

❶衽の上側の縫い込みを部分的にほどいて、どのくらいあるか確認します。一般的には4～5センチ縫い込みがあります。1センチ縫い代をとった残りで足りれば、衽の足し布は不要です（→ P183 参照）。それ以上出したい場合は、足し布を用意します。

❷剣先から下、身頃、衿との縫い目を、裾からの必要寸法の位置までほどきます。

衽の剣先のところをほどいて直すのはめんどうなのですが、着付けて衿を抜くと、衽の辺りの布が上に少し上がるので、衽は縫い込みがあるかぎり、ほどいて、足し布を少なくすることをおすすめします。

3 足し布を用意する

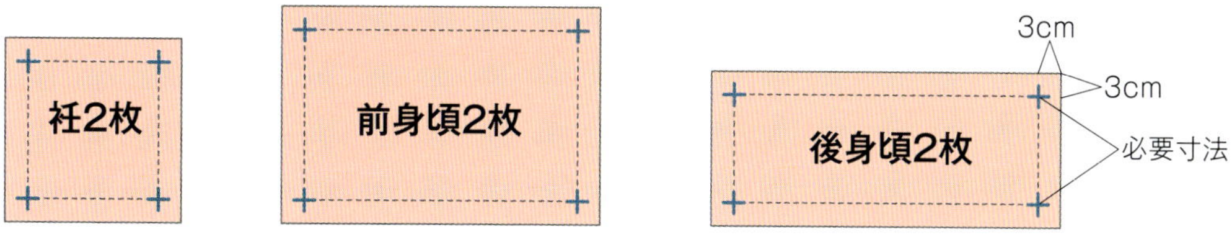
衽2枚
前身頃2枚
後身頃2枚
3cm
3cm
必要寸法

印はあとで消せるペンでつけます。

前身頃、後身頃、衽の足し布を各2枚ずつ用意し、前後左右の縫い代各3センチずつをとって、印をつけます。

4 上下を分ける

1で打った待ち針の間にはさみを入れて上下を切り分けます。このとき、裾からの必要寸法の上でラインをそろえて切ります。上は、内揚げ分や衽の縫い込み分があるので、切ると後身頃、前身頃、衽は段々になります。

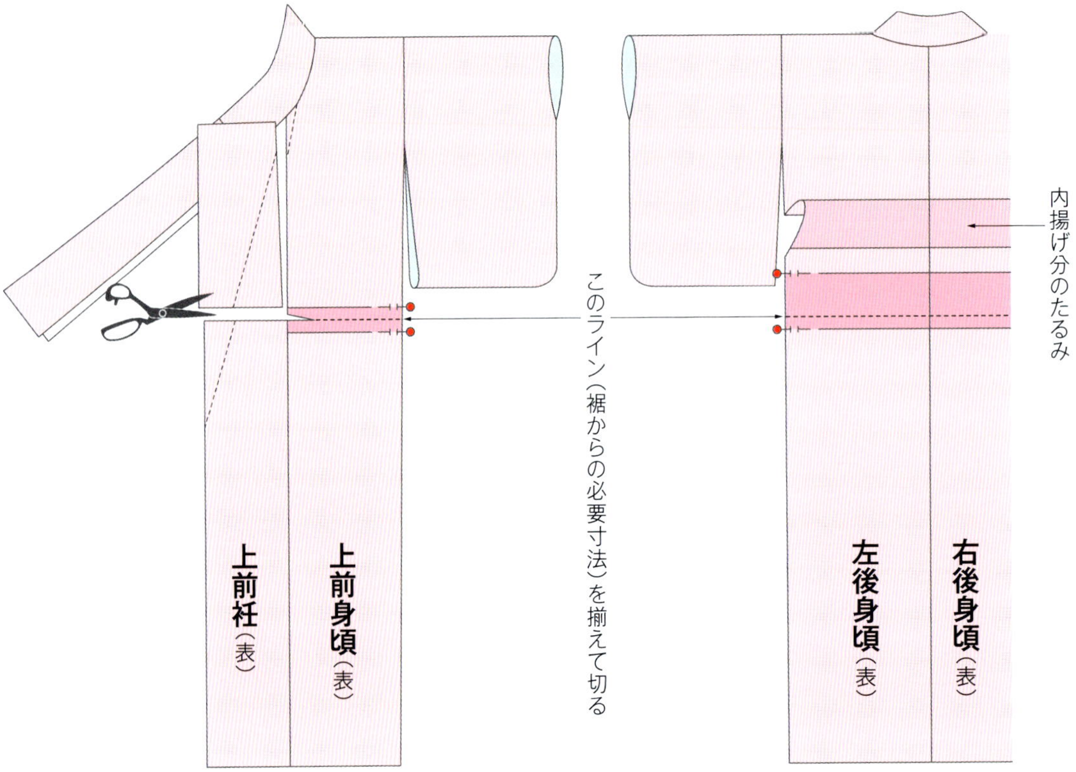
内揚げ分のたるみ
このライン（裾からの必要寸法）を揃えて切る
上前衽（表）
上前身頃（表）
左後身頃（表）
右後身頃（表）

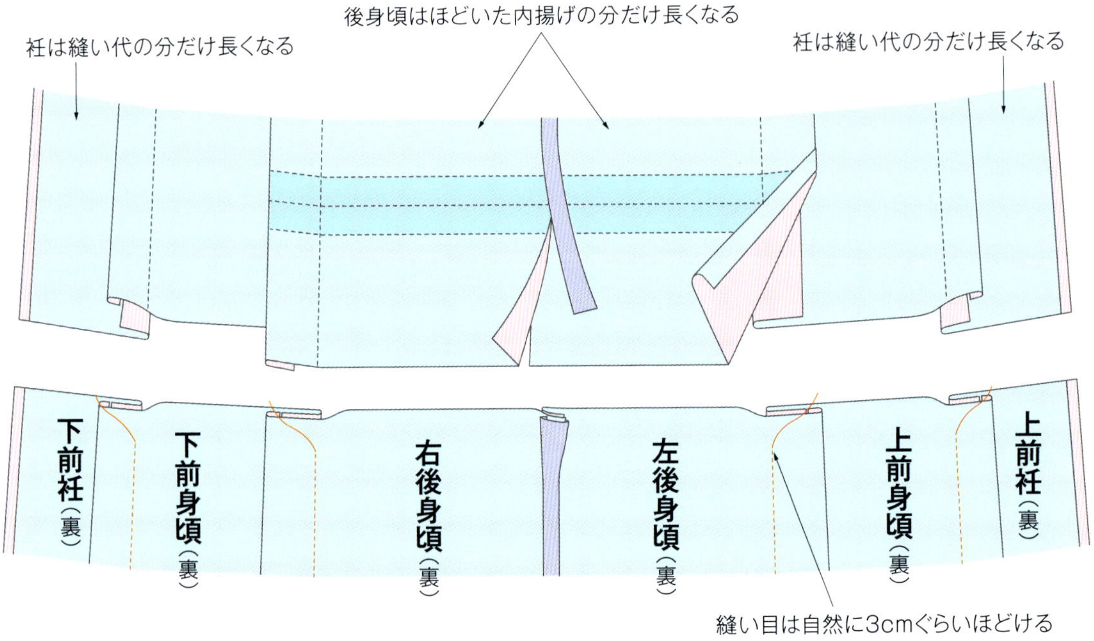
後身頃はほどいた内揚げの分だけ長くなる
衽は縫い代の分だけ長くなる
衽は縫い代の分だけ長くなる
下前衽（裏）
下前身頃（裏）
右後身頃（裏）
左後身頃（裏）
上前身頃（裏）
上前衽（裏）
縫い目は自然に3cmぐらいほどける

5 足し布を縫い合わせる

❶足し布をそれぞれきものと中表にして、縫い合わせます。縫い合わせる範囲は縫い代の内側のみで、縫い代は縫わないようにします。

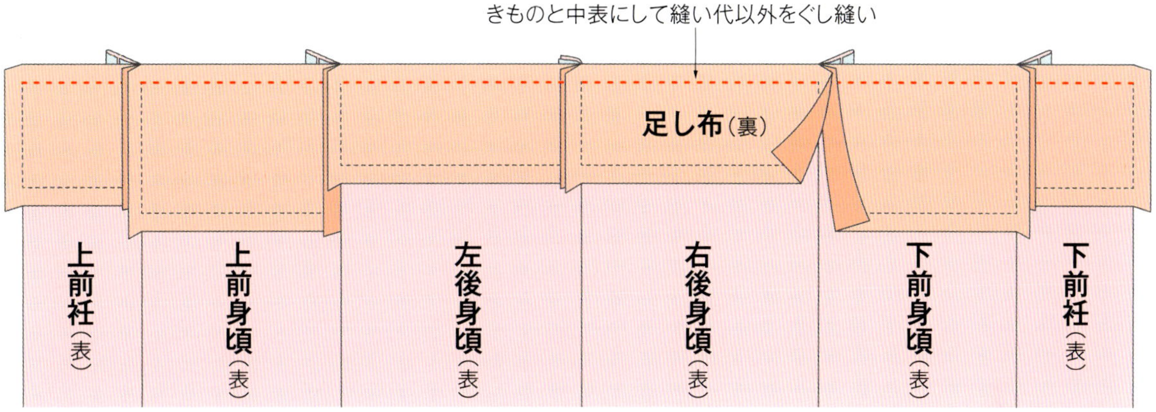
きものと中表にして縫い代以外をぐくし縫い
足し布（裏）
上前衽（表）
上前身頃（表）
左後身頃（表）
右後身頃（表）
下前身頃（表）
下前衽（表）

❷上下とも縫い代の内側を縫い合わせてきものとつなげます。

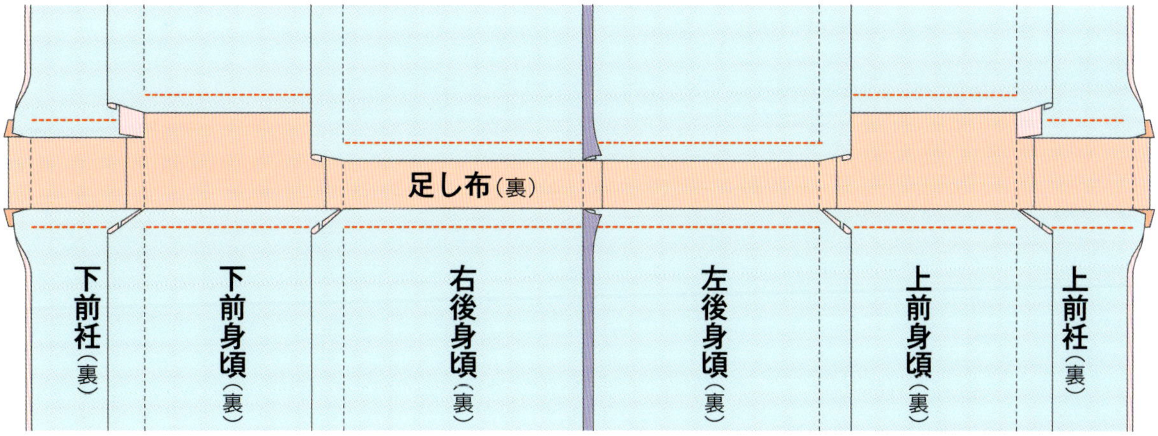
足し布（裏）
下前衽（裏）
下前身頃（裏）
右後身頃（裏）
左後身頃（裏）
上前身頃（裏）
上前衽（裏）

6 縫い代を割る

縫い合わせた縫い代をすべてぴったり割ってコテをあて、三つ折りぐけをします。

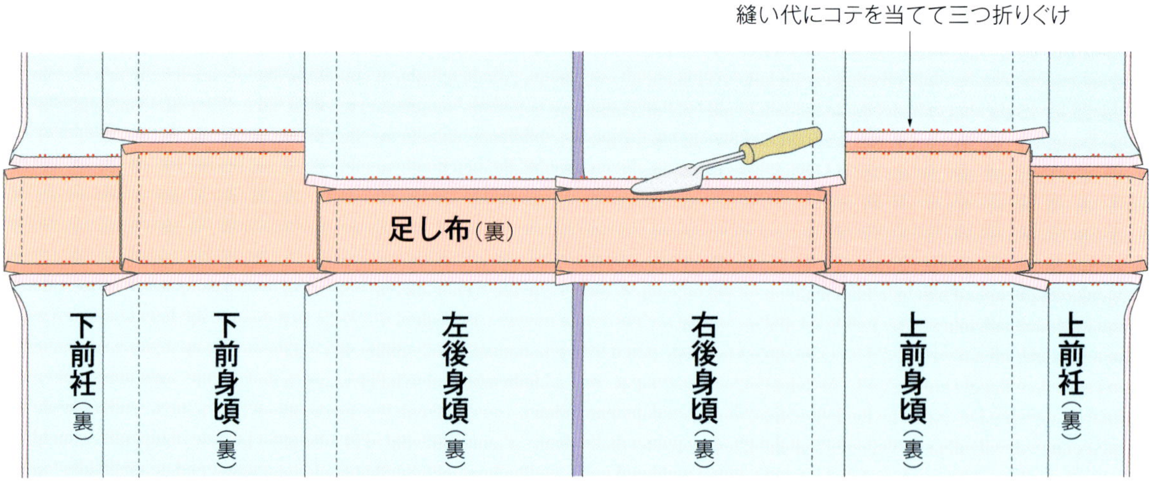
縫い代にコテを当てて三つ折りぐけ
足し布(裏)
下前衽(裏)
下前身頃(裏)
左後身頃(裏)
右後身頃(裏)
上前身頃(裏)
上前衽(裏)

7 身頃、衽を縫い直す

ほどいたところを足し布含めて元のきものと同じように縫い合わせ、縫い代も同じように始末します。
背中心は背伏せ布もつけます。ただし、後身頃の上の縫い代は、袖付けがあるため開いて始末します。

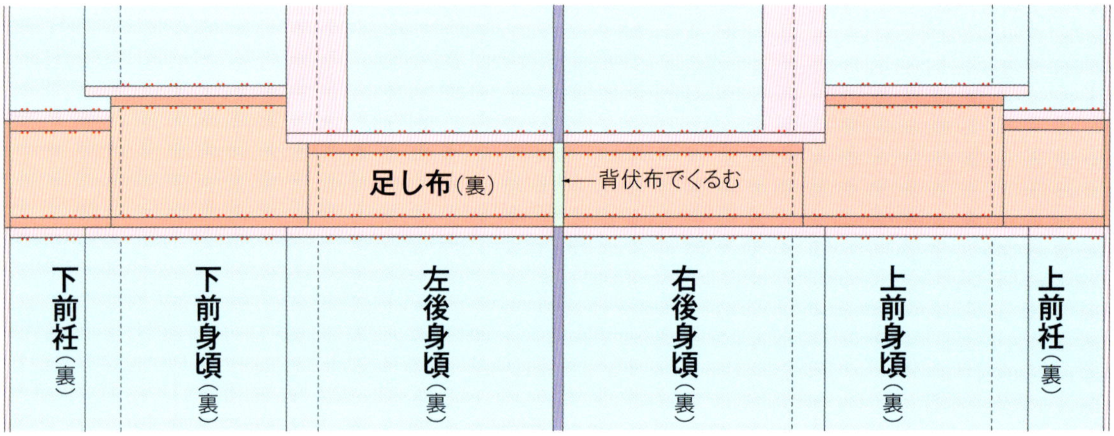
足し布(裏)
背伏布でくるむ
下前衽(裏)
下前身頃(裏)
左後身頃(裏)
右後身頃(裏)
上前身頃(裏)
上前衽(裏)

衽の足し布が不要の場合

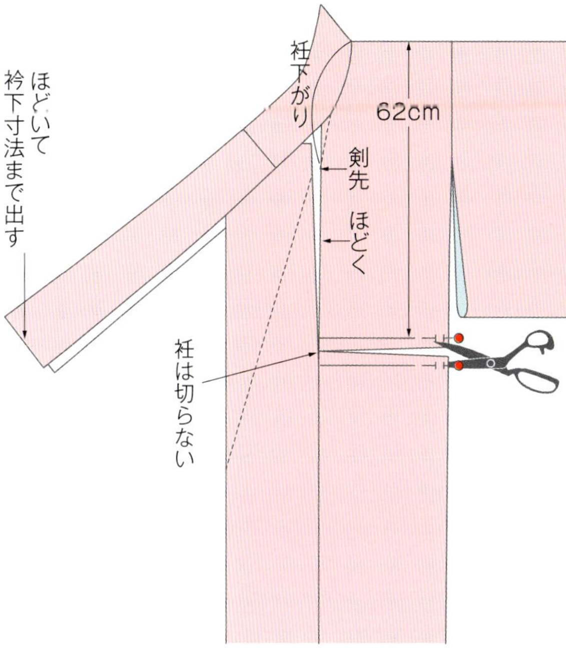
ほどいて衿下寸法まで出す
衽下がり
62cm
剣先
ほどく
衽は切らない

衽は剣先から、身頃の足し布のはぎ位置までほどき、縫い代１センチをとって縫い直します。衿先はほどいて衿下寸法まで出します。身頃の足し布の入れ方は、P180 ～ P182 と同じです。

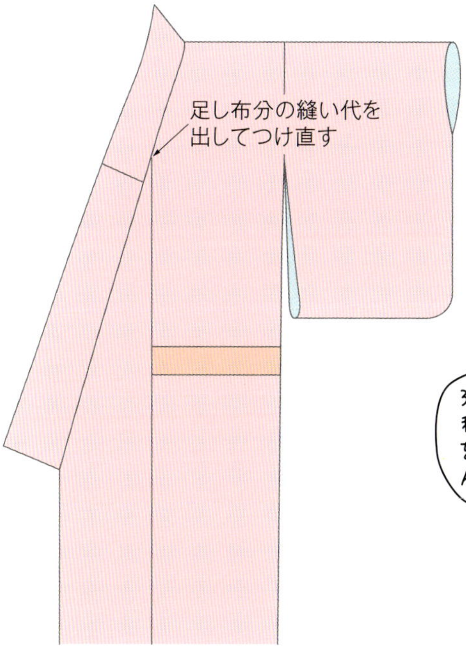
足し布分の縫い代を出してつけ直す

身頃をすべて、きものと同じように縫い直し、衽と衿をつけ直します。

8 出来上がり

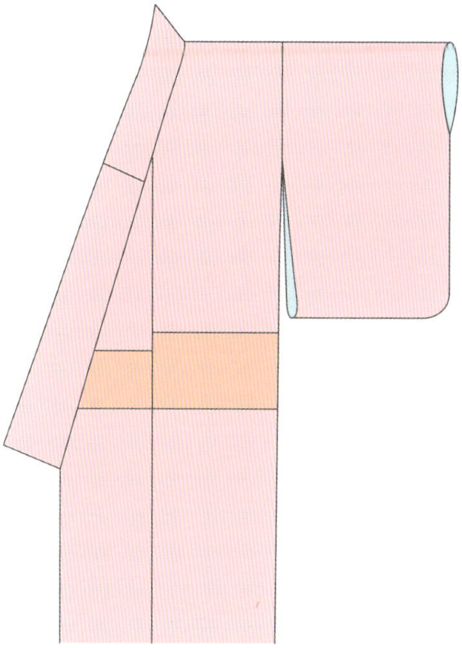

衿をつけ直せば出来上がりです。

身丈出ししたきものは、前後身頃とも内揚げなしの状態になります。衿先は、衿下寸法まで出なくても着付けには支障ありません。

3 ～ 4 センチ身丈を出す程度ならば、衽に足し布をしなくていい場合がほとんどです。

切らないでつくる作り帯

単衣のなごや帯を作り帯にします。帯結びにかかる時間が短縮できて手が疲れないため、人気のリメイクです。帯を切らないので、ほどいて元どおりにすることができますが、折れ筋などはつきますので、まずは使い古した帯でつくってみてください。

*準備するもの
◇単衣のなごや帯／1本
◇紐／2.5cm×150cm

作り方の順番

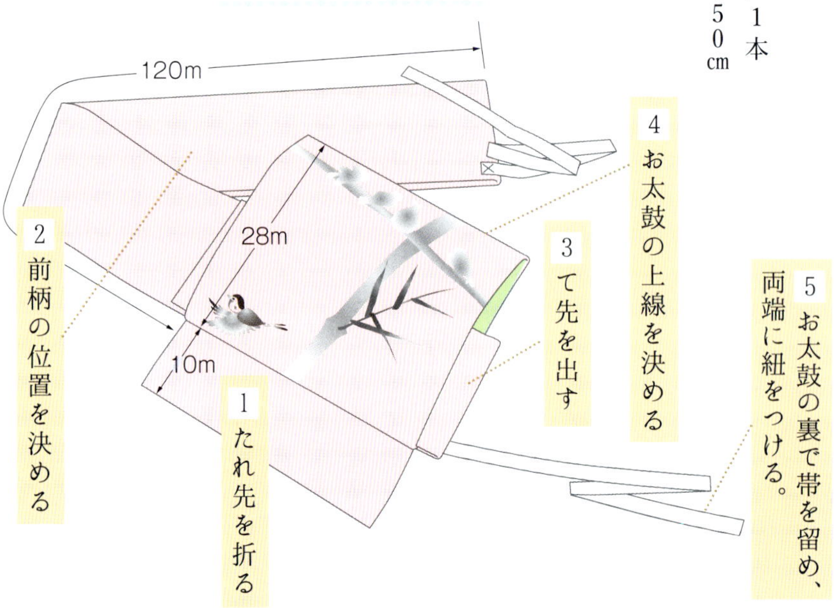
120m
28m
10m
1 たれ先を折る
2 前柄の位置を決める
3 て先を出す
4 お太鼓の上線を決める
5 お太鼓の裏で帯を留め、両端に紐をつける。

2 前柄の位置を決める

❶㋑の角をたれ先から10センチのところまで折ります。

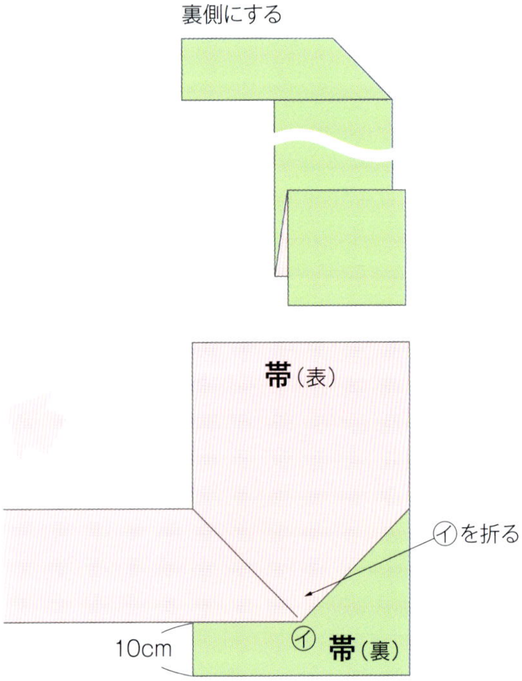
裏側にする
帯（表）
㋑を折る
10cm
㋑
帯（裏）

1 たれ先を折る

たれ先を10センチとって、お太鼓柄の下線に合わせて内側に帯を折って入れます。

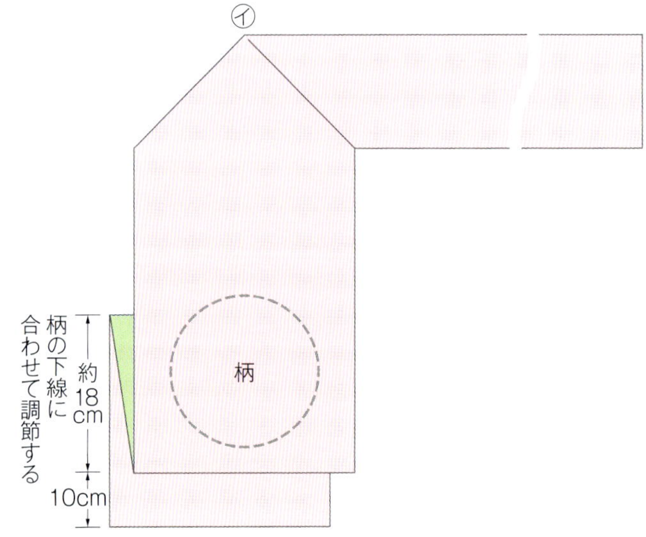
㋑
柄
約18cm
柄の下線に合わせて調節する
10cm

❷再び表に返し、お太鼓の端から約 30 センチの位置に前柄の中心が来るように、たれの後ろの折り方で胴回りの長さを調節します。

体型によっても前柄の位置が変わります。この時点で一度、体に当てて確認するといいですよ。

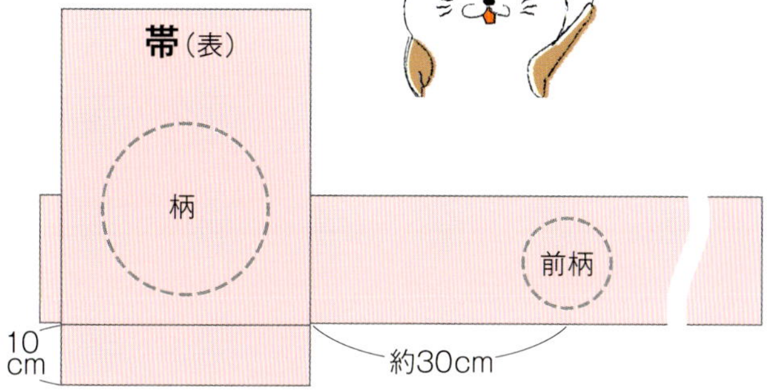
帯（表）
柄
前柄
10
cm
約30cm

3 て先を出す

❶てを 1 で折った帯の間に入れながらお太鼓の中を通し、て先をお太鼓の両端各 3 センチずつ出します。

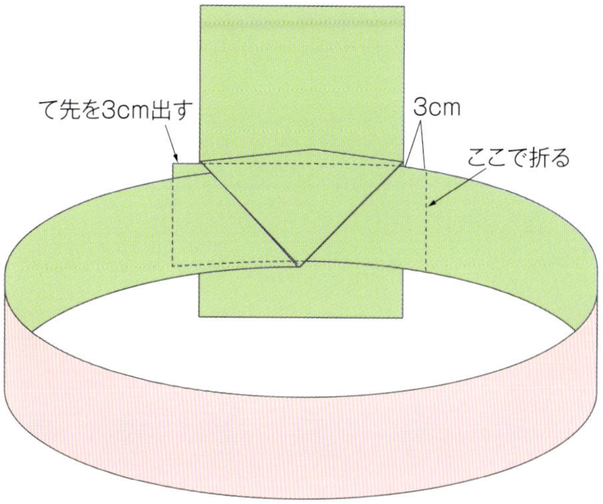
て先を3cm出す
3cm
ここで折る

4 お太鼓の上線を決める

お太鼓は下線から約 28 センチの位置で裏に折ります。このとき、太鼓の柄の位置がおかしかったら、太鼓の下線で調節します。

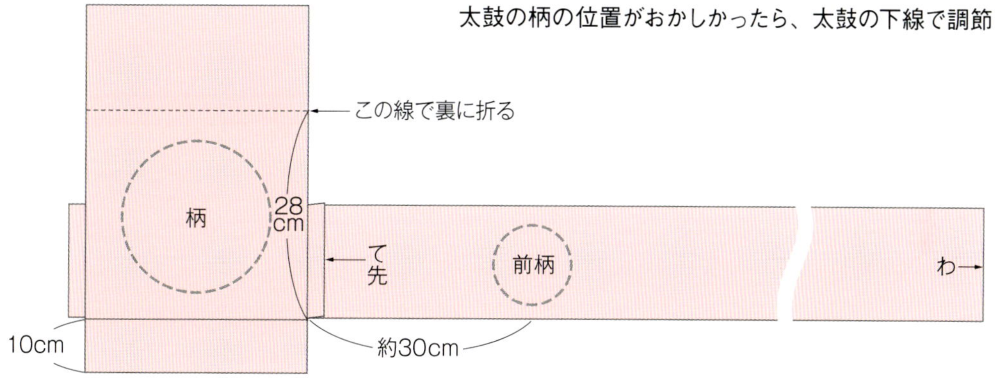
この線で裏に折る
柄
28
cm
て
先
前柄
わ
10cm
約30cm

5 お太鼓の裏で帯を留め、両端に紐をつける

❶ 4 で裏返したお太鼓の中に折り返した胴帯を入れて、一番表の布を除いて、4 カ所返し針でとじつけます。
❷紐を 2 等分に切って、両端に縫いつけます。

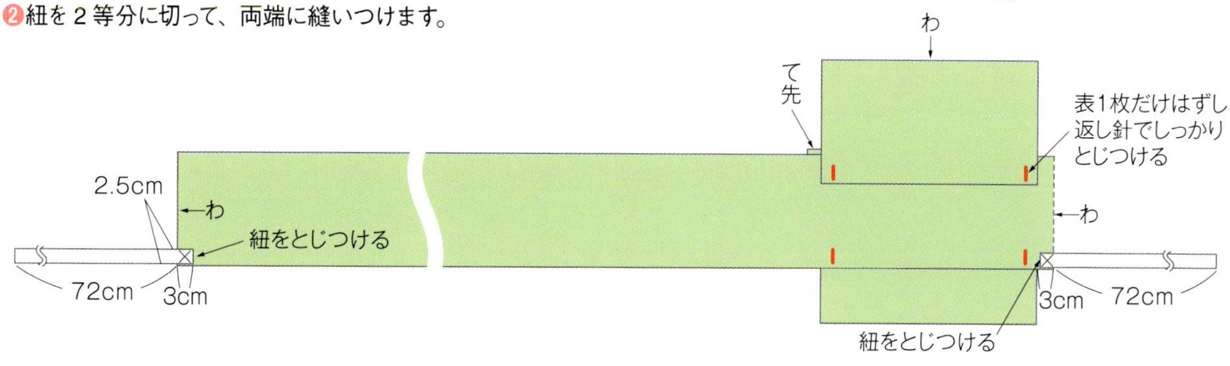
わ
て
先
表1枚だけはずし
返し針でしっかり
とじつける
2.5cm
わ
紐をとじつける
わ
72cm
3cm
3cm
72cm
紐をとじつける

きものからコートをつくる

きものをほどいて、コートに仕立て直してみましょう。紬地など縮まない布地ならば仕立て上がってから撥水加工をほどこせば、雨ゴートとおしゃれゴートの兼用になります。コート丈はお好みですが、きものの着丈と同寸の対丈でつくり、マジックテープで短い丈も楽しめるようにしておくと便利です。

準備するもの

◇きもの／（すべてほどいて折り筋はアイロンを当てておく。または洗い張りに出しておく。）
◇肩すべり布／コート、または羽織の裏地並幅（38㎝）×160㎝（洋服の裏地の場合は、110㎝幅×80㎝）
◇衿の型紙用のボール紙／11㎝×65㎝
◇スナップボタン／直径8㎜～1㎝ 1個
◇紐／4㎝幅×140㎝（肩すべり布の残りかきものの残りでつくって4等分に切っておく。）
◇マジックテープ／約20㎝（7等分に切っておく）

コート丈の目安

◇八分丈（きものの着丈×0.8）……きものの裾から20～25㎝あがった位置になります。
◇九分丈（きものの着丈×0.9）……きものの裾が少しのぞくくらいの丈です。
◇対丈（身長×0.8＋3㎝）…首のくるぶしから裾までの長さを計ってもよいです。雨ゴートはきものが濡れないようにこのサイズで仕立てます。

縫う順番と縫い方図

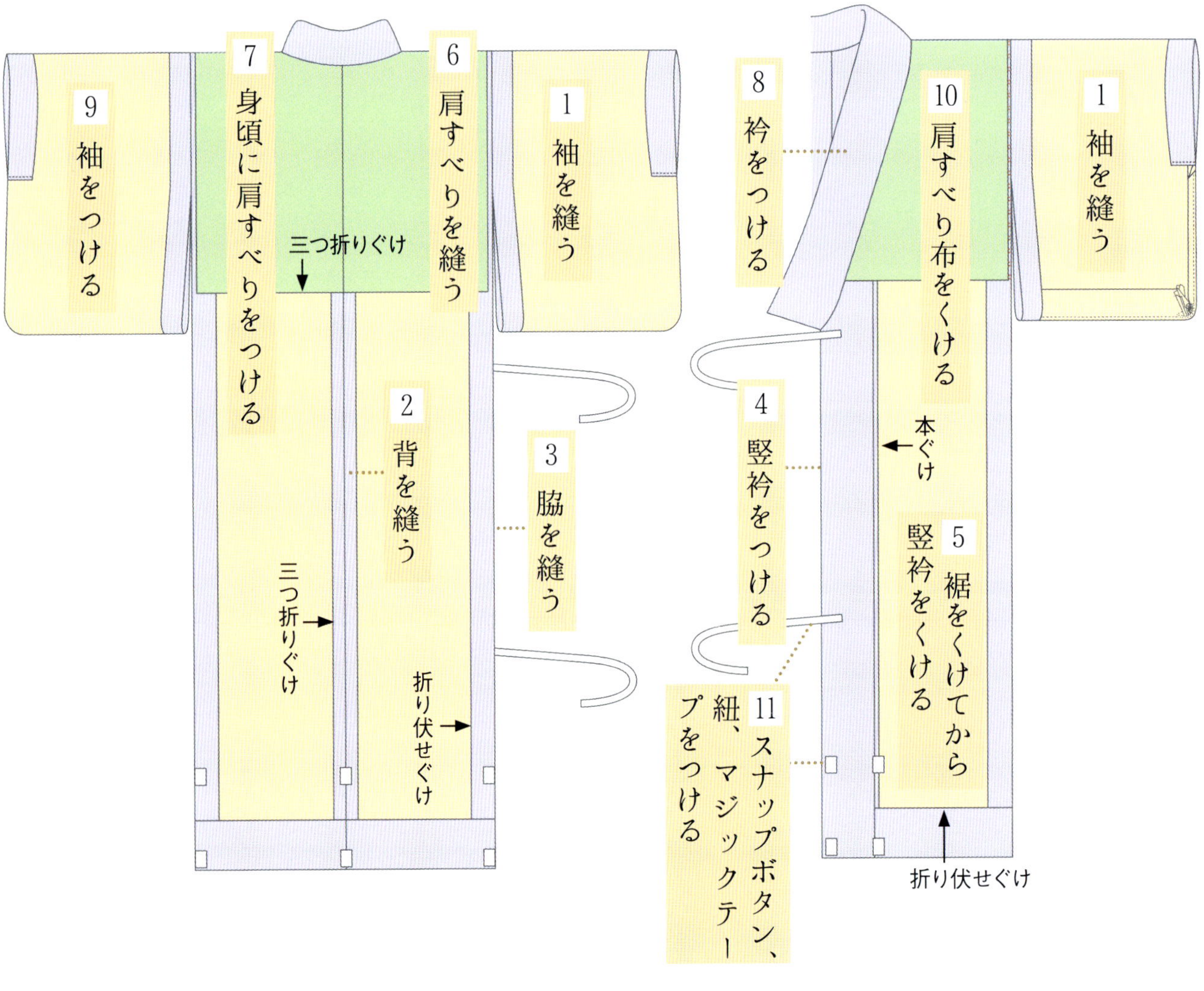

1 袖を縫う
2 背を縫う
3 脇を縫う
4 竪衿をつける
5 裾をくけてから竪衿をくける
6 肩すべりを縫う
7 身頃に肩すべりをつける
8 衿をつける
9 袖をつける
10 肩すべり布をくける
11 スナップボタン、紐、マジックテープをつける
三つ折りぐけ
三つ折りぐけ
折り伏せぐけ
本ぐけ
折り伏せぐけ

印つけをする

後身頃

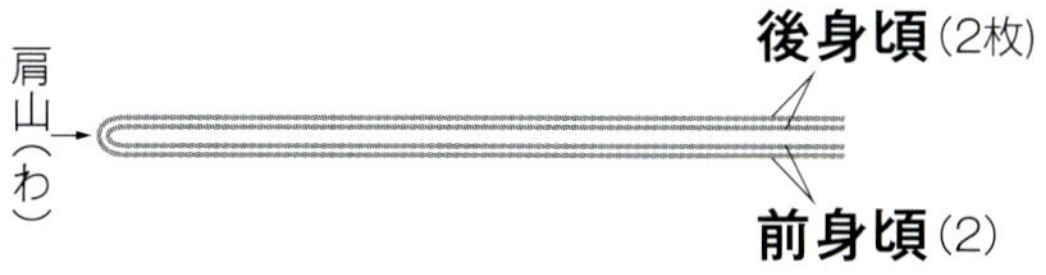
肩山(わ)
後身頃(2枚)
前身頃(2)

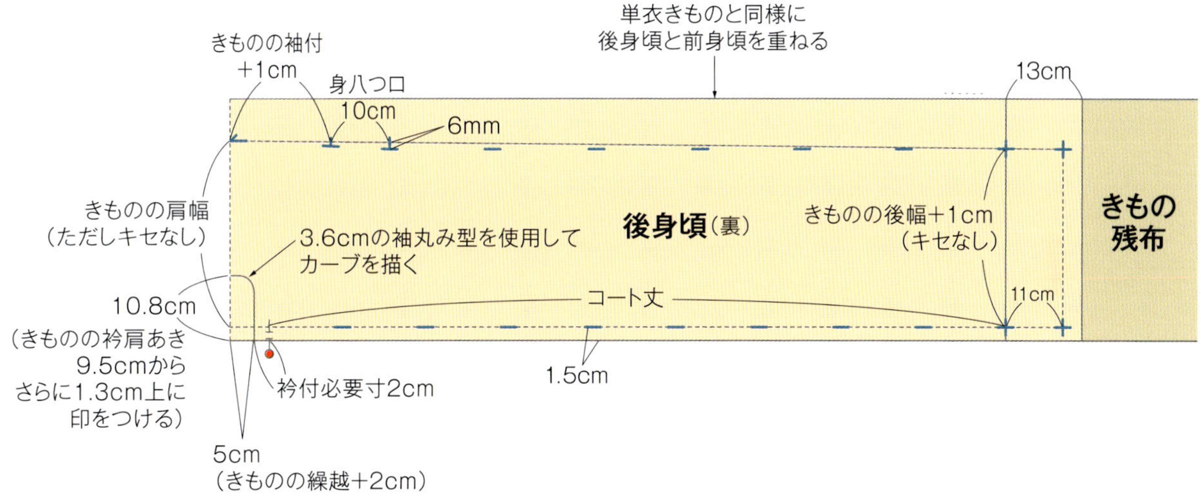
単衣きものと同様に
後身頃と前身頃を重ねる
きものの袖付
+1cm
身八つ口
10cm
6mm
13cm
きものの肩幅
(ただしキセなし)
3.6cmの袖丸み型を使用して
カーブを描く
後身頃(裏)
きものの後幅+1cm
(キセなし)
きもの
残布
10.8cm
(きものの衿肩あき
9.5cmから
さらに1.3cm上に
印をつける)
コート丈
11cm
衿付必要寸2cm
1.5cm
5cm
(きものの繰越+2cm)

❶きものの後身頃、前身頃を肩山でたたんで 4 枚中表に重ねます。
❷衿肩あきを 10.8 センチとり、繰越 5 センチ (きものの繰越 +2 センチ) をとります。丸みは実物大イラストを参照して 3.6 センチの丸みを描きます。
❸衿付必要寸 2 センチの位置から、コート丈をとり裾線を決めます。背縫いの縫い代は 1.5 センチとります。
❹コート丈を出した位置から、後幅 (きものの後幅 +1 センチ) をとります。さらに13センチ裾の折り返しもとります。
❺肩幅をとり、肩幅と後幅をまっすぐの線で仮に結びます。
❻脇は肩山から、袖付け (きものの袖付け寸法 +1 センチ)、身八つ口 10 センチをとり、身八つ口止まりで 6 ミリ中に入った位置で、脇線を引き直します。
❼余り布は裁断します。

丸み実物大

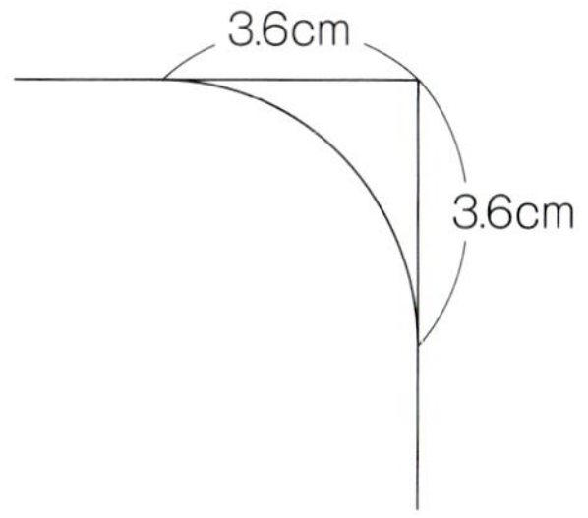
3.6cm
3.6cm

前身頃

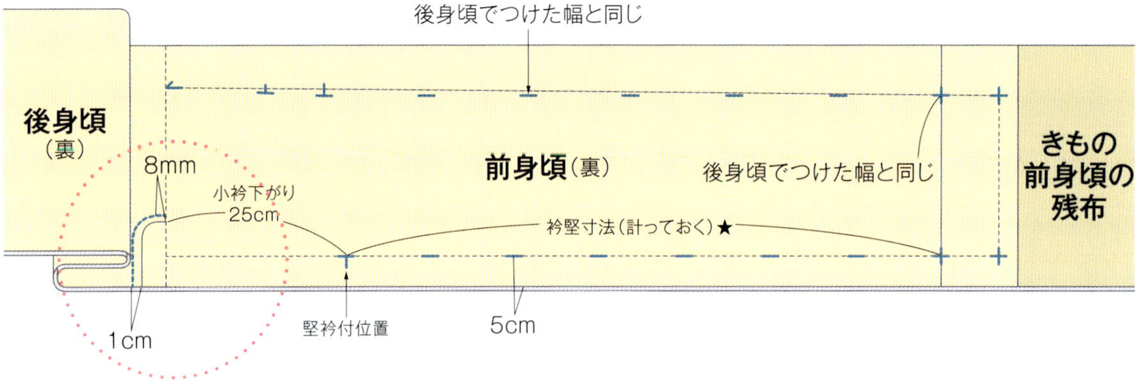

後身頃でつけた幅と同じ
後身頃（裏）
8mm
小衿下がり
25cm
前身頃（裏）
後身頃でつけた幅と同じ
衿堅寸法（計っておく）★
きもの前身頃の残布
1cm
堅衿付位置
5cm

拡大図

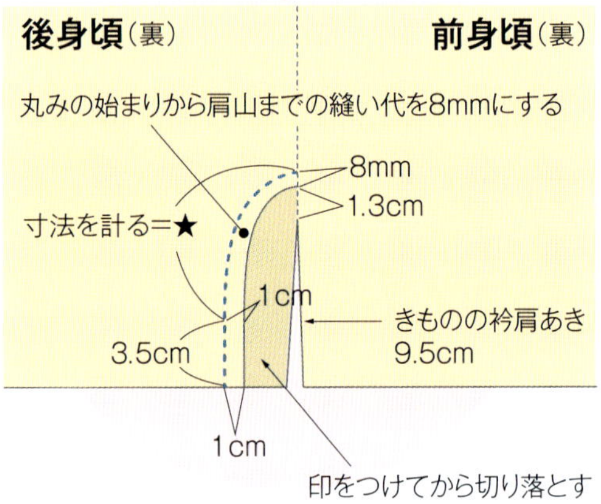

後身頃（裏）
前身頃（裏）
丸みの始まりから肩山までの縫い代を8mmにする
8mm
1.3cm
寸法を計る＝★
1cm
3.5cm
きものの衿肩あき
9.5cm
1cm
印をつけてから切り落とす

❶後身頃を左側にずらして、前身頃を出します。

❷まず、後身頃の衿肩あきの印をつけて、衿肩あきを切り落とします。

❸衿肩あき 10.8 センチの位置から 25 センチ下がり、裾まで 5 センチの縫い代をとります。この範囲が竪衿寸法になるので計っておきます。

❹脇裾印は後身頃と同様です。

肩すべり

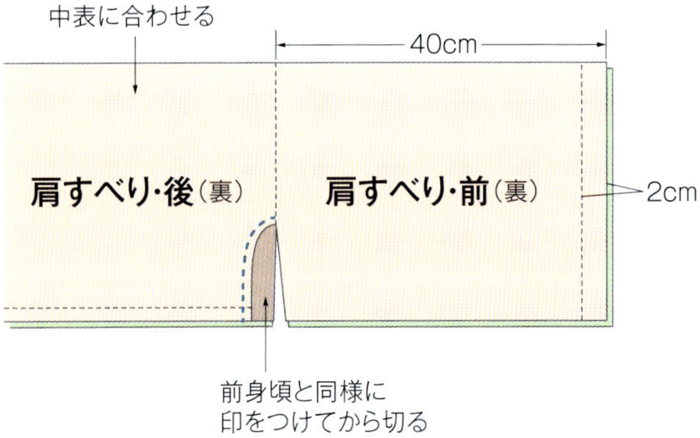

中表に合わせる
40cm
肩すべり・後（裏）
肩すべり・前（裏）
2cm
前身頃と同様に
印をつけてから切る

❷衿肩あきを 10.8 センチとり、繰越、丸みは身頃と同様にとります。

❸衿肩あきは、印をつけてから裁断します。

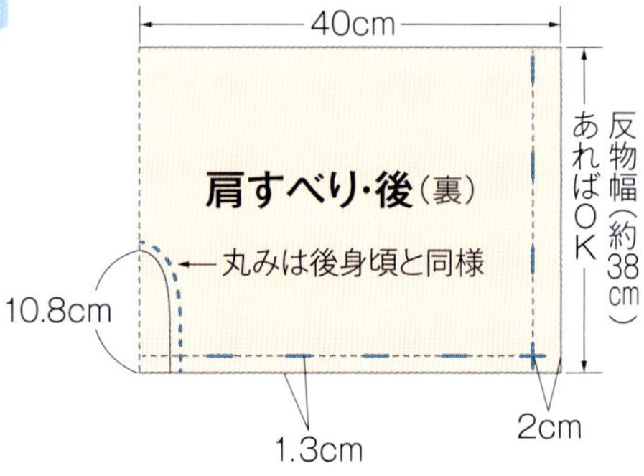

40cm
反物幅（約38cm）あればOK
肩すべり・後（裏）
丸みは後身頃と同様
10.8cm
1.3cm
2cm

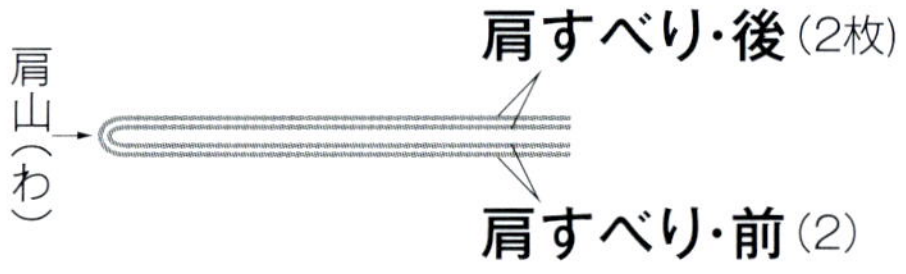

肩山（わ）
肩すべり・後（2枚）
肩すべり・前（2）

❶肩すべりは、反物幅× 80 センチを 2 枚裁断し、イラストのように 2 つ折りして重ねます。

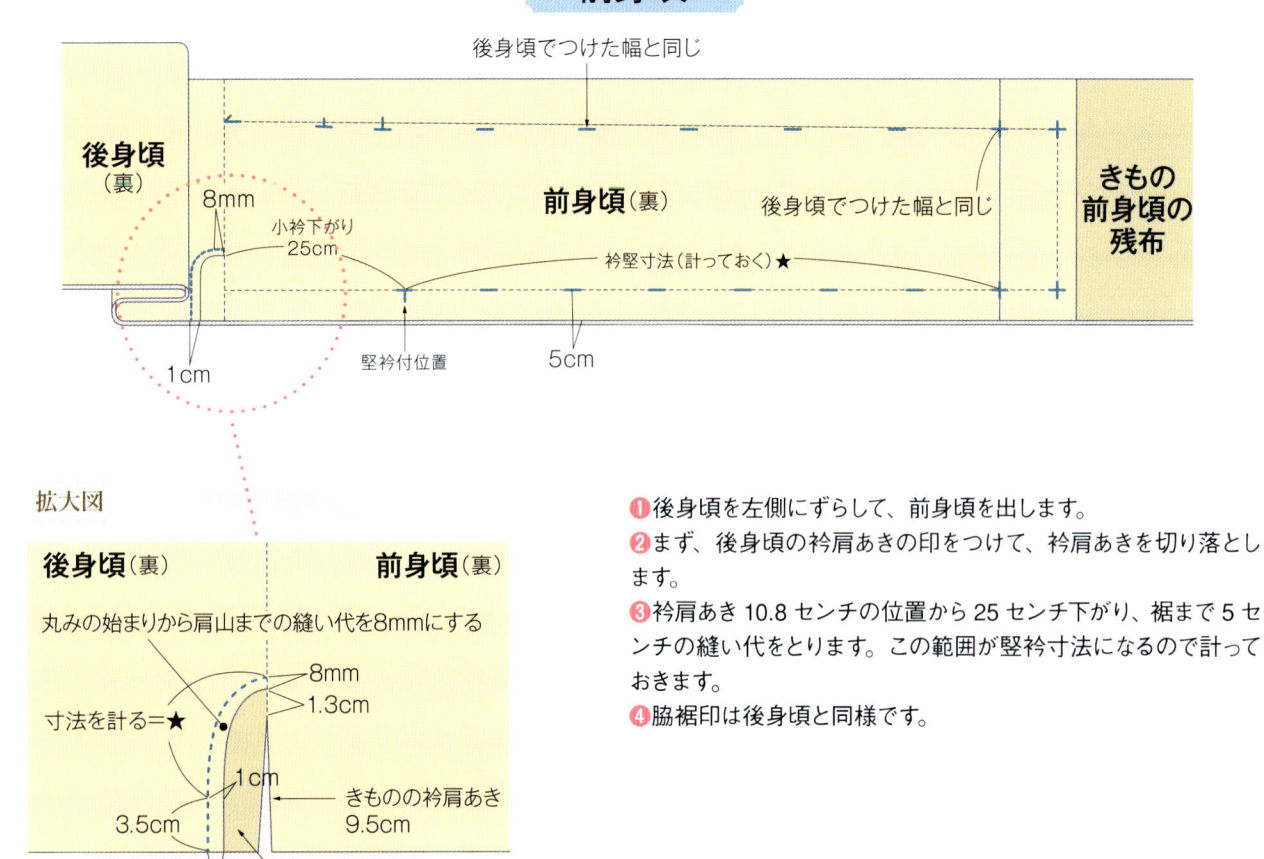

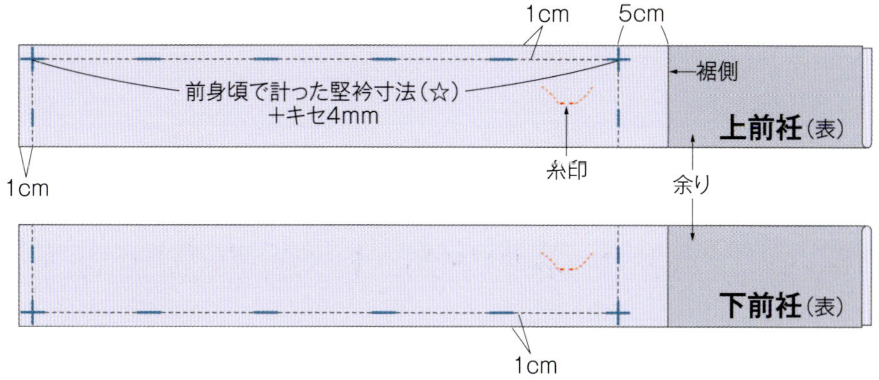
1cm
5cm
前身頃で計った竪衿寸法（☆）
＋キセ4mm
裾側
上前衽（表）
1cm
糸印
余り
下前衽（表）
1cm

竪《たて》衿

きものの衽２枚をそれぞれタテに外表に折り、イラストの通りに糸印をつけて、余りは裁断します。

竪衿の印は
表からつけます。

衿の型紙

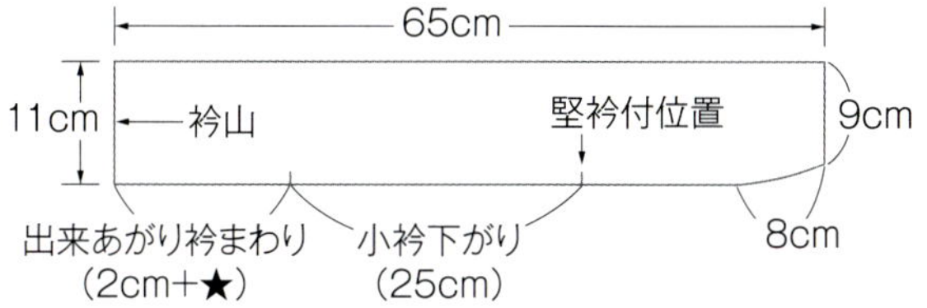
65cm
11cm
衿山
竪衿付位置
9cm
出来あがり衿まわり
（2cm＋★）
小衿下がり
（25cm）
8cm

衿

❶まず、イラストどおりに型紙をつくります。
❷きものの地衿の布を 70cm ぐらいのところで輪にして中表にし、型紙を置きます。縫い代の印をイラストのとおりにつけます。
❸裏衿は地衿の残りでつくりますが、布が足りない場合は、共衿と接いでおきます。布を中表にしてイラストのとおりに印をつけます。

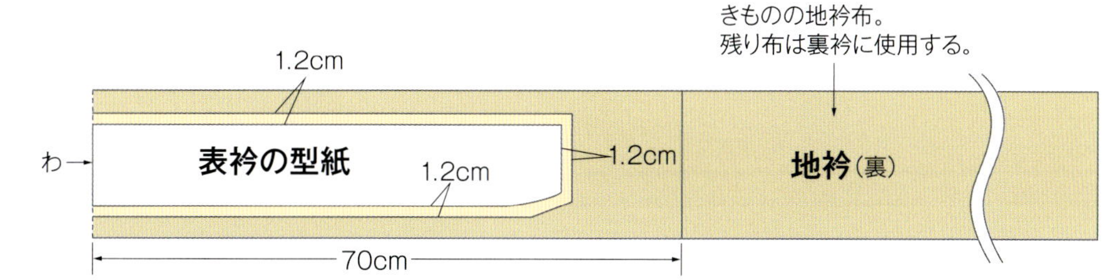
きものの地衿布。
残り布は裏衿に使用する。
1.2cm
わ
表衿の型紙
1.2cm
1.2cm
地衿（裏）
70cm

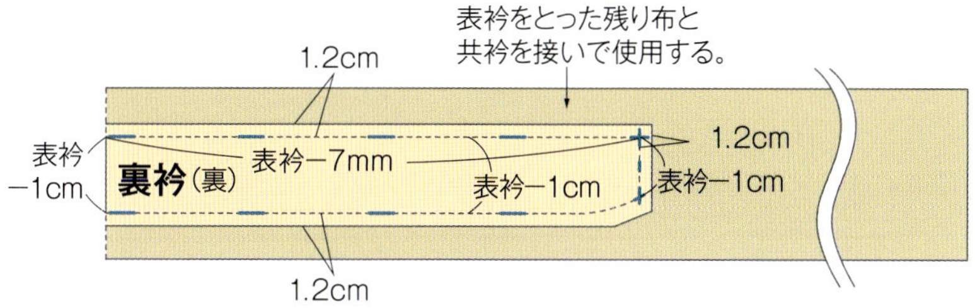
表衿をとった残り布と
共衿を接いで使用する。
1.2cm
表衿
−1cm
表衿−7mm
裏衿（裏）
表衿−1cm
1.2cm
表衿−1cm
1.2cm

袖

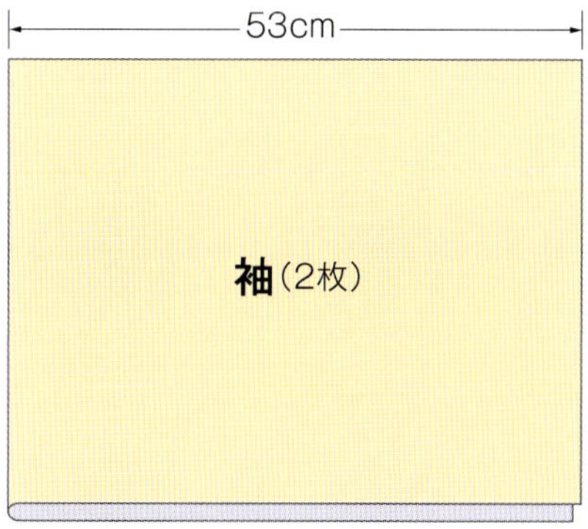
53cm
袖（2枚）

54cm
9.5cm
袖口布（2枚）

❶羽織と同様です。（袖丈 47 センチ＋縫い代６センチ）×２を２枚裁断しておきます。
❷袖口布は、54 センチ×9.5 センチを２枚裁断します。

袖は、きものや羽織と
同様に袖下を袋縫い
してから印をつけます。

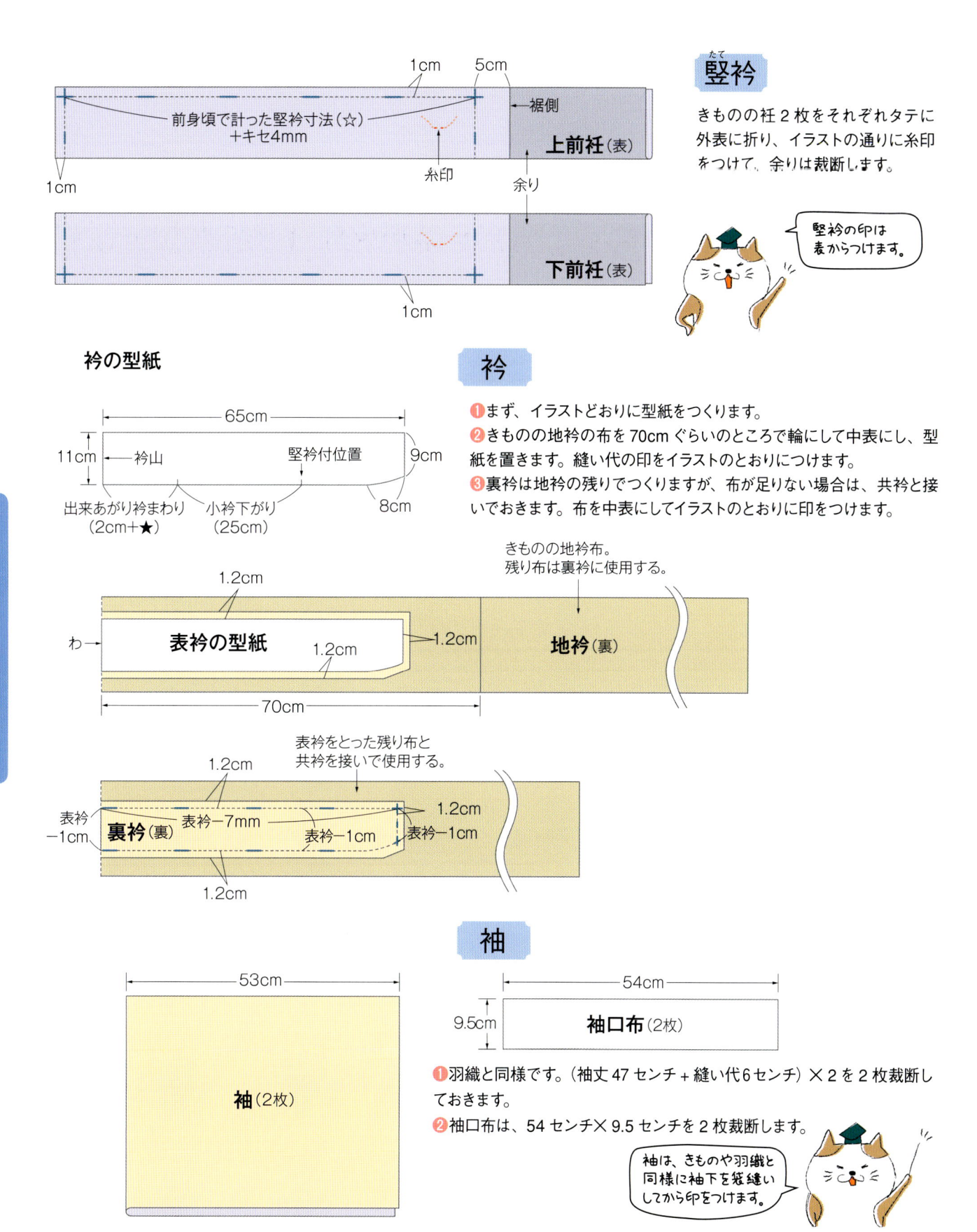

1 袖を縫う

羽織と同様です。→ P130

2 背を縫う

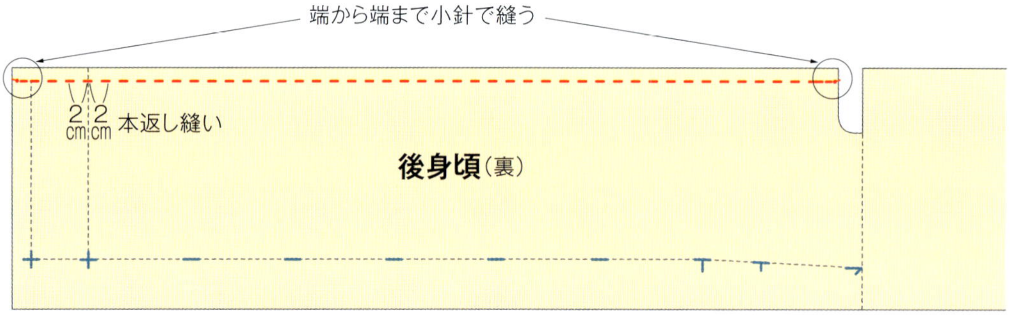
端から端まで小針で縫う
2 2
cm cm 本返し縫い
後身頃（裏）

❶後身頃を中表にし、背の印を合わせて小針で縫いますが、裾の仕上がり線の上下２センチは本返し縫いします。

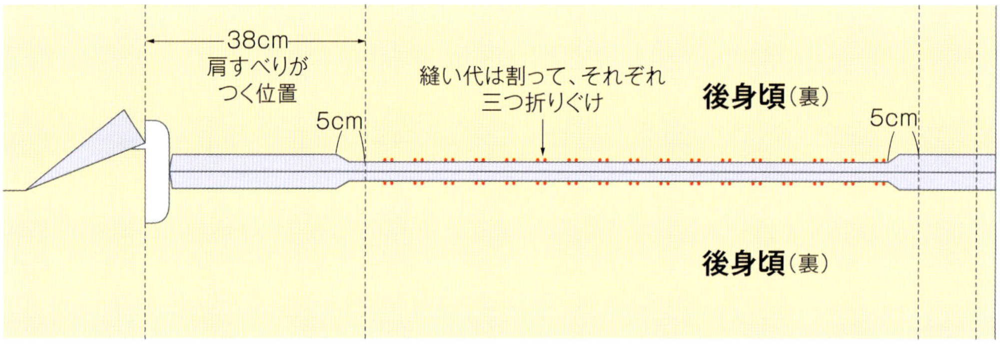
38cm
肩すべりがつく位置
縫い代は割って、それぞれ三つ折りぐけ
5cm
後身頃（裏）
5cm
後身頃（裏）

❷縫い代はぴったり割って、裾線の仕上がり線から５センチ上から肩すべりがつく位置までの縫い代を三つ折りにしてくけます。

コートは、外国から入ってきた衣装なので、縫い代は洋服のように割って始末するのが一般的です。

3 脇を縫う

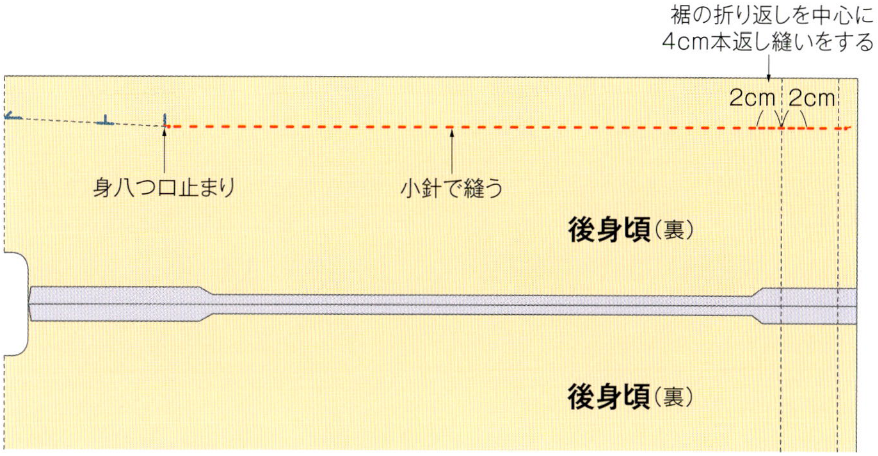
裾の折り返しを中心に
4cm本返し縫いをする
2cm 2cm
身八つ口止まり
小針で縫う
後身頃（裏）
後身頃（裏）

❶後身頃と前身頃を中表にして脇線を小針で縫います。裾の仕上がり線の前後４センチは本返し縫いをします。

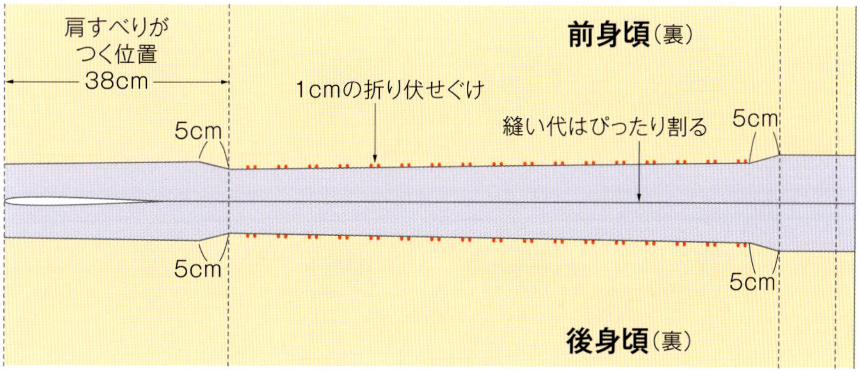
肩すべりが
つく位置
38cm
前身頃（裏）
1cmの折り伏せぐけ
縫い代はぴったり割る
5cm
5cm
5cm
5cm
後身頃（裏）

❷縫い代はぴったり割って、背縫いと同様に裾の仕上がり線から５センチ上から、肩すべりがつく位置までの縫い代を１センチ折って折り伏せぐけします。

4 前身頃に竪衿をつける

裏側の布を
2mm引く
上前竪衿（表の裏）
裾側を縫う
下前竪衿（表の裏）

❶竪衿の布を中表に半分に折り、裾側を縫います。このとき、裏になるほうの布を２ミリ引きます。

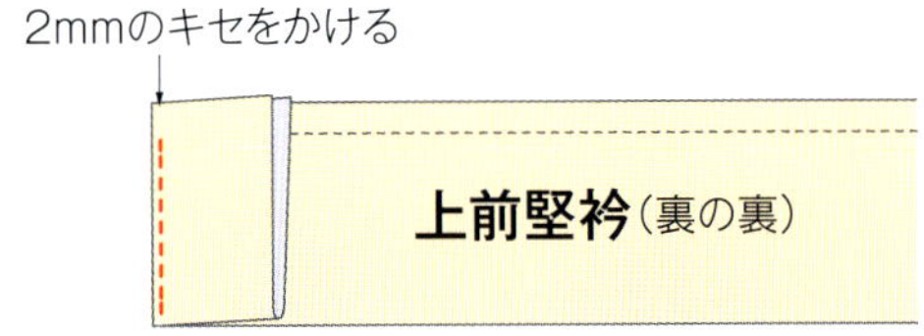

2mmのキセをかける
上前竪衿（裏の裏）

❷裾側の縫い代を裏側に倒しながら２ミリのキセをかけます。

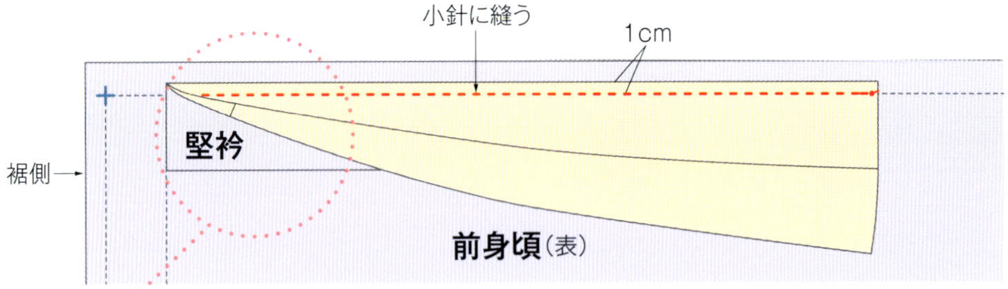

小針に縫う
1cm
竪衿
裾側
前身頃（表）

拡大図

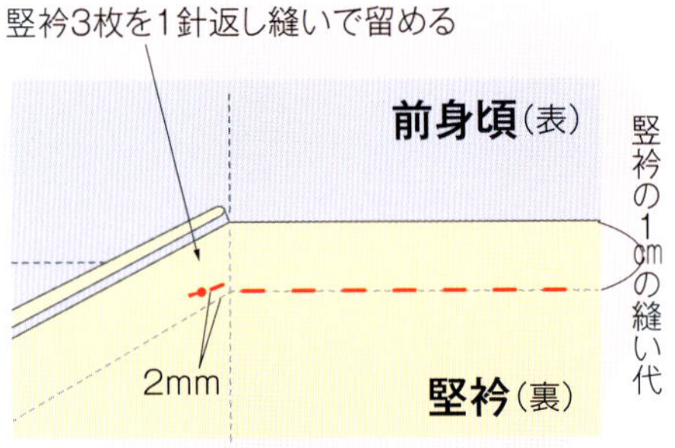

竪衿3枚を1針返し縫いで留める
前身頃（表）
竪衿の1cmの縫い代
2mm
竪衿（裏）

❸前身頃の竪《たて》衿付位置に竪衿の表側を中表に合わせて待ち針を打ち、１針返してからぐし縫いします。
❹裾までできたら１針返し、さらに、キセ２ミリかけた竪衿の裏側も、２ミリ内側に入ったところを１針返し縫いします。

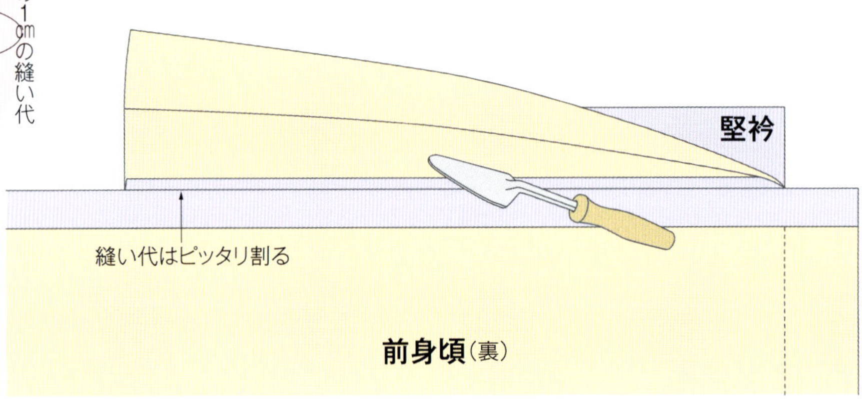

竪衿
縫い代はピッタリ割る
前身頃（裏）

❺きものを裏に返し、縫い代をぴったり割ってコテを当てます。

ちょこっと覚え得

羽織とコートのTPO

羽織はきものと同じ縫い代の始末をしますが、コートは違っていて、洋服と同じように縫い代の始末をします。これは歴史の中で、羽織は古くから礼装の袴の上に羽織られてきた衣装で、コートは外国から入ってきた衣装という差があるからです。今でも紋付の羽織が正装の装いになるのは、羽織が格の高い衣装だからです。また、羽織は礼装用でなくても着たまま家の中に入ります（玄関で脱ぐことはしません）。コートは家の中に入る前に必ず脱がないと、その家の方に失礼になります。

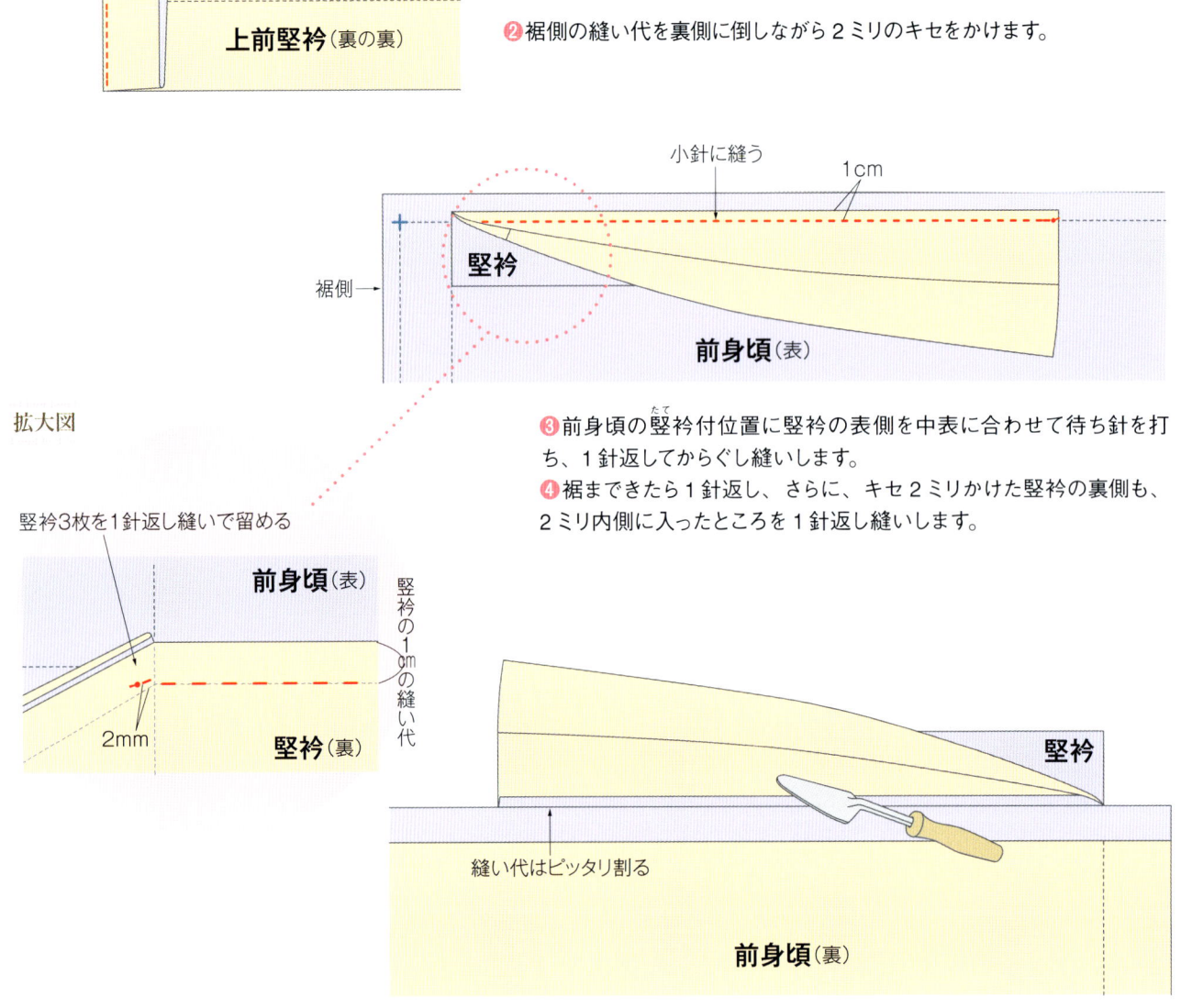

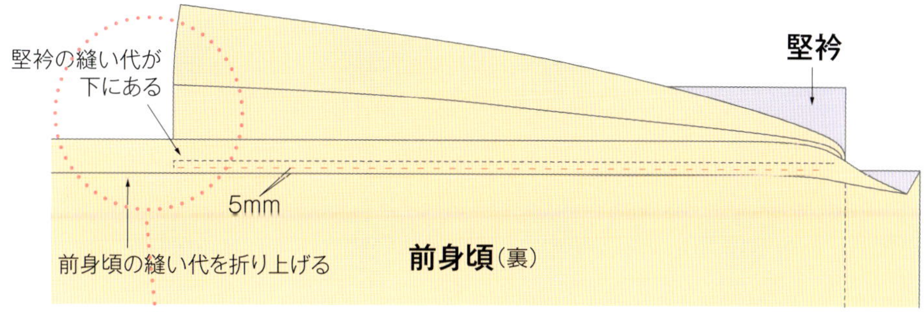
竪衿の縫い代が
下にある
竪衿
5mm
前身頃の縫い代を折り上げる
前身頃（裏）

❻前身頃の縫い代を縫い線から５ミリのところで折って竪衿側に倒してコテを当てます。

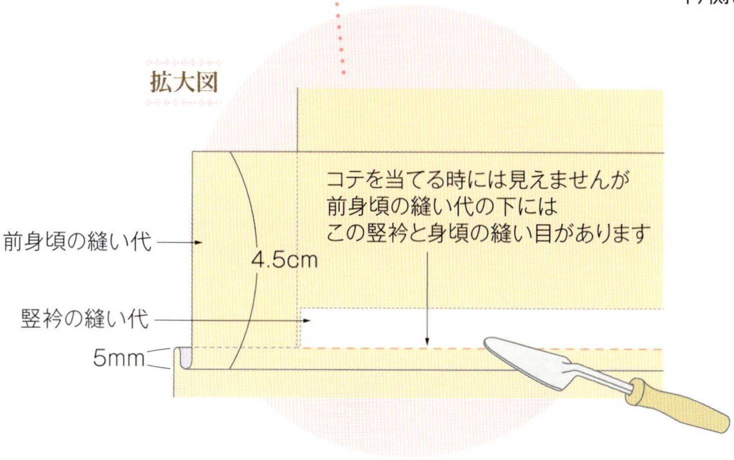
拡大図
前身頃の縫い代
竪衿の縫い代
5mm
4.5cm
コテを当てる時には見えませんが
前身頃の縫い代の下には
この竪衿と身頃の縫い目があります

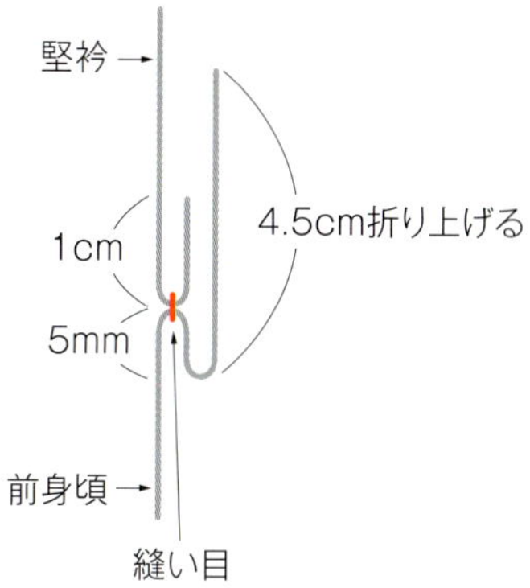
竪衿
1cm
5mm
4.5cm折り上げる
前身頃
縫い目

5 裾と竪衿をくける

裾を仕上がり線に折って伏せぐけし、竪衿は仕上がり線で折って、竪衿付位置にかぶせて本ぐけします。

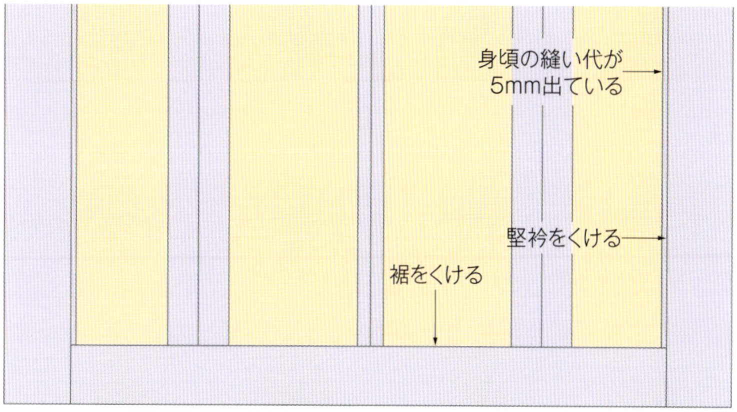
身頃の縫い代が
5mm出ている
竪衿をくける
裾をくける

竪衿付位置から、前身頃の縫い代が５ミリ出た状態になります。これを『縫い代玉縁』と言います。

6 肩すべりを縫う

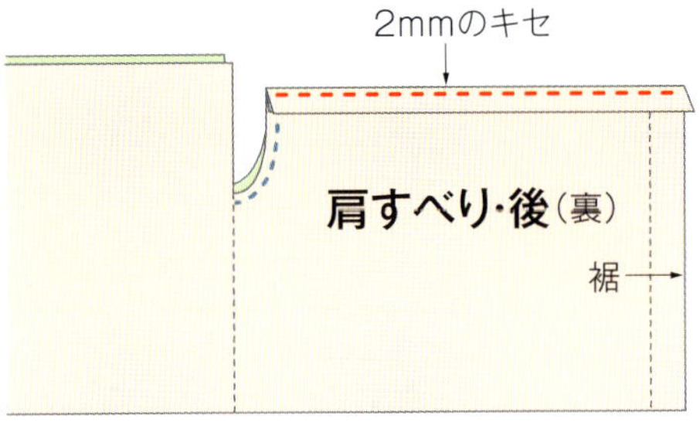

2mmのキセ
肩すべり・後（裏）
裾

❷裾を右側に置いて、２ミリのキセをかけながら縫い代を手前に倒します。

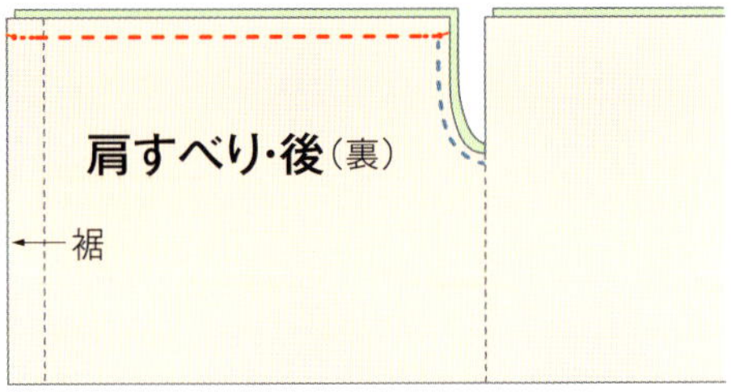

肩すべり・後（裏）
裾

❶肩すべりの後身頃２枚の背を合わせ、ぐし縫いします。

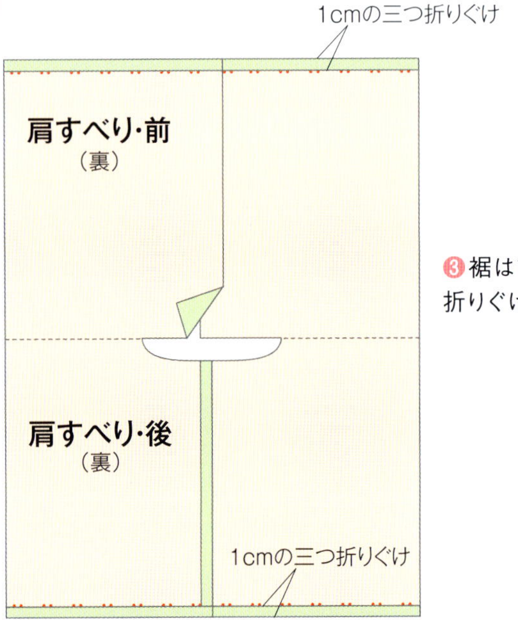

1cmの三つ折りぐけ
肩すべり・前
（裏）
肩すべり・後
（裏）
1cmの三つ折りぐけ

❸裾は前後ともに、１センチの三つ折りぐけで始末します。

7 身頃に肩すべりをつける

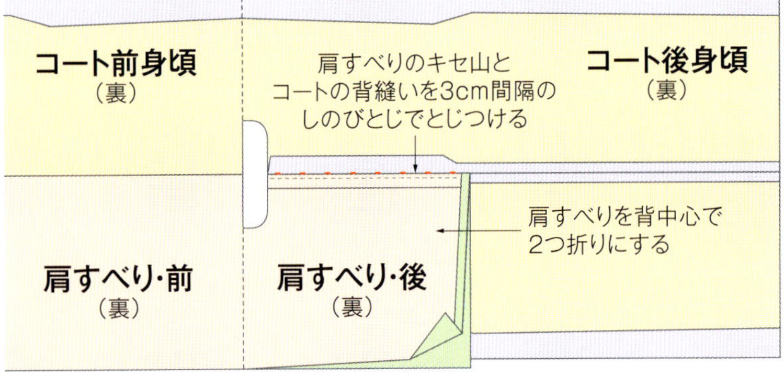

コート前身頃
（裏）
肩すべりのキセ山と
コートの背縫いを3cm間隔の
しのびとじでとじつける
コート後身頃
（裏）
肩すべりを背中心で
2つ折りにする
肩すべり・前
（裏）
肩すべり・後
（裏）

❶肩すべりを背中心で２つ折りにし、後身頃の背中心と合わせます。
❷後身頃の背縫いに、しのびとじでとじつけます。

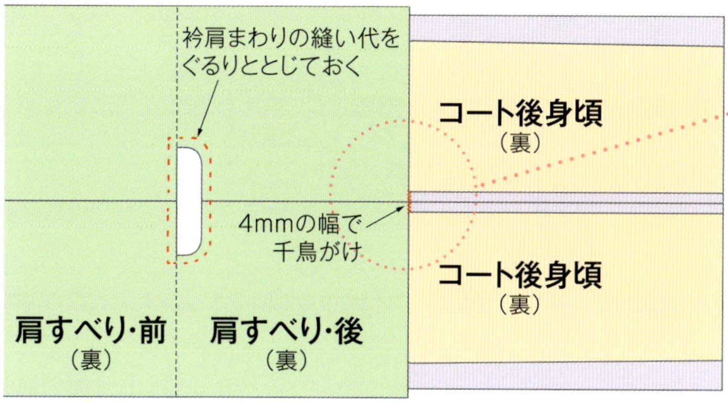
衿肩まわりの縫い代を
ぐるりととじておく
コート後身頃
（裏）
4mmの幅で
千鳥がけ
コート後身頃
（裏）
肩すべり・前
（裏）
肩すべり・後
（裏）

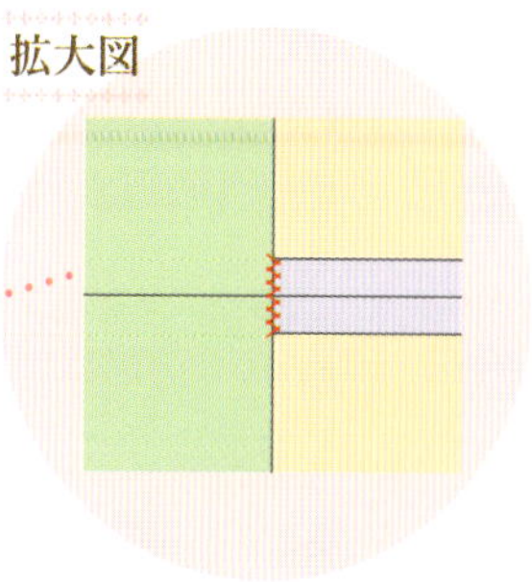
拡大図

❸肩すべりを広げて身頃にかぶせ、衿まわりの縫い代にぐるりと粗縫いしておきます。
❹後すべり・後の裾と身頃の縫い代を４ミリの千鳥がけで留めます。

8 衿をつける

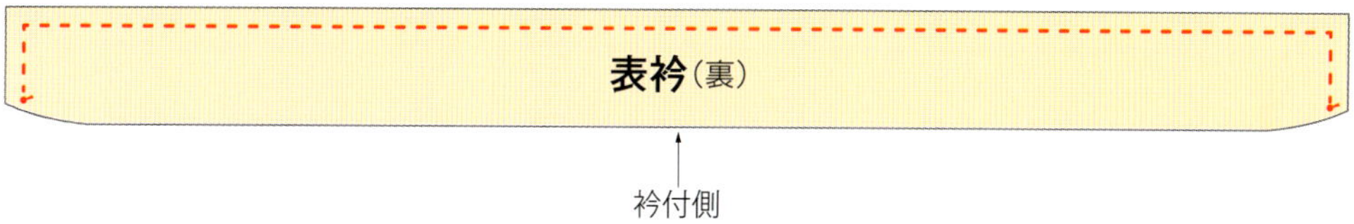
表衿（裏）
衿付側

❶衿布２枚を中表に合わせて、衿付け位置以外をぐし縫いします。

しっかりした布ならば芯は入れませんが、布が少しやわらかいようでしたら、新モス、あるいは綿の布を表衿と同じサイズに切って、表衿と一緒に縫い合わせます。

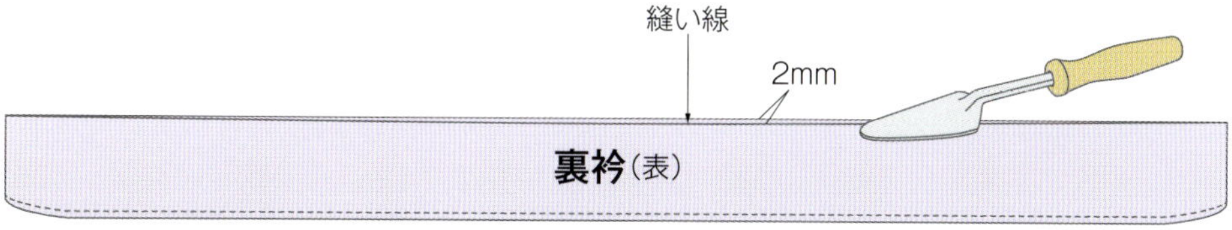
縫い線
2mm
裏衿（表）

❷表に返し、裏衿側を２ミリ控えてコテを当ててから、衿付位置も仕上がり線に折ってコテを当てておきます。

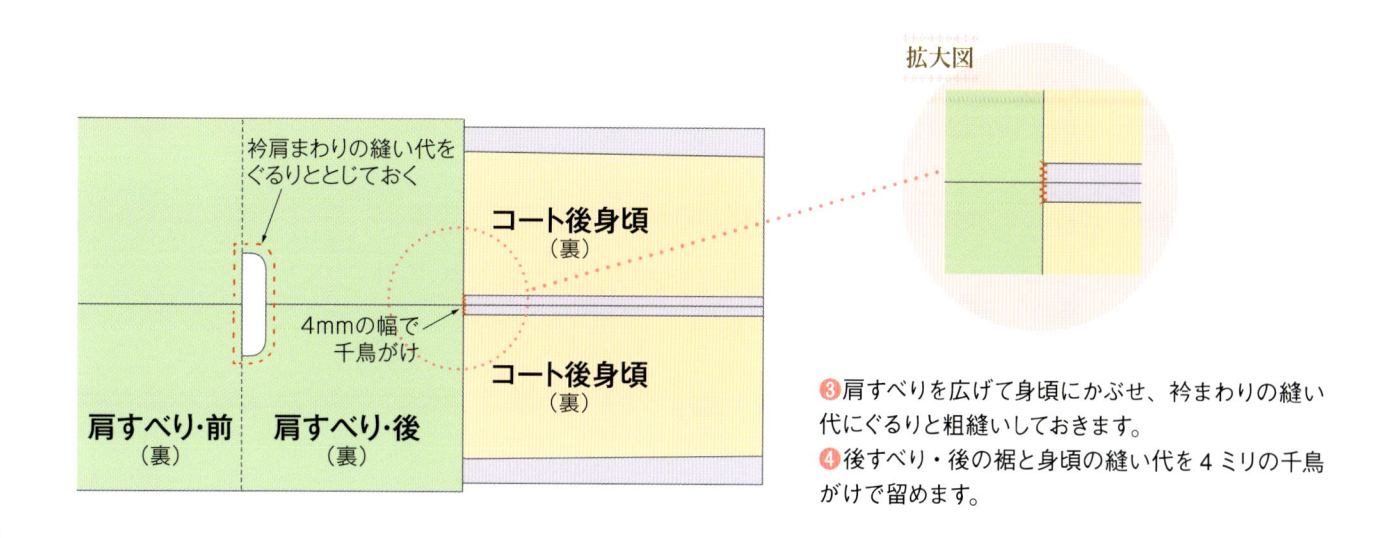

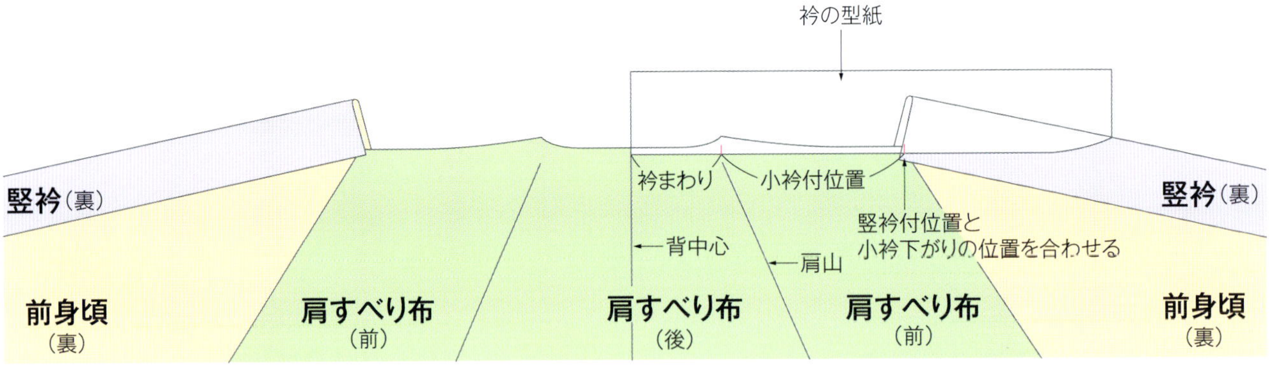

❸コートの衿を上側にして裏を広げ、衿の型紙を置きます。背中心、衿まわりを合わせ、竪衿付位置と小衿下がりの位置を合わせ、そこから衿先までのカーブの線を竪衿につけます。

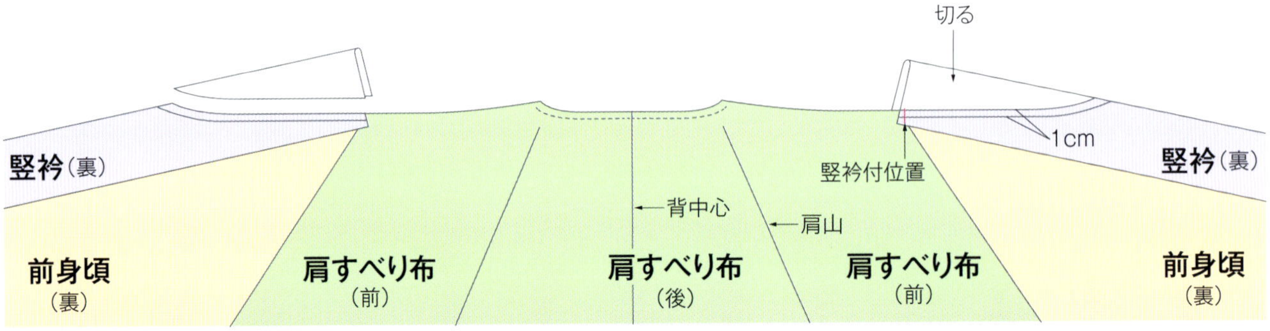

❹❸の印から１センチの縫い代を外側にとってから、竪衿の上部を切り落とします。

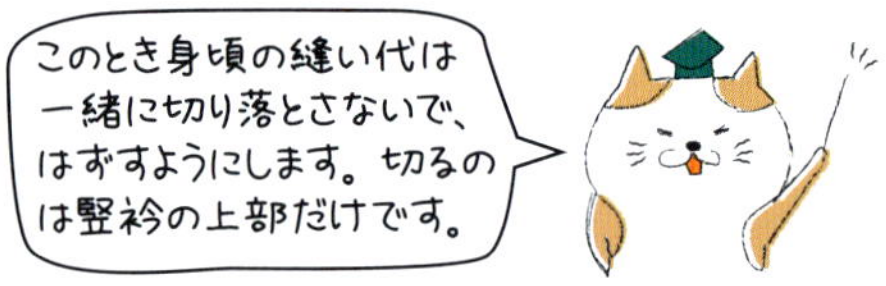

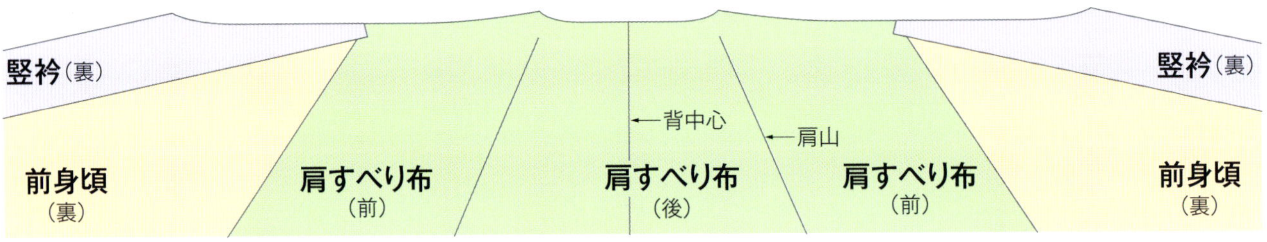

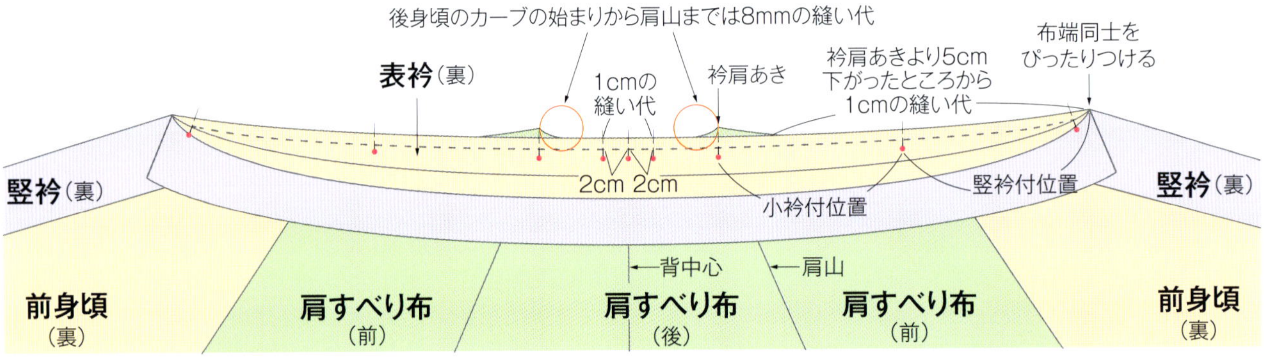

❺コートの裏の衿付位置と表衿を合わせて待ち針をイラストのように打ちます。

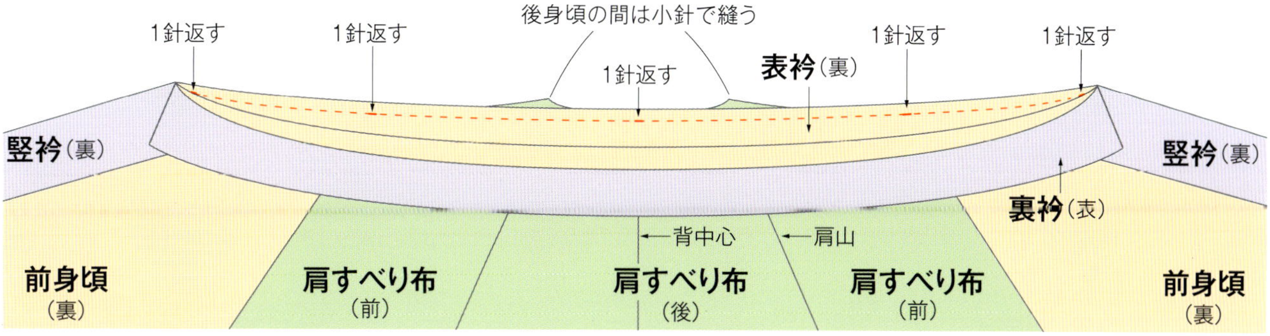

後身頃の間は小針で縫う
1針返す
1針返す
1針返す
1針返す
1針返す
表衿（裏）
竪衿（裏）
竪衿（裏）
裏衿（表）
背中心
肩山
前身頃（裏）
肩すべり布（前）
肩すべり布（後）
肩すべり布（前）
前身頃（裏）

❻衿先から反対側の衿先まで縫います。１針目、竪衿付位置、背中心を１針返して縫い、肩山から肩山までは小針で縫います。最後も１針返して縫い終わります。

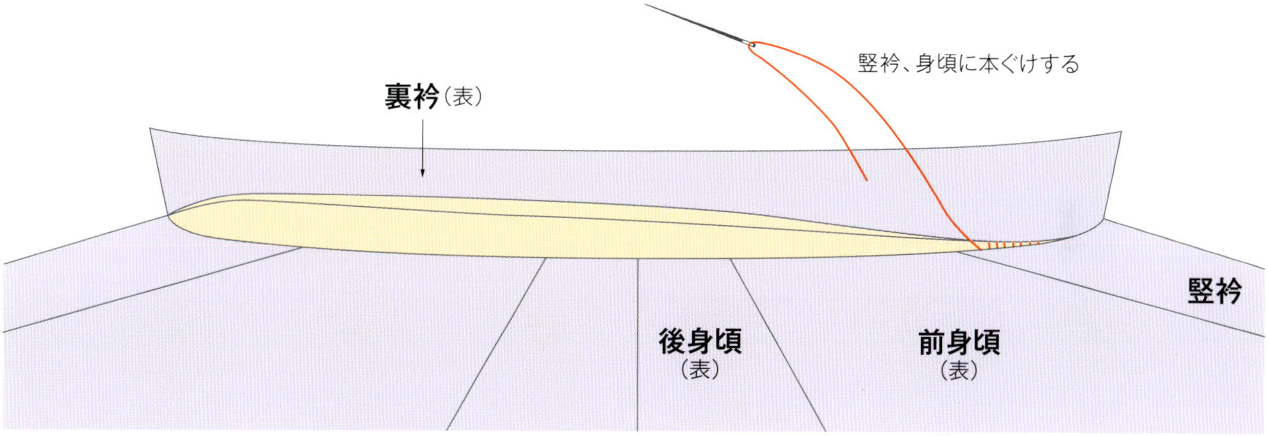

竪衿、身頃に本ぐけする
裏衿（表）
竪衿
後身頃（表）
前身頃（表）

❼コートを表に返してから、裏衿を身頃と竪衿に本ぐけします。

9 袖をつける

単衣きものと同様です。→ P93

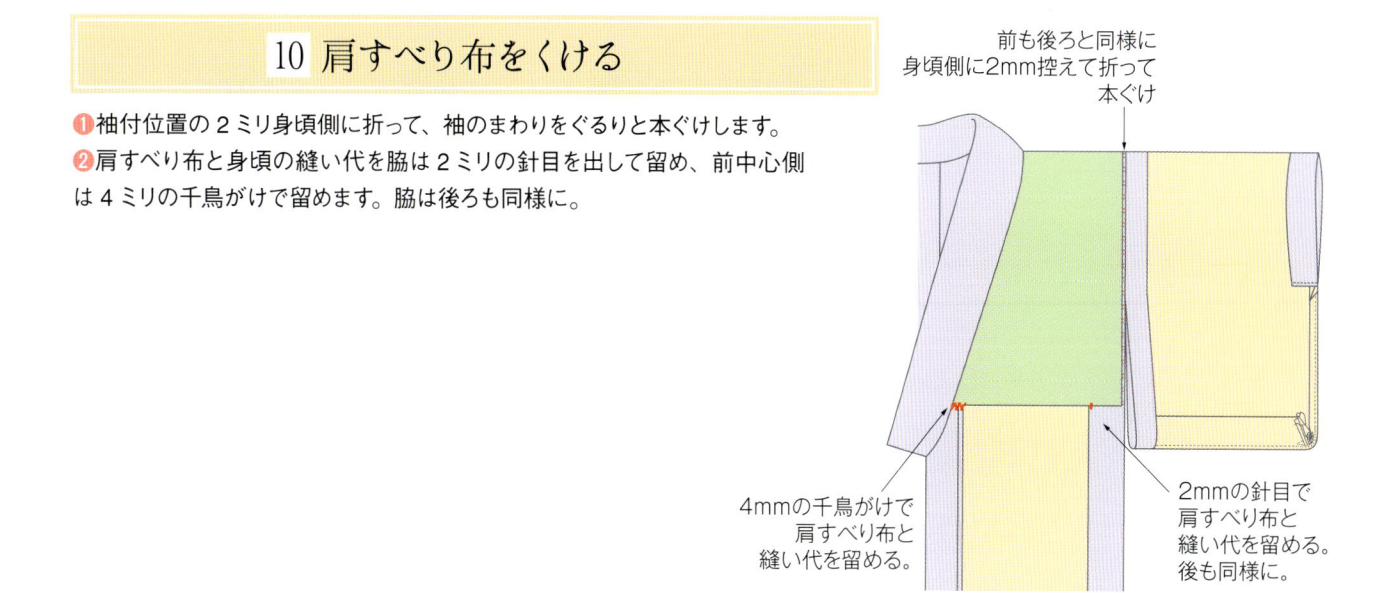

10 肩すべり布をくける

❶袖付位置の２ミリ身頃側に折って、袖のまわりをぐるりと本ぐけします。

❷肩すべり布と身頃の縫い代を脇は２ミリの針目を出して留め、前中心側は４ミリの千鳥がけで留めます。脇は後ろも同様に。

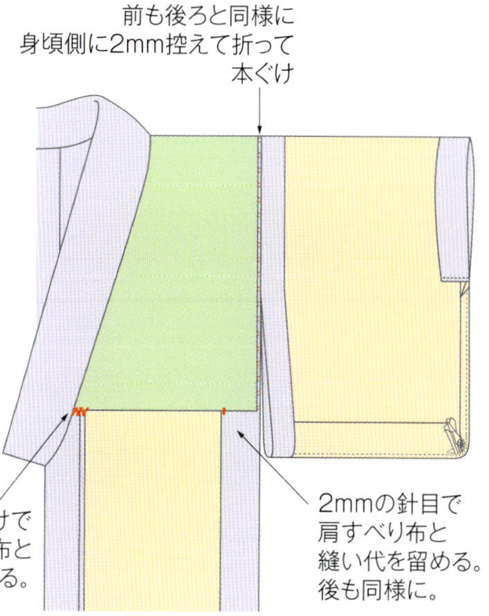

前も後ろと同様に
身頃側に2mm控えて折って
本ぐけ
4mmの千鳥がけで
肩すべり布と
縫い代を留める。
2mmの針目で
肩すべり布と
縫い代を留める。
後も同様に。

11 スナップボタン、紐、マジックテープをつける

衿先にスナップボタンをつけ、紐をつけます。コート丈を短くして着たい方は竪衿とコートの縫い代がある位置にマジックテープをつけます。衿は外側に折ります。

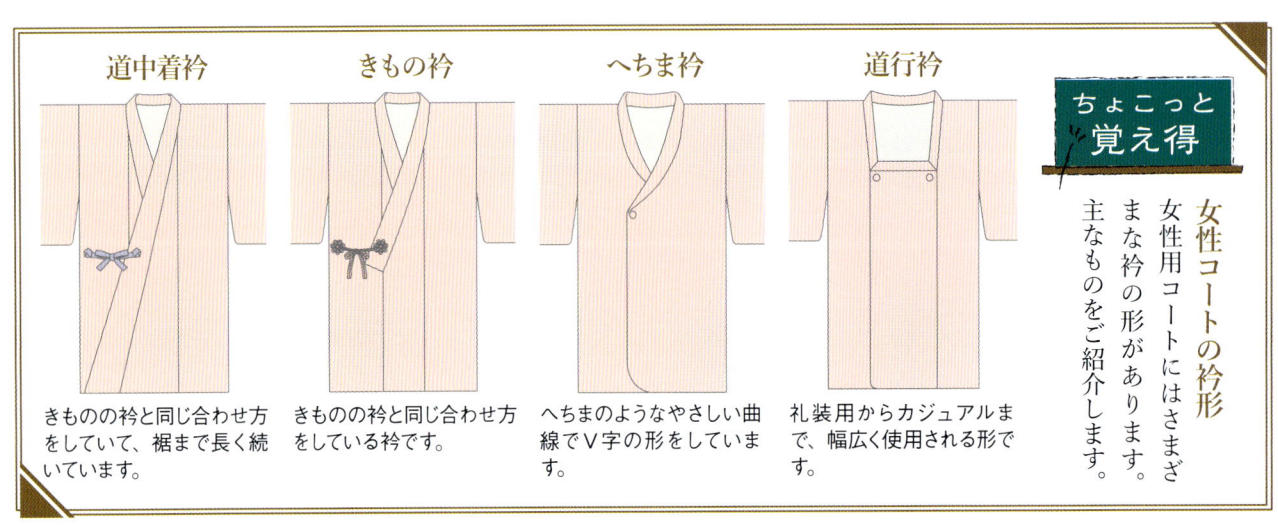

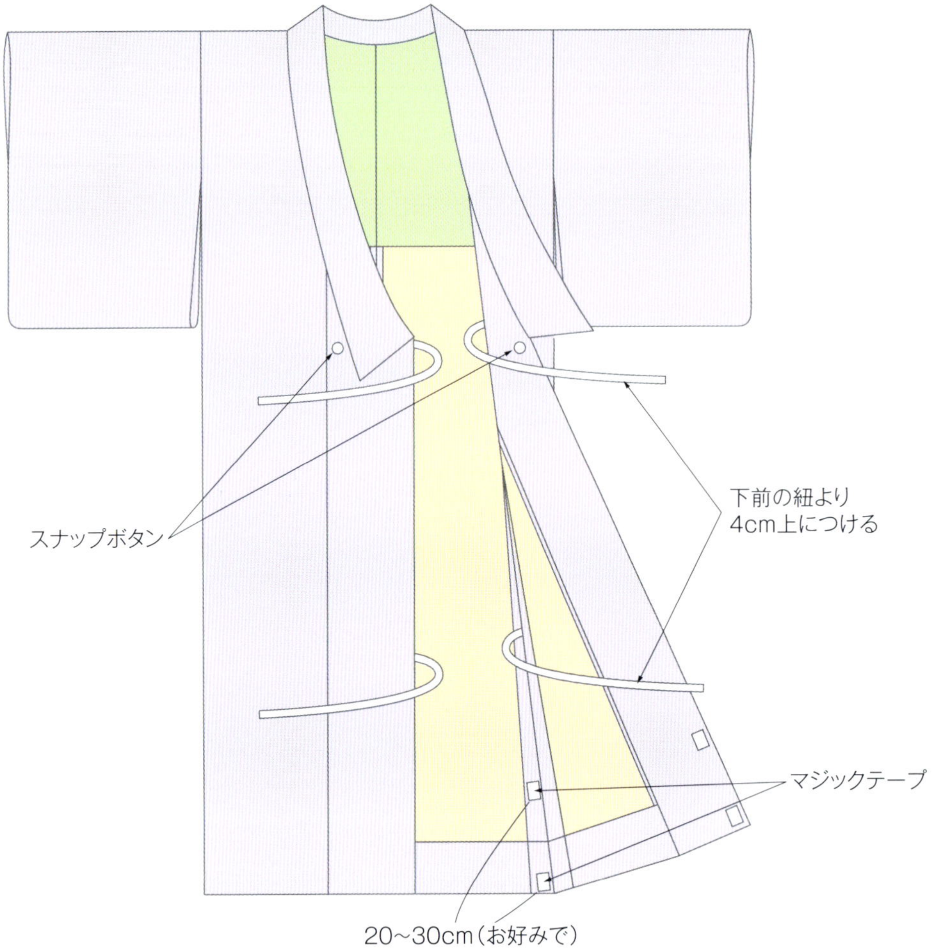

スナップボタン
下前の紐より
4cm上につける
マジックテープ
20～30cm（お好みで）

ちょこっと覚え得

女性コートの衿形

女性用コートにはさまざまな衿の形があります。主なものをご紹介します。

道中着衿

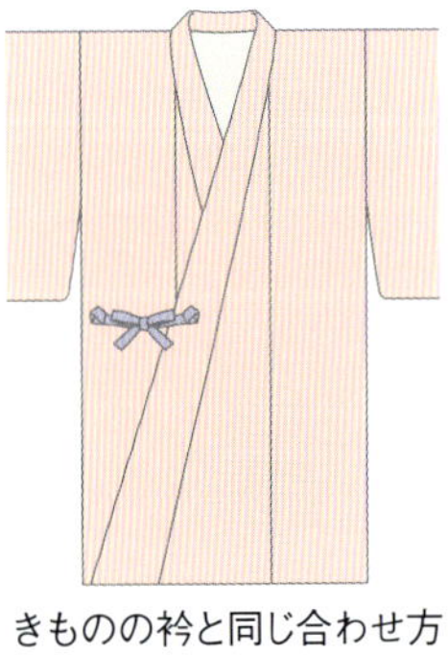

きものの衿と同じ合わせ方をしていて、裾まで長く続いています。

きもの衿

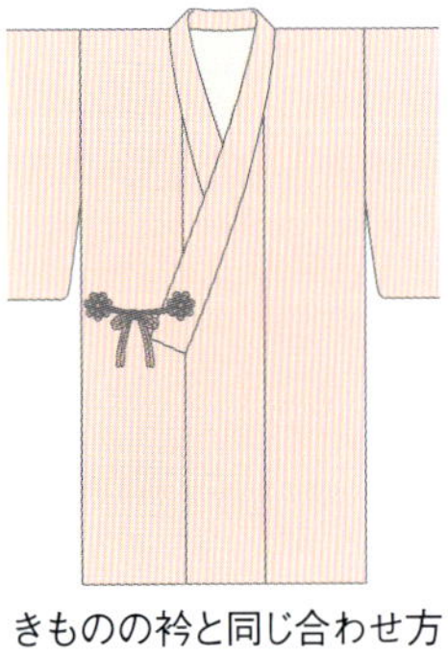

きものの衿と同じ合わせ方をしている衿です。

へちま衿

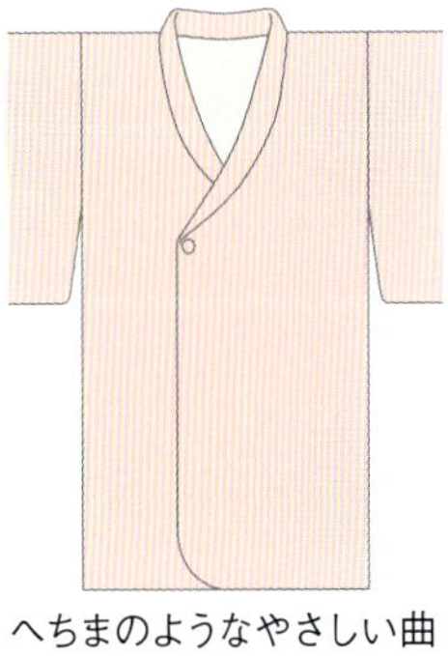

へちまのようなやさしい曲線でV字の形をしています。

道行衿

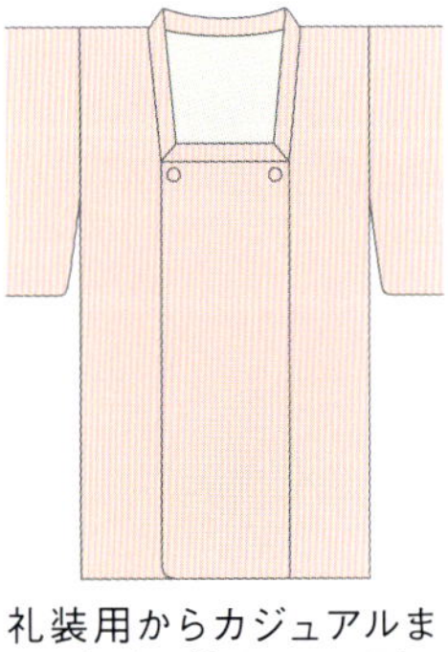

礼装用からカジュアルまで、幅広く使用される形です。

巻末付録

きもののたたみ方

きものにはいくつかのたたみ方がありますが、最も一般的なのが、本だたみです。きものの縫い線に沿ってたたんでいくことで、目立つところに折りじわができないようにします。

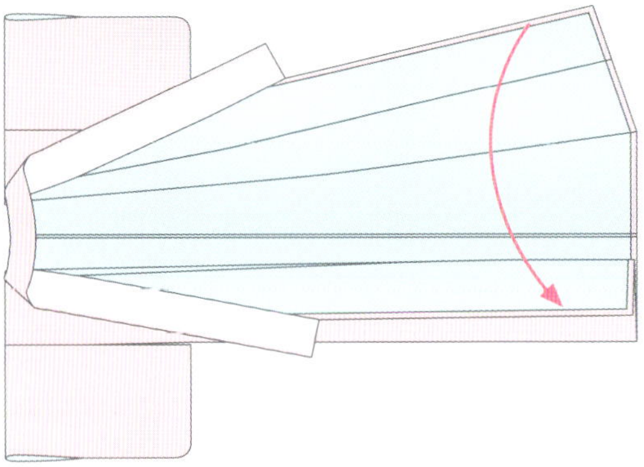

1　肩側を左に、裾側を右にして広げます。まず手前の脇の縫い目を折り、下前衽を折り返します。

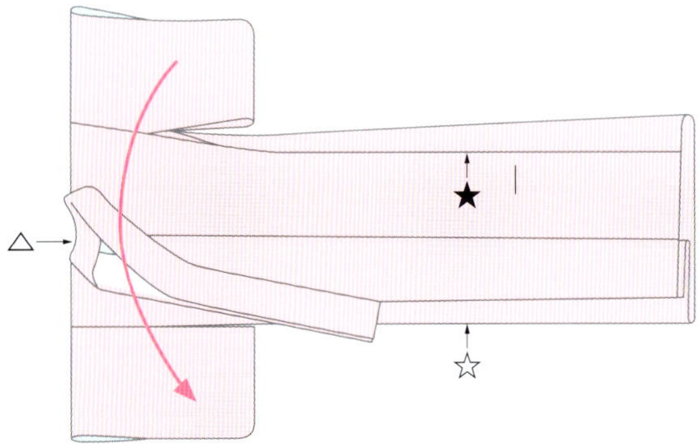

2　衿肩あきのところの衿を内側に折りながら（△）下前の衿に上前の衿をぴったり重ねてから、向こう側の脇の縫い目（★）と、手前の脇の縫い目（☆）にぴったり重ねるようにして身頃全体を２つ折りにします。

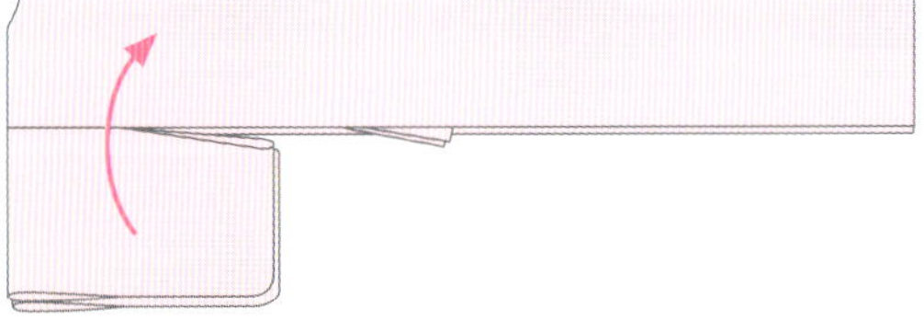

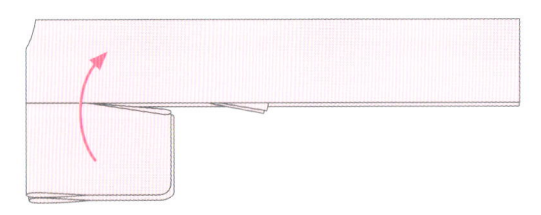

3　上になった左袖を袖付位置から向こう側に折ります。

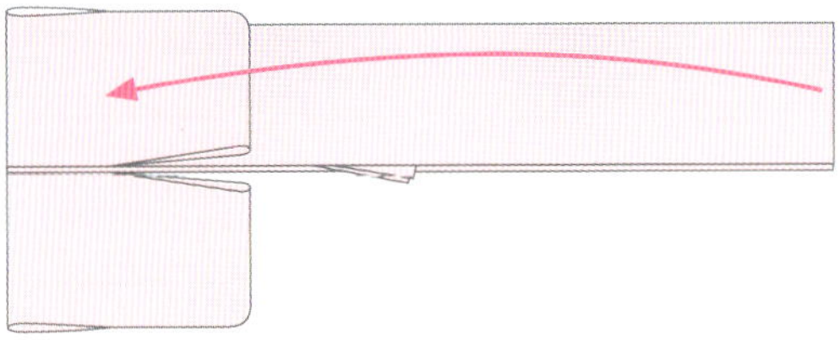

4　裾を持って肩山と合わせ２つ折りにします。

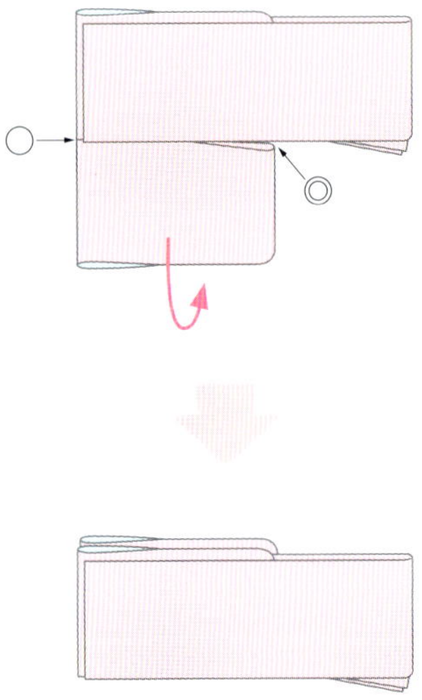

5　○と◎の位置を両手で持ってきものを少し持ち上げ、右袖を身頃の下に折り入れます。

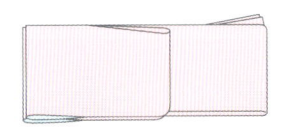

6　袖側が上になるように全体を返してからたとう紙に包んでたんすにしまいます。引き出しが小さい場合は、３つ折りにしてもよいでしょう。

羽織のたたみ方

羽織は両脇に襠《まち》がある関係で、きものとはたたみ方が違ってきます。
長羽織の場合は、裾を袖の下辺りまで折り返します。

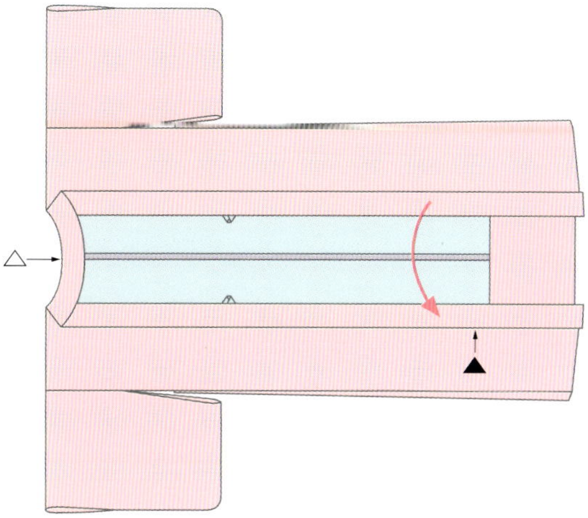

△
▲

1 肩側を左に、裾側を右にして広げます。襠《まち》は中心で折り、衿は、衿肩あきのところは内側に折り（△）、手前の右衿は衿付線から外側に折り（▲）、向こう側の左衿をぴったりと重ねます。

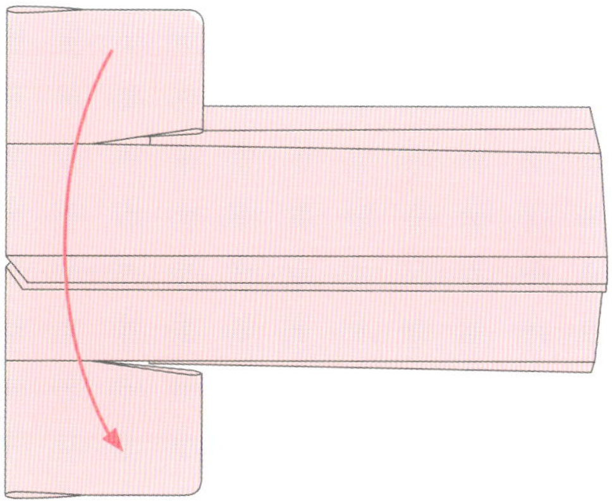

2 背縫いで２つ折りにして、両脇線と袖を重ねます。

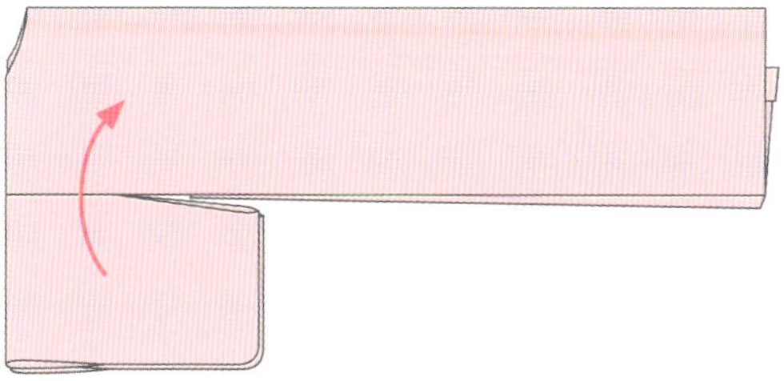

3 上になった左袖を袖付位置から向こう側に折ります。

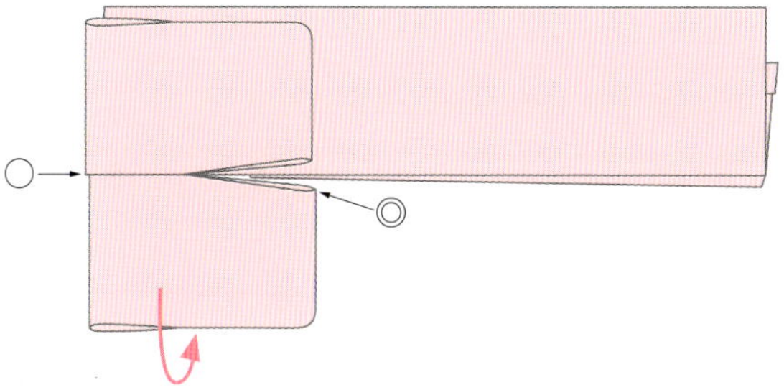

○
◎

4 ○と◎の位置を両手で持って羽織を少し持ち揚げ、右袖を身頃の下に折り入れます。

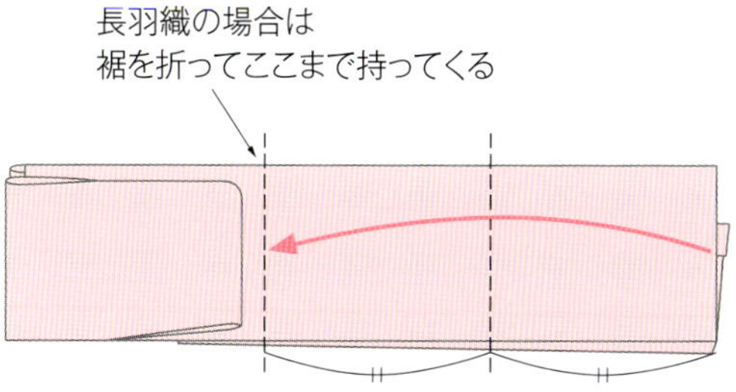

長羽織の場合は
裾を折ってここまで持ってくる

5 たとう紙に包んで箪笥にしまいます。長羽織の場合は、袖の下辺りまで裾を折ります。

コートのたたみ方

コートのたたみ方は長襦袢と同じで、左右の身頃や袖を中心に向かって折っていきます。雨ゴートや長い丈のコートは、きものと同様に、包むたとう紙や引き出しの長さに合わせて裾から折り返します。

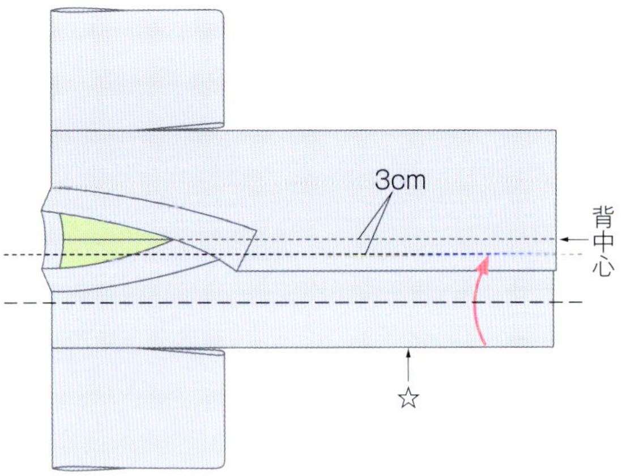

1 肩側を左に、裾側を右にして広げ、スナップなどははずして平らにします。背中心の手前3センチの位置に脇線（☆）を合わせるように、身頃を折り上げます。

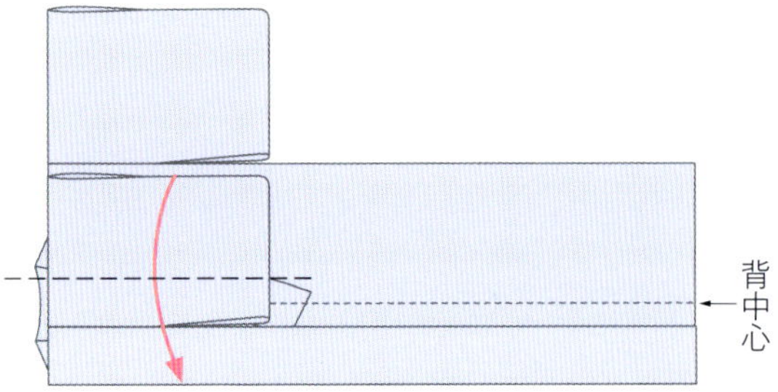

2 上になった袖の袖口を、1 で折った身頃の折山に合うように折り返します。

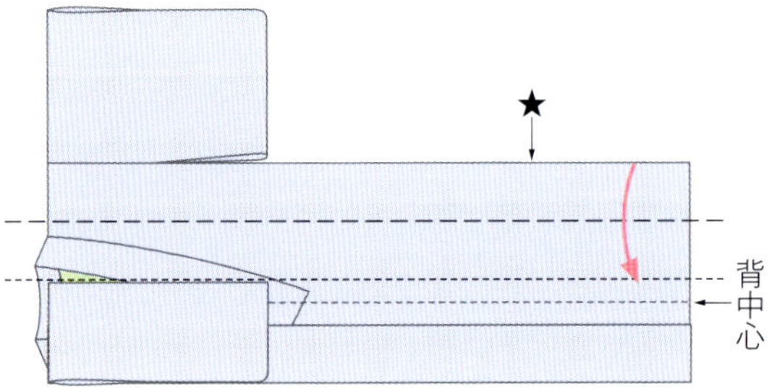

3 向こうの脇縫い（★）も背中心の手前3センチの位置に来るようにして身頃を折ります。

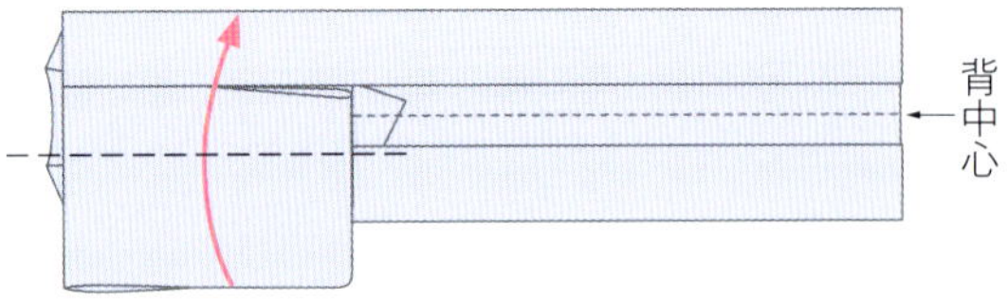

4 上になった袖の袖口を 3 で折った身頃の折山に合うように折り返します。

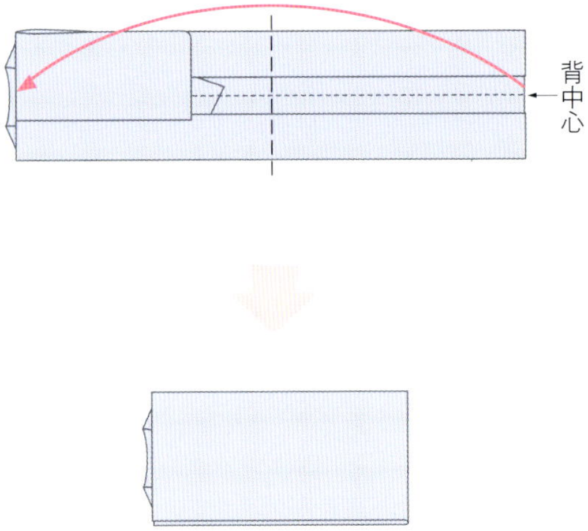

5 たとう紙や引き出しの大きさに合わせて裾を折ります。

なごや帯のたたみ方

なごや帯のたたみ方はさまざま紹介されていますが、この折り方をすればお太鼓部分と前帯部分に折りじわができません。覚えてしまうとかんたんなので、練習してみてください。

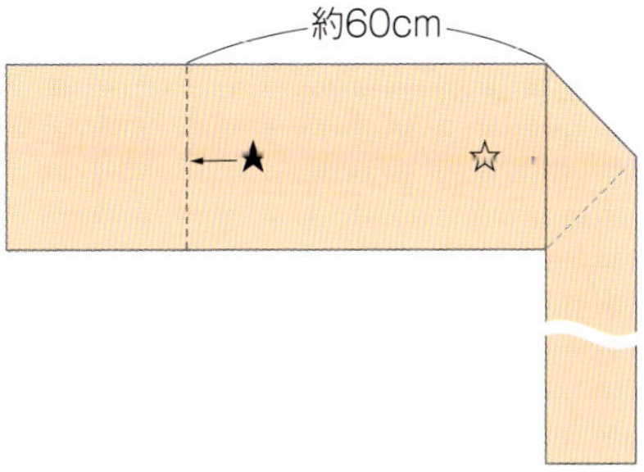

1 お太鼓の柄があるほうを左側に前帯側を右に置き、三角のところを開いて平らに折ります。まず三角の底辺（☆）と三角の底辺からたれ側 60 センチのところ（★）を内側に折ります。

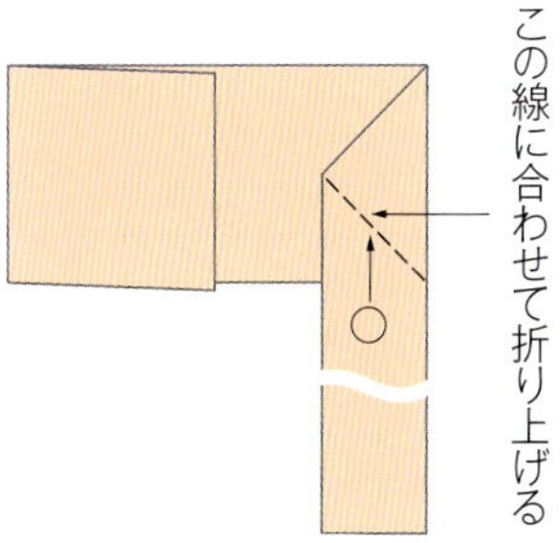

2 三角の○の辺に合わせて前帯側を折ります。

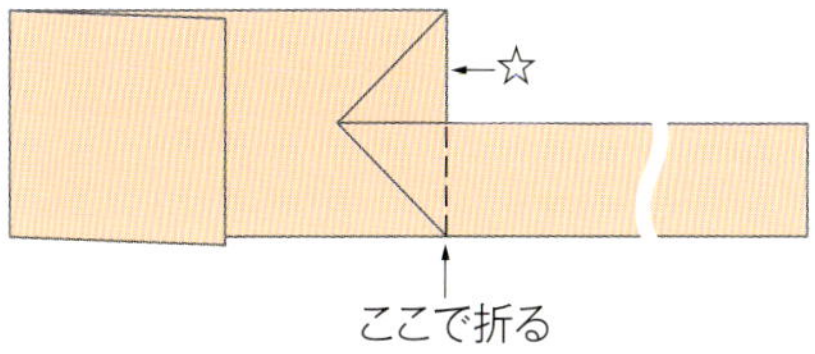

3 三角の底辺（☆）に合わせて前帯側を折ります。

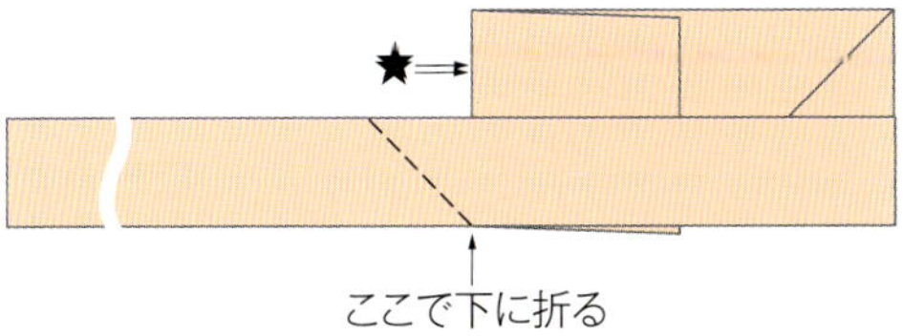

4 たれ側の★の折れ山にそうように、前帯を下から折り上げます。

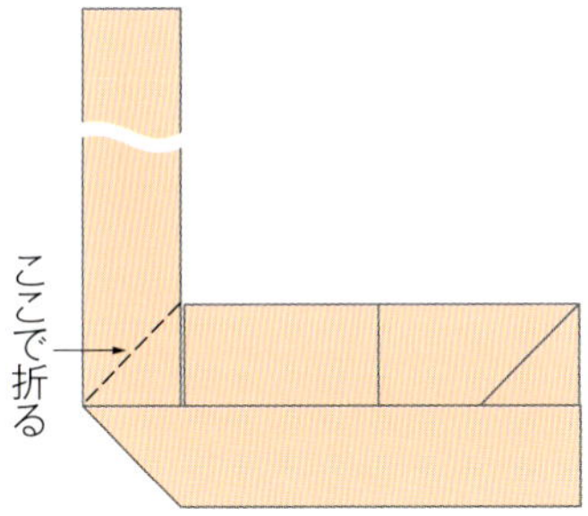

5 破線の位置で三角に折ります。

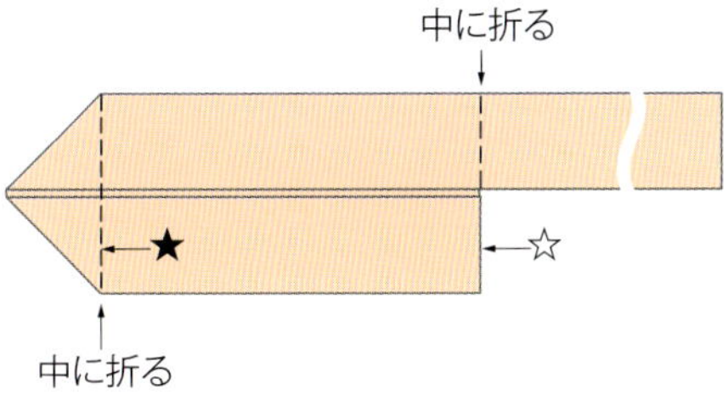

6 ☆と★の位置でそれぞれ内側に折ります。

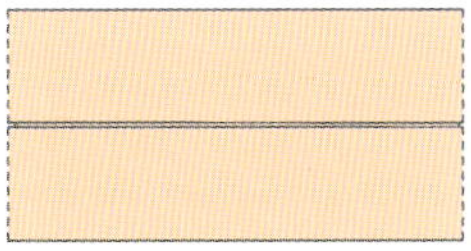

7 たとう紙に包んで収納します。

きもの姿を美しく見せる所作

縫い上げたきものはたんすのこやしにしないで、どんどんまとってお出掛けしたいものですね。きものを着たときにより美しく見える所作を知っておけば好感度アップは間違いなしです。

タクシーを止める

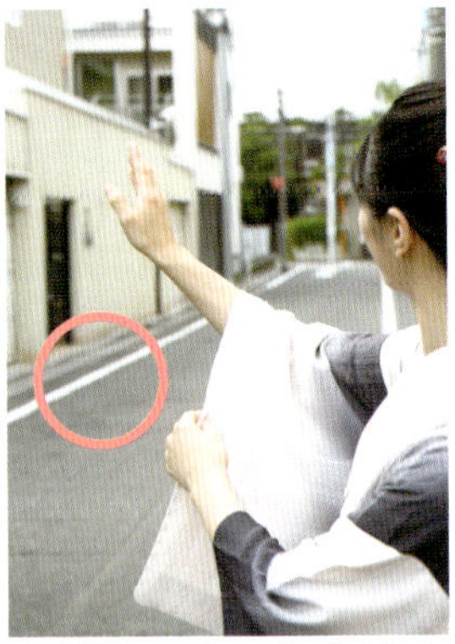

手を肩から上に上げるときは、必ず反対側の手で袖口の下を押さえて、袖がずれないようにしましょう。

反対側の手で押さえないと、こんなふうに二の腕まで見えてしまうことがあります。

歩き方

洋装時と同じ歩幅であるくと美しく見えません。歩幅は気持ち狭くして楚々と歩きましょう。

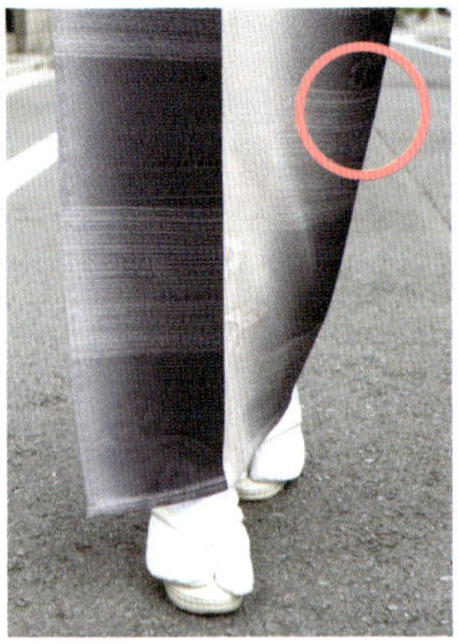

背筋をのばし、身体の重心を気持ち前に置くようにしてまっすぐに歩きます。

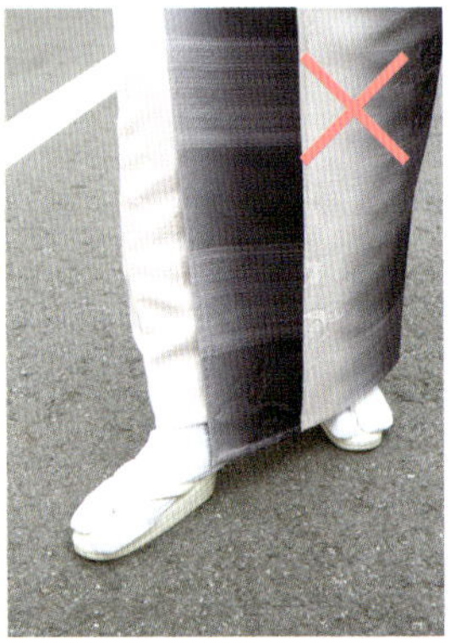

つま先が外側に開いていると、女性らしく見えません。せっかくきもの姿なので意識しましょう。

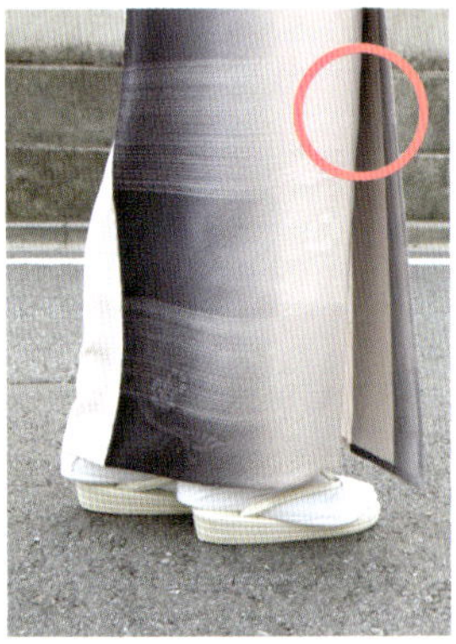

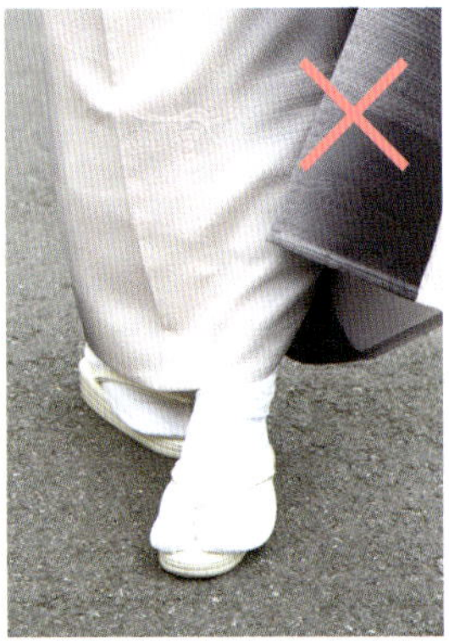

きもの姿だからと意識しすぎて内股歩きも、きれいに見えないので注意。

椅子に座る

1 椅子の左側に立ちます。

2 左足を椅子の前に出して身体を移動させます。

3 椅子の正面に立ちます。

4 浅めに腰かけます。

5 バッグは椅子の背もたれと背中の間におきます。

片足を膝にのせて足を組むのは、洋装ではしがちですが、きものではタブーです。

階段を上がる

上前を押さえないで上ると、上前がはだけて美しくありません。

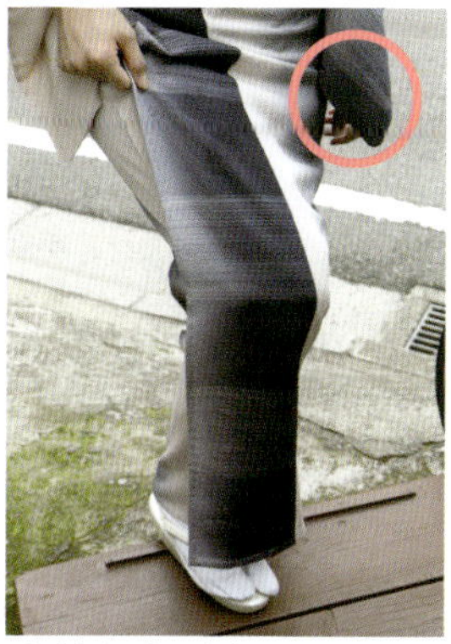

上前を手で押さえてきものがはだけないようにします。

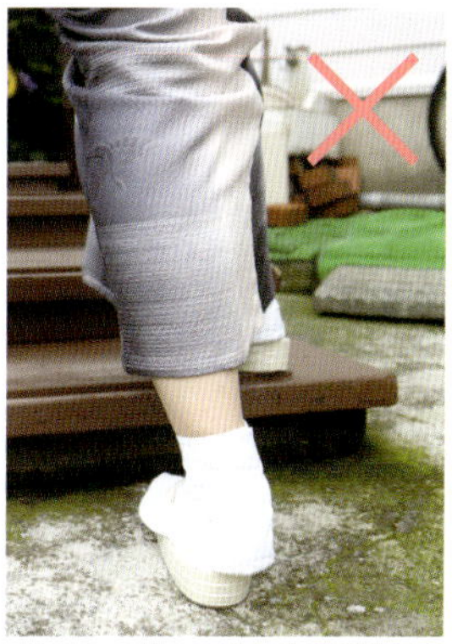

普通に上ると足袋の上の生足がのぞいてしまいます。

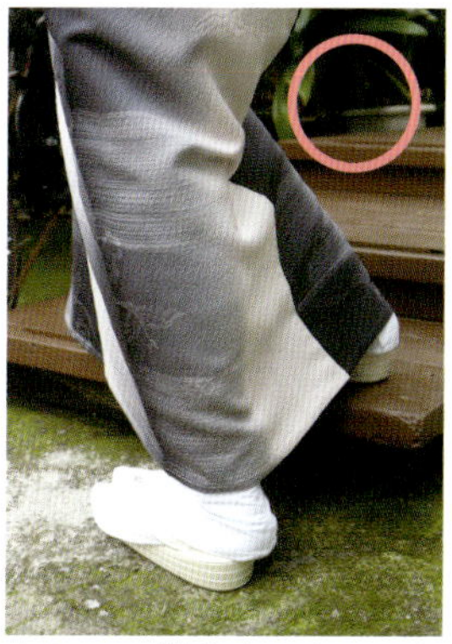

さらに、横向きになって上れば、後ろの人に生足を見られる心配がありません。

洋装ならば普通でも、
和装のときは奥ゆかしく。

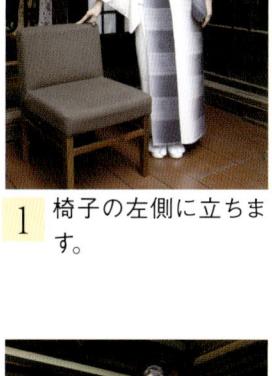

和裁・きものの用語集

1枚のきものを縫うまでにたくさんの専門用語や昔から使われてきたきもの回りの言葉が出てきます。知っていると役立ちます。

あ行

【内揚げ】うちあげ
あらかじめ長めに仕立て、内側につまみ縫いして処理をしておく部分です。

【後染め】あとぞめ
よりをかけて織り上げた白生地に、模様を染めあげることです。

【洗い張り】あらいはり
きものをすべて解いてから洗濯する方法です。現在は専門業者が行いますが、昔は家庭でもこれを行っていました。

【袷】あわせ
裏地をつけて仕立てたきもののことです。主に秋、冬、春にまといます。

【居敷当て】いしきあて
補強や透け防止に、腰周りにつける布のことです。

【嘘つき襦袢】⇒P146・P148

【上前】うわまえ
着付けで前を合わせたときに上になるほうで、左前身頃、衽、袖、衿などを指します。

【衿肩あき】えりかたあき
きものや襦袢など、衿をつけるためにハサミを入れる部分を指します。

【おはしょり】
女性きものは着丈よりも長く仕立て、その分を帯を巻く位置で折り上げて着ます。その折り上げる部分。

【織り出し線】おりだしせん
帯に入っている装飾線です。お太鼓結びをするときに、この線を目安に内側に折り曲げてたれ先をつくります。界切線、オランダ線とも言います。入っていない帯もあります。

か行

【返し針】かえしばり
縫い始めや縫い終わり、しっかりと留めたい部分などに、縫っていた糸を1針返して縫うことをいいます。

【掛け衿】かけえり
きものの衿の汚れや傷みを防ぐために、地衿の上に1枚掛けておく衿のことです。「共衿《ともえり》」ともいいます。

【肩すべり】かたすべり
単衣のコートや羽織の肩の部分につける布をいいます。

【型染め】かたぞめ
型紙を使って染めるきものの染色技法です。江戸小紋や沖縄の紅型染めなどが一例です。

【着尺】きじゃく
きものを1枚仕立てるために必要な布地のことです。一般的には幅約38センチ、長さ12〜13メートルぐらいあります。

【キセをかける】
縫い目が見えないように仕上がり線よりも2ミリ縫い代側を縫って、仕上がり線で布を折って処理する仕上げ方です。

【着丈】きたけ⇒P41

【九寸帯】きゅうすんおび
九寸なごや帯のことで、八寸の幅（約30センチ）に仕立て上げるなごや帯の総称です。

【鯨尺】くじらじゃく
きものをつくるためのものさしです。和裁の世界では今でも鯨尺を使う仕立てが主流です。

【くける】⇒P33

【繰越】 くりこし
きものや襦袢の衿のあきを後ろにずらすことをいいます。衿のあきが首の付け根よりも後ろに行くので、着たときに首筋がすっきり見えて、着姿が決まります。

【小針に縫う】 ⇒P83

【小紋】 こもん
模様の大小にかかわりなく、全体に模様が入っているきもののことです。

さ行

【先染め】 さきぞめ
先に糸の段階で染めてから織り上げるきもののことです。主に紬のきものはこの方法でつくられています。

【下前】 したまえ
着付けで前を合わせたときに下になるほうで、右前身頃、右衽、右袖、右衿などをさします。

【しつける】 ⇒P33

【裾よけ】 すそよけ
腰に巻きつけるきもの専用の下着のことです。

【地直し】 じのし⇒P27

【新モス】 しんもす⇒P25

た行

【経糸】 たていと
織物を織るときにタテになる糸のことです。織物は経糸と緯糸（よこいと）で織り出されます。

【長尺】 ちょうじゃく⇒P39

な行

【長着】 ながぎ
おはしょりをして着るきもののことです。

【長襦袢】 ながじゅばん
きもののすぐ下に着る下着で、上半身だけのものを半襦袢というのに対し、裾までつながっているものをいいます。半衿をつけます。

【なごや帯】 なごやおび
長さが約4メートル56～60センチある袋帯に対して、約3メートル60センチほどの帯です。胴に巻く部分を半分の幅に折って仕立てるのが一般的です。

【並幅】 なみはば
着尺地の一般的な幅で、約38cmです。

は行

【半衿】 はんえり
長襦袢や半襦袢の衿の汚れを防ぐために掛ける衿。一般的には白ですが、おしゃれ着なら、色や柄物でも大丈夫です。

【単衣】 ひとえ
裏地のないきものや羽織のことで、袷（あわせ）に対して使われます。

ま行

【前下がり】 まえさがり
羽織やコートを仕立てるときに、前身頃の丈を後身頃よりも長めにする寸法をいいます。これをすることによって着たときに裾が水平になります。

【襠】 まち
羽織など、身頃にゆとりを持たせるために、布幅を補う布地のことです。

【身丈】 みたけ⇒P41

【紋】 もん
代々その家で受け継がれている家の印。紋の数や、紋の入れ方できものの格が変わってきます。

や行

【湯通し】 ゆどおし⇒P27

【緯糸】 よこいと
織物を織るときにヨコになる糸のことです。

監修者紹介

松井　扶江（まついともえ）

大阪に生まれる。26歳より着付け、職業和裁の世界に入り、1973年に「プロきものスクール」を開講。「職業和裁コース」と舞台、テレビ、映画の時代衣装を手がける「衣装コース」を設け、和裁の資格をとりたい人から趣味で習いたい人まで、個人の目的に応じて、フリータイムで学べるスタイルが評判になる。技術優秀賞を受賞する卒業生も多く輩出。内閣府認定公益社団法人色彩検定協会理事、服飾教育者学部正会員。文部大臣賞、通産大臣賞、日本テレビ賞など受賞歴多数。2014年に国際文化推進協議会より最高社会文化功労賞、2015年に米国財団法人国際学士院より国際技術グランプリを受賞。2018年アメリカ合衆国国際学士院大学より文化史学博士の称号を授与される。現在は学院長職を後進に譲り、「プロきものスクール」の会長として学生の指導・育成を補佐している。

プロきものスクール

〒150-0021　東京都渋谷区恵比寿西1-24-2　エリクソンレジデンス2F

☎ 03-3461-3920　http://www.pro-kimonoschool.com/

本書に関するお問い合わせは、書名・発行日・該当ページを明記の上、下記のいずれかの方法にてお送りください。電話でのお問い合わせはお受けしておりません。

・ナツメ社webサイトの問い合わせフォーム
　https://www.natsume.co.jp/contact
・FAX（03-3291-1305）
・郵送（下記、ナツメ出版企画株式会社宛て）

なお、回答までに日にちをいただく場合があります。正誤のお問い合わせ以外の書籍内容に関する解説・個別の相談は行っておりません。あらかじめご了承ください。

DVD付《つ》き　いちばんやさしい和裁《わさい》の基本《きほん》

2015年4月30日　初版発行
2024年7月1日　第13刷発行

監修者　松井扶江《まついともえ》　　Matsui Tomoe,2015
発行者　田村正隆

発行所　株式会社ナツメ社
東京都千代田区神田神保町1-52
ナツメ社ビル1F（〒101-0051）
電話　03-3291-1257（代表）　FAX　03-3291-5761
振替　00130-1-58661

制　作　ナツメ出版企画株式会社
東京都千代田区神田神保町1-52
ナツメ社ビル3F（〒101-0051）
電話　03-3295-3921（代表）

印刷所　図書印刷株式会社

ISBN978-4-8163-5724-4　　Printed in Japan

<定価はカバーに表示してあります>

<乱丁・落丁本はお取り替えします>

制作実演：佐武美智子（「プロきものスクール」学院長）
制作協力：佐武美智子、増田はるみ、浜下洋子
アートディレクション・デザイン：工藤典子
撮影：内田祐介
モデル：是枝紘子、小板奈央美、前田憲
着付け・所作指導：一戸 都
髪結い・化粧：島田史子
撮影協力：花想容、色無地着物 千花
プロセスイラスト：長瀬京子
イラスト：miya、工藤典子
校正：高橋乃玲子、川口美也子
DVD制作：株式会社PINE10
DVD編集・MA：有限会社オールブルー
オーサリング：株式会社ワールドライブラリー
編集：株式会社童夢
編集担当：梅津愛美（ナツメ出版企画株式会社）